U0078525

無腦讀史記

三千年前的歷史懶人包，司馬遷為什麼挑這些人？

歐陽翰，劉燁 著

崧燁文化

目錄

目錄

目錄

目錄

序言

在中國文化史上，《史記》是一座後人無法企及的高峰，是一部「究天人之際，通古今之變，成一家之言」的偉大著作，是司馬遷對中國民族文化特別是歷史學方面的極其寶貴的貢獻。他讀萬卷書，行萬里路，走遍天下，嘔心瀝血，開創了紀傳體通史的先河。《史記》涉及政治、經濟、軍事、民族、地理、天文、醫學、水利等各方面，上至帝王將相，下至遊俠刺客，各個階層的人物都展現在讀者面前。

《史記》從五帝起，寫到漢武帝太初年間，跨越長達三千年的歷史。全書包括本紀、表、書、世家和列傳，共一百三十篇，五十二萬六千五百字。「本紀」除《秦本紀》外，敘述歷代最高統治者（帝王）的事蹟；「表」是各個歷史時期的簡單大事記，是全書敘事的聯絡和補充；「書」是個別事件的始末文獻，它們分別敘述天文、曆法、水利、經濟、文化、藝術等方面的發展和現狀，與後世的專門科學史相近；「世家」主要敘述貴族侯王的歷史；「列傳」主要是各種不同類型、不同階層人物的傳記，少數列傳則是敘述少數民族君王統治的歷史。《史記》就是透過這樣五種不同的體例和它們之間的相互配合和補充而構成了完整的體系。魯迅先生曾將《史記》譽為「史家之絕唱，無韻之離騷。」前一句高度評價了《史記》的史學價值，後一句則高度評價了《史記》的文學價值，這是對《史記》相當公允的定位。

《史記》的內容兼容並蓄，是每一個人都應該仔細熟讀的典籍。為了幫助大、中學生和青年朋友學習歷史、增長智慧，我們精心編撰了本書，按照《史記》中的時間順序分為十二個章節：三皇五帝、夏朝風雲、殷商時代、西周時期、春秋爭霸、戰國稱雄、掃平六合、大秦帝國、楚漢相爭、西漢初興、漢朝盛世、漢武雄風，以期給讀者一個清晰的歷史脈絡。在編排體例上，本書以歷史事實為依據，採用問答的形式來展開，例如：黃帝是怎樣一個人？帝太甲為什麼被流放？楚莊王如何成為春秋五霸之一？韓非為什麼被殺害？呂不韋是怎樣成為秦相的？項羽為什麼不願意東渡烏江捲土重來？後代詩文中為什麼常常以馮唐作為「不遇」的典型？漢武帝是怎樣被一步步引向求仙之道的？……這些問題都是從《史記》中提煉出的有代表性、有價值的問題，並用原典中所載內容進行了簡明扼要的回答，既避免了一般史書的枯燥，又無隨意發揮「戲說」之嫌。在內容上，本書涉及政治、軍事、文化、社會生活等各個方面。在語言上，本書採用明了易讀的白話文，使當代的讀者更加容易理解。

叱吒風雲的英雄豪傑、可歌可泣的忠臣賢者、足智多謀的文人策士、驚心動魄的戰場厮殺、跌宕起伏的人生際遇……本書都會向您一一道來，使您能夠更加了解歷史的興衰起落，更加仰慕這些英雄豪傑的雍容大度，也更加喜愛《史記》這部中國的經典巨著。

第一章 三皇五帝

中國歷史悠久，按照傳統說法，從傳說中的黃帝到現在，通常叫做「上下五千年」。在上下五千年的歷史裡，有許多動人的故事，其中有許多是有文字記載的。至於五千年以前遠古時期的情況，流傳了一些神話和傳說。

傳說中的「三皇」有哪些說法？

「三皇五帝」是中原地區對夏朝以前歷史的一個籠統稱呼，不同史家對「三皇五帝」有不同的定義。但普遍來說，「五帝」的爭議相對比「三皇」少，其中一個原因是《史記》有《五帝本紀》。在《史記》中，太史公司馬遷的觀點非常明確，他認為「五帝」是「黃帝、顓頊、帝嚳、堯、舜」，而對「三皇」卻沒有任何的介紹，既沒有說有，也沒有說無。事實上，他不認為有「三皇」存在。

關於「三皇」具體是指哪三位人物，歧說頗多，計有以下幾種：

其一，《世本》、《帝王世紀》、《古文尚書序》等以伏羲、神農、黃帝為「三皇」；

其二，《史記·秦始皇本紀》以天皇、地皇、泰皇為「三皇」；

其三，《白虎通·號》以伏羲、神農、祝融為「三皇」；

其四，《補史記·補三皇本紀》、《風俗通義·皇霸·三皇》引《春秋緯運斗樞》作伏羲、女媧、神農；

其五，《風俗通義．皇霸．三皇》引《禮緯含文嘉》作伏羲、神農、燧人；

其六，《資治通鑑外紀》作伏羲、神農、共工；

其七，《補史記．補三皇本紀》引《河圖》、《三五歷》作天皇、地皇、人皇。

現在大部分以燧人氏、伏羲氏、神農氏為「三皇」。

黃帝是怎樣一個人？

黃帝是傳說中上古帝王軒轅氏的稱號，五帝之一。傳說他出生幾十天就會說話，少年時思維敏捷，青年時敦厚能幹，成年後聰明堅毅。黃帝建國於有熊（今河南新鄭），亦稱為有熊氏。

當時，天下共主——發明農耕和醫藥的「神農氏」已經衰落，酋長們互相攻擊，戰亂不已，生靈塗炭，尤其是蚩尤暴虐無道，神農氏無可奈何，求助於黃帝。黃帝毅然肩負起安定天下的重任，與蚩尤戰於涿鹿，雙方的戰士都英勇無畏，戰鬥十分激烈。黃帝在大將風後、力牧的輔佐下，終擒蚩尤而誅之，隨後被諸侯尊為天子，因有土德之瑞，故稱為黃帝。

黃帝平定一個地方之後就離去，一路上劈山開道，從來沒有在一個地方安寧地居住過。黃帝往東到過東海，登上了丸山和泰山。往西到過空桐，登上了雞頭山。往南到過長江，登上了熊山、湘山。往北驅逐了葷粥部族，來到釜山與諸侯合驗了符契，就在逐鹿山的山腳下建起了都邑。黃帝所封官職都用雲來命名，軍隊號稱雲師。他設置了左右大監，由他們督察各諸侯國，這時萬國安定。黃帝獲得上天賜給的寶鼎，於是觀測太陽的運行，用占卜用的蓍草推算曆法，預知節氣日辰，他任用風後、力牧、常先、大鴻等治理民眾。黃帝有四妃十嬪，正妃為西陵氏，名嫘祖，她親自栽桑養蠶，教民紡織，人稱她為「先蠶」。

每個民族都有自己的傳說時代，黃帝就是中國傳說時代的一位代表人物，他使野蠻向文明發展，所以人們將他奉為人文始祖。

顓頊帝有哪些傳說？

相傳五帝之一的顓頊為黃帝之孫，昌意之子，生於若水（今四川省渡口一帶），實居窮桑，其母女樞因感「瑤光」而生。顓頊十歲而佐少昊，二十而登帝位，初封高陽（今河北高陽縣東），都於帝丘（今濮陽縣西南）。在位七十八年，壽九十八歲，號為高陽氏。

《史記·五帝本紀》載：顓頊「靜淵以有謀，疏通而知事，養材以任地，載時以象天，依鬼神以制義，治氣以教化，潔誠以祭祀。」這說明顓頊是位沉靜、博識、有謀略的人。他能根據不同地域條件發展生產，聚集財物，又以觀天象、按日月運行而定四時（當時已有曆法，稱「顓頊曆」），並制定出各種禮儀制度來教化民眾，按時祭祀祖先和天地鬼神。他命重為南正，專管天地鬼神之事，命黎為火正，專管人間之事。因而顓頊時期，生產較前有很大發展。

顓頊生活在原始社會晚期，氏族制已經解體，實行了男娶女嫁，人們有了家室，知其母不知其父的時代已經過去。當時還規定了一些制度，婦女在路上遇見男人必須迴避，不然要拉到十字路口示眾，還規定兄妹不准結婚等。這說明母系氏族已讓位於父系氏族，「父權制」已經確立，男尊女卑的觀念開始出現。

顓頊是傳說中的人物，他有非凡的經歷和超人的力量，有至高無上的權力。他的轄區非常大。據《淮南子·時則訓》載：「北方之極，顓頊、元冥（元冥又叫玄冥，是管北方的水正官）之所司者萬二千里。」又據《史記·五帝本紀》載：「北至於幽靈，南至於交趾，西至於流沙，東至於蟠木，動靜之物，大小之神，日月所照，莫不砥屬。」顓頊真是一位澤被宇內、功德蓋世的帝王。

共工怒觸不周山是怎麼回事？

顓頊是上古時期華夏族與東夷族融合的部族首領，當時還有個強盛的部族，首領叫共工氏。共工是中國上古傳說中的人物，據說共工氏姓姜，是炎帝的後代。共工有個兒子叫后土，對農業很精通。他們為了發展農業生產，建設水利工程，就一起考察了部落的土地情況，發現有的地方地勢太高，田地澆水很費力；有的地方地勢太低，容易被淹。由於這些原因非常不利於農業生產，因此共工氏制訂了一個計畫，把土地高處的土運去墊高低地，認為這樣可以擴大耕種面積，高地去平利於水利灌溉，對發展農業生產大有好處。但顓頊認為，他是部族中至高無上的權威，整個部族應當只聽從他一個人的號令，共工氏是不能自作主張的。他以如果按照共工氏的做法實施會惹怒上天為由，反對共工氏實行他的計畫。於是，顓頊與共工氏之間發生了一場十分激烈的鬥爭。

顓頊世系屬黃帝，共工世系屬炎帝，因此共工氏與顓頊由於農業方面的不同觀點引發的帝位之爭，便可算作炎黃之戰的繼續。共工氏力氣比顓頊要強，但他卻不如顓頊有智謀。顓頊利用鬼神的說法，鼓動部落民眾，叫他們不要相信共工氏。當時的人對鬼神之事都極為相信，不少人相信顓頊，認為共工氏一平整土地，真的會觸怒鬼神，引來災難，因此顓頊得到了多數民眾的支持。雖然共工氏沒有得到民眾的理解和支持，但他依然堅信自己的觀點是正確的，堅決不肯妥協。他來到不周山（今崑崙山），想把不周山的峰頂撞下來，以表示自己的堅強決心。共工氏駕起飛龍到半空，猛地一下撞向不周山。一聲巨響後，不周山被共工氏猛然一撞，立即攔腰折斷，整個山體轟隆隆地崩塌下來。

共工氏的行為最後得到了人們的尊敬。在共工氏死後，人們奉他為水師（司水利之神），他的兒子后土也被人們奉為社神（即土地神）。

祝融氏的傳說有哪些？

既然共工氏是司水利之神，那麼火神是誰呢？傳說中祝融被後人尊為火神，以火施化，號赤帝。有人說祝融是古時「三皇五帝」三皇之一，住在崑崙山的光明宮，是他傳下火種，教人類使用火的方法。另一說祝融原叫重黎，在擔任火正官時，黃帝賜他姓「祝融氏」。《山海經．海內經》一書中關於他的出生作了以下敘述：「炎帝之妻，赤水之子聽沃，生炎居，炎居生節並，節並生戲器，戲器生祝融。」由此可見，祝融係炎帝的第五代孫。另據《山海經．海內經》中又稱：「黃帝生昌意，昌意生韓流，韓流生顓頊。」《山海經．大荒西經》則補敘為：「顓頊生老童，老童生祝融。」此說祝融又成了黃帝之後了。不過，上古時期黃帝、炎帝本是同根同族，所以傳說中的祝融時而是炎帝之孫，時而又是黃帝的後代也就不足為怪了。

那麼，祝融又是一副什麼模樣呢？《山海經．海外南經》中說：「南方祝融，獸身人面，乘兩龍。」可見他並非「完人」。《左傳．昭公二十九年》有「火正日祝融」，火正，就是掌管火的官員，神話中的火神祝融到了春秋戰國時期已經逐步演化成了司火的官職。

俗話說水火不容，水神共工氏與火神祝融氏的關係如何呢？《史記．補三皇本紀》記載：「諸侯有共工氏，任智刑以強霸而不王；以水乘木，乃與祝融戰。不勝而怒，乃頭觸不周山崩，天柱折，地維缺。」祝融因為教會人類使用火，人們對祝融都非常崇拜，但水神共工看不過眼，心想世界萬物離不開水，為什麼人類只崇拜祝融，而不崇拜自己，越想越氣憤。於是，共工集五湖四海之水衝向崑崙山，把崑崙山上的聖火澆滅，頓時全世界漆黑一片。祝融得知非常憤怒，騎上火龍，與共工大戰起來。水始終是往低處流，於是洪水從崑崙山上落下來，祝融乘機發起進攻，把共工燒得焦頭爛額。共工輸了，一氣之下撞向不周山，誰知不周山是天柱，天柱給撞斷了，天塌了下來，給世界萬物帶來了災難。

帝嚳有什麼神奇之處？

上古五帝中的第三位是帝嚳，他因輔佐顓頊帝有功，被封於高辛（今商丘市南高辛），後來代替顓頊為帝，都於亳。因他興起於高辛，史稱之為高辛氏。據《史記．五帝本紀》記載：「帝嚳高辛者，黃帝之曾孫也。高辛父曰極，極父曰玄囂，玄囂父曰黃帝。自玄囂與極皆不得在位，至高辛即帝位。」也就是說帝嚳是黃帝的曾孫。高辛的父親叫極，極的父親叫玄囂，玄囂的父親就是黃帝。玄囂和極都沒有登上帝位，到帝嚳時才登上帝位。

帝嚳生來就很有靈氣，一出生就叫出了自己的名字。他遍施恩澤於眾人而不及其自身。他耳聰目明，可以了解遠處的情況，可以洞察細微的事理。他順應上天的意旨，了解下民之所急，仁德而且威嚴，溫和而且守信，修養自身，天下歸服。他收取土地上的物產，節儉地使用；他撫愛教化萬民，把各種有益的事教給他們；他推算日月的運行以定歲時節氣，恭敬地迎送日月的出入；他明識鬼神，慎重地加以事奉。他儀表堂堂，道德高尚。他行動合乎時宜，服用如同百姓。帝嚳治民像雨水澆灌農田一樣不偏不倚，遍及天下，凡是日月照耀、風雨所及之處，沒有人不順從歸服。

帝嚳有幾個兒子在中國歷史上也是很有名的。他的元妃姜生了棄（即后稷），棄是周的始祖。次妃簡狄生了契，契是商的祖先。次妃常儀生了摯，摯繼承了嚳的帝位，九年後禪讓給帝堯。次妃慶都生了堯，堯是歷史上有名的聖賢之君、五帝之一。

堯在歷史上有什麼貢獻？

堯是中國古代傳說中的一位偉大的聖王，相傳堯的父親是黃帝的曾孫帝嚳。堯在位七十年，史書中稱「日月所照，風雨所至，莫不從服」，是一位功績卓著、治理有方的帝王。他即位以後，舉薦本族德才兼備的賢者，使族人能緊密團結，做到「九族既睦」；又考察百官的政績，區分高下，獎善罰惡，使政務井然有序；同時注意協調各個邦族間的關係，教育百姓和睦相處，因而「協和萬邦，黎民於變時雍」，天下安寧，政治清明，世風祥和。

傳說在堯的時代首次制定了曆法，這樣，勞動人民就能夠依時按節從事生產活動，不致耽誤農時。漢民族是農業墾殖歷史悠久的民族，對農時十分重視，故《史記．五帝本紀》對此有詳細記載。堯命令羲氏、和氏根據日月星辰的運行情況制定曆法，然後頒布天下，使農業生產有所依循，叫「敬授民時」。他派羲仲住在東方海濱一個叫暘谷的地方，觀察日出的情況，以晝夜平分的那天作為春分，並參考鳥星（指南方朱鳥七宿。語出《書．堯典》：「日中鳥星，以殷仲春。」）的位置來校正；派羲叔住在叫明都的地方，觀察太陽由北向南移動的情況，以白晝時間最長的那天為夏至，並參考火星的位置來校正；派和仲住在西方叫昧谷的地方，觀察日落的情況，以晝夜平分的那天作為秋分，並參考虛星的位置來校正；派和叔住在北方叫幽都的地方，觀察太陽由南向北移動的情況，以白晝最短的那天作為冬至，並參考昴星的位置來校正。二分、二至確定以後，堯決定以三百六十六日為一年，每三年置一閏月，用閏月調整曆法和四季的關係，使每年的農時正確，不出差誤。因此，古人將帝堯的時代視為農耕文化出現飛躍進步的時代。

在諸子書中，還有關於帝堯武功的傳說，文治和武功俱臻美備，方見得堯之所以為古昔聖王，實不為過。《呂氏春秋．召類篇》說：「堯戰於丹水之浦，以服南蠻。」堯曾討伐過南方的幫族，並親自出征作戰。《淮南子．本經訓》說：「堯之時，十日並出，焦禾稼，殺草木，而民無所食。猰貐、鑿齒、九嬰、大風、封豨、修蛇皆為民害。」堯派羿將那些野獸殺死，並射落九日。據說人們對堯為民除害的舉措十分感激，所以擁戴他為天子。堯的傳說最為人們稱道的是他不傳子而傳賢，禪位於舜，不以天子之位為私有。經過三年各種各樣的考察，堯覺得舜無論說話辦事，都成熟可靠，而且能夠建立功業，於是決定將帝位禪讓於舜。

堯是怎樣考察舜為繼承人的？

《史記．五帝本紀》詳細地記載了上古時期帝堯是如何考察舜作為接班人的。史書記載，堯十六歲繼位，在位第七十年的時候，想找一個接班人接替自己的事業。堯也有兒子，長子名叫丹朱，但是丹朱很不成器，「不足授天下」，「授舜，則天下得其利而丹朱病；授丹朱，則天下病而丹朱得其利。」大家都推薦說舜可擔當此任，理由是舜「父頑母嚚弟傲，能和以孝，烝烝治，不至奸」。可是大家說的未必就是事實，於是堯開始考察舜，看他是不是一個足以託付江山社稷的人。

考察分為以下幾方面：

一是考察人品與理家的能力。堯把自己的兩個女兒娥皇和女英嫁給舜，觀察他處理內務的能力；讓自己的九個兒子與他們一起生活，觀察舜處理外部問題的能力。結果堯發現在舜的領導之下，娥皇和女英非常遵守婦道，九個兒子也能與他們和睦相處，更加淳厚謹敬。

二是考察工作與處理政務的能力。書中記載說，「堯善之，乃使舜慎和五典，五典能從。乃遍入百官，百官時序，賓於四門，四門穆穆，諸侯遠方賓客皆敬。」註釋說五典就是五教，沒有更詳細的解釋，大概是制定規章制度教化民眾之類。同時考察他能否與百官和睦相處，讓百官口服心服，也就是說是否具有較強的組織協調能力，能不能帶領大家一起治理國家。結果發現舜既有知識又有能力，是個人才。

三是考察身體狀況和反應能力。這方面考察的方法很獨特，「堯使舜入山林川澤，暴風雷雨，舜行不迷。」把他放到深山老林中，在狂風暴雨之夜能夠順利到達目的地，沒有迷失方向，說明他反應敏捷，身體狀況良好。

這樣前前後後共考察了三年，堯認為舜是一個合適的人選，才「命舜攝行天子之政」，二十八年後堯去世，舜才正式任職。後來舜不負厚望，做出了很優秀的功績，並被載入史冊為後世景仰。

舜在歷史上有哪些事蹟？

舜是原始社會後期的一個部落聯盟首領，歷來與堯並稱，為傳說中的聖王。《史記》說舜名重華，舜又稱虞舜，據說是國號有虞，按先秦時代以國為氏的習慣，故稱有虞氏。他曾做過一番轟轟烈烈的事業，但最令人感動的卻是他忠厚善良的品德。

據《史記》記載，舜的家世甚為寒微，雖然是帝顓頊的後裔，但五世為庶人，處於社會下層。舜家境清貧，故從事各種體力勞動，經歷坎坷。他在歷山耕耘種植，在雷澤打魚，在黃河之濱製作陶器，在壽丘製作家用器物，還到負夏做過小本生意，總之生計艱難，顛沛流離，為養家餬口而四處奔波。但更為不幸的是，舜生活在「父頑、母嚚、弟傲」的家庭環境裡。舜的父親瞽叟是個瞎子，舜的生母死後，瞽叟又續娶了一個妻子生下了象，象桀驁不馴。瞽叟喜歡後妻的兒子，常常想把舜殺掉，舜都躲過了。舜在家裡人要加害於他的時候，及時逃避；稍有好轉，又馬上次到他們身邊，盡可能給予幫助，所以是「欲殺，不可得；即求，嘗（常）在側。」身世如此不幸，環境如此惡劣，舜卻能表現出非凡的品德，處理好家庭關係，這是他在傳說故事中獨具特色的一個方面。

相傳舜在二十歲的時候，名氣就很大了。過了十年，堯向四岳（四方諸侯之長）徵詢繼任人選，四岳就推薦了舜。堯將兩個女兒嫁給舜，以考察他的品行和能力。舜不但使二女與全家和睦相處，而且在各方面都表現出卓越的才幹和高尚的人格力量，「舜耕歷山，歷山之人皆讓畔；漁雷澤，雷澤之人皆讓居」，只要是他勞作的地方，便興起禮讓的風尚；「陶河濱，河濱器皆不苦窳」，製作陶器，也能帶動周圍的人認真從事，精益求精，杜絕粗製濫造的現象。他到了哪裡，人們都願意追隨，因而「一年而所居成聚（聚即村落），二年成邑，三年成都（四縣為都）。」堯得知這些情況很高興，便賜予舜絺衣（細葛布衣）、琴和牛羊，還為他修築了倉房。舜得到了這些賞賜，瞽叟和象很是眼熱，他們又想殺掉舜，霸占這些財物。瞽叟讓舜修補倉房的屋頂，卻在下面縱火焚燒倉房。舜靠兩只斗笠作翼，從房上跳下才倖免於難。後來瞽叟又讓舜掘井，井挖得很深了，瞽叟和象卻在上面填土，要把井堵上，將舜活埋在裡面。幸虧舜事先有所警覺，在井旁邊挖了一條通道，從通道逃出，躲了一段時間。瞽叟和象以為陰謀得逞，打算把舜的東西都分掉。象說這主意是他想出來的，分東西時要琴，還要堯的兩個妻子，把牛羊和倉房分給父母。象住進了舜的房子，彈奏舜的琴，舜去見他，象大吃一驚，嘴裡卻說：「我思舜正鬱陶！」舜也不放在心上，一如既往地孝順父母，友於兄弟，而且比以前更加誠懇謹慎。

按照《史記》所載，舜攝政二十八年，堯才去世。舜於三年的喪事完畢之後，便讓位給堯的兒子丹朱，自己退避到南河之南。但是，天下諸侯都去朝見舜，卻不理會丹朱；打官司的人也都告狀到舜那裡，民間編了許多歌謠頌揚舜，都不把丹朱放在眼裡。舜覺得人心所向，天意所歸，無法推卸，遂回到都城登上天子之位。舜登位三十九年，到南方巡視，在南方蒼梧的郊野逝世，葬埋在長江南岸的九嶷山。

鯀是一個什麼樣的人？

相傳在四千多年前的堯舜時代，中國黃河流域連續發生特大洪水。據《史記．夏本紀》記載：「當帝堯之時，洪水滔天，浩浩懷山襄陵，下民其憂。」滔滔洪水淹沒了平原，包圍了丘陵和山崗，大批人口和牲畜死亡，房舍和積蓄也為洪水所吞噬。大水經年不退，災民們扶老攜幼，到處漂流，整個民族陷入空前的災難之中。

堯主持召開部落聯盟議事會議，專門研究水患問題。堯問：「唉，四岳啊，如今洪水滔天，浩浩蕩蕩，包圍了高山，漫上了丘陵，民眾萬分愁苦，可以派誰去治理呢？」大家都說鯀可以。堯說：「鯀違背天命，毀敗同族，不能用。」四岳都說：「就任用他吧，試試不行，再把他撤掉。」堯因此聽從了四岳的建議，任用了鯀。從《史記》的記載中可以看出，鯀是被堯的幾個大臣推薦的，當時的堯對鯀好像不太放心，但是由於沒有合適的人選，最終堯還是任用了鯀，頗有死馬當活馬醫的味道。鯀採用「堙障」的辦法，修築堤壩圍堵洪水。但是洪水如此之大，所修築的堤壩頻頻被大水衝垮。鯀在九年中耗費了無數的人力、物力，仍沒能制止水患。堯的助手舜巡視各地，發現鯀治水無方，便把鯀放逐到羽山（今山東郯城附近），將他處死在那裡。

關於鯀還有另外一個傳說。據《山海經．海內經》記載：「洪水滔天，鯀竊帝之息壤以堙洪水，不待帝命。帝令祝融殺鯀於羽郊。帝乃命禹卒布土以定九州。」原來洪水快淹到天上了，鯀便偷竊了天帝的息壤，用它來填塞泛濫的洪水。因為事先沒有得到天帝允許，天帝很生氣，便派了火神祝融把鯀殺死在羽山的郊野。鯀死後，他的肚子裡卻生出了禹來。天帝於是命令禹去分布息壤，平定九州的水患。

大禹治水是怎麼回事？

鯀死了以後，洪水依然沒有退去。經過部落聯盟議事會議的推薦，堯又派鯀的兒子禹繼續治理洪水。禹聯合了共工氏和伯益、后稷等許多部落，繼續向洪水展開大規模的鬥爭。他吸取了鯀治水失敗的慘痛教訓，改變單純築堤堵水的辦法，採用疏導的策略。《淮南子·原道訓》記載：「禹之決瀆也，因水以為師。」說他以水為師，善於總結水流的運動規律，利用水往低處流的自然流勢，因勢利導地治理洪水。為了掌握下游地區的地形情況，大禹「左準繩，右規矩」，「行山表木，定高山大川」，帶著測量工具到各處勘察地形，測量水勢。在此基礎上，他帶領群眾，「疏川導滯」，根據地形地勢疏通河道，排除積水，洪水和積澇得以回歸河槽，流入大海。經過十多年的艱苦努力，終於制服了洪水。接著，禹又帶領人民開鑿溝渠，引水灌溉，發展農業，化水害為水利，在黃河兩岸的平原上開出了許多良田和桑土，成為人民安居樂業的地方。《詩經》歌頌禹的功績說：「奕奕粱山，維禹甸之」，說他平治了水災，把粱山之野開闢為良田。

大禹不僅聰明能幹，更為可貴的是，他富於犧牲精神，勤苦耐勞，為天下人謀利益。治水工作艱苦而繁忙，他和塗山氏女結婚後的第四天，就離家去參加治水。他作為一個部落首領，「身執耒臿，以為民先」，親自指揮和帶領大家勞動。由於風吹日晒，櫛風沐雨，他的臉孔都變黑了；由於經常光著雙腳下水工作，他腿上的毛都磨光了。他就這樣「勞身焦思」，在外面辛辛苦苦地做了十三年，「三過家門而不入」，一心撲在治水事業上。傳說，大禹經常叫他的妻子塗山氏在中午去送飯。有一次她去得早了，卻發現一頭巨大的熊在用爪子開山，原來這就是他的丈夫。塗山氏大驚之下，往回逃去。大禹發現後緊緊追趕，塗山氏卻變成了一塊山石，不願再與大禹生活。當時她已經懷孕了，大禹無奈之下叫道：「歸我子！」石頭裂開，大禹的兒子從石頭中蹦了出來。於是他的父親便為他取名為啟，就是開啟而生的意思，這個啟就是後來中國第一個王朝夏的開國之君。

第二章 夏朝風雲

夏朝是中國史書記載的第一個朝代。根據史書記載，夏朝是禹的兒子啟建立的，啟廢除了傳統的部落「禪讓」制，殺死益而稱王。據說啟死後，太康即位，出現了一時的政權更迭，即所謂「失國」。再經少康中興，重建夏朝。到孔甲統治時，夏朝走向衰落。此後，三傳至桀，夏朝滅亡。夏朝共傳十三代，十六王，約四百年。

啟是如何登上帝位的？

啟是禹的兒子。傳說，當年禹治水時，曾經變成熊的模樣開鑿軒轅山，不巧被已經懷有身孕的妻子看到，妻子驚嚇過度化為石頭。禹對著石頭大喊：「歸我子！」結果石頭裂開，生出一個男孩，這就是啟。

帝禹作共主以後，舉用伯益為接班人，讓他管理政事。後來帝禹出巡時在會稽死了，他把天下授給伯益。三年的喪服完畢以後，伯益就將天下讓給帝禹的兒子啟，自己避居到箕山的南面。帝禹的兒子啟有賢德，天下的百姓都希望他能繼承共主的位置。雖然帝禹臨終前有意把天下「禪讓」給伯益，但是伯益輔佐帝禹的時間太短，人民尚未蒙受他的德澤，所以各氏族首領都不去朝拜伯益而去朝拜啟，並且說：「啟是我君帝禹的兒子啊！」最後，人們擁立啟登上了帝位，這就是夏后帝啟。

天下太平以後，夏啟兩耳戴著青蛇飾物，乘坐天帝派來的由兩條龍駕轅的寶車，曾經三次到天庭作客。他把天庭的樂曲《九辯》、《九歌》偷竊下來，改編成新的曲子《九招》，讓人在高兩千仞的大穆之野隨樂歌舞。

大禹治水的功德和由此形成的權威是當時任何人所無法企及的，因此，禹的兒子啟「子承父位」在人們的心中也就成了自然而然的事情。從夏啟開始，王位世襲制在中國歷史上正式形成，「家天下」從此取代了原始社會的公選「禪讓共主」制度。

甘之戰是怎麼回事？

啟登上帝位後不久，便與有扈氏部落在洛陽甘地進行了一次戰爭，即中國歷史上著名的「甘之戰」，這次戰爭是中國歷史進入文明社會後的第一次戰爭。

啟稱帝后，有扈氏（今河南省原陽縣一帶）不服，說啟破壞了天下公有的老傳統，天下應該是伯益的不應該是啟的。有扈氏聯合一些部族發動叛亂。據《尚書·甘誓》記載，夏啟為了打敗有扈氏的進攻，在決戰前進行了誓師總動員。為了把這次對有扈氏部落的作戰說成正義之師，做到師出有名，他在誓師動員大會的講話中列舉了有扈氏的兩大罪狀，即有扈氏威侮慢上天，反對和不聽從代表上天的夏王朝的命令，因此，上天要我們來剿滅他們，以維護天的神威。為了保證這次對有扈氏作戰的勝利，在誓師動員大會上，夏啟還頒布了紀律，即對於作戰勇敢者，進行最高的獎賞；對畏敵退卻者，不但要殺其本人，而且還要殺其妻子、兒女及其他家人。由於夏啟在戰前進行了誓師動員，頒布了嚴格的戰場紀律，同時又借助於上天的神威，所以夏王朝的軍隊作戰時鬥志旺盛，士氣高昂。經過激烈的戰鬥，有扈氏部落戰敗。天下諸侯出於對禹的追念和對啟的敬佩，都願意擁戴啟為國君，再也沒有人覺得啟繼承王位有什麼不合理的了。

這次戰爭的性質是啟要廢除「族選公推」制，有扈氏要維護「族選公推」制；戰爭的結果是有扈氏被打敗，並被消滅，「戰俘」淪為奴隸。其他氏族由於弱小，不敢反抗，被迫接受領導，禪讓制被廢除了。

「太康失國」和「少康中興」是怎麼回事？

夏啟死後，他的兒子太康即位。太康即位後，把都城從陽城（在今河南登封）遷到了斟尋（在今河南鞏義）。他自以為父死子繼的王位繼承製已經穩固，登上帝位後不需要再在政治上勞心費神，所以，他天天出宮打獵遊玩。時間長了，他還嫌附近玩得沒意思，就跑到數百里之外玩，玩了上百天也不回都城處理政事。太康不理政事，引起了人民的極大怨恨，東夷部落的首領羿便想利用這個機會消滅夏王朝。

一次，太康又帶著隨從跑到百里外的洛水打獵，羿就帶兵攻入夏都，自立為王，並且派兵把守在洛水岸邊不准太康回國。由於太康早已失去諸侯的支持，臨危之際無人相助，太康無奈就向東南方向流亡，在那裡他建立了一個小城池，這就是現在的河南太康縣。羿是個神射手，力大無窮又能百發百中，但他在治國方面卻一竅不通，不久就厭惡了政事，沉湎於遊獵之中。左右大臣見羿竟是這樣，紛紛進諫，但羿聽不進去，他只相信他手下一個叫寒浞的人。寒浞不僅會獻媚羿，更會拉攏和愚弄羿周圍的人，幾年下來，羿周圍的人都被收買了。一天，羿在外玩得正高興，寒浞就指使親信殺了羿，這樣，夏王朝的政權又落入寒浞的手中。

羿和寒浞忌憚大禹的威望，在奪取了夏王朝的政權時並沒有把夏禹的後人都殺掉。太康在失國後，他的弟弟仲康就帶領一部分族人在斟尋建立了一個小朝廷，這個小朝廷到了仲康的兒子相時取得了一定的發展。但不久引起了寒浞的注意，寒浞派人殺了相，相的妻子緡從牆洞裡逃脫才得以倖免。緡在她的娘家有仍氏那裡產下了少康。少康小時候就很聰明，緡對他寄予很大的希望，從小就給少康講夏代先王的故事，叮囑他長大後一定要報仇雪恨，光復夏王朝。少康在有仍氏長大後，很有出息，但不久因為寒浞的追殺，被迫逃到了有虞氏那裡，有虞氏非常賞識這個青年，不僅把自己的女兒嫁給少康，還把自己的一塊叫「綸」的土地讓少康管理。少康把綸管理得井井有條，深得百姓的愛戴。經過一段時間的積蓄，少康具備了相當強的實力。這時，夏王朝已經是寒浞的兒子過澆當政，少康暗中派人刺探過澆的情況，還派人先偷偷殺了過澆的兒子。一切準備好後，少康集合所有的兵力殺奔夏朝舊都，過澆想頑抗，但是大勢已去，最終被少康消滅。這樣，天下又回到夏禹子孫的手裡，歷史上把這件事叫「少康中興」。

桀為什麼被稱為暴君？

夏桀是夏朝第十六位君主，也是中國歷史上著名的暴君之一。他繼承王位後，覺得宮室過於簡陋，就下令在洛陽建造一座宮殿。這座寢宮歷經七年完工，動用了成千上萬的奴隸，花費了大量的財力物力，勞民傷財，百姓怨聲載道。

夏桀貪戀女色，後宮美女眾多，其中他最喜歡的是妺嬉，對妺嬉言聽計從。妺嬉聽煩了音樂，想聽撕裂布帛的聲音，桀便向百姓徵集大量布帛，令人撕帛來取悅妺嬉。夏桀十分講究飲食，一心想吃山珍海味，常吃的有西北出產的蔬菜，東海裡捕撈的大魚，並且要用南方出產的生薑和北方出產的海鹽作為調味的作料。為了供應他一個人的飯菜，需要成百上千人替他種菜、運輸、捕魚、烹調。夏桀又特別喜歡喝酒，是一個十足的酒鬼。他喝酒還有個毛病，就是要喝十分清澈的酒，酒一渾濁，他就將廚師殺掉，許多廚師就因此斷送了性命。夏桀酒醉以後，還要拿人當馬騎著玩耍。誰要是不肯讓他騎，就要挨一頓痛打甚至殺頭。

夏桀喜歡說自己好話的人，討厭耿直規勸他的人。大臣關龍逢看到夏桀胡作非為，便勸他關心老百姓的疾苦。夏桀根本就聽不進去，最後還把關龍逢殺了。從此，忠臣都遠離夏桀，而奸臣則成群地圍著夏桀轉。

夏朝的政治日益腐敗。當時民眾的生活則十分困苦，他們每年的收成難得溫飽，更無兼年之食，每遇天災則妻離子散。夏代臣民指著太陽咒罵夏桀說：「時日曷喪，予及汝偕亡。」意思是說，你幾時滅亡，我情願與你一起滅亡。夏桀卻認為他的統治永遠不會滅亡，他說：「天上有太陽，正像我有百姓一樣，太陽會滅亡嗎？太陽滅亡，我才會滅亡。」他還召集所屬各部首領開會，準備發動討伐其他部落的戰爭。夏桀日益失去人心，弄得眾叛親離。

正當夏朝走下坡路的時候，黃河下游的商部落勢力強大起來。商部落的首領商湯起兵伐桀滅夏，結束了長達近五百年的夏王朝的統治。

鳴條之戰是怎麼回事？

夏代末年，夏桀無道，國內矛盾重重，危機四伏，四方的諸侯也紛紛背叛而去。於是，商湯決定興兵伐夏。他和丞相伊尹等制定了除其羽翼、後攻夏都的策略，逐個攻滅夏朝盟國葛國（今河南寧陵東北）、韋國（今河南滑縣東南）、顧國（今山東鄄城東北）、昆吾氏國（今河南許昌），清除了滅夏的障礙，完成了各項準備。接著，商軍開始大舉攻夏。

滅昆吾後，商湯即集合商軍和各國諸侯聯軍進行誓師，指出「有夏多罪，天命殛之，予畏上帝不敢不正」，「有夏若茲，今朕必往」（《尚書．湯誓》）。他還宣布了必須服從的紀律。然後，他手持銅鉞親率商軍武士六千人、戰車七十乘和各諸侯國聯軍，浩浩蕩蕩進攻夏都斟尋。夏桀也調集軍隊準備迎戰。此時，被夏桀冷落的妹嬉向伊尹提供情報，說夏桀夢見東西方兩日相鬥，西方日勝，十分迷信。商湯據此把軍隊調到斟尋西面再向東進攻夏都。夏桀害怕，連忙指揮夏軍撤出斟尋，向故都安邑（今山西夏縣西北）

方向退卻，至有娀（約在今山西永濟境）迎戰商軍。商湯率軍緊追不捨，在河曲渡過黃河，經郕（今山西中條山麓，永濟境）至有娀，擊敗夏軍。

夏桀率軍退至鳴條（今河南封丘東），擺開陣勢欲與商湯決戰。商湯趕到鳴條，將大軍列成左、中、右三軍陣，自己在中軍，指揮軍隊各橫列看齊，向夏軍陣發起進攻，史稱「鳥陣雁行」（《墨子·明鬼》）。商軍士氣高昂，陣容整齊，協同良好，戰鬥力強。夏軍則士氣低落，抵擋不住商軍的攻勢。商軍一舉擊敗夏軍，殲滅其主力。夏桀只帶了五百人倉惶逃至三朡。商軍追到，擊破三朡。夏桀最後逃往南巢，被困死在該地。

鳴條之戰中，商湯殲滅了夏朝軍隊，滅亡了夏朝，確立了商王朝的統治。同時，這次戰爭也是有確切文字記載的最早一次使用陣法的軍事作戰。

第三章　殷商時代

商朝是中國歷史上繼夏朝之後的一個王朝，約西元前一六〇〇年由商族部落首領商湯滅夏創立，歷經五百餘年，至西元前一〇四六年被周武王所滅。商自湯至紂，歷十七世、三十一王，是中國信史時代的開端。

商湯是怎樣一位國君？

商湯是商王朝的開國君王，也是上古著名的氏族領袖，他帶領族人打敗了夏朝的暴君桀，建立了商王朝。湯姓的遠祖向上可以追溯到黃帝軒轅氏。黃帝有個兒子叫玄囂，玄囂有孫子叫帝嚳，帝嚳的兒子叫契，契的第十四代後人就是湯。相傳契曾輔佐禹治水，因有功而被舜任命為司徒，封於商，並賜姓子氏。

湯以仁厚收攬人心，爭取人民的支持。有一次，他外出遊玩，看見一人在樹上掛起一張網，然後喃喃自語說：「不論天上來的，還是地面來的，凡是從四面八方來的鳥，都飛進網裡來。」湯對他說：「你太過分了吧，怎麼可以這樣網盡殺絕呢！你撤掉三面，留下一面網就可以了。」農民依言照辦。湯道：「鳥兒啊，你們願意往左的就往左，往右的就往右，只有不聽我話的鳥兒，才飛進網裡來。」湯網開三面、恩及禽獸的事傳開後，人民都稱讚他對待百姓寬厚仁慈，紛紛擁護，湯的勢力進一步壯大。

湯在夏朝為方伯（一方諸侯之長），有權征討鄰近的諸侯。葛伯不祭祀鬼神，湯首先征討他。湯對葛伯說：「你們不能敬順天命，我就要重重地懲罰你們，概不寬赦。」於是寫下《湯征》，記載了征葛的情況。

商湯越戰越勇，十一征而無敵於天下，夏桀陷於孤立的境地。此後，湯採納伊尹的建議，停止朝貢夏朝以試夏桀的實力。桀命令九夷族發兵征討商，這說明桀還能調動九夷族的兵力，湯和伊尹就馬上請罪，恢復向夏桀的進貢。一年後，九夷族忍受不了桀的殘暴統治，紛紛叛離，使桀的力量大為減弱。湯和伊尹見時機成熟，就召集部眾，出兵伐夏，在鳴條一舉攻滅了夏桀，建立了中國歷史上第二個奴隸制王朝——商朝，定都亳。

帝太甲為什麼被流放？

太甲是商代的第四位君王，生卒年不詳，為湯嫡長孫，在位二十三年後病死。太甲由四朝元老伊尹輔政，伊尹連寫了《伊訓》、《肆命》、《徂後》等幾篇文章，教導太甲遵照祖先的法制，努力做一位明君。據《史記》記載：「帝太甲元年，伊尹作伊訓，作肆命，作徂後。」在伊尹的督促下，太甲在繼位後的頭兩年，其表現還過得去，但從第三年起就不行了。

據《史記．殷本紀》記載：「帝太甲既立三年，不明，暴虐，不遵湯法，亂德，於是伊尹放之於桐宮。三年，伊尹攝行政當國，以朝諸侯。帝太甲居桐宮三年，悔過自責，反善，於是伊尹乃迎帝太甲而授之政。帝太甲修德，諸侯咸歸殷，百姓以寧。」原來太甲任意地發號施令，一味享樂，暴虐百姓，朝政昏亂，又親自破壞湯制定的法規。伊尹雖百般規勸，他都聽不進去。「天作孽，猶可違。自作孽，不可活。」就出自伊尹對太甲的告誡，大意是說，如果國家是因為自然災害造成的損失，還可以挽救；如果是國君自己作亂禍害百姓，那就不可救藥了。於是，伊尹只好將他送到商湯墓地附近的桐宮（今河南省偃師縣西南）居住，讓他好好反省，史稱「伊尹放太甲」。

太甲住在桐宮，見祖父身為開國君王，墳墓卻十分簡陋，又從守墓老人那裡了解到祖父的許多艱苦創業、仁厚省儉的舊事，對照自己的所作所為，感到十分慚愧，於是決心痛改前非，開始在桐宮關心孤老，遵守法制，與人為善。

三年後，伊尹見太甲真心悔過，十分高興，便帶領文武大臣，攜帶王服、冠冕，迎接他回到亳都，還政於他。從此，太甲以自己過去的失足為鑒，勤政愛民，遵守湯制定的法律，將天下治理得井井有條，商朝也逐漸繁榮起來。伊尹見太甲成為明君，更加高興，特地寫了一篇《太甲訓》的文章來讚揚他，稱他為太宗。

商代為什麼頻繁遷都？

商湯建立商朝的時候，最早的國都在亳，也就是今天的河南商丘。在以後的三百年中，都城一共搬遷了五次。據《竹書紀年》記載，商王仲丁「自亳遷於囂」、河甲「自囂遷於相」、祖乙「居庇」、南庚「自庇遷於奄」、盤庚「自奄遷於北蒙，曰殷」。

對商代歷史上多次遷都的原因，史學家們有不同的看法。數千年以前，人類剛剛邁過石器時代，進入青銅器時代，此時征服自然的能力還比較小。一旦發生天災，輕則生活環境毀壞殆盡，重則整個群體就此滅亡。正因如此，那時的國家經常為洪水、乾旱等自然災害所逼迫，四處遷徙，這是商朝遷都多次的原因之一。

從《尚書．盤庚篇》中看到，遷都與內部的政治鬥爭也有一定關係。如盤庚雖然聲稱「視民利用遷」（即為人民的利益而決定遷都），但對那些不聽命令的人，他發出了「我乃劓殄滅之，無遺育，無俾易種於茲新邑」（我要將他們斬盡殺絕，不讓孽種留在新邑）的威脅，反映了內部爭鬥的激烈。盤庚遷殷以後，王室內部的矛盾得到緩解，促進了社會經濟的發展。

一些文史專家認為，青銅器在商代政治鬥爭中占有中心地位。對商代王室而言，青銅器不是宮廷中的奢侈品、點綴品，而是政治權力鬥爭的必要手段。沒有青銅器，商代的朝廷就打不了天下；沒有銅錫礦，商代的朝廷就沒有青銅器。此前有些研究者認為華北大平原邊緣的山地出產銅錫，還提出了一些可能的產礦地點。專家們認為，這些礦產地的蘊藏量都很有限，只能供短時間的開採利用，所以要不斷尋找新的產地。商代王都的遷徙，目的是接近礦源，方便採礦，追求作為政治資本的銅錫金屬。他們將商代都城的位置與產礦點加以對照，認為這些都城的遷徙，都是圍繞銅錫礦產地移動的。

為什麼武丁能使殷商興盛？

盤庚遷殷以後，商朝的國勢就一直處於上升階段。到了武丁統治時期，政治、經濟、文化都得到空前發展，國力趨於鼎盛，史稱「武丁中興」。

武丁是商朝的第二十三個國王。據說，武丁年少時，父王小乙為了將他培養成一個稱職的國王，就把他派到外地觀省民風、增長見識和鍛鍊才能。於是，武丁來到黃河兩岸，觀察當地人民的生活，接觸大量的平民和奴隸。有時，武丁還和這些人一起參加農業勞動。這些生活體驗，使他了解到生活的艱辛和勞動的不易。《史記．殷本紀》記載：「帝武丁即位，思復興殷，而未得其佐。三年不言，政事決定於塚宰，以觀國風。」由此可見，武丁是一位勵精圖治的帝王。因為他即位之前，曾生活在百姓中間，比較了解社會的現實狀況。即位以後，三年沒有理政，國事全由塚宰管理，他從旁觀察，思索復興殷商的方略。據說武丁得到一個夢的啟示，在民間找到一個築牆的奴隸，將他任命為宰相，這個人就是歷史上鼎鼎有名的傅說。由於武丁善於選拔任用人才，所以在他的身邊，很快就聚集了眾多的名臣，除了傳說以外，還有甘盤、祖己等人。武丁在傳說、甘盤等賢臣的輔助下，勵精圖治，增強國力，使商王朝得以大治。

在武丁時代，商朝開始形成了一個龐大的官僚機構，並組成了一支相對固定而龐大的軍隊。武丁時期對周圍侵擾商朝的各諸侯國、方國，包括羌方、土方、人方、鬼方、虎方、荊楚等展開了一系列的征討。此舉在帶來了國家穩定的同時，也給人民帶來了比較安定的生活空間。當然，從另一方面看，戰爭同樣造成了許多負面影響，比如浪費了大量的人力、物力和財力，加重了百姓的負擔，激化了階級矛盾等。因此，從某種程度上說，「武丁中興」既是商朝興盛的頂點，也是由興盛走向衰敗的開始。

「舉傳說於版築之間」是怎麼回事？

武丁時期有一個著名的大賢人，他曾經輔佐武丁開創了商朝的盛世局面，這個人就是宰相傳說。

關於傳說的生平，史書上多是些零散的記載，而且說法也不盡相同。《墨子．上賢》載：傳說居住在北方的一座獄城，他的生活十分困苦，常常穿著粗布衣服，腰裡繫著繩子以御風寒，他被人僱傭和犯罪的囚徒一起築牆修路。《尚書．說命》載：「傅氏之岩，在虞虢之界，通道所經，有澗水環道，常使胥靡刑人築護此道。說賢而隱，代胥靡築之。」這兩處記載基本相同，都是說他為生活所迫，給人築牆修路。與此不同的是，《呂氏春秋．求人篇》和《史記．殷本紀》都說他本人就是「胥靡」（奴隸）。儘管說法不同，但有一點是相同的，這就是傳說當時的社會地位很低。

在《史記．殷本紀》中記載武丁訪賢得傳說的故事是很神奇的。武丁即位後，想復興殷朝，但一直沒有找到稱職的輔佐大臣。於是武丁三年不發表政見，政事由塚宰決定，自己審慎地觀察思考國家的發展方略。有一天夜裡，他夢見得到一位聖人，名叫說。白天他按照夢中見到的形象觀察群臣百官，沒有一個像那個聖人。於是，武丁派百官到民間去四處尋找，終於在傅險找到了說。這時候，說正服刑役，在傅險修路，百官把說帶來讓武丁看，武丁說正是這個人。找到說之後，武丁和他交談，發現果真是位賢聖之人，就舉用他擔任國相，很快，殷國便得到了很好的治理。後來，人們就用傅險這個地名來作說的姓，管他叫傅說。《孟子．告子下》有「傅說舉於版築之間」，指傅說從築牆的勞作中被發現他的智慧並被舉用。傅說感武丁知遇之恩，自然竭力盡心，施展才能，君臣相得，勵精圖治，終於使殷朝出現了繁榮昌盛的中興局面。

紂王是一個什麼樣的國君？

紂王名辛，是帝乙的少子，商朝的最後一位君主。帝乙逝世後，辛繼位，天下百姓都叫他「紂」，因為諡法上「紂」表示殘義損善。據《史記．殷本紀》記載，商紂王不僅天資聰明，辦事俐落，而且力氣超人，能空手與野獸搏鬥。但他非常自負，總是向群臣誇耀自己，以為天下沒有人能比得上他。

商紂王貪圖享樂，荒淫無度，喜好喝酒，沉迷於女色之中，常常徹夜嗜酒尋歡。他尤其寵愛妲己，對妲己言聽計從，對大臣們的話置若罔聞。妲己整日纏著商紂王尋歡作樂。為了討妲己的歡心，商紂王下令從各地收集各種奇珍異寶，不斷擴建宮廷的園林樓台。他在宮廷裡舉行各種大型宴會，表演各種音樂、舞蹈、遊戲。商紂王還讓人挖了許多大池子，然後用酒灌滿池子，可以供數千人狂飲，他還讓人把熟肉懸掛起來，看上去像樹林一樣，人們可隨便伸手摘取食用，這就是著名的「酒池肉林」。後來，人們常用「酒池肉林」來形容君主生活的荒淫無度。為滿足自己的淫樂，商紂王讓成群的男女赤身露體在「酒池肉林」中追逐戲耍，徹夜狂歡。

面對商紂王的荒淫無度，很多大臣都埋怨責備他，甚至背叛了他，商紂王於是加重刑罰。反對他的人，甚至向他提出勸諫的親信臣僚都被施以重刑，輕者終生殘疾，重者全家喪命。商紂王還設置了名叫「炮烙」

的酷刑，就是用青銅鑄造一根中間空的柱子，讓「罪人」赤腳在燒紅的銅柱子上走，走不過去的就掉到下面的火裡活活燒死。這就是《史記》中說的紂王「重刑辟，有炮格（烙）之法」。

《史記》中還記載「九侯女不憙淫，紂怒殺之」、「脯鄂侯」。原來商紂王的大臣九侯有一個美麗的女兒，九侯把她獻給了商紂王。後來商紂王因九侯的女兒看不慣自己的行為，一怒之下將她殺害，並把九侯也殺了，然後剁成肉醬，分賞給諸侯們吃。大臣鄂侯來勸阻，商紂王把鄂侯也做成了肉乾。從此再沒有大臣來勸諫了，商紂王更加淫亂。這時，商紂王的叔父比干說：「做大臣的，如果不能冒死勸諫國君，那還算什麼忠臣！」於是，比干態度強硬地勸諫商紂王。商紂王大怒說：「你這樣做是想當聖人吧？我聽說聖人的心臟有七個孔穴，我看看你有沒有。」說罷下令「剖比干，現其心」。

商紂王的殘暴激起了越來越多的諸侯的反對。此時，地處商朝西邊的一個屬國周日益強盛，並最終在牧野之戰中打敗商軍。商紂王在鹿台穿上他的寶玉衣，投火自焚而死。殘暴的商紂王自取滅亡，周朝正式取代了商朝。

第四章 西周時期

西周（西元前一〇六六年至七七一年）從武王滅商建國，到幽王亡國，共歷三百多年，是中華民族的一個重要時期，也是中華古典文明的興盛時期，物質文明、精神文明對後世歷史的發展有深遠的影響。

后稷誕生有哪些神奇傳說？

周族是渭河中遊興起的古老部落，周人的起源當從后稷說起。傳說周人的始祖后稷名「棄」。他的母親是有邰氏之女，名叫姜嫄，為黃帝的曾孫高辛氏帝嚳的元妃。姜嫄年輕時心靈手巧、楚楚動人，是遠近聞名的美女。一天，美麗善良的姜嫄帶著祭品來到郊野，她見到一個巨大的腳印在路中間，十分驚奇，便小心翼翼地踩著過去了，此後不久便懷孕生下一個兒子。因為姜嫄無夫生子，家人以為這是不祥之兆，就將這個孩子棄於小巷，想讓牛馬踐踏而死。可是，當牛馬走過時不但有意避過不願踩踏，而且還用乳汁餵養他。於是，家人又把他扔到樹林之中，但因許多人正在林中伐木而無法拋棄。最後他們就把這個孩子扔到了冰河之上，想把他凍死。可等家人走後，天空中飛來了許多鳥兒，牠們展開翅膀把孩子保護起來，用鬆軟的羽毛為他取暖。孩子得到溫暖，醒了過來，哇哇大哭起來，聲音十分洪亮。他的母親姜嫄聽到孩子的哭聲，傷心地流下了眼淚。她看到苦命的孩子幾次被拋棄，但都倖存了下來，以為他受神靈保佑，便把他抱回來哺養，並取名「棄」。

傳說這位周民族的祖先棄，生來就有種莊稼的天分。他從小就喜歡把那些野生的穀子、高粱、大豆、小麥及各種瓜果的種子收集起來，親自用小手種在地裡。說來也奇怪，凡是他種的五穀和瓜果，都長得茁壯肥大，秋後的收穫也特別多。長大以後，他還發明了幾種農具，像耕耜之類。家鄉的人都跟他學習耕作技術，從此食物有了保障。這件事由棄的家鄉傳到了有邰氏的各部落，後來一直傳到國君堯那裡。堯感謝棄為人民做了好事，就聘請他做農師的官。後來，繼承堯做了國君的舜又把邰這個地方封給他，讓他做諸侯，為后稷。「後」是首領、諸侯的意思，「稷」是五穀的總稱，所以「后稷」是善種五穀的首領或諸侯之意。后稷死後，被人們奉為農神來祭祀。

公劉為什麼率領周族遷徙到豳？

周部族誕生以後，為了自身繁衍和發展的需要，曾經幾度遷徙，在經歷了一次次離鄉背井的痛苦之後，他們一次次創建新的家園，從困境走向新生，走向強大。

公劉是周部族的祖先，相傳為后稷的曾孫，鞠的兒子。公劉之時，周部族處於戎、狄之間，時刻受到他們的威脅。而且當時的周部族以畜牧業為生，而公劉卻始終對放牧的生活方式不感興趣，時刻想唸著太祖后稷重視農業生產的傳統。為了躲避異族的威脅，找到適合發展農業的地方，公劉帶領部族跋山涉水，遷徙到渭河對面的豳（今陝西旬邑西南），此處有山有水，土地肥沃，適合從事農業生產，公劉部族便在這裡安居樂業了。

公劉在豳地發展農業，據說當時的人們已經學會使用隕鐵製作的生產工具了，這樣就大大地促進了周部族生產力的發展。公劉繼承了后稷的傳統，重視農業發展，為後代周族的強盛打下了良好的基礎。周族的後代銘記公劉的偉大功績，這在《史記》和《詩經．大雅．公劉》中均有記載。

古公亶父為什麼率領周族從豳遷徙到岐？

古公亶父是公劉的九代孫，他出生在公劉邑，是周文王姬昌的祖父，季歷的父親，後人稱其為太王。他繼承了周祖遺風，繼續致力於豳地的開發，是公劉之後又一位勤政愛民的傑出首領。

古公亶父的生活起居異常樸實，他非常關心周族的下層勞動人民，平時不住宮室，常與普通氏族成員一起住在簡陋的窯洞裡。每年春天，他和妻子一起親自到田間耕作。夏天暴雨傾盆，他與青壯年一起加固堤堰，疏濬河道。秋日黃葉飄零，他帶領大家儲藏糧食。等到冬季大雪紛飛，他又忙著訪疾問苦。他的美德如太陽的光輝溫暖著周族的人民。

《史記．周本紀》載，古公亶父「積德行義，國人皆戴之。」當時的戎狄獯育部落攻之，「欲得財物」。給了財物以後，他們還不滿足，又要再來進攻，欲得地與民。豳地百姓被激怒了，紛紛主張打仗。這時，古公說：「老百姓擁立君主，是希望君主保護老百姓的福利。現在戎狄想來攻打我們，是因為我有了土地和老百姓。老百姓在我這裡，和在他那裡，只要生活得好，那有什麼關係呢？現在老百姓們為了我個人的原因去打仗，用殺死別人父子的手段去達到我當君主的目地，這樣的事我不忍心去做！」他不忍看到雙方人民在戰場上流血犧牲，經反覆思量，採取了妥協退讓的政策，決定把世代居住的豳地讓給獯育，自己向南遷移。他對人民說：「你們願意跟我向南遷移的，我歡迎，不願意的就留下。」許多民眾都表示願意跟古公南遷。

在綿綿秋雨中，豳地的人們成群結隊，扶老攜幼，帶著農具和財物，跟隨古公離開了豳地，南下岐山周原。古公在周原與妻子太姜一起察看地形，安頓居民，規劃土地，發展農業生產，並重建城池和宮室，使周原成為西岐的第一大城。他還在城中建了宗廟，定法度，設官署，一時間，周原便呈現一派祥和鼎盛的景象。附近的各族人民，風聞古公忠厚愛民，紛紛前來歸附。

西伯姬昌是如何治理周族的？

周太王古公亶父生有三個兒子，長子泰伯、次子仲雍、三子季歷。後來古公傳位於季歷，季歷娶太任，生下一個兒子，就是姬昌。姬昌即後來的周文王，季歷死後由他繼承西伯侯之位，又稱伯昌，在位五十年。《史記．周本紀》說他能繼承后稷、公劉開創的事業，仿效祖父古公亶父和父親季歷制定的法度，實行仁政，敬老愛幼，禮賢下士，治理岐山下的周族根據地。在治岐期間，姬昌對內奉行德治，提倡「懷保小民」，大力發展農業生產，採用「九一而助」的政策，商人往來不收關稅，有人犯罪妻子不連坐等，實行著封建制度初期的政治，即裕民政治。姬昌對外招賢納士，許多其他部落的人才以及從商紂王朝來投奔的賢士，他都以禮相待，予以任用。如伯夷、叔齊、太顛、閎夭、散宜生、鬻熊、辛甲等人，都先後歸附姬昌。姬昌自己生活勤儉，穿普通人穿的衣服，還到田間勞動，兢兢業業治理自己的國家。岐周在他的治理下，國力日漸強大。

西周國力的不斷壯大，引起了商王朝的不安。商紂王的親信讒臣崇侯虎暗中向紂王進言說，西伯侯到處行善，樹立自己的威信，諸侯都嚮往他，恐怕不利於商王。紂王於是將姬昌拘於羑里（今河南湯陰縣）。他在囚禁中，精心致力「演易之六十四卦，各為彖。」周臣閎夭等人為營救文王出獄，搜求美女、寶馬、珠玉獻給紂王。紂王見了大喜：「僅此一物（指美女）就足夠了，何況寶物如此之多！」於是下令赦免文王出獄，並賞給他弓、矢、斧、鉞，授權他討伐不聽命的諸侯。這就是史書中說的文王「羑里之厄」。

姬昌回國之後就獻出洛水以西的土地，請求商紂王廢除了炮烙之刑。姬昌又暗中行善，諸侯都來請他裁決爭端。當時，虞國人和芮國人發生爭執不能斷決，就一造成周國來。進入周國境後，發現周國種田的人都互讓田界，人們都有謙讓長者的習慣。虞、芮兩國發生爭執的人，還沒有見到姬昌就覺得十分慚愧，都說：「我們所爭的，正是周國人所羞恥的，我們還找姬昌做什麼，這只是自討恥辱罷了。」於是各自返回，都把田地讓出然後離去。諸侯聽說了這件事之後，對姬昌更為敬重。

隨後幾年，姬昌先後征伐了幾個周邊民族。商朝的祖伊聽說之後就向商紂進諫讓他提防姬昌，但商紂並沒有聽取他的意見。姬昌又營建了豐邑，從岐下遷都到豐。在基本做好伐紂的準備之後，姬昌也去世了。

磻溪垂釣是怎麼回事？

姜尚是周文王和周武王時期的政治家、軍事家和謀略家。相傳姜尚的先世為貴族，在舜時為官，因功被封於呂（今河南南陽），故為呂氏，名呂尚。後來家道中落，至姜尚時已淪為貧民。為維持生計，姜尚年輕時曾在商都朝歌（今河南淇縣）宰牛賣肉，又到孟津（今河南孟津縣東北）做過賣酒生意。他雖貧寒，但胸懷大志，勤奮好學，始終不倦地研究、探討治國興邦之道，以期有朝一日能夠大展宏圖，為國效力。直到暮年，終於得到了施展才華的機會。

當時，正是東方大國殷商王朝走向衰亡的時期。商紂王暴虐無道，荒淫無度，朝政腐敗，社會黑暗，經濟崩潰，民不聊生，怨聲載道。而西部的周國由於西伯姬昌倡行仁政，發展經濟，實行勤儉立國和裕民政策，社會清明，人心安定，國勢日強，天下民眾傾心於周，四邊諸侯紛紛歸附。壯心不已的姜尚獲悉姬昌為了治國興邦，正在廣求天下賢能之士，便毅然離開商朝，來到渭水之濱的西周領地，棲身於磻溪，終日以垂釣為事，以靜觀世態的變化，伺機而出。一天，姜尚在磻溪垂釣時，恰遇到此遊獵的西伯姬昌，二人不期而遇，談得十分投機。姬昌見姜尚學識淵博，通曉歷史和時勢，便向他請教治國興邦的良策，姜尚當即提出了「三常」之說：「一曰君以舉賢為常，二曰官以任賢為常；三曰士以敬賢為常。」意思是，要治國興邦，必須以賢為本，重視發掘、使用人才。姬昌聽後甚喜，說道：「我先君太公預言，『當有聖人至周，周才得以興盛。』您就是那位聖人吧？我太公望子（盼望先生）久矣！」於是，姬昌親自把姜尚扶上車，一起回宮，拜為太師，稱「太公望」。

武王是如何伐紂的？

西元前一〇六二年，殷商王朝統治集團核心發生內訌，良臣比干被殺，箕子被囚為奴，微子啟懼禍出逃，太師疵、少師強投降周武王。武王問姜尚：「殷大臣或死或逃，紂王是否可伐？」姜尚答道：「天與不取，反受其咎；時至不行，反受賓殃。」武王聞言，決意舉兵伐紂。他遍告諸侯說：「殷有重罪，不可以不畢伐。」遂以姜尚為主帥，統領兵車三百乘，虎賁（猛士）三千名，甲士四萬五千人，以「弔民伐罪」為號召，聯合諸侯各國，出兵進取商都。但占卜結果卻不吉利，部隊行至汜水牛頭山，風甚雷疾，旗折鼓毀，群公疑懼，有人甚至請求還師。只有姜尚堅持出兵，「今紂刳比干，囚箕子，伐之有何不可？舉事而得時，則不看時日而事利，不假卜筮而事吉，枯草朽骨，安可知乎！」他說那些占卜用的龜甲和蓍草根本不懂什麼吉凶。姜尚親自援袍而鼓，率眾先涉河，武王最終聽從了姜尚的意見，統兵前進。

二月甲子（二月五日），周武王率領大軍會合庸、蜀、羌、微、盧、彭、濮等方國部隊戰車四千乘陳師牧野（商都朝歌七十里，今河南淇縣南），與紂王的十七萬大軍展開決戰。拂曉，武王進行莊嚴的誓師——這便是歷史上有名的「牧誓」。誓詞歷數紂王聽信寵姬讒言，招誘四方罪人和逃亡奴隸，暴虐地殘害百姓等罪行，說明伐紂的目的乃代天行罰，宣布戰法和紀律要求，激勵戰士勇猛果敢作戰。武王使尚父親統百名精銳勇士「致師」——發起挑戰，接著指揮戎車三百乘、虎賁三千名，甲士四萬五千人乘勢馳逐衝擊。紂師雖眾，皆無鬥志，而且「前徒倒戈」——前面的士卒調轉槍頭指向商軍，給武王開路。武王見此情景，指揮全軍奮勇衝殺，結果，商紂王的十幾萬大軍，當天就崩潰瓦解。紂王見大勢已去，連夜倉皇逃走，與妃子妲己一起在鹿台投火自焚。至此，殷商王朝宣告滅亡，西周王朝誕生。

伯夷、叔齊為什麼不食周粟？

武王伐紂後，妥善安置了商朝的後代，分封了一些諸侯國，百姓開始安居樂業。但有兩個人卻發誓不食周粟，最後活活餓死，他們就是伯夷、叔齊。孔子讚歎他們說：「不放棄自己信奉的理想，不同流合汙玷辱自己，伯夷和叔齊就是這樣的人啊！」那麼，伯夷、叔齊是什麼人？他們為什麼不食周粟呢？

伯夷和叔齊都是孤竹國的王子，分別為國君的長子和三子。孤竹國國君十分喜愛叔齊，並有意讓叔齊繼承國君之位。在他臨終時，留下遺命，指定叔齊即位。叔齊謙恭禮讓，堅持要大哥伯夷即位。伯夷說：「叔齊即位，是父親的遺命，我不能違背父親的遺願！」於是離家出走。叔齊見大哥出走，他也不當國君，索性打點行裝追隨伯夷去了。但是國家不可一日無君，孤竹國的大臣們只得擁立孤竹國國君的次子即位為君。

叔齊找到伯夷之後，知道孤竹國是不能再回去了，那到何處安身呢？他們聽說周文王行善積德，禮賢下士，於是決定去投奔周文王。當兄弟二人風塵僕僕地來到周時，周文王早已逝世，正遇上周武王用車載著周文王的靈位去討伐商紂王。他們兄弟二人立即上前，拉住馬的轡繩勸阻武王說：「你的父親死去後不安葬，卻大動干戈，能說是孝嗎？身為商紂的大臣，而興兵弒君，能說是仁嗎？」武王左右的將士一聽他倆說出這麼一番話來，拿起長矛就刺。姜太公忙說：「他們兩位是仁義之士，不能殺！」

周武王滅亡商朝後，建立了周王朝，天下諸侯和百姓也都承認周武王的天子地位，但伯夷和叔齊卻以此為恥。他們認為自己沒能制止周武王這種不道義的行為，於是決定隱居首陽山（在今山西永濟），做殷商的遺民，而不當周朝的順民。為了和周朝徹底劃清界限，伯夷和叔齊還決定，今後不再吃周朝的糧食，結果兄弟二人就這樣活活餓死在首陽山上了。

周公為什麼要攝政？

周公旦是周武王姬發的弟弟。他在周滅商之戰中，「常左翼武王，用事居多。」滅商兩年後，武王病死，其子成王年幼，由周公攝政。武王的另外兩個弟弟管叔和蔡叔心中不服。他們散布流言蜚語，說周公有野心，有可能謀害成王，篡奪王位。周公聞言，便對太公望和召公爽說：「我所以不顧個人得失而承擔攝政重任，是怕天下不穩。如果江山變亂，生靈塗炭，我怎麼能對得起列祖列宗和武王對我的重託呢？」

不久，管叔、蔡叔勾結紂王的兒子武庚，並聯合東夷部族反叛周朝。周公奉成王命，率師東征。經三年的艱苦作戰，終於平定了叛亂，征服了東方諸國，收降了大批商朝貴族，同時斬殺了管叔、武庚，放逐了蔡叔，鞏固了周朝的統治。周公旦平亂以後，為了加強對東方的控制，正式建議成王把國都遷到雒邑（今洛陽）。同時把在戰爭中俘獲的大批商朝貴族即「殷頑民」遷居雒邑，派召公爽在雒邑駐兵八師，對他們加強監督。另外，周公旦封小弟康叔為衛君，令其駐守故商墟，以管理那裡的商朝遺民。他告誡年幼的康叔：商朝之所以滅亡，是由於紂王酗於酒，淫於婦，以至於朝綱混亂，諸侯舉義。他囑咐說：「你到殷墟後，首先要尋訪那裡的賢人長者，向他們討教商朝前興後亡的原因；其次務必要愛民。」周公旦又把上述囑言寫成《康誥》、《酒誥》、《梓材》三篇，作為法則送給康叔。康叔到殷墟後，牢記周公旦的叮囑，生活儉樸，愛護百姓，使當地百姓安居樂業。建都雒邑後，周公旦開始實行封邦建國的方針。他先後建置七十一個封國，把武王十五個兄弟和十六個功臣封到封國去做諸侯，以作為捍衛王室的屏藩。另外在封國內普遍推行井田制，將土地統一規劃，此舉大大地鞏固和加強了周王朝的經濟基礎。

周公旦攝政六年，成王已經長大，他決定還政於成王。在還政前，周公作《無逸》，以殷商的滅亡為前車之鑒，告誡成王要先知「稼穡之艱難」，不要縱情於聲色、安逸、遊玩和田獵。然後「還政成王，北面就臣位」。周公旦退位後，把主要精力用於制禮作樂，繼續完善各種典章法規。年老病終前，他還叮囑說：「一定要把我葬在雒邑，以表示我至死也不能離開成王。」

「成康之治」是怎麼回事？

周公功成身退，還政於成王，周朝進入鞏固時期。成王姬誦在位後期，政治清明，人民安居樂業。後來，姬誦病倒，擔心兒子姬釗不能勝任國事，於是下令召公、畢公用心輔佐。不久，姬誦病死，康王姬釗繼位。召公、畢公率領諸侯，陪姬釗來到祖廟，把文王、武王創業的艱辛告訴康王，告誡他要節儉寡慾，勤於政事，守住祖先的基業。

姬釗在位時，不斷攻伐東南各地的少數民族，掠奪奴隸和土地，分賞給諸侯、大夫。在一次大戰中，周軍俘虜了犬戎兵一萬三千多人。為了慶祝勝利，康王賞給參戰的貴族盂以一千七百多名俘虜，作為奴隸使用，並將此事用長達二百九十一個文字鑄在鼎上。這只鼎在清朝中期被發掘出來，現陳列在國家博物館。康王在位期間，國力強盛，經濟繁榮，文化昌盛，社會安定。後世將這段時期和成王末年的統治稱為「成康之治」。

周昭王是怎麼死的？

康王死後，昭王姬瑕繼位。姬瑕自幼養尊處優，繼位後又沒有賢臣輔佐，所以生活很快就奢侈荒唐起來。昭王有一個最大的嗜好，那就是酷愛奇花異草、飛禽走獸。不少佞臣就投其所好，今天奉獻珍禽，明天貢上異獸，以博取賞賜和升官。有時，一聽到什麼地方有珍禽異獸，昭王就立刻扔下朝政，趕去捕獵。日久，終導致國力衰落，政治昏暗，一些諸侯開始不聽他的命令，並且中斷了貢奉。但昭王對此不聞不問，依然我行我素。

西元前九八二年，臣下奏告說，南方有一名為越裳氏的部落，出產一種羽毛潔白、肉味鮮美的珍禽，名叫白雉雞，成王時他們常拿來進貢，如今南方的楚國強盛起來，從中作梗，越裳氏的進貢因此中斷。昭王大怒，馬上親率大軍南征楚國，一路上強徵百姓運輸糧草，撐船拉縴，供應食品，提供美酒，並且徵用了漁民的船隻，用完之後竟將船鑿沉，引起了百姓的憤怒。昭王渡過漢水，進攻楚國都城丹陽，屢攻不克。此時，恰巧楚王擔心敵不過周天子，派人前來請罪。昭王也就順水推舟，斥責了楚王一番，然後在楚國境內搶劫了百姓的大批財物，聲稱戰勝而班師回朝。

昭王一路遊獵，回到漢水邊上，命令部下再次強徵民船。船民含恨挑出了一些船隻，將它們拆散，再用膠水黏合，又用彩色圖案將痕跡掩蓋起來，讓昭王的部下把這些船拉走。昭王和將士登上船隻，行到江心，膠水經江水浸泡溶解，船板紛紛散裂，船隻下沉，昭王和大臣也跌落在江中。昭王不諳水性，穿著又很笨重，落水後掙扎了幾下就直往下沉。等到昭王被救上岸來時，已經腹脹如鼓，氣絕身亡。大臣們認為昭王的死非常不體面，不能公布真相，於是草草地將他埋葬，並對外謊稱是得急病而死。

周穆王是怎樣一位君主？

周昭王立的是穆王滿，他在位長達五十五年之久。穆王好大喜功，曾因游牧民族戎狄不向周朝進貢而西征犬戎，俘虜他們的五個王，並把他們遷居到太原。東方的徐國率領九夷侵擾周朝邊境，穆王透過聯合楚國的力量，平定了叛亂。

周穆王是個旅行家，喜好遊山玩水。據說他以造父為車伕，駕著八匹千里馬，帶著七隊選拔出來的勇士，攜帶供沿途賞賜用的大量珍寶，先北遊到今天的內蒙古境內，再折向西巡，遊覽了今天新疆境內的許多名山大川，傳說到了崑崙山西王母國，受到西王母的隆重接待。西王母在瑤池為穆王設宴，飲酒吟詩，共頌友誼，又登山眺望遠景，在山頂大石上，穆王刻了「西王母之國」五個大字作為紀念。然後，穆王繼續西進到大曠原，獵到了許多珍禽異獸後，返程東歸，回到鎬京。穆王西巡歷時兩年多，行程三萬五千多里，是歷史上的偉大壯舉，沿途所經邦國，都受到了當地人民的熱情接待。這些記載說明了當時中國的地域已經相當遼闊，中原的華夏族和西部各民族很早就相互往來，關係密切，共同創造著中華文明。

穆王遠遊耗費了大量財物，致使國庫虧空，但是在許多場合，穆王又不得不維持著天子的尊嚴。為了表示賞罰分明，他不得不將都城附近的土地陸續分封給諸侯和大夫，使自己直接支配的地域越來越小，收入越來越少，到周共王時，周王朝呈現衰敗的跡象。夷王由於諸侯的支持而登上王位，因此對諸侯十分感激，他一改以前朝見時，天子站在堂上受諸侯禮拜的慣例，變為步下堂來和諸侯相見，天子的威嚴大為下降。被穆王遷居太原一帶的犬戎諸部也不斷反叛，夷王雖然幾次派兵征討，但隱患始終未除。

厲王弭謗是怎麼回事？

周厲王是西周第十位國王，名胡，是周夷王的兒子，在位三十七年。西周中期以後，由於生產力的發展，一些山川林澤和荒地已被開墾出來加以使用，成了貴族和國人的私田。隨著占有欲的增加，他們還把原來占有的國有土地逐漸私有化，當成了私田。周厲王在位時，這個問題日益嚴重，而周厲王為了滿足自己奢侈的生活，總是不斷聚斂更多的財富。

當時周王朝有一個叫榮夷公的大臣，很有聚斂財富的本事，他為周厲王出主意：重申土地國有的傳統法度，明確山川林澤、荒地及其中生產的各種產品都是國王的專有利益。這樣，周厲王便在土地國有的招牌下，公然侵奪貴族的私田、產品和奴隸，變為王有，而一般平民也不得在山林砍柴打獵，不得在河流中捕魚。這種做法激起了貴族和國人的不滿，社會矛盾激化。一個叫芮良夫的大夫勸諫周厲王不要聽信榮夷公的話，立即廢除有關「專利」的各項規定。可是，周厲王為新增加的大量財富迷住了心竅，根本聽不進芮良夫的肺腑之言，他不僅沒有疏遠榮夷公，相反還提拔他做了朝廷的卿士。

周厲王的暴虐無道終於激起了廣大國人的憤慨，國人都公開議論他的過失。召公勸諫說：「人民忍受不了您的法令了！」厲王發怒，找來一個衛國的巫師，讓他來監視那些議論的人，發現了後就來報告，立即殺掉。這樣一來，議論的人少了，可是諸侯也不來朝拜了。後來，厲王更加嚴苛，國人沒有誰再敢開口說話，路上相見也只能互遞眼色示意而已。厲王見此非常高興，告訴召公說：「我能消除人們對我的議論了，他們都不敢說話了。」召公說：「這只是把他們的話堵回去了！」並警告說：「防民之口，甚於防川。」可是，一意孤行的周厲王根本聽不進去。

周厲王實行「專利」，增加了王室的收入，卻損害了貴族及國人的利益，因而喪失了民心。在周厲王推行的高壓政策下，人們敢怒而不敢言，表面上看國中安定無事，實際上一場大的動亂已經在醞釀之中了。

周厲王時國人為什麼要暴動？

厲王和榮夷公的暴政日甚一日，過了三年，也就是西元前八四一年，國人終於忍無可忍，舉行了一次大規模的暴動，歷史上稱為「國人暴動」。都城四郊的「國人」自發地集結起來，手持棍棒、農具，從四面八方撲向王宮，向厲王討要說法。聽到由遠而近的呼喊聲，厲王急忙下令調兵遣將。臣下回答說：「我們周朝寓兵於平民，平民就是兵，兵就是平民。現在平民暴動了，還能調集誰呢？」厲王這才知道大禍臨頭，匆忙帶著宮眷逃出都城，沿著渭水河岸，日夜不停地逃到了彘（今山西霍州市）。

憤怒的國人在宮中沒有找到周厲王，便把仇恨發洩在他的家人身上。這時有人發現周厲王的兒子太子靜逃進了召公家中，於是國人包圍召公的家，要求召公交出太子靜。召公的先祖世代都是周王朝的重臣，召公本人也對周王室忠心耿耿，他雖然對周厲王不聽勸諫導致這場災難十分怨憤，但為了周王室的利益，還是藏起了太子靜，而讓自己的兒子換上太子靜的衣服，把他假裝成太子靜交給國人，結果被國人打死了。

這次暴動波及甚廣，是一次有廣泛社會階層民眾參加的行動，是對周厲王暴虐統治的致命打擊，使周王朝幾遭滅頂之災。周厲王的「暴虐侈傲」固然是國人暴動的直接原因，但決定性的因素卻在於新的社會勢力的興起。這個階層迫切要求保障自己的經濟利益和政治上的一定權力，然而厲王採取了暴虐壓制措施，損害了許多社會階層的利益，這正是暴動發生的根本原因。

西周時的「共和」是怎麼回事？

周厲王出逃在外，太子靜雖得到保護，但一時也無法公開身分來繼周王之位，周朝歷史上出現了一個朝廷中沒有國王的政治空白期。周朝的貴族們為了解決這個問題，舉行了一次特別會議，會上決定由德高望重的周公和召公共同代行國政，史稱「共和行政」。共和行政期間，革除了周厲王推行的一些弊政，各種矛盾得到緩和，周王朝經濟有所恢復和發展。

西元前八二八年，周厲王在彘死去，誰來繼承王位的問題又被提上了議事日程。這時召公把當年讓自己的兒子代替太子赴死的真相講了出來，並把在自己家中躲藏了十四年的太子靜帶到貴族們面前，提出仍由他繼承王位。太子靜當年還是一個小孩子，周厲王的暴政本來就與他無關，只是國人一時遷怒於他而已。

現在經過召公十四年的培養教育，太子靜已成為一個頗具才幹的青年，於是貴族們一致擁立他做了國王，這就是周宣王。

「共和行政」不僅在結束周厲王的暴政、開啟周宣王的中興局面中有著不可磨滅的功績，它還作為歷史上最早有明確紀年的開端而受到史家的重視。在此之前的歷史，只有王號而沒有年代，從共和元年開始，後來的歷史都記載了國王或皇帝在位的年數，使中國古代的歷史有了準確的繫年，這是一個很有歷史意義的大事。共和元年這個有重大歷史意義的年分，就是西元前八四一年。

周宣王「中興」是怎麼回事？

周宣王即位之後，在周公和召公的輔佐下，繼續革除厲王時的弊政。他要求大臣在處理政事時，要廣開言路，使下情上達；又警告他們在徵收賦稅時，不要中飽私囊，魚肉百姓。這些禁令還被鄭重地銘刻在毛公鼎上。周宣王勵精圖治，努力恢復西周初年先王建立的良好傳統，使國家逐步強盛起來，周王朝的威望也提高了。這就是歷史上所說的「宣王中興」。

宣王的主要功績是討伐侵擾周朝的戎、狄和淮夷。西元前八二四年，宣王以秦仲為大夫，攻西戎，被殺。宣王又命其子秦莊公兄弟五人伐西戎，得勝。西元前八二三年，宣王與尹吉甫一起伐西戎於彭衙（今陝西澄城西北）。尹吉甫率師直攻至太原（今甘肅鎮原一帶），迫使西戎向西北退走。對於侵犯江漢地區的淮夷，周宣王命召穆公及卿士南仲、大師皇父、大司馬程伯休父等率軍討伐，沿淮水東行，使當地大小方國中最強大的徐國臣服。西元前八一〇年，南仲派駒父、高父前往淮夷，各方國都迎接王命，並進獻財物。其時，宣王還命方叔率師征伐荊蠻（即楚國）。為了鞏固對南土的統治，宣王將其舅申伯徙封於謝（今河南南陽）。西元前八〇六年，繼續西周早年的分封，封其弟友於鄭（今陝西華縣東）。西元前七八九年，伐姜戎時，在千畝原戰敗，「盡喪南國之師」。為補充兵員，重整軍隊，挽救危機，於同年實行「料民於太原」的措施，即在太原一帶檢查戶口，對人丁嚴加控制，使其服軍役。

宣王執政期間，戰爭頻繁，導致田園荒蕪，民不聊生。表面上看，宣王在軍事上取得了一定的勝利，實際上是內外交困，再加上連年旱災，周王朝已到了崩潰的邊緣。宣王死後幽王即位，社會矛盾進一步激化，終於導致西周的覆亡。

烽火戲諸侯是怎麼回事？

西元前七七九年，周幽王征伐有褒國，褒人獻出美女褒姒乞降，幽王愛如掌上明珠，立為妃，寵冠周王宮。

然而，褒姒自從進宮以後，一直悶悶不樂，沒有露過一次笑臉。幽王想盡辦法讓她笑，但她怎麼也笑不出來。於是，周幽王懸賞天下：有誰能讓王妃娘娘笑一下，就賞他一千兩金子。有個馬屁精叫虢石父，替周幽王想了一個鬼主意。原來，周王朝為了防備犬戎的進攻，在驪山一帶造了二十多座烽火台，每隔幾里地就是一座。如果犬戎打過來，把守第一道關的兵士就把烽火燒起來；第二道關上的兵士見到煙火，也把烽火燒起來。這樣一個接一個點著烽火，附近的諸侯見到了，就會發兵來救。虢石父對周幽王說：「現在天下太平，烽火台長久沒有使用了。我想請大王跟娘娘上驪山去玩幾天。到了晚上，咱們把烽火點起來，讓附近的諸侯見了趕來，上個大當。娘娘見了這麼多兵馬撲了個空，一定會笑起來。」周幽王拍著手說：「好極了，就這麼辦吧！」

周幽王和褒姒上了驪山，真的在驪山上把烽火點了起來。臨近的諸侯得知這個警報，以為犬戎打過來了，立即帶領兵馬來救。沒想到趕到那裡，連一個犬戎兵的影子也沒有，只聽到山上一陣陣奏樂和唱歌的聲音，將士們都愣了。幽王派人告訴他們說：「辛苦了大家，這裡沒什麼事，不過是大王和王妃放煙火玩，你們回去吧！」諸侯知道上了當，憋了一肚子氣回去了。褒姒不知道他們在做什麼，看見驪山腳下來了好幾路兵馬，亂哄哄的樣子，就問幽王是怎麼回事。幽王一五一十告訴了她。褒姒真的笑了一下。幽王見褒姒開了笑臉，就賞給虢石父一千兩金子。

幽王寵著褒姒，後來乾脆把王后和太子廢了，立褒姒為王后，立褒姒生的兒子伯服為太子。申侯聽說幽王廢了她女兒和外孫，趕到京師勸諫，反被幽王罵了一通，還要出兵去伐申國。但申侯獲知後來了個先下手為強，他聯合西狄、犬戎率軍直逼京師，幽王嚇得和褒姒倉皇逃到驪山，急令再點狼煙。諸侯望見，以為又是幽王和褒姒作戲，沒有一個來救的。犬戎兵一到，鎬京的兵馬不多，勉強抵擋了一陣，便被犬戎兵打得落花流水。犬戎的人馬像潮水一樣湧進城來，把周幽王、虢石父和褒姒生的伯服殺了，褒姒也給搶走了。到這時，諸侯們知道犬戎真的打進了鎬京，這才聯合起來，帶著大隊人馬來救。犬戎的首領看到諸侯的大軍到了，就命令手下的人把周朝多年聚斂起來的財物一搶而空，放了一把火才退走。就這樣，西周滅亡了。

西周的滅亡給中國歷史帶來了一個嶄新的局面：周王朝很快便失去了對各個諸侯國的控制，華夏大地的政治格局呈現出紛繁複雜的局面：先是霸主蜂起，春秋五霸逐個登上政治舞台，接著就是戰國七雄爭霸天下，各種政治勢力、思想流派竟相表達自己的主張。

第五章 春秋爭霸

從西元前七七〇年到西元前四七六年，歷史上稱為春秋時代。在這二百九十多年間，社會風雷激盪，可以說是烽煙四起，戰火連天。相傳春秋初期諸侯列國一百四十多個，經過連年兼併，到後來只剩較大的幾個。這些大國之間互相攻伐，爭奪霸權。歷史上把先後稱霸的五個諸侯叫做「春秋五霸」。一直以來，對「春秋五霸」有不同的說法，我們採用的「五霸」說是指齊桓公、晉文公、楚莊王、吳王闔閭和越王勾踐。諸侯大國爭霸說明了周朝王權的削弱，春秋時期周朝王室開始衰微，甚至處於「禮壞樂崩」的境地。

一、春秋五霸之齊桓公

齊國是如何創建的？

齊國是中國二千多年前春秋戰國時期最強盛的國家。約西元前十一世紀，周武王封姜子牙於齊，都營丘（約在今山東淄博市東北），建立周代齊國。姜子牙獲得了周王的任命之後，並沒有感到心滿意足，反而有些不快，因為與今天的沿海發達內陸落後相反，在當時的周王朝，中原地帶是經濟發達地區，而齊的封地在東部沿海地區，遠離首都，屬於荒之地。姜子牙心裡不快，於是在上任的路上慢條斯理，一路遊山玩水，直到一天在旅館住宿時，旅館老闆的一席話提醒了他。

旅客老闆對精神不濟的姜子牙說：「我聽說時機難得而易失，這位客人睡得這樣安逸，恐怕不是去封國就任國君的吧？」姜子牙聽了此言，突然意識到自己做一個國君的責任，於是連夜穿衣上路趕往齊國，沒想到剛到齊國，就遇上外敵來犯。原來，齊地東部的一個叫做萊國的小國趁著姜子牙尚未到任渾水摸魚，興兵前來攻打，想要爭奪營丘，幸好姜子牙及時趕到，連忙組織軍隊打退了萊國。姜子牙在這時越發感激路上的那個旅館老闆的提醒，否則，後果就不堪設想了。有此教訓，姜子牙再也不敢有絲毫懈怠，於是開始兢兢業業地治理國家。

姜子牙在齊地採取了入鄉隨俗的治理措施。他修明政治，順應風俗，簡化禮儀，開放工商業，發展漁業、鹽業的優勢，因而獲得了人民的支持，在他的治理下，齊國後來成了諸侯中首屈一指的大國。姜子牙為齊國的發展奠定了一個良好的基礎，接下來即位的歷任齊國國君雖然偶有小動盪，但都基本上保持了齊國的持續發展。到周成王即位之時，管蔡二人發生叛亂，齊國幫助周成王平定了叛亂，然後又取得了征討各國的權力。

齊襄公為何要殺魯桓公？

齊襄公是春秋時代齊國第十四位國君，姓姜名諸兒，他是齊僖公的兒子、齊桓公的哥哥。齊國和魯國是鄰國，又都是大國，貴族間的嫁娶頻繁，同時又有很多怨恨導致的戰爭。齊襄公即位時，魯國的國君是魯桓公，魯桓公的夫人文姜是齊襄公的妹妹。西元前六九四年，魯桓公帶著夫人走訪齊國，其間魯桓公的夫人和齊襄公發生了私通。原來在桓公夫人嫁到魯國之前，襄公就和這位妹妹關係曖昧，趁著這次回娘家，兩人舊情復燃。由此可見，春秋時的道德人倫還沒有很強的約束。

但是，兩人私通的事情被魯桓公知道了，桓公夫人非常害怕，立刻告訴齊襄公。齊襄公絲毫沒有露出破綻，決定邀請魯桓公一起飲酒作樂，魯桓公畢竟是在人家的地盤上，便應邀前往。宴席上，魯桓公心事重重，悶悶不樂，齊襄公卻興致盎然，殷勤把盞，讓大臣們輪流勸酒，直把抑鬱寡歡的魯桓公灌得酩酊大醉。齊襄公派武士彭生抱魯桓公上車，送他回驛館。他盯著彭生，加重語氣說道：「一定要把魯國國君送到家，不得有絲毫差錯。」路上，彭生看左右無人，便遵照齊襄公的密令，用厚布毯子裹住魯桓公的頭，將魯桓公害死在車上。

齊襄公聞聽魯桓公已死，心中踏實下來，又假意啼哭，悲傷無比。一面命人將魯桓公的屍體厚殮入棺，一面派人到魯國報喪，說魯桓公暴病而亡，讓人前去迎回靈柩。其實，魯國的大臣們早已風聞齊襄公與文姜的醜事，猜到了魯桓公被害的真相。無奈自己國力弱小，齊國強大，武力征伐不得，只得派人前往迎回靈柩。魯國使臣提出請齊襄公處死彭生，齊襄公為掩蓋醜聞，當著魯國使者的面將彭生斬首。

齊襄公是怎樣被殺的？

齊襄公害死了魯桓公和彭生，最後自己也死於非命。當年齊襄公的父親齊僖公的同胞弟弟夷仲年早逝，僖公非常疼愛弟弟的兒子公孫無知，給公孫無知的待遇等同太子。僖公死後，太子諸兒立，是為齊襄公。齊襄公做太子時就和公孫無知不和，儘管自己是太子，但是公孫無知有僖公寵著，待遇與太子同等，二人常因此發生爭鬥。襄公一即位就把公孫無知的太子待遇取消了，公孫無知懷恨在心，意欲尋機報復。

襄公派連稱、管至父駐守葵丘，約定七月瓜熟時前去，第二年瓜熟時派人去替換他們。他們前去駐守一年，瓜熟時期已過，襄公仍不派人去替換，二人非常生氣，遂透過公孫無知策劃叛亂。連稱有一堂妹在襄公宮內，不被寵幸，就讓她偵伺襄公，對她說：「事成以後讓你給無知當夫人。」西元前六八六年冬，襄公到姑棼遊玩，又到沛丘打獵。見一大豬，侍從說「是彭生」，襄公大怒，用箭射去，大豬如人站立而叫。襄公害怕，從車上摔下傷了腳，鞋子也掉了。回去後把管鞋的名叫「茀」的人鞭打三百下。茀出宮。無知、連稱、管至父等人聞知襄公受傷，就帶領徒眾來攻襲襄公宮。正遇管鞋的茀，茀說：「先不要進去以免驚動宮中，否則就不易再攻進去了。」無知不信此言，茀讓他驗看自己的傷痕，才被相信。他們等在宮外，讓茀先進去探聽。茀先入後，馬上讓襄公藏在屋門後。過了好久，無知等害怕，就進宮去。茀反而和宮中之人以及襄公的親信之臣反攻無知等人，未能得勝，全被殺死。無知進宮，找不到襄公。有人見屋門下露著人腳，開門一看，門後正是襄公。襄公就此被殺，無知自立為齊君。

第二年春，齊君無知到雍林遊玩。雍林有人曾怨恨無知，等到無知去遊玩時，雍林人偷襲殺死無知，並向齊國大夫宣告說：「無知殺死襄公自立為君，我已將他處死。請大夫們改立其他公子中該即位的，我唯命是從。」

公子小白是如何登上王位的？

齊桓公公子小白和公子糾是齊襄公的兩個弟弟，他們各有一個很有才能的師傅。西元前六八六年，公子糾跟著他的師傅管仲到魯國去避難，公子小白則跟著他的師傅鮑叔牙逃往莒國。不久，齊國發生大亂，襄公被殺，公孫無知自立為君。第二年，大臣們又殺了新君，齊國一時無君。

兩個逃亡在外的公子見時機成熟，都想盡快回國，以便奪取國君的寶座。齊國在公孫無知死後，商議擁立新君的各派勢力中，正卿高溪勢力最大，他和公子小白自幼相好。高溪又同另一個大夫國氏勾結，暗中派人急去莒國請公子小白回國繼位。公子小白接信後又和鮑叔牙仔細分析國內形勢，然後向莒國借了兵車，日夜兼程回國。魯莊公知道齊國無君後，也萬分焦急，立即派兵護送公子糾回國。後來發現公子小白

管鮑之交為什麼成為千古佳話？

已經先出發回國，管仲於是決定先行，親率三十乘兵車到莒國通往齊國的路上去截擊公子小白。人馬過即墨三十餘里，正遇見公子小白的大隊車馬。管仲非常沉著，等公子小白車馬走近，就搭箭對準小白射去，一箭射中，公子小白應聲倒下。管仲見公子小白已被射死，就率領人馬回去並派人飛報魯國。魯國護送公子糾的部隊速度就放慢了，六天後才到齊國。

其實，公子小白並沒有死，管仲一箭射到他的銅製衣帶勾上，公子小白急中生智倒下裝死。經此一驚，公子小白與鮑叔牙更加警惕，飛速向齊國挺進。當他們來到臨淄時，由鮑叔牙先進城裡勸說，齊國正卿高氏和國氏都同意擁立公子小白為國君，於是公子小白就進了城，順利地登上君位，這就是歷史上有名的齊桓公。

管鮑之交為什麼成為千古佳話？

齊國的國君齊桓公是春秋時代的第一個霸主，齊桓公能成功的重要原因之一是他有兩個得力的助手——管仲和鮑叔牙。

管仲和鮑叔牙是好友。早年兩人合夥經商，管仲少出資而多分利，鮑叔牙知道管仲是為了奉養老母，而不是貪心；鮑叔牙聽取管仲謀略，遭到失敗，鮑叔牙認為是時機不對，而不是管仲無能；從軍打仗，管仲臨陣逃脫，鮑叔牙認為管仲是掛念老母，而不是怕死；管仲三次被罷官，鮑叔牙認為是君主不明，而不是管仲無才。

後來，公子小白當上國君之後，就讓魯國把公子糾殺死，把管仲囚禁起來。齊桓公想讓鮑叔牙當丞相，幫助他治理國家。鮑叔牙卻認為自己沒有當丞相的能力。他大力舉薦被囚禁在魯國的管仲。齊桓公終於被鮑叔牙說服了，把管仲接回齊國。管仲回到齊國，當了丞相，而鮑叔牙卻甘心做管仲的助手。在管仲和鮑叔牙的合力治理下，齊國成為諸侯國中最強大的國家，齊桓公成為諸侯王中的霸主。

從此，管仲和鮑叔牙之間深厚的友情，逐漸成為世代流傳的佳話，人們常常用「管鮑之交」來形容自己與好朋友之間親密無間、彼此信任的關係。

管仲是怎樣治理齊國的？

管仲在被齊桓公任為丞相後，所做的第一件事便是大力發展齊國的經濟。管仲廢除了齊國原先保留的公田制，實行按土地肥瘠定賦稅輕重的土地稅收政策，使賦稅趨於合理，從而提高了人民生產的積極性。他設鹽官煮鹽，設鐵官制農具，發展漁業，由國家鑄造錢幣調節物價，推動商品流通；鼓勵商民與境外的貿易，齊國的經濟得到很快發展。

其次，齊國地理位置不是很好，卻因為各代君主、大臣善於經營而成為人口眾多的大國，所以民意就顯得非常重要。管仲認為，為政者須「與俗同好惡……下令如流水之原（源），令順民心。論卑而易行，俗之所欲，因而予之；俗之所否，因而去之。」即百姓喜歡的就鼓勵，百姓厭惡的就廢除，法令、政策的頒布和實施應以百姓的喜惡為準繩。

軍隊方面，管仲規定每年春秋以狩獵來訓練軍隊，於是提高了軍隊的戰鬥力。同時又規定全國百姓不准隨意遷徙。人們之間團結居住，做到夜間作戰，只要聽到聲音就辨別出敵我；白天作戰，只要看見容貌，大家就能認識。為了解決軍隊的武器供給，規定犯罪可以用盔甲和武器來贖罪。犯重罪，可用甲與車戟贖罪；犯輕罪，可以用錢與車戟贖罪；犯小罪，可以用銅鐵贖罪。

葵丘之盟是怎麼回事？

由於管仲推行改革，齊國出現了民足國富、社會安定的繁榮局面。齊桓公對管仲說：「現在咱們國富民強，可以會盟諸侯了吧？」管仲諫阻道：「當今諸侯，強於齊者甚眾，南有荊楚，西有秦晉，然而他們自逞其雄，不知尊奉周王，所以不能稱霸。周王室雖已衰微，但仍是天下共主。東遷以來，諸侯不去朝拜，不知君父。您要是以尊王攘夷相號召，海內諸侯必然望風歸附。」管仲說的「尊王攘夷」，就是尊重周朝王室，承認周天子的領袖的地位；聯合各諸侯國，共同抵禦戎、狄等部族對中原的侵擾。攘夷於外，必須尊王，尊王成為當時一面正義的旗幟。正是在這面旗幟下，齊桓公先後主持了三次武裝會盟、六次和平會盟，還輔助王室一次，史稱「九會諸侯，一匡天下」，成為公認的霸主。

葵丘之盟是怎麼回事？

周惠王晚年，想把太子鄭廢掉而改立公子帶，鄭向齊桓公求助。西元前六五二年，惠王死後，齊桓公親率諸侯與周之卿大夫於洮（今山東鄄城西南）結盟，太子鄭即位為襄王后，才為惠王發喪。

西元前六五一年夏，齊桓公召集魯、衛、宋、許、鄭、曹各國諸侯和周王室的宰孔在葵丘（今河南蘭考縣東）相見，訂立盟約。

盟約的主要內容有：不能廢嫡立庶，以妾為妻；殺不孝的人；尊重賢士，養育英才，表彰有德行的人；要敬老愛幼，照顧賓客行旅；任人唯賢，國君不得專斷獨行；各國間要相互幫助渡過困難，不要禁止鄰國採購糧食，不要堵塞河流，以鄰為壑。

這次會盟誓詞所揭示的精神意在崇德敬老愛幼的精神，意在阻止國與國之間的壟斷與競爭，緩和局勢，謀求合作。周天子派宰孔參加了這次會盟，並賜給齊桓公王室祭祀祖先時的祭肉。這標誌著齊桓公已成為周天子承認的合法霸主，齊國的霸業達到了鼎峰。

曹沫劫齊桓公是怎麼回事？

曹沫是魯國人，為人勇敢且力大過人。魯莊公喜愛有力氣的人，便任命他做了自己的臣子。在任魯國的將軍期間，曹沫曾多次和強大的齊國作戰，但經常戰敗逃跑。看到接連的失敗，魯莊公害怕了，就獻出遂邑地區求和，但還繼續讓曹沫任將軍。魯國本來比較強大，但因接連被齊國打敗，又看到諸侯國都服從齊國，不服從齊國的遂、譚兩國又被消滅，所以也屈服了齊國。不久，齊國與魯國和好，在柯（今山東東阿西南）會盟。就在這次會盟中，發生了著名的曹沫劫盟事件。

會盟規定，只許魯君一人登壇，其餘隨從在壇下等候。當魯莊公與衛士曹沫來到會場，將要升階入壇時，會盟賓相告訴他，不准曹沫升壇。曹沫戴盔披甲，手提短劍緊跟魯莊公身後，對賓相瞪大圓眼，怒目而視，眼角幾乎都要瞪裂了，嚇得賓相後退幾步，魯莊公與曹沫就順階入壇。魯莊公與齊桓公經過談判，然後準備歃血為盟，正在這時，曹沫突然拔劍而起，左手抓住齊桓公的衣袖，右手持短劍直逼齊桓公。齊桓公左右頓時被嚇得目瞪口呆。此時，管仲沉著勇敢，急忙擋在齊桓公與曹沫中間，用身體保護住齊桓公，然後問：「將軍要做什麼？」曹沫厲聲道：「齊強魯弱，大國侵略魯國，欺人太甚。現在魯國城破牆毀，請考慮怎麼辦？」齊桓公見勢不妙，馬上答應歸還占領的魯國土地。合約草成，曹沫收劍徐步回位，平息如初，談笑如故。

會盟結束，魯國君臣勝利回國。齊桓公君臣卻憤憤不樂，許多人都想毀約，齊桓公也有這種想法。但管仲不同意毀約，他勸說齊桓公：「不宜毀約，貪圖眼前小利，求得一時痛快，後果是失信於諸侯，失信於天下。權衡利害，不如守約，歸還占領的魯國國土為好。」齊桓公聽取了管仲的意見。

「風馬牛不相及」一語是怎麼來的？

「風馬牛不相及」一語是怎麼來的？

西元前六五六年，齊桓公會盟北方七國準備聯合進攻楚國，楚成王知道後，認為齊國是不義之師，便一邊集合大軍準備迎戰，一邊派大夫屈完前去質問齊國。成語「風馬牛不相及」的典故，就是源於這一次交戰前的唇槍舌劍。

當時，楚國在南方，齊國在北方，雙方相距遙遠，眾臣都勸齊桓公不要操之過急。齊桓公聽不進任何勸諫，執意要攻打楚國。楚國境內一片驚慌，唯恐突然遭到齊桓公的襲擊。楚成王焦慮不堪，國家處在危難之中，得想個應對之法使民眾安心，恢復以往的安寧。這時楚國的一位大臣屈完勇敢地站出來對楚成王說：「大王，臣願出使齊國。」於是，楚成王便派遣他作為使者到齊國軍營裡去遊說。見了齊桓公，他說：「齊王，你們齊國人居住在北方，而我們楚國處在南方，相隔數千里，如果你們國家的馬牛走失，會不會跑到我國境內來？」

楚大夫屈完質問齊軍後，齊國著名的政治家、軍事家管仲也歷數楚國不向周天子納貢等「罪狀」，向屈完逞威風，並威脅說：「你看，我們聯軍這麼強大，你們怎麼抵擋得了？」不料屈完不卑不亢地回答：「……要是憑武力的話，我們楚國以方城（楚長城）作城牆，用漢水作濠溝，你們就是再來更多的軍隊，也未必打得進去。」屈完一席話，把素以善辯著稱的管仲也駁得無話可說，齊軍不敢輕舉妄動，於是就撤兵回國了。

後來人們用「風馬牛」和「風馬牛不相及」比喻事物之間毫不相干。

管仲是怎樣評價易牙、豎刁、開方三臣的？

西元前六四五年，為齊桓公創立霸業的管仲患了重病，齊桓公去探望他，詢問他誰可以接替相位。管仲說：「最了解大臣的應該是國君啊，您怎麼反來問我呢？」齊桓公又問：「那麼易牙怎麼樣？」管仲十分嚴肅地對恆公說：「您就是不問，我也要講的。易牙、豎刁、開方這三個人，您千萬不可信任親近。」

齊桓公聽管仲說不能親近易牙，很奇怪，便問：「易牙為了讓我品嚐人肉的滋味，殺了自己的兒子，這說明他愛我超過了愛他的兒子。這樣的人，還有什麼可懷疑的呢？」管仲回答說：「對於自己的兒女，人們沒有不備加愛護的。易牙能把自己最心愛的小兒子殺了，對您又會怎麼樣呢？」齊桓公又問：「那麼豎刁不可信任的地方是什麼呢？他為了能侍候我，把自己都閹割了。他對我的忠心，不是超過了愛惜他自己的身體嗎？」管仲說：「連自己的身體都不愛惜的人，還能對您盡忠嗎？」停了一會兒，齊桓公又問：「那麼開方呢？他的父母死了都不回國去奔喪，他愛我超過了孝順他的父母呢！」管仲語重心長地說：「開方放棄了孝順父母來侍候您，可見他的野心更超出易牙和豎刁。這個人更是不要重用他，否則會給國家帶來禍亂。」

齊桓公聽管仲說得有道理，便問：「為什麼從前沒聽你說過呢？這三個人在我身邊已經很久了。」管仲說：「有河岸的大堤擋著，洪水就不會失控。我管理政事的時候好比大堤，總能控制著他們，不讓他們為非作歹。現在大堤要垮了，水就要泛濫起來，您一定要當心啊！」齊桓公若有所思地點了點頭。

齊桓公死後為什麼「屍蟲出於戶」？

管仲去世之後，齊桓公並沒有聽從管仲的勸告，反而寵愛易牙和豎刁，而易牙和豎刁專權於齊國。後來齊桓公病重，躺在床上動不了，易牙、豎刁便相與作亂，塞宮門，築高牆，不許人自由出入。有宮女翻

齊桓公死後為什麼「屍蟲出於戶」？

牆而入齊桓公所住之屋。此時的齊桓公已快餓得半死，於是對宮女說：「我想吃些東西。」宮女說：「我找不到可吃的。」桓公又說：「我想喝些水。」宮女說：「我找不到可喝的。」桓公問道：「這是為什麼呢？」宮女說：「易牙、豎刁相與作亂，塞宮門，築高牆，不許人自由出入，所以找不到可吃可喝的。」桓公慨然而嘆，流著淚說：「嗟乎，聖人所見豈不遠哉！若死者有知，我將以何面目見仲父乎？」於是，用衣袂蒙臉而死於壽宮，蓋以楊門之扇，二月不葬，以至於「屍蟲出於戶」。

還有一種說法是，齊桓公晚年，諸子爭立，各不相讓。齊桓公的三位夫人——王姬、徐嬴、蔡姬都無子。齊桓公好女色，內寵很多，地位如同夫人的就有六位。大衛姬生武孟；小衛姬生惠公；鄭姬生孝公；葛嬴生昭公；密姬生懿公；宋華子生公子雍。齊桓公和管仲把孝公託付給宋襄公，並以孝公為太子，其後，齊桓公又答應立武孟為繼承人。管仲死後，五位公子爭立，各自調集黨羽作亂，將齊桓公圍在屋中不許外出。齊桓公饑渴難耐，於西元前六四三年自殺。佞臣易牙進入宮中，與豎刁聯合如夫人，殺死幾位大夫，宮中空寂，無人為齊桓公收屍，屍體在床上放置六十七天之久，屍蟲爬到了屋外。直到次年十二月，公子無虧繼位為齊君方將桓公斂殯。《史記》記載，「及桓公卒，遂相攻，以故宮中空，莫敢棺。桓公屍在床上六十七日，屍蟲出於戶。」

可憐齊桓公一世英明，到頭來卻因不能知人善任而落得個如此下場，實在可悲！戴德在《大戴札記·保傅》中說：「齊桓公得管仲，九合諸侯，一匡天下，再為義王；失管仲，任豎刁、易牙，身死不葬，而為天下笑。一人之身，榮辱具施焉者，在所任也。」意思是說，齊桓公靠著管仲輔佐，多次號令諸侯，成為實際上的天下之霸主。管仲死後任用豎刁、易牙，死而不葬，成為笑柄。這榮辱的差別全在於任用什麼樣的人。

齊懿公為什麼被臣下所殺？

齊懿公原名姜商人，是齊桓公之子。齊懿公在當上國君之前，曾和丙原結下仇恨，所以他即位以後，就將已死的丙原從墳墓裡挖出來，再砍斷其雙腳以泄恨。丙原之子丙戎也在朝廷為官，齊懿公便召見他說：「我砍了你父親的雙腳，你恨不恨我呢？」丙戎聽了立刻跪下來磕頭謝罪說：「先父無禮，早年竟然冒犯了國君，實在是罪不可赦。國君到現在才處罰他，已算是天大的仁慈了，我哪裡有什麼怨恨呢！」齊懿公聽了丙戎的話後非常滿意，便把丙戎留在身邊，負責駕車的工作。丙戎做事十分賣力，而且善於迎合齊懿公的心意，所以齊懿公就對他越來越信任。丙戎知道齊懿公好色，就刻意提起大夫庸職的妻子貌美，引得齊懿公動心，最後竟召庸職之妻入宮，強占不還。庸職敢怒而不敢言，只好假意進獻自己的妻子給齊懿公。齊懿公對庸職的「進獻」非常高興，便把他也編入隨行的車隊中，成為自己身邊的侍臣。

一年仲夏，由於天氣奇熱，齊懿公便前往都城附近的申池游泳消暑。游完泳後，齊懿公暑氣盡消，便在一旁的竹林中午睡休息。隨從的侍臣們趁國君休息，紛紛跳入池中嬉戲，丙戎也拉著庸職下水，在池中戲水打鬧，並漸漸地游到沒有人的地方。這時丙戎突然一拳重重地打在庸職頭上，痛得庸職大怒說：「大家只是在鬧著玩，你卻打得這麼重，是存心欺負我嗎？」丙戎笑著說：「你何必這麼生氣，老婆被人搶走都不吭聲，我打你一下又何妨？」被說到心中的隱痛，庸職面紅耳赤，咬牙切齒，但隨即不甘示弱地說：「你這個斷足者的兒子還敢笑我！父親比妻子還要重要，你的父親被侮辱，我也沒看見你有什麼舉動！」丙戎見庸職已有反意，便握住他的手，誠懇地說：「我早想報仇了，只是一直身單力孤，又沒有適當的機會。如今我已實情相告，希望你能夠幫助我，完成我的心願。」庸職也早想報奪妻之恨，於是兩人便指天立誓，共謀誅殺仇人。游上岸後，丙戎和庸職持劍衝入竹林，一起刺死齊懿公。然後兩人各自趕回家中，帶著全家老小逃出了齊國。

齊晉之戰是怎麼回事？

齊晉之戰是怎麼回事？

齊懿公去世以後，繼承齊國君位的先後是齊惠公和齊頃公。齊頃公在位期間，齊晉兩國在鞌交兵，史稱鞌之戰。戰爭的實質是齊、晉爭霸。由於齊頃公驕傲輕敵，而晉軍同仇敵愾、士氣旺盛，戰役以齊敗晉勝而告終。

西元前五八九年，齊國征伐魯國、衛國。魯、衛兩國大夫到晉國請兵救援。晉國派將軍郤克率領八百輛戰車，做中軍之將，士燮率領上軍，欒書率領下軍，來救魯、衛，討伐齊國。晉軍與齊軍在鞌交兵。逢丑父做齊頃公的車右武士。頃公鼓舞士氣說：「各位將士，希望你們奮勇殺敵，等擊破晉軍後我們再大吃一頓。」齊軍聽後，士氣倍增，奮力作戰，並且用箭射傷了郤克。郤克疼痛難忍，想退回營壘，他的車伕說：「我從進入戰鬥後，已兩次負傷，我不敢說疼痛，就是因為害怕有損士氣，而您作為將軍，更應該堅持作戰，請您忍痛繼續戰鬥吧！」郤克聽到車伕的話受到鼓舞，信心大增，於是又重新投入戰鬥。戰鬥中，晉軍越戰越勇，齊軍形勢危急，逢丑父怕齊頃公被捉住，就和他交換了位置，頃公成為車右的武士。他們的戰車在作戰中被樹絆住，被晉軍追了上來。晉國的小將韓厥找到齊頃公，拜伏在他的戰車之前，對他說：「我們晉君派我來救援魯、衛。」故意以此嘲笑頃公。逢丑父讓裝成車右武士的頃公下車取水，頃公借此得以逃脫，逃回齊軍陣中。晉國的郤克於是把逢丑父捉住了，聽說是他把頃公給放跑的，十分生氣，想要殺掉逢丑父。逢丑父臨危不懼，說：「我是替我們國君而死的，我要是死了，以後為人臣子的就不會有忠於君主的人了。」郤克被他的話感動了，就把他放了。晉軍追趕齊軍一直到馬陵。齊頃公請求用寶器謝罪，郤克不答應，一定要得到曾經恥笑郤克的蕭桐叔的女兒，還命令齊國把田壟一律改成東西方向。齊人回答說：「蕭桐叔的女兒是我們齊國國君的母親。齊君的母親就猶如晉君的母親一樣，您怎麼可以處置她呢？

而且您是以正義之師伐齊，卻以暴虐無禮來結束，這怎麼可以呢？」郤克覺得他們的話有道理，就答應了他們的請求，只讓齊國歸還了侵占魯、衛二國的領土，就撤軍回國了。

崔杼為什麼要弒齊莊公？

齊頃公去世以後靈公繼位，靈公去世以後齊莊公繼位。齊莊公是個好色之徒，到處拈花惹草。齊國大夫棠公的妻子十分美麗，棠公死後，大夫崔杼又娶了她。但莊公不知道什麼時候和她勾搭上了，多次去崔杼家和她偷情。莊公還把崔杼的帽子賞給了別人。面對莊公的羞辱，崔杼很惱怒，想謀殺莊公，但是一直沒有機會。莊公曾經鞭打過宦官賈舉，賈舉也想找機會報復莊公，於是主動替崔杼尋找莊公的漏隙。

西元前五四八年，莒國國君朝見齊君。齊莊公宴請莒國國君，崔杼謊稱有病不去上朝。莊公因此去探望崔杼的病情，接著又和崔杼的妻子嬉笑調情。然後和崔杼妻子走到內室裡，一起把屋門關上不出來。這時宦官賈舉把莊公的侍從攔在外面，自己進入院子將院門關閉。崔杼的手下手執兵器一擁而上，把莊公抓個正著。莊公登上高台請求和解，眾人不答應，莊公又請求盟誓定約，眾人還不答應，莊公見實在沒有辦法，就只好請求到祖廟自殺，眾人仍不允許。大家說：「國君之臣崔杼病重，不能聽你吩咐。這裡離宮廷很近，我們只管捉拿淫亂之徒，沒接到其他命令。」莊公跳牆想逃走，被人射中了大腿，墜到牆下，一命嗚呼。

崔杼見局勢已經被自己所掌握，乃令史官將齊莊公寫成患瘧疾病死。誰知太史伯直書「夏五月乙亥，崔杼弒其君光（光即齊莊公名）。」崔杼大怒，殺之。伯有兄弟三人：仲、叔、季。崔杼又令仲再寫，仲還是寫出實情，崔杼又殺了仲；叔還是如此，崔杼再殺。最後崔杼讓季寫，威脅道：「你三個哥哥都死了，你不怕死嗎？只要你照我說的去寫，我不但饒恕你，還賞你金銀。」季說道：「就算我不記載事實真相，你也不能掩蓋天下人之口，我不是不怕死，也不是不愛財，但書史為鑒，是史官的職責，我絕不會改變。」崔杼毫無辦法，只得作罷。隨後，崔杼立莊公異母弟杵臼為君，這就是景公。

慶封之亂是怎麼回事？

崔杼和慶封是春秋時候齊國的大夫，兩人聯合弒齊莊公，共立齊靈公的幼子杵臼為君，是為齊景公。崔杼自立為右相，慶封為左相。景公年幼，崔杼專橫，獨攬朝政大權。

慶封心中暗懷嫉妒，想殺崔杼以代相位。於是，他挑撥崔杼的兒子們，讓他們爭奪做後嗣的資格。崔杼的兒子們私下相互爭鬥起來。崔杼去見慶封，告訴他這件事。慶封對崔抒說：「你姑且留在這裡，我將派兵去把他們殺掉！」於是，慶封派兵去誅殺他們，把崔杼的妻兒老小以及宗族親屬斬盡殺絕了，燒了他的房屋住宅，然後回報崔杼說：「我已把他們殺死了。」崔杼回去，無家可歸，因而自縊而死。

慶封做了齊景公的相，景公深以為苦。慶封外出打獵，景公同陳無宇、公孫灶、公孫蠆起兵討伐慶封。慶封同景公交戰，未能取勝，遂逃亡到魯國。齊國就此事責備魯國。慶封又離開魯國進入吳國，吳王把朱方邑封給了他。楚靈王聽說此事，便率領諸侯軍進攻吳國，包圍朱方，並攻克了它，俘獲了慶封，讓他背著斧質在諸侯軍中巡行示眾，還讓他喊道：「不要像齊國的慶封那樣，殺害自己的君主，欺凌喪父的新君，強迫大夫盟誓！」然後才殺了他。

《呂氏春秋．慎行》中評價說，大凡邪惡的人做事，開始時互相幫助，到後來一定相互憎恨。行事符合道義的就不是這樣，他們開始時互相幫助，時間長了互相信任，最後互相親近，後代的人把這種做法當作做事為人的準則。

晏子是怎樣一個人？

晏嬰和穰苴是齊景公兩個得力的文武之臣，一個是譽滿天下的國相，一個是列國聞名的將領，他們是齊國當時立國的柱石。

晏子名嬰，是齊國萊地夷維人。他輔佐了齊靈公、莊公、景公三代國君，由於節約儉僕又忠君愛民，在齊國受到人們的尊重。他做了齊國宰相，食不兼味，妻妾不穿絲綢衣服。在朝廷上，國君說話涉及到他，就正直地陳述自己的意見；國君的話不涉及他，就正直地去辦事。國君能行正道，就順著他的命令去做；不能行正道時，就對命令斟酌著去辦。因此，他在齊靈公、莊公、景公三代，名聲顯揚於各國諸侯。

越石父是個賢才，正在囚禁之中。晏子外出，在路上遇到他，就解開乘車左邊的馬，把他贖出來，用車拉回家。晏子沒有向越石父告辭，就走進內室，過了好久沒出來，越石父就請求與晏子絕交。晏子大吃一驚，匆忙整理好衣帽道歉說：「我即使說不上善良寬厚，也總算幫助您從困境中解脫出來，您為什麼這麼快就要求絕交呢？」越石父說：「不是這樣的，我聽說君子在不了解自己的人那裡受到委屈，而在了解自己的人面前意志就會得到伸張。當我在囚禁之中，那些人不了解我。你既然已經受到感動而醒悟，把我贖買出來，這就是了解我；了解我卻不能以禮相待，還不如在囚禁之中。」於是，晏子就請他進屋待為貴賓。

晏子做齊國宰相時，一次坐車外出，車伕的妻子從門縫裡偷偷地看她的丈夫。他丈夫替宰相駕車，頭上遮著大傘，揮動著鞭子趕著四匹馬，神氣十足，洋洋得意。不久回到家裡，妻子就要求離婚，車伕問她離婚的原因，妻子說：「晏子身高不過六尺，卻做了齊國的宰相，名聲在各國顯揚，我看他外出，志向思想都非常深沉，常有那種甘居人下的態度。現在你身高八尺，才不過做人家的車伕，看你的神態，卻自以為挺滿足，因此我要求和你離婚。」從此以後，車伕就謙虛恭謹起來。晏子發現了他的變化，感到很奇怪，就問他，車伕也如實相告。晏子就推薦他做了大夫。

司馬穰苴為將有什麼奇異之處？

司馬穰苴為將有什麼奇異之處？

穰苴是齊景公時掌管軍事的大司馬，所以後人稱他為司馬穰苴。齊景公時，由於晉國和燕國的侵略，齊國守軍屢屢敗退。軍事上的失利使齊景公深為憂慮。當時擔任相國的晏嬰，向齊景公推薦了司馬穰苴。司馬穰苴在軍事上的傑出見解，很快便贏得了齊景公的讚賞，遂拜他為大將，命他率軍抵禦晉國和燕國的軍隊，並派自己的親信大夫莊賈去擔任監軍。

莊賈是齊景公的寵臣，一貫驕傲自大，以為統率的是自己的軍隊，而自己又是監軍，所以不急不忙。只顧與為他送行的同僚、親友飲酒行樂，根本沒把集合報到的命令和司馬穰苴放在眼裡。時至中午，莊賈還未到。穰苴就命令放倒木表，停掉「滴漏」，進入軍營調度部署軍隊，申明軍紀法令。一切規定完畢，已到黃昏，這時莊賈才到。穰苴問他：「為什麼遲到？」莊賈抱歉地說：「我因為大夫們和親戚來相送，耽誤了時間。」穰苴說：「將帥受領任務時就應忘記家庭，置身軍隊，受軍紀約束，擊鼓指揮軍隊作戰時，就應有忘我的精神。如今敵軍深入國境，舉國騷動。士卒風餐露宿於邊境，國君寢食難安，百姓的命運都操在你的手裡，怎麼還去談什麼送行呢？」於是召來軍法官問道：「按軍法誤了規定時限而遲到的，該怎麼處理？」軍法官說：「應該斬首。」莊賈害怕了，急忙派人飛馬急報齊景公，求景公救他。他派去的人還未回來，穰苴就把莊賈斬了，在全軍中示眾。全軍將士都大為驚懼。過後不久，齊景公派的使者拿著符節來赦莊賈。由於事急，齊景公使臣竟驅車直入軍中，司馬穰苴高聲問軍法官：「在軍營裡駕車橫衝直撞的，應當如何處治？」回答：「當斬。」來使大懼，懇求饒命。司馬穰苴說：「既是國君派來的使者，可以不殺，但必須執行軍紀。」於是，命令軍士把車拆了，把馬砍了。

司馬穰苴整軍之後，齊軍面貌立刻改觀，成了紀律嚴明、軍容整肅、令行禁止的能戰之師。然後，他立即率師出發，奔赴前線。在軍旅中，他對士卒們的休息、宿營、掘井、修灶、飲食、疾病等，都親自過問和安撫，把供給將軍的全部費用和糧食，都用以犒賞士卒，自己與士卒吃一樣的伙食，對體弱士卒特別親近，很快就取得了將士們的信任。幾天後部署調整軍隊時，病兵都要求同行，士卒都爭著奮勇參戰。晉軍得知這個消息，就撤兵走了。燕軍得知這個消息，也回渡黃河而取消了攻齊計畫。於是，齊國的軍隊趁勢追擊，收復了所有淪陷的領土。

齊、魯夾谷之會是怎麼回事？

西元前五〇〇年夏，齊景公和魯定公在夾谷會盟，當時魯定公任用孔子做大司寇。齊國大臣犁彌徵得國君的同意後，組織萊人在盟會一開始就企圖以武力劫持魯君。事發突然，孔子一邊護衛魯定公，一邊命魯國士兵上前護衛，最終挫敗了這一陰謀。

孔子義正辭嚴地責問齊國君臣：「兩國君主友好會盟，而被俘虜的萊夷後裔用武力來搗亂，這不會是您齊君對待諸侯的手段吧？邊疆夷人後裔不許圖謀中原，夷族不能擾亂華夏，俘虜不得侵犯盟會，盟約無法透過武力威逼實現——否則，對神靈會不祥！於德則不義！對人是失禮！我想，您齊君是不會這樣做的吧？」齊景公自覺理虧，無言以對，只好斥退萊兵。

盟誓開始，齊臣犁彌等人突然發難，在盟書中單方面加了一句話：齊國出師征伐，魯國如不派出三百輛兵車隨征，就會像盟書所規定那樣受到懲罰。孔子毫不示弱，立即命魯大夫茲無還應對道：「齊國如果不歸還我魯國的汶陽之田，讓我們用來供應齊國的需要，也將同樣受到懲罰。」在齊國如此以強凌弱的不利情勢下，孔子適時地利用第一回合取得的成功和氣勢，針鋒相對地提出了歸還土地的要求，使得齊國君臣無法拒絕。盟會結束，齊國突然提出要舉行享禮以待魯君。孔子恐再生變故，以不合禮法為由很得體地謝絕了這個宴請。

「夾谷之會」中，孔子臨危受命，擔任魯方的相禮。他精通禮法，有勇有謀，面對強齊，不但保全了魯君和魯國的名譽，而且收回了長期為齊國占有的汶陽之田。「夾谷之會」展現了孔子傑出的政治和外交才華，是孔子仁學和平思想的一次成功實踐。

齊悼公是怎樣即位的？

西元前四九〇年，景公夫人燕姬的嫡子病逝了。景公的另一個寵妾芮姬生有兒子荼，荼行為不端，再加上他的母親出生卑賤，諸位大夫都擔心荼成為太子，就對景公說願意在諸公子中選擇年長賢德者做太子。景公因年老厭惡提立太子的事，又寵愛荼的母親，所以想立荼當太子。可是他又不願主動提出，就對大夫們說：「大家不要為選太子的事情操心了，及時行樂吧，還怕國家沒有君主嗎？」等到秋天到來時，景公得了重病，他知道自己活不了多久了，便命令大臣國惠子、高昭子立幼子荼為太子，驅逐了其他公子，將他們遷居到萊地。景公死後，太子荼繼承了王位，這就是晏孺子。到了冬天，齊景公還未埋葬，其他公子害怕被殺，都紛紛逃亡到了國外。

晏孺子即位後，田氏家族的田乞首先挑撥當時齊國的兩大勢力高氏和國氏的關係，等到兩個家族因為爭鬥而兩敗俱傷時，田乞就坐享漁翁之利，然後將他們分別剷除掉了。田乞想廢掉晏孺子，改立國君，就派人到魯國把公子陽生接了回來。陽生到齊國後，藏在田乞家中。有一天，田乞邀請各位大夫說：「田常的母親今天在家操持祭禮，敬請各位光臨飲酒。」等大家開懷暢飲時，田乞就派人把陽生裝在大口袋裡，放在座席的中央，然後打開口袋放出了陽生。喝酒的人們看到陽生從口袋裡出來，都大驚失色，不知是怎麼回事，田乞卻慢條斯理地說：「大家不要驚慌，這位不是別人，正是齊國的國君！」眾大夫聽了田乞的介紹之後都跪地拜見。接著田乞要與眾大夫盟誓立陽生為君，田乞看到大臣鮑牧喝醉了，就欺騙大家說：

「我和鮑牧共同謀劃立陽生為君，大家覺得如何啊？」而其實鮑牧卻很清醒，惱怒地對田乞說：「你不要在這裡胡說了，難道你忘記了景公立荼為君的遺命了嗎？」眾大夫面面相覷，又想要反悔。陽生這時硬著頭皮走上前去，對鮑牧叩頭而拜說：「對於我能立就立，不行的話就算了，沒什麼大不了的。」鮑牧雖然心裡不答應，但是又怕惹起禍亂，對自己不利，就說：「既然都是景公的兒子，又有什麼不可以的？」大家見鮑牧都同意了，也就沒什麼意見了。於是眾人起盟誓，立陽生為齊君，是為悼公。悼公進入宮中，馬上派人流放晏孺子，並在途中把他殺害了。

田常弒君是怎麼回事？

齊悼公和他的兒子齊簡公同在魯國時，非常寵幸大夫監止。悼公死後，簡公即位，就讓監止執政。田氏家族的重要人物田常對他非常顧忌，一心想除掉他。簡公的御手田鞅看出二者水火不容，必將影響齊國的穩定，就向簡公進言說：「大王，田、監二人不能並存啊，您要選擇其中一個來輔佐您。」簡公沒有聽從他的勸告。結果田氏家族的人和監止不斷發生摩擦，二者互不相讓。

西元前四八一年，田常兄弟策劃了一場政變。他們去見簡公，剛一進宮門，就把宮門關閉了。宦官們為了保護簡公的安全，紛紛上前阻止、抵抗田氏兄弟。田常兄弟最終凶行畢露，把前來阻攔的宦官全部殺死。這時，簡公正與妻妾在檀台上飲酒，田常走上前去一把將酒杯打翻，擒住簡公，並把他帶到了寢宮。簡公大怒，想要反抗，太史子餘說：「大王，您不要害怕，田常不是要謀害您，而是要為您除害啊！」田常果然沒有殺他，而是出宮住進武庫。後來他又不斷打聽簡公的狀況，聽說簡公還在發怒，擔心被簡公報復，就想逃到國外。田逆卻拔出隨身攜帶的長劍說：「你這樣猶豫遲疑，不把事情搞砸才怪？這裡的人誰不是田氏成員？我要不殺死你，就愧對祖宗！」在田逆的鼓動下，田常才被迫留了下來。

監止聽說田常兄弟發動政變後，也來湊熱鬧，他聚集了一批徒眾進攻宮城的大小各門，但由於宮中守衛森嚴，衝鋒了好幾次，都沒有成功。監止一看事情不妙，就打算溜之大吉，出逃而走。可田氏兄弟派人快馬加鞭，追殺監止，結果監止最終沒有逃掉，被殺掉了。這時簡公看到國內政局混亂，自己性命難保，就逃亡到了徐州（今山東滕縣南）。田常此時已經殺紅了眼，連簡公也不想放過，就派人四處尋找，最終在徐州逮住了逃亡的簡公，把他殺了。隨後田常立簡公的弟弟驁為齊君，這就是平公。平公即位後，田常擔任相國，獨攬了齊國大權。齊後期的君王都受到田氏家族的控制，最後終於在西元前三七九年被田氏取代。

陳完奔齊是怎麼回事？

田氏的祖先是陳完，陳完是陳厲公陳佗的兒子。陳完出生的時候，周太史正好路過陳國，陳厲公請他給陳完算一卦，太史占卜後說：「卦辭的意思是：觀看國家的風俗民情，利於做君王的上賓。這是說他可能會繼承陳國君位擁有國家，或者是不在陳國而在其他的國家取得君位。也可能不在他身上應驗，而在他的子孫身上應驗。如果是成為他國的國君，必定是姜姓的國家。事物不可能兩個同時強大，陳國衰落後，它這一支必然會昌盛起來！」

陳宣公在位的時候，宣公殺死了太子禦寇。陳完和禦寇關係十分親密，他害怕災禍牽連到自己，就逃奔到了齊國。齊桓公想要任陳完為卿，他推辭說：「我這個寄居在外的小臣有幸能夠免除種種負擔，已經是您給我的恩惠了，我怎麼敢再擔當這麼高的職位呢？」齊桓公見他力辭不就，於是改讓他任管理百工的工正。這次陳完沒有推託。齊國人懿仲想把女兒嫁給陳完為妻，並為此事進行占卜，結果說：「這叫做鳳凰飛翔，鳴聲和諧。有媯氏的後代，將在姜氏那裡成長。五代之後就要昌盛，和正卿的地位一樣。八代之後，再沒人比她地位更高了。」懿仲聽後大喜，於是把女兒嫁給陳完為妻。

陳完到齊國之後，把陳氏改為了田氏。他去世後，謚號為敬仲。

田氏是怎樣代齊的？

陳完的後代田乞是齊景公的大夫。他向百姓徵收賦稅時用小斗收進，而賜給百姓糧食時卻用大斗，暗中向百姓施以恩德，而齊景公也不加禁止。因此，田氏得到了齊國的民心，他們的家族也因此越來越強大，百姓都一心向著田氏。晏子多次向景公進諫，讓他注意此事，防止將來田氏權力過大，危及到齊國的統治，景公卻不以為然。

田乞的兒子田常繼承了父親的職位，繼續在齊國專權。後來他發動政變，把齊簡公殺死，另立簡公的弟弟驁做了國君，這就是平公。田常殺了簡公以後，害怕各國諸侯聯合征討自己，就把侵占魯國、衛國的土地全部歸還。他還在西方同晉國、韓氏、魏氏、趙氏訂約，在南方與吳國、越國互通使臣，修功行賞，親近百姓，齊國重新安定下來。

後來，田常又想要進一步取得齊國的大權，就對齊平公說：「施行恩德是人們所希望的，所以要由大王您來施行；而懲罰是人們所厭惡的，那就讓臣下去執行吧！」這樣齊國的政權就都落到了田常手中。田常為了獨攬大權，就把鮑氏、晏氏、監止和公族中較強盛的貴族全部誅殺，並分割了齊國從安平以東到琅邪的土地作為自己的封地，他的封地甚至比齊平公的土地還要廣大。田常還挑選身高七尺以上的齊國女子做後宮姬妾，一共達一百多人。田常讓賓客侍從隨便出入後宮，他從不加禁止。到田常去世的時候，姬妾們為他生下了七十多個兒子。

田常去世後，他的兒子襄子田盤接替了他的職位，任齊國國相。當時，晉國的韓、趙、魏三家殺死智伯，瓜分了他的領地。襄子想效法他們，為以後奪取政權做準備，便讓他的兄弟和本族人都去做齊國大小城邑的大夫，並與三晉互通使臣，幾乎已經擁有了齊國。

齊康公即位後，整天沉溺於酒色，不理政事。田常的後代田和就把他遷到了海濱，只給他一座城作為食邑，以便供奉祖先。三年之後，齊太公田和透過魏文侯向周天子請求成為諸侯。周天子准許了他的請求。西元前三八六年，田和正式成為齊侯，列名於周朝正室。

田氏代齊和韓、趙、魏三家分晉，使春秋末年大夫專政奪權的局勢發展到一個高峰，而他們的「篡逆」居然被周天子所承認，說明奴隸秩序及其觀念已蕩然無存，因此，一般將田氏代齊和三家分晉作為戰國時代的開端。

二、春秋五霸之晉文公

晉國是怎麼形成的？

晉國的開國之君唐叔虞，是周武王的兒子、成王的弟弟。當初，叔虞的母親與武王結合以後，夢見天神對武王說：「我賜給你一個兒子，給他取名叫虞，並且把唐這個地方封給他。」不久以後，這名女子便真的為武王生下了一個兒子，而且掌心上果然有一個「虞」字。於是，武王便給他取名叫虞。

武王去世以後，成王繼位，這時唐地發生了叛亂，周公率兵平定了這次叛亂，並將該地納入王室的直接統轄之下。後來，有一次，年幼的成王與他的弟弟叔虞一起玩耍。他把桐樹葉削成圭的形狀，送給叔虞說：「我用它來冊封你吧。」這時在一旁侍候的史官佚便趁機請求成王選擇吉日冊封叔虞。成王卻說：「我是跟他開玩笑的，你不要當真。」而史官佚則說：「天子無戲言。天子的話只要一出口，史官就要記載它，臣下就要用禮儀來完成它，樂師就要用樂章來歌唱它，因此天子說過的話就一定要執行。」於是，成王便將叔虞冊封在了黃河、汾水東邊，也就是縱橫一百多里的唐地，後世便稱他為唐叔虞。後來，叔虞的兒子變繼承父位，改稱號為晉侯，此後，直到晉靖侯繼位之後，晉國的歷史才有了明確的紀年，它為我們呈現出了一幕幕精彩、悲壯、傷感的故事。

為什麼說「晉之亂其在曲沃」？

晉穆侯在位的時候，迎娶了齊國的姜姓女子做夫人。幾年以後，齊國夫人生下了太子，取名叫仇。又過了幾年，穆侯的另一個夫人為他生下了一個兒子，取名叫成師。穆侯去世以後，他的弟弟趁機奪取了君位，太子仇被迫流亡國外。後來，太子率領他的黨羽回到晉國，奪回了君位，這就是晉文侯。

文侯去世以後，太子伯繼位，這就是昭侯。昭侯把他的叔父成師封在了曲沃（今山西聞喜東北），而曲沃的城池比晉國的都城翼城還要大。此後，成師增加了自己的獨立性，自號為桓叔，任命靖侯的庶孫欒賓為丞相，輔佐他治理封地。此時的桓叔已經五十八歲了，他好修德政，仁義愛民，晉國的民眾大多歸附於他。於是，那些有遠見的君子們說：「晉國的亂子遲早會出現在曲沃。末枝強於本干，而且深得民心，國家怎麼能夠不亂呢？」果然，幾年以後，昭侯被他的臣子潘父殺死，潘父打算迎立曲沃桓叔。桓叔想入國即位，但卻遭到國人的一致反對，被迫退回到曲沃。國人殺死了潘父，擁立了昭侯的兒子平為國君，這就是孝侯。八年後，桓叔去世，他的兒子莊伯繼位，並率兵攻入翼城，殺死了孝侯。國人再次動員起來，擊敗了莊伯，迫使他退回曲沃，然後擁立孝侯之子為國君，這就是鄂侯。鄂侯在位六年去世，莊伯得知這個消息後，再次發兵進攻晉國。周平王看到莊伯老肆無忌憚地發動叛亂，便命令大將虢公率兵援助晉國，討伐莊伯，再次迫使他退回曲沃。國人擁立鄂侯之子光繼位，這就是哀侯。

莊伯去世以後，他的兒子稱繼位，即曲沃武公。西元前七一〇年，晉國進攻陘廷。陘廷人與武公合謀，在汾水旁擊敗了晉軍，俘虜了哀侯。於是，晉國人擁立哀侯之子為國君，即小子侯。後來，武公派韓萬殺死了俘虜的晉哀侯，曲沃的勢力越發強大，晉國對它已經無可奈何。周桓王對武公的大逆不道感到非常憤恨，再次派虢仲率兵討伐武公，又迫使武公退回到曲沃。國人擁立哀侯的弟弟緡為國君。此後，晉國與曲沃又經歷了長達二十八年的爭鬥，曲沃武公最終滅掉了晉國，並把晉國的全部珍寶、器物都獻給周僖王，想以此得到周王室的認可。周僖王在如此豐厚的賄賂之下，便沒有追究此事，並策命曲沃武公為晉國的國君，封他為周朝的諸侯。後來，武公逐漸吞併了晉國全部土地，更名為晉武公。

太子申生為什麼要自殺？

晉武公去世後，太子詭諸繼位，這就是晉獻公。西元前六六〇年，晉獻公打敗西方的部落驪戎（今陝西臨潼一帶），收下驪戎進獻的美人驪姬。驪姬年輕貌美，即被立為夫人，生下兒子奚齊。獻公共有八個兒子，太子申生、重耳、夷吾都很賢能，品德高尚。等有了驪姬，獻公就疏遠了這三個兒子。獻公私下對驪姬說：「我想廢掉太子，讓奚齊代替他。」驪姬聽後哭著說：「太子已經立好，諸侯們都已經知道了，而且太子多次統帥軍隊，百姓都歸附他，為什麼因為我就廢掉嫡長子而立庶子，你要這樣做，我就自殺。」其實，驪姬是個有心計又十分陰險的女人，她在獻公面前讚譽太子，而暗地裡卻叫人讒毀、中傷太子，為自己的兒子奚齊的繼位製造聲勢。

一天，驪姬對申生說：「太子，前幾天國君夢見了你的母親齊姜，她說十分想念你，你趕快到曲沃她的廟裡去祭祀她吧，別忘了回來以後把祭肉送給國君品嚐。」孝順的太子不知是計，就按照驪姬的話去做了。回來之後正好趕上獻公外出打獵，太子於是把祭肉放在了宮中。驪姬乘機派人在祭肉裡面放了毒藥。兩天以後，獻公打獵回來了。廚子把加工好的祭肉呈給獻公。獻公正要食用，驪姬建議應該檢查一下，看它是否安全。獻公首先命人把祭肉放在地上，結果地面立即隆起了一大塊，獻公十分吃驚，但又不敢相信，於是又把它給狗吃，結果狗也馬上死去了；然後又給小宦官吃，小宦官也當場斃命。獻公驚呆了，想不到太子竟然想暗算自己。

重耳、夷吾為什麼要出逃？

太子聽說這件事情以後，知道自己被驪姬陷害了，他認識到目前的局勢對自己是凶多吉少，為了脫險，他逃到了新城。獻公聽說太子逃跑後大發雷霆，對他的罪行就更加確信不疑，於是派人殺死了太子的師傅杜原款。有人對太子說：「放毒藥的是驪姬，您為何不親自到國君面前去說明事情的真相呢？」太子說：「我父親年紀大了，如果沒有驪姬的陪伴，他就睡不好覺，吃不好飯。如果我前去將事情的真相說明，父親就會對驪姬發怒。驪姬出了事，父親的日子也就難過了。所以，我不能這樣做。」後來，又有人勸太子逃往別的國家。太子說：「我帶著企圖殺父的惡名出逃，有誰願意收留我啊！我還是自殺算了。」沒過幾天，申生便在新城自殺了。

太子申生出逃新城的時候，公子重耳、夷吾曾經去面見獻公。有人告訴驪姬說：「這兩位公子知道是您進讒言打算害死太子，所以打算替他報仇，您趕快採取行動制止他們啊！」驪姬害怕了，便又開始在獻公面前讒毀兩位公子說：「大王，太子申生往祭肉裡放毒藥的事情，重耳、夷吾兩人都是知情的，他們是太子的同黨，您還是盡快將他們剷除為好，免得他們又加害於您啊！」獻公由於平時非常寵信這兩位公子，所以並沒有馬上表態。兩位公子聽到驪姬詆毀他們的消息後，非常害怕，便連夜逃跑了。重耳逃往蒲邑，夷吾逃往屈邑，二人各自據城堅守。

獻公對兩位公子的不辭而別十分惱怒，認為他們果真有謀反的意圖，便發兵進行討伐。他首先攻打蒲邑，由於獻公的軍隊人數眾多，蒲邑很快就陷入了重重包圍之中。蒲邑人宦官寺人披催促重耳趕快自殺謝罪。重耳沒有這麼做，而是越牆逃跑了。寺人披緊追不捨，情急之下砍斷了重耳的衣袖。重耳巧妙地穿過晉軍的包圍圈，最終逃到了翟國，投靠了他的母家人。此後，獻公又派兵討伐屈邑，夷吾率領屈邑人堅守抵抗，晉軍最終也沒能攻下屈邑。

幾年以後，獻公派遣大夫賈華率軍再次討伐屈邑，由於晉軍實力強大，屈邑最終失守。夷吾無處安身，便也打算逃往翟國去找重耳。他的隨從冀芮說：「公子您不能這樣做啊，重耳已經在那裡了。現在您如果再前去，晉國一定會興兵討伐翟國。翟國害怕晉國，到時災禍必然會降臨在您的頭上。您不如逃往梁國。梁國靠近秦國，秦國勢力強大。獻公去世後，您就可以請求秦國幫助自己回國繼位。」夷吾聽從了他的建議，於是逃到了梁國。

晉惠公是怎樣被立為君的？

夷吾因為驪姬之亂流亡於梁國，他並沒有因此消沉，而是靜待時機，想回晉國奪取王位。後來，晉國大亂。為了取得實力強大的秦國的支持，夷吾向秦穆公許諾，如果秦國能支持他做晉國國君，就劃割給秦國五座城池。急欲擴大疆土的秦穆公不僅想得到五座城池，而且看中了夷吾才智平庸，讓他做晉國的君王不會對秦國的安全構成威脅，便同意了他的請求。在秦國強有力的支持下，夷吾順理成章地圓了他的君王夢，夷吾即晉惠公。

晉惠公當政後，所做的第一大件事就是找藉口推掉了劃割給秦國五座城池的事，惹得秦穆公極不高興。晉惠公即位五年，又因國內大鬧饑荒而求救於秦國。秦穆公不計前嫌，送給晉惠公幾萬斛糧食幫其渡過了難關。世事難料，只過了一年，秦國又鬧起了饑荒，晉國卻五穀豐登，秦穆公自然想到了向晉國告急求援，不想卻遭到了晉惠公的拒絕。更讓秦穆公始料不及的是晉惠公甚至想趁火打劫，他積極聯合其他國家欲借秦國國力虛弱之機攻打秦國。晉惠公此舉徹底激怒了秦穆公，兵戎相見已在所難免。西元前六四五年，秦國渡過災荒，秦穆公率兵大舉伐晉。晉惠公整軍抵禦，因他的所做所為不合情理，不得人心，致使君臣不和，士氣不振。兩軍戰於韓原，晉軍大敗，惠公被俘。秦穆公對晉惠公的怨恨難以平息，欲將其殺死。多虧穆公夫人是晉惠公之姐，以自焚要挾穆公，才勸阻了此舉。晉惠公在秦國當俘虜期間，秦晉兩國訂立盟約，然後被禮送回晉，繼續為君，直至去世。

晉惠公在位期間，晉國在大國爭霸中無所作為。惠公的政治活動，主要是圍繞著國君的寶座，為取得和維護權力不顧一切。惠公使晉國處於「失道寡助」的地位。

重耳出亡有哪些故事？

晉獻公死後，晉國發生了內亂。後來晉惠公夷吾回國奪取了君位，他想除掉重耳，重耳不得不到處逃難。重耳在晉國是一個有聲望的公子，因此一批有才能的大臣都願意跟隨他。因為狄是重耳母親的祖國，所以重耳就逃到了狄。重耳先在狄國住了十二年，因為發現有人行刺他，便又逃離了狄。離開狄時，重耳對妻子說：「等我二十五年不回來，你就改嫁。」妻子笑著回答：「等到二十五年，我墳上的柏樹都長大

重耳出亡有哪些故事？

了。雖然如此，我還是等著你。」重耳經過衛國，衛文公很不禮貌。辭走，經過五鹿時餓了，向村民討飯，村民把土放在容器中獻給他。重耳很不高興，趙衰說：「土象徵著擁有土地，你應該行禮接受它。」

後來，重耳流亡來到齊國。齊桓公以禮相待，送給重耳不少車馬和房子，還把本族一個姑娘嫁給重耳。重耳覺得留在齊國很好，但跟隨的人都想回晉國。隨從們背著重耳，聚集在桑林裡商量回國的事。沒想到桑林裡有一個女奴在採桑葉，偷聽了他們的談話，並告訴了重耳的妻子姜氏。姜氏對重耳說：「聽說你們想要回晉國去，這很好啊！」重耳趕快辯解，說：「沒有那回事。」姜氏一再勸他回國，說：「您在這裡貪圖享樂，是沒有出息的。」可重耳就是不願意走。當天晚上，姜氏和重耳的隨從們商量好，把重耳灌醉後放在車裡，送出齊國，等重耳醒來，已離齊國很遠了。

到了曹國，曹共公聽說重耳的肋骨長得連在一起，想看看他的裸體。重耳洗澡時，曹共公走近了去看他的肋骨。曹國大夫僖負羈的妻子對她丈夫說：「我看晉國公子的隨從人員，都能擔當治國的大任。如果讓他們輔佐公子，公子一定能回到晉國當國君。回到晉國當國君後，一定能在諸侯中稱霸。在諸侯中稱霸而討伐對他無禮的國家，曹國恐怕就是第一個。你為什麼不趁早向他表示自己對他與曹君不同呢？」於是，僖負羈就給重耳送去了一盤飯，在飯中藏了一塊寶玉。重耳接受了飯食，將寶玉退還了。重耳離開曹國，來到宋國，宋襄公剛剛被楚軍打敗，在泓水負傷，聽到重耳賢明，就按國禮接待了重耳。宋國司馬公孫固與狐偃友好，說：「宋國是小國，又剛吃敗仗，不足以幫助你們回國，你還是到大國去吧。」重耳一行人於是又離開宋國前往楚國。

到了楚國，楚成王把重耳當作貴賓，還用招待諸侯的禮節招待他。楚成王優待重耳，重耳對成王也十分尊敬。兩個人就這樣交上了朋友。有一次，楚成王在宴請重耳的時候，開玩笑地說：「公子要是回到晉國，將來怎樣報答我呢？」重耳說：「金銀財寶貴國有的是，叫我拿什麼東西來報答大王的恩德呢？」楚成王笑著說：「這麼說，難道就不報答了嗎？」重耳說：「要是託大王的福，能夠回到晉國，我願意跟貴國交好，讓兩國的百姓過太平的日子。萬一兩國發生戰爭，在兩軍相遇的時候，我一定退避三舍。」楚成王聽了並不在意，卻惹惱了旁邊的楚國大將成得臣。等宴會結束，重耳離開後，成得臣對楚成王說：「重耳說話沒有分寸，將來準是個忘恩負義的傢伙。還不如趁早殺了他，免得以後吃他的虧。」楚成王不同意成得臣的意見，正好秦穆公派人來接重耳，就把重耳送到秦國去了。原來秦穆公曾經幫助重耳的異母兄弟夷吾當了晉國國君。沒想到夷吾做了晉國國君以後，反倒跟秦國作對，還發生了戰爭。夷吾一死，他的兒子又同秦國不和。秦穆公才決定幫助重耳回國。西元前六三六年，秦國大軍護送重耳過了黃河，流亡了十九年的重耳回國即位。這就是晉文公。

宦者見晉文公是怎麼回事？

重耳即位以後，雖然得到了大多數人的擁護，但是反對派的力量依然十分強大。晉惠公時期的大臣呂省、郤芮原本就不親附重耳，而且等到他即位以後，這些人的利益受到了很大的損害，於是他們就密謀焚燒國君的宮殿，試圖燒死文公。對於即將發生的一切，重耳和他的親信們毫不知情。

獻公在位時曾經奉命刺殺重耳的宦官寺人披知道了呂省等人的陰謀，就想把這件事告訴文公，以解脫自己當初的罪過。他前來求見文公，重耳對以前的事情依然耿耿於懷，就拒絕見他，並派人責備他說：「在蒲邑的時候，你追殺我，砍斷了我的衣袖。後來我跟隨翟國國君打獵，你又奉惠公之命來刺殺我。惠公限你三天之內到達，而你僅用一天便趕到了，為何如此的快呢？你還是好好想想過去吧！」寺人披託人轉告重耳說：「我是個受了刑的人，不敢用二心來侍候君主、背叛主上，所以才得罪了您。如今您即位為君，難道以後就沒有像當初在蒲邑、翟國發生的那樣的事情了嗎？況且，當初管仲射中了齊桓公的衣帶鉤，但桓公並沒有懷恨在心，而是重用管仲，並最終靠他的輔佐稱霸天下。如今我有要事相告，您卻閉門不見，不知道災禍將要臨頭了。」晉文公聽了他的話之後感到很慚愧，便接見了寺人披，寺人披便將呂省等人的陰謀告訴了文公，文公對此非常感激，決定捐棄前嫌。

文公打算傳喚呂省、郤芮等人，但是呂省、郤芮等人的黨羽眾多，不好對付。文公剛回國不久，也擔心國內的人有可能出賣自己。文公便暗地裡改裝出行，在王城會見了秦穆公。對此，國內的人都不知道。幾天以後，呂省、郤芮等人果然發動了叛亂，放火焚燒了國君的宮殿，但是卻沒有找到文公。由於文公早有準備，所以反叛者被打得落花流水，戰敗而逃。秦穆公藉機引誘呂省、郤芮等人前往秦國，結果走在半路上的時候，秦穆公就派人把他們殺死了。從此，晉國恢復了穩定，文公也得以返回。這一年夏天，重耳將他流亡秦國時秦穆公嫁給他的秦國女子迎接回國並且冊立為夫人，更加鞏固了自己與秦國的關係。秦穆公還特意送給重耳三千人的衛隊，用以防備晉國再次出現叛亂。

為什麼說城濮之戰奠定了晉文公的霸主地位？

城濮之戰發生於西元前六三二年，它是春秋時期晉、楚兩國為爭奪中原霸權而進行的第一次策略決戰。齊國霸業衰落後，南方楚國、北方晉國都趁機向中原擴展勢力，很快，兩國利益便發生了衝突。楚國為遏制晉國南下，與靠近晉國的曹、衛兩國結盟，使其成為抗晉前哨；又以宋國背楚從晉為由，於西元前六三四年冬，出兵圍攻宋地緡邑（今山東金鄉）。次年冬，楚成王親率以令尹子玉為主將的楚軍及鄭、陳、蔡、許等盟國軍隊，圍困宋都商丘（今河南商丘南）。晉國以應宋求援為名，出師中原，力圖「取威定霸」。

晉文公先後以郤穀、先軫為帥，攻下楚之盟國曹、衛，但宋國仍在楚軍圍困之中。楚眾晉寡，兩軍兵力懸殊很大。晉便聯合齊、秦共同抗楚。楚國提出，如晉軍撤出曹、衛，讓曹共公、衛成公復位，楚軍就撤出宋國。但晉國的目的不在於宋國得救與否，而在於消滅楚兵實力，以稱霸中原。於是便找藉口：「你們只撤出宋國，卻讓我們撤出曹國和衛國，這不合理。你們撤出宋國，我們只撤出曹國，士兵仍駐衛國，幫助衛國實行衛人治衛。」楚國當然不答應。先軫足智多謀，決定私下答應曹、衛復國，但曹、衛必須先和楚國斷交。曹、衛見有晉國的支持，即宣布與楚國斷交，並當即扣留了楚國的使節。

楚國子玉眼見使者被扣，曹、衛叛己附晉，果然惱羞成怒，便倚仗楚、陳、蔡聯軍兵力的優勢，氣勢洶洶地撲向晉軍，尋求策略決戰。在楚軍的全力進攻下，晉軍退避三舍，以實踐晉文公當年對楚訂下的諾言：如果兩國交戰，晉軍先退讓三舍。晉軍以此達到了取信於諸侯、避開楚軍精銳的目的，而且還接近本土，縮短補給線。楚軍誤認為晉軍不敢與自己正面作戰，一直追到衛國城濮（今范縣濮城）。由於長期在外作戰，一連幾次急行軍，楚軍疲憊不堪，鬥志鬆懈，哀怨思歸。晉軍卻士氣高漲，紛紛請戰。

西元前六三二年，以晉、齊、秦、宋為一方的晉聯軍同以楚、鄭、陳、蔡、許為一方的楚聯軍，在城濮展開了決戰。晉軍副將胥臣先率兵擊潰防衛薄弱的由陳、蔡軍隊組成的楚兵右翼。同時，晉軍主將欒枝命士兵拖起乾柴樹枝，故意揚起塵土，假裝敗退，誘使楚軍左翼追擊進入晉軍伏擊圈內。楚軍被攔腰截斷，左翼又遭慘敗，中間的主力被迫後退。此時晉軍士氣更高，窮追不捨。楚兵幾乎全軍覆沒，子玉也險些喪命。城濮一戰，晉軍擊敗強楚，大獲全勝。城濮之戰後，晉文公在踐土（今河南鄭州西北）朝覲周王，會盟諸侯，向周王獻楚國俘虜四馬兵車一百乘及步兵一千名。周襄王正式命晉文公為侯伯。晉國終於實現了「取威定霸」的政治、軍事目標。

晉靈公是怎樣被立為國君的？

晉靈公是怎樣被立為國君的？

晉文公在位九年後，於西元前六二七年去世。他的兒子晉襄公歡被立為國君。這時趙衰、狐偃等人也先後死去，趙衰的兒子趙盾繼趙衰執掌晉國國政。

晉襄公當了七年國君，於西元前六二〇年去世。晉襄公的兒子夷臯年幼，晉國人因為晉國多難，想立個年長的公子當國君。他們認為「國有長君，國才得安。」卿大夫們聚在一起，商議立國君的事。趙盾建議立襄公的弟弟公子雍，因為文公在世的時候很喜歡他，而且歲數大，還跟秦國關係很好，可以修復秦晉邦交，是合適的國君人選。但是大臣賈季不同意趙盾的意見，建議迎立在陳國的公子樂。趙盾不同意，認為陳國弱小，不足以依靠。趙盾、賈季爭論了半天，也沒個結果，誰也沒有說服誰。於是趙盾派人到秦國去迎接公子雍，賈季也叫人到陳國去召公子樂回來。趙盾找了個藉口，廢去賈季的太師官職，並派手下將公子樂殺死在歸鄉的路上。這時秦穆公死了，秦康公繼位，他派了三千衛士送公子雍回晉國。

晉國公卿為了立長君，爭執不下，誰也不再關心晉襄公的夫人嬴和小太子夷臯。嬴聽說趙盾等要迎公子雍回國當晉國君主，賈季又要迎公子樂來當國君，她抱著太子號哭，並抱了太子到朝廷上哭訴：「先君何罪？他的後嗣又有何罪？捨去嫡子而向外尋求國君，將如何安置太子？」晉國公卿大夫聽她哭得傷心，說得也有道理，便各自散去。後來，嬴又抱起太子夷臯出了朝堂，去趙盾家中找到了趙盾。嬴見了趙盾，說：「先君立了此子為嗣君，將他託付先生，先君說：『此子若成材，我得感念你；不成材，那就要怨你。』如今先君去世，可是言猶在耳，你將如何安置這個孩子？」趙盾想立公子雍，是因為晉國亂了許久，好不容易才安定下來，國有長君，對國家社稷有利。但是名正才能言順，夷臯雖小，是襄公在世時立下的太子，嬴是先君夫人。棄掉太子，迎立公子雍，弄不好自己會被誅殺。不如就立了太子夷臯，自己悉心輔佐他，上不負先君之命，下可告百姓，旁及諸侯，也無話可說。因此擇日立了太子夷臯，即晉靈公。

晉靈公到底是被誰殺死的？

晉靈公是個暴君，他侈奢、殘暴。因為侈奢，花費大，他就不顧百姓死活，殘暴地搜刮民財，以供享樂。他在宮室裡弄得雕梁畫棟，連牆壁上也畫滿了圖畫。他整天在宮中沒有什麼正事，看厭了歌舞，玩夠了狗馬，就領了一班佞幸臣子，登上高台，拿彈丸彈打宮外的行人，看行人忙不迭地躲避彈丸，便哈哈大笑，以此取樂。

一次，靈公的廚師因烹煮熊掌不熟，就被其殺掉，用草蓆裹屍，讓一宮人拖過朝廷。此事正巧被趙盾撞見，於是毫不留情面地當眾進諫，言辭激烈。迫於趙盾獨攬朝政的地位，一向肆無忌憚的晉靈公不得不當眾承認自己的過錯，表示接納諫言，但其心中甚為不滿，暗藏殺機。不久，晉靈公指派武士麑去刺殺趙盾，麑一早去行刺，見趙盾的臥室門已開著，趙盾正穿著朝服正襟危坐地等待天明上朝。麑見狀，感嘆地說：「對君主不忘恭敬，是替民眾辦事的好人，殺害他就是不忠於民，不殺他又違抗了君主的命令。這樣進退兩難，還不如死了好。」說罷，就一頭向庭院中的槐樹碰去，腦漿迸裂而死。

晉靈公一計不成，再生一計。他假裝請趙盾赴宴，在殿堂裡暗藏武士欲殺害趙盾。陪同趙盾前去的衛士提彌明覺察這一陰謀，急忙登上朝堂對趙盾喊道：「臣下陪同君主飲酒，超過三杯就不合禮節了！」說罷，就把趙盾扶下堂來。趙盾會意，隨其急步下堂。靈公立即放出惡狗去咬趙盾，提彌明將惡狗摔死。這時，埋伏在宮殿裡的武士出來圍殺趙盾，提彌明護主戰死。只因圍殺趙盾的武士中出了一個倒戈者，才保護趙盾脫險。

趙盾被逼無奈，便想逃出晉國。在趙盾還沒離開晉國國境時，他的兄弟趙穿襲殺了靈公，把趙盾迎了回來。晉國太史董狐將此事記入了史冊，即「趙盾弒其君。」趙盾說：「我沒殺靈公，靈公不是我殺的。」

晉悼公是如何使晉國中興的？

董狐說：「你是晉國的正卿，逃亡沒有出國境，回來殺靈公的不是你是誰？」董狐咬定了趙盾說：「殺靈公的就是你！」於是，史書記下了「趙盾弒君」。

晉悼公是如何使晉國中興的？

西元前五七三年，年僅十四歲卻頗具雄才謀略的晉悼公繼位後，即致力於重振晉國霸業。他懲亂任賢，整頓內政，推行法制和軍事改革。同時調整對外政策，命大夫魏絳北和戎狄，穩定後方，聯宋納吳，脅齊服鄭，疲楚伐秦，在執政的十五年中，「九合諸侯」，將晉國霸業再次推至巔峰。

晉悼公重用有才幹的呂相、士魴、魏頡、趙武等人，制定了諸如整頓內政、救濟災患、薄賦寬刑、用民以時及嚴格訓練軍隊等一系列旨在富國強兵的法律、法令，並努力貫徹實施，頗見成效。鑒於中原南部、中部地區已先後被楚國控制，只有地處中原東部及北部的宋、衛兩國依然聽命於晉，而宋國的地理位置非常重要，悼公便將宋作為其與楚抗爭的重要據點而予以特別重視。為此，晉於西元前五七二年春率諸侯之師收復彭城。同年五月，晉再率諸侯之師進攻鄭、楚、陳三國，以取威諸侯。次年冬，晉乘鄭成公新喪，率齊、魯、宋、衛、曹等國之師在靠近鄭西北邊境的策略要地虎牢築城，迫使鄭復歸入晉控制之下。西元前五七〇年夏，晉悼公偕同周卿士單子與齊、魯、衛、鄭、宋、陳、邾等國之君盟於衛邑雞澤。悼公的霸主地位重新得到確認。

為擴大成果，西元前五六九年冬，晉悼公採納大夫魏絳「和戎」的建議，首先與晉東北方的山戎無終國修好，繼而善待諸戎，既解除了晉的後顧之憂，又可集中兵力對付強楚。同時，為進一步牽制、削弱楚國，悼公堅持晉景公時「聯吳制楚」的策略，繼續與吳國交好。另外，晉於西元前五六四年冬，在以武力服鄭後，將晉上、中、下、新四軍分作上、下、新三軍，每軍均配合一定的諸侯軍隊，輪番南下作戰，要求速進速退，不求取勝，旨在疲勞楚軍。同時，為配合疲敵策略的實施，晉大力推行魏絳提出的減輕勞役、改革經濟的建議，出現了「國無滯積，亦無困人，公無禁例，亦無貧民」的富強局面。隨後，晉於西元前五六三年、西元前五六二年利用其較楚近於鄭的有利條件，三度發兵會同諸侯之師攻打叛服無常的鄭國，使楚軍為救鄭而疲於奔命。西元前五六二年九月，晉悼公親率諸侯聯軍攻鄭，楚無力救援。鄭從此誠心歸服晉國，此後二十餘年間不再叛晉。楚亦無力再與晉爭奪鄭、宋。

西元前五五八年十一月，晉悼公卒，其復興晉國霸業之舉亦隨之結束。

何謂晉「六卿」、「三家」？

早在春秋初期，晉公族內部嫡系與旁支之間展開了激烈的爭鬥，晉獻公曾屠殺大批公族內的群公子。獻公死後，他自己的兒子之間又發生了爭奪君位的鬥爭，直到晉文公即位才結束，晉公室的力量被削弱了。到春秋中葉，舊公族只剩下欒氏、羊舌氏和祁氏等幾家，而晉國的卿大夫之家即私家的力量卻逐漸壯大起來，不斷與晉國的公族展開鬥爭。晉厲公時，公族已把私家看成最大的威脅。西元前五七四年，厲公舉兵殺了三郤，結果很不得人心。次年，厲公被殺。晉朝中期以後，晉國的卿位一直由十九個卿大夫之家所占據，居卿位的同時又是統率軍隊的將領。這十幾個卿大夫家族在晉國政治、經濟和軍事方面的勢力一天天膨脹起來，到春秋晚期，他們互相吞併後，只剩下韓氏、趙氏、范氏、魏氏、中行氏、智氏六家最大的卿大夫家族，就是所謂的「六卿」。

春秋末年，范氏、中行氏兩家被滅，只剩下智、趙、韓、魏四家卿大夫，其中以智氏最強。專擅晉國國政的智伯恃強向韓康子、魏桓子索得土地，在向趙襄子索地遭拒後，於西元前四五五年攻打趙氏，並脅迫韓、魏兩家出兵。趙襄子退居晉陽固守。智伯圍困晉陽一年而不能攻下，後引晉水淹灌晉陽城。危急時刻，趙襄子派張孟談說服韓、魏兩家倒戈，放水倒灌智伯軍營，大破智伯軍，殺死智伯。三家盡滅智氏宗族，瓜分智伯的地盤，此戰為日後「三家分晉」奠定了基礎。

三家分晉是怎麼回事？

西元前四三七年，晉哀公去世，其子柳繼位，是為晉幽公。幽公之時，晉公室已毫無權威，幽公非但不能號令韓、趙、魏三家，反而自己要去朝見三家之君。晉公室只保留了絳（今山西侯馬市之新絳）與曲沃二邑，其餘的晉國土地全被三家瓜分。

趙襄子因為取代了伯魯的太子地位，於心不安，便立伯魯之孫趙浣為繼承人。但襄子死後，其弟桓子驅逐趙浣而自立為君。桓子一年後去世，趙氏之人殺了他的兒子，迎趙浣即位，是為獻子。獻子之子趙籍後來繼位，即趙烈侯。魏桓子之後由其孫魏斯繼位，是為魏文侯。韓康子之後由其子武子繼位，韓武子之後由其子韓虔繼位，是為韓景侯。

西元前四〇三年，韓、趙、魏三家打發使者上雒邑去見周威烈王，要求周天子把他們三家封為諸侯。這時國力貧弱，無力駕馭諸侯的周威烈王，看到分晉已是既成事實，便順水推舟，把三家正式封為諸侯。從此，韓（都城在今河南禹縣，後遷至今河南新鄭）、趙（都城在今山西太原東南，後遷至今河北邯鄲）、魏（都城在今山西夏縣西北，後遷至今河南開封）都成為中原大國，加上秦、齊、楚、燕四個大國，歷史上稱為「戰國七雄」。單純從合法性的角度看，這一年具有劃時代的意義，戰國即由此開始。宋代著名史學家司馬光撰《資治通鑑》，就是從這一年開始，記載的第一件事即是「初命晉大夫魏斯、趙籍、韓虔為諸侯。」

三、春秋五霸之楚莊王

楚國是怎麼建立的？

楚國的祖先出自顓頊帝高陽。高陽是黃帝的孫子、昌意的兒子。高陽生下了稱，稱生下了卷章，卷章生下了重黎。重黎擔任了帝嚳高辛氏的火正這個官職，他勤勉不懈，恪盡職守，很有功績，於是帝嚳賜予了他「祝融」的稱號。當時，共工氏發動了內亂，帝嚳就讓重黎帶兵去誅殺作亂的人。結果因為重黎能力有限，並沒有平定共工氏的叛亂。帝嚳大怒，認為重黎辦事不利，有負於自己對他的囑託，於是殺死了重黎，讓他的弟弟吳回接替重黎，也去擔任火正之職，仍然稱為祝融。吳回生下陸終，陸終有六個兒子，都是母親腹裂而生的。他的第六個兒子叫季連，季連姓羋，他就是楚國王族的祖先。

周文王的時候，季連的後代中有一個人叫鬻熊。鬻熊對文王十分忠誠，像兒子一般侍奉著他，但鬻熊年紀輕輕就死去了。他的後代熊繹處在周成王時代，當時，成王要舉用文王、武王功臣的後代，於是就把熊繹封到了楚蠻，封給他子男爵位的田地，賜給他姓羋，住在丹陽。楚子熊繹和魯公伯禽、衛康叔子牟、晉侯燮、齊太公子呂伋共同侍奉成王。

楚為什麼要自尊為王？

熊繹的後代熊渠生活在周夷王統治時期。當時周王室日漸衰落，有的諸侯不來朝見天子，諸侯間也經常互相攻伐，戰禍時常發生。熊渠德政愛民，仁愛寬厚，得到了長江、漢水一帶民眾的擁戴。為了老百姓能過上安穩的日子，他就帶兵四處征戰。熊渠說：「我處在蠻夷這樣的邊遠地區，不必和中原各國的名稱尊號一樣。」於是，他就分封了自己的三個兒子為王。周厲王即位後，由於厲王暴躁狂虐，熊渠擔心他來攻打楚國，也就去掉了自己的王號。

楚國國君熊通在位的時候，楚國舉兵討伐隨國。隨國的國君質問熊通說：「我又沒有什麼罪過，你們為什麼要攻打我啊？」楚王說：「今天諸侯們都背叛王室互相侵伐，互相攻殺。我雖然處在蠻夷地區，但我也有軍隊，所以想要到你們中原來湊湊熱鬧，請求周王室給我一個尊號。」隨國人為了防止受到楚國的侵略，就替他到周王室請求尊號，周王室認為楚國位於蠻夷之地，堅決不答應，隨國人無奈，只能回來向楚國報告。熊通大怒說：「我的祖先鬻熊是文王的老師，很早就去世了。後來周成王提拔我的先公，竟只賜予子男爵位的田地，讓他住在楚地。現在蠻夷部族都順服楚國，可是周王不為我加封爵位，我只好自稱尊號了！」於是，他便自稱武王，和隨國人訂立盟約後才撤軍回國。

商臣為何要弒楚成王？

楚國第四位君主楚成王曾打算立自己的兒子商臣為太子，於是就將此事告訴了令尹子上。子上說：「大王您現在還很年輕，宮裡又有那麼多寵愛的妻妾，還是不要這麼早立太子為好，如果以後再想廢棄太子，將會給國家帶來混亂。況且商臣生性暴虐，不適合立他為太子。」楚王不聽，固執己見，終於立了商臣為太子。

後來，楚王果然又想立兒子職為太子，打算廢棄太子商臣。商臣得知後便問自己的老師潘崇說：「先生，現在外面流傳說父王想廢掉我，但我又不確信，我怎麼才能得到確實的情況呢？」潘崇說：「太子您可以去款待成王寵愛的江芈姬，但不要尊敬她，說不定這樣能從她那裡得到有關的消息。」商臣依計而行，江芈果然生氣地說：「你這個傢伙不懂禮法，竟敢不尊敬我，看來君王想殺掉你立職為太子是應該的。」

商臣聽了之後十分害怕，趕緊把這個消息告訴了潘崇，並向他詢問對策。潘崇問：「您能侍奉職嗎？」商臣堅決地回答說：「這是絕對不能的！」「那你能逃跑嗎？」潘崇接著問。商臣想了想又回答：「這樣也不可以。」「那你能殺死成王嗎？」潘崇鼓足勇氣問。商臣堅決地回答道：「能。」接下來商臣便開始積蓄力量，等待時機殺掉自己的父親。這年冬天，商臣讓宮裡的衛兵包圍了成王，成王請求死前吃個熊掌，以拖延時間，等待援兵。商臣知道他的意圖，便沒有答應他，成王只得上吊自殺了。隨後，商臣繼承了王位，這就是楚穆王。

「一鳴驚人」說的是什麼事？

西元前六一三年，楚成王的孫子楚莊王新即位，做了國君。晉國趁這個機會，把幾個一向歸附楚國的國家又拉了過去，訂立盟約。楚國的大臣們很不服氣，都向楚莊王提出出兵爭奪霸權。無奈楚莊王不聽，白天打獵，晚上喝酒，聽音樂，什麼國家大事，全不放在心上，楚莊王就這樣玩樂了三年，他知道大臣們對他的作為很不滿意，便下令：誰要是敢勸諫，就判誰死罪。有個名叫伍舉的大臣，實在看不過去，決心去見楚莊王。

楚莊王正在宮廷裡尋歡作樂，聽到伍舉要見他，就把伍舉召到面前，問：「你來做什麼？」伍舉說：「有人讓我猜個謎，我猜不著。大王是個聰明人，請您猜猜吧。」楚莊王聽說要他猜謎，覺得很有意思，就笑著說：「你說出來聽聽。」伍舉說：「楚國山上有一隻大鳥，身披五彩，樣子挺神氣。可是一停三年，不飛也不叫，這是什麼鳥？」楚莊王心裡明白伍舉說的是誰。他說：「這可不是普通的鳥。這種鳥不飛則已，一飛將要衝天；不鳴則已，一鳴將要驚人。你去吧，我已經明白了。」

過了幾個月，莊王更加淫佚放縱。另一個大臣蘇從又去勸說楚莊王。楚莊王問他：「你難道不知道我下的禁令嗎？」蘇從說：「我知道。只要大王能夠聽從我的意見，我就是觸犯了禁令，被判了死罪，也是心甘情願的。」楚莊王高興地說：「你們都是真心為了國家好，我哪會不明白呢？」楚莊王於是就停止淫佚作樂，開始處理政務，任用伍舉、蘇從管理政務，舉國上下十分擁護。

楚子問鼎有何用意？

楚莊王在位時期，楚國非常強盛。為了和晉國在中原爭霸，他先後用兵於陳、蔡、鄭、宋等國，又乘周攻伐洛水流域的陸渾之戎的機會，陳兵東周邊境，炫耀武力。

周定王立即派大夫王孫滿前去慰勞。楚莊王別有用心地問王孫滿周之九鼎「大小輕重」。王孫滿答道：「統治國家在於道德不在於寶鼎。」莊王說：「你不要倚仗九鼎！楚國只要銷毀刀劍上的刃尖便可以鑄成九鼎。」王孫滿追溯了九鼎的歷史後，十分嚴肅地說：「周德雖衰，天命未改，鼎之輕重，未可問也。」接著，他講了九鼎的來歷。他說夏禹實施德政，各地諸侯都把自己的奇異之物繪製成圖，獻給朝廷，九州的長官也把金屬製品上貢。於是，夏禹就把這些金屬品做成九鼎，上面鑄出各種奇異之物的形狀。這樣，百姓在山川林澤就不會碰到妖怪，不會遇到不順利的事。因此上下和睦，都可以受到上天的賜福。夏桀昏亂，九鼎就遷到商朝。商紂暴虐，九鼎又遷到周朝。有美德的時候，鼎小也是很重的；背離德行的時候，鼎大也是很輕的。而且上天保佑有德行的人也是有限的。成王定鼎於郟鄏之時曾經占卜，結果說可以傳三十代，歷七百年。楚莊王自己知道當時還不具備滅掉周朝的實力，也就帶兵回國了。

其實，周定王時，周王朝已嚴重衰落，強大的楚國自有取周而代之的企圖。楚莊王問鼎，顯示了他對周王朝的輕蔑，是向周王朝的挑戰。後來人們就把「問鼎」比喻為圖謀王位。但今天「問鼎」一詞的含義已經更為廣泛，一般把有雄心壯志、想得到更高的位置稱作「問鼎」。

楚莊王是如何成為春秋五霸之一的？

楚莊王繼位以後，對楚國的政局和忠良賢才有了一個基本的了解。他重用了伍舉、蘇從等忠直之臣，攻滅了前來進犯的庸國，使楚國的勢力向西北擴展，開創了楚國大業。為了使國家強盛，能夠雄踞中原，他大力選拔和使用人才。他知人善任，任用孫叔敖為令尹，虛心聽取孫叔敖對治理國家的意見。莊王在位期間，君臣上下和睦，一致對外。楚莊王務實的統治使楚國社會安定，民風儉樸，人民生活得到了很大的改善。

西元前六〇五年，楚國令尹越椒在椒陽（今河南南陽市）殺死司馬賈，駐軍椒野（今河南新野縣），阻止莊王回國。莊王求和不成，戰於皋滸（今湖北襄樊市西），殺死越椒。從此，莊王知道，要圖中原必先平定南方。西元前六〇一年，舒、蓼皆叛楚國，於是莊王起兵伐滅舒、蓼，一直到了滑水（今安徽合肥市東），與吳越兩國結了盟，方才回楚。楚在江淮流域的勢力漸趨鞏固後，便再回頭征伐北方。

楚國要北進中原，爭霸諸侯，首先就要拉攏與其相鄰的鄭國。楚國在北林打敗晉國軍隊後，鄭國開始聽命於楚國，但仍然搖擺不定。為了爭當霸主，楚晉之間進行了長時間的戰爭，雙方互有勝負，最後在的一戰中，楚軍大獲全勝。在這場戰爭中，有人勸楚莊王追上去，把晉軍趕盡殺絕。楚莊王說：「楚國自從城濮失敗以來，一直抬不起頭來。這回打了這麼大的勝仗，總算洗刷了以前的恥辱，何必多殺人呢？」這場戰爭使楚國聲威大振，國勢日強，而晉國在中小國中威信下降，失去了支配他們的能力。不久，楚莊王滅掉了蕭國，又連續三年攻伐宋國，迫使宋國向楚求和。楚莊王飲馬黃河，問鼎中原，實現了自己稱霸的願望。中原各國諸侯對楚國言聽計從，唯唯諾諾，有敢違背楚國旨意者，楚國兵鋒所向，沒有不迅速瓦解的。

楚莊王連年用兵，但他盡量做到不違農時，對百姓安撫體恤，從而得到了人民群眾的支持，這是他的高明之處。《左傳》說他以「敖為宰」，改革政治，勤於生產，整飭軍備，提高戰鬥力，因而楚莊王雖然連年用兵中原，但其國力充足，「民不罷勞，君無怨讟」，「商農工賈，不敗其業，而卒乘輯睦」。

乾溪之難是怎麼回事？

楚莊王死後，楚共王即位。西元前五四一年十二月，楚共王的公子圍進宮詢問楚王病情，用帽帶勒死楚王郟敖，又殺死楚王的兒子莫和平夏，自己登上了王位，是為楚靈王。楚靈王即位的第三年大會諸侯，派人去請他們來楚國的申地會合。在這次會盟中，楚靈王處處顯示出驕縱的習氣。當場侮辱別國派來的使臣，殺死一些無辜的下屬，並且對來到的各國君王毫無禮節，這就埋下了禍根。楚靈王為了維持霸主國的面子，四處征伐，與各諸侯國之間戰爭不斷。他還下令修建宮室，造起了一座宮殿，名為「章華宮」，並從此住在章華宮中享樂。楚靈王就這樣為所欲為，連年戰爭耗費了先祖多年的累積，花天酒地失去了百姓的民心。

西元前五二九年，趁楚靈王在乾溪吃喝玩樂時，蔡公棄疾（靈公的弟弟，後為楚平王）等人進宮殺掉靈王的太子，立公子比為王；同時還派人到乾溪去，向楚國的官兵說：「楚國已經擁立新王了。先返回國都的，恢復他們的爵位、封邑、田地、房屋。後返回的一律流放。」楚國官兵一聽，都逃的逃、散的散，紛紛離開靈王返回國都。

昏庸的靈王見自己的王位丟了，還聽說自己的兒子也被殺死，就倒在地下嚎啕大哭。他對旁邊僅存的兩個隨從說：「我不是為自己傷心，我是為兒子傷心。」其中一個隨從說：「你殺別人的兒子太多了，能不到這種地步嗎？」靈王聽後，當即止住了眼淚。這時，他的一個忠實的大臣右尹鄭丹來到他的身邊。靈王問鄭丹，他現在應該怎麼辦。鄭丹說：「應該回到楚都的郊外，看看國人的反應怎麼樣？」靈王慌忙擺手：「我要是到了他們的手上，他們一定會把我殺了。」鄭丹說：「那你就去向其他諸侯求救吧。」「靈王說：「那也不行，我把他們的王給得罪了。」鄭丹覺得這個以前不可一世的君主，真是多行不義必自斃，最後覺得自己也幫不了他，便離開了他。

靈王此時感到十分孤獨，一個人在山裡閒蕩，走餓了，就想下山去要點吃的。他遇上以前的一個熟人，就熱情地和他打招呼，說：「我都三天三夜沒有吃東西了，給我一點吃的吧。」可是那人說：「我們的新國王已經下達命令，誰要是送你吃的，就會被殺頭。」靈王又氣又餓又累，最後自縊而死。

楚平王是如何即位的？

楚國雖然已經擁立公子比為楚王，但因未曾聽到靈王死去的消息，就很害怕靈王會突然返回。棄疾從中得到啟發，決定利用這個動盪時機，欲置子比、子晳（楚王共有五個兒子：郟敖、子國、子比、子晳、棄疾）於死地。

五月已卯之夜，棄疾派人繞城大呼，說是靈王駕到了，滿城為之騷動。蔓成然奉棄疾之命進宮，故作驚慌，對子比、子晳說：「靈王回來了，國人要來殺二位了，司馬也快要進宮來了，二位要早作打算，以免受辱，眾怒如同水火，可觸犯不得呀！」蔓成然剛說罷，又有人受棄疾指使跑進宮來說：「外面大隊人馬就要衝進來了！」子比和子晳以為已到窮途末路，便都自殺了。

楚平王為什麼要殺伍奢父子？

次日，棄疾即王位，改名熊居，是為平王，時為西元前五二九年。

楚平王為什麼要殺伍奢父子？

楚平王有個太子叫建，楚平王派伍奢做他的太傅，費無忌做他的少傅，費無忌對太子建不忠心。平王派費無忌到秦國為太子建娶親，因為秦女長得姣美，費無忌就急忙趕回來報告平王說：「這是個絕代美女，大王可以自己娶了她，再給太子另外娶親。」平王就娶了秦女，並極度地寵愛她，還生了個兒子叫軫。費無忌用秦國美女向楚平王獻媚以後，就趁機離開了太子去侍奉平王。他又擔心有一天平王死了，太子建繼位殺了自己，便因此而在平王面前詆毀太子建。平王也越來越疏遠太子建，派太子建駐守城父，防守邊疆。

費無忌常在平王面前說太子建的壞話，他說：「太子因為秦女的原因，不會沒有怨恨情緒，希望大王自己有所防備。自從太子駐守城父以後，統率著軍隊，對外和諸侯交往，他將要進入都城作亂了。」楚平王就把他的太傅伍奢召回來審問。伍奢知道費無忌在平王面前說了太子的壞話，因此說：「大王怎麼能僅僅憑撥弄是非的小人的壞話，就疏遠骨肉至親呢？」費無忌說：「大王現在不制止，他們的陰謀就要得逞，大王就有危險了！」於是平王把伍奢囚禁起來，同時命令城父司馬奮揚去殺太子建。奮揚未到城父，便派人提前告訴太子：「太子趕快離開，否則將被殺害。」於是，太子建逃到宋國去了。

費無忌對平王說：「伍奢有兩個兒子，都很賢能，不殺掉他們，將成為楚國的禍害。可以用他們的父親做人質，把他們召來。」平王就派使臣對伍奢說：「能把你兩個兒子叫來，就能活命，叫不來，就處死。」伍奢說：「伍尚為人寬厚仁慈，叫他，一定能來；伍子胥為人桀驁不訓，忍辱負重，能成就大事，他知道來了一定被擒，勢必不來。」平王不聽，派人召伍奢的兩個兒子，說：「來，我使你父親活命；不來，現在就殺死伍奢。」伍尚打算前往，但伍子胥識破了楚平王的計謀，勸伍尚不要去。伍尚對伍子胥說：「聽到父親可以免死卻不回去，那是不孝；父親被殺，做兒子的如不想方設法報仇，那是無謀劃。你快走吧，我將回楚國一死了之。」伍尚就回楚國了。伍子胥拿起弓箭，走出房間去見使者，說：「父親有罪，為什麼叫兒子回去呢？」說完，便拉弓搭箭射向使者，使者掉頭就跑，伍子胥便逃到了吳國。伍奢聽說伍子胥逃跑了，說：「楚國君臣將要苦於戰火了。」伍尚來到楚都，楚平王就把伍奢和伍尚殺害了。

楚昭王是怎樣一位國君？

西元前五一六年，楚平王逝世。將軍子常說：「太子珍還年幼，況且他的母親本應該是太子建的妻子，因此他不可以當國君。」於是，想立令尹子西為王。子西是平王庶出的弟弟，為人非常仁義，深受大臣和百姓的愛戴。子西對子常的好意力辭不就，他說：「子常的好意我心領了，但是國家有固定的法則，隨便改立就會引起諸王的叛亂，甚至談論這件事也要招來殺身之禍，我是不敢當國君的。」於是，楚國仍擁立太子珍為王，這就是昭王。

西元前五〇六年冬，吳王闔閭親率其弟夫概王和伍子胥、孫武、伯嚭等，出兵沿淮水攻楚，由楚防備薄弱的東北部實施大縱深策略突襲，直搗楚腹地。吳軍以靈活機動的戰法，擊敗楚軍主力於柏舉，並展開追擊，長驅直入攻進楚都郢。楚昭王出亡，逃到雲夢澤時，被吳軍射傷，又輾轉逃到鄖國、隨國。申包胥入秦乞師救援，秦王起初不答應，申包胥便跪秦廷而哭，七日不絕，秦哀公感其忠誠，於是出兵救楚，吳兵乃退。楚昭王回到郢都，賞功臣，包胥逃而不受。

西元前四八九年春天，吳國攻打陳國，楚昭王親領大軍前去救援，駐軍於城父。不久，昭王病倒在軍中。一天，在軍營的上空出現象鳥一樣的紅色雲霞，圍繞著太陽飛翔。昭王便向周太史詢問吉凶，太史說：「這對楚王有害，卻可以把災禍轉移到將相身上，而免除大王的禍患。」將相聽到這句話，就紛紛請求向神禱告，讓自己代替昭王受難，昭王說：「將相如跟我的手足，如果把災禍移到手足上，難道能夠消除我的病痛嗎？」於是，不令將相禱告。昭王又令占卜病因，太史認為是黃河在作祟。於是，大夫們請求祭禱河神。昭王卻說：「自從我們先王受封后，遙祭的大川不過是長江、漢水，黃河神我們何曾得罪過它呢！」於是，昭王沒有答應大夫們的請求。孔子在陳國聽說這件事後，讚揚道：「楚昭王真是通曉大義啊！他沒有失去國家，就不難理解了！」不久，昭王死於軍中。

四、春秋五霸之吳王闔閭

太伯為什麼要奔吳？

吳國是周朝時的一個諸侯國，其國境位於今天江蘇省南部的蘇州、無錫、常州一帶，吳國初期歷史不明。據《史記》記載，周太王古公亶父生有三個兒子，長子太伯、次子仲雍、三子季歷。季歷娶太任，生下一個兒子，取名叫昌。昌從小就聰明異常，相貌奇偉，頗有王者風範，因此深得古公寵愛。古公有意要將周家的天下傳給姬昌。但是按照當時氏族的傳統，王位只能由嫡長子繼承。姬昌的父親季歷排行老三，自然沒有資格承嗣王位，這勢必導致姬昌不能繼承周家的天下。古公亶父既不願違背氏族的規矩，又為自己不能按心意傳位給孫子姬昌而終日憂悶，鬱鬱寡歡。太伯和仲雍知道了父親的心事後，為了順從古公的意願，就一同逃往荊蠻，像當地蠻人一樣在身上刺滿花紋、剪斷頭髮，以示不再繼位，把繼承權讓給季歷。季歷果然繼位，這就是王季，昌後來也成為文王。太伯逃至荊蠻後，自稱「句吳」。荊蠻人認為他很有節義，追隨附順他的有一千餘戶，尊立他為吳太伯。

關於太伯為什麼要奔吳，學術界有不同的說法。司馬遷在《史記》中的解釋是，他們為了遵從父王的旨意，將繼承權讓給弟弟季歷，然後再傳位給季歷的兒子昌，寧可自己不要王位，而去幾千里以外的荊蠻之地，與當地人一樣斷髮紋身，刀耕火種，顯示了難能可貴的高風亮節。古往今來，研究吳史、吳文化者都取「讓權說」，極少有人提出疑義。

季札為何要固辭君位？

自從吳王太伯建立吳國之後，代代相傳，後來傳到第十九世壽夢。壽夢有四個兒子，名諸樊、餘祭、夷昧、季札。他的四個兒子當中，以四子季札最有德行，所以壽夢一直有意要傳位給他。季札的兄長也都特別疼愛他，認為季札的德行才幹最適合繼承王位，所以都爭相擁戴他即位。西元前五六一年，吳王壽夢病重將卒，欲傳位於季札。季札謙讓不受，說：「禮有舊制，不能因父子感情，而廢先王禮制。」於是，壽夢遺命：「兄終弟及，依次相傳。」他想這樣王位必將傳於季札。

壽夢去世後，長子諸樊接位。諸樊覺得自己的德才遠在季札之下，一心想把持國的重任託付給他。但季札婉言謝絕了，他說：「曹國之人想擁立賢能的子臧為國君，來取代無德的曹王，但被子臧所拒絕。為了堅守臣民應有的忠義，並打消國人擁立的念頭，子臧離開曹國，奔走到了宋，使曹國的君主仍然得以在位執政。子臧謙恭無爭的美德被人們讚美為能『守節』。前賢的殷鑒歷歷在心，國君的尊位哪裡是我季札所希求的呢？雖然我無德，但祈求追比賢聖，則是唸唸在心啊！」諸樊無奈，只好繼承了王位。十三年後，諸樊死了，這個王位不傳給兒子，卻傳給了老二餘祭，大家的意思都是「欲傳以次，必致國與季札而止，以稱先王壽夢之意，且嘉季札之義，兄弟皆欲致國，令以漸至焉。」十七年後，餘祭也死了，就照計行事，夷昧就接任吳王。四年後，夷昧去世。大家想，這次季札可無法推讓了。但季札卻退隱於山水之間，整日躬耕勞作，以表明他堅定的志節，這才徹底打消了吳人的念頭。大家無計可施，就立夷昧的兒子僚當吳王。

諸樊的兒子公子光利用吳王僚的幾個兒子均在外率軍作戰，有威望的叔父季札又出使在外時，用計謀殺了吳王僚，奪取王位，號為吳王闔閭。季札驚悉吳國政權易位，非常悲傷。由於季札在吳國有著舉足輕重的地位，公子光亦心存敬畏。他謙卑地來到叔父季札面前，拱手讓出王位，請叔父當政繼位。面對眼前這位聰明能幹頗具雄才大略，但又薄情寡義心狠手辣的姪子，季札教訓道：「苟前君無廢，社稷以奉君也。吾誰怨乎？哀死待生，以俟天命。非我所亂，立者從之，是前人之道。」遂命闔閭隨眾王室成員大小官吏前往吳王僚墓哭祭，然後復位。

闔閭是怎樣登上王位的？

當初，吳國人擁立夷昧的兒子僚為國君，諸樊的長子光不服，他認為：「如果按兄弟的次序，季札子當立；如果一定要傳給兒子的話，那麼我才是真正的嫡子，應當立我為君。」恰好此時，楚國大將伍子胥因父兄被楚王枉殺，逃離楚國來到吳國。伍子胥進見吳王僚後，用攻打楚國的好處勸說他。這時吳王僚的堂弟公子光說：「那個伍員，父親、哥哥都是被楚國殺死的，伍員才講攻打楚國，他這是為了報自己的私仇，並不是替吳國打算。」吳王就不再議伐楚的事。伍子胥知道公子光打算殺掉吳王僚，暗自思量：「公子光有奪取王位的企圖，現在還不能勸說他向國外出兵，應當先幫助公子光繼承王位。」伍子胥知道專諸有本領，於是就把專諸推薦給公子光。公子光得到專諸後，像對待賓客一樣對待他。

西元前五一八年，楚平王去世。這年春天，吳王僚趁著楚國辦喪之際，派他的兩個弟弟公子蓋餘、屬庸率領軍隊攻打楚國，派延陵季子到晉國，觀察各諸侯國的動靜。楚國出動軍隊，斷絕了吳將蓋餘、屬庸的後路，吳國軍隊不能歸返。這時公子光覺得吳軍在外被楚國圍困，而國內沒有正直敢言的忠臣，於是對專諸說現在是殺掉僚的好機會。這年四月，公子光在地下室埋伏下武士，備辦酒席宴請吳王僚。僚派出衛隊，從王宮一直排列到公子光的家裡，門戶、台階兩旁都是僚的親信，夾道站立的侍衛都舉著長矛。喝酒喝到暢快的時候，公子光假裝腳有毛病，進入地下室，讓專諸把匕首放到烤魚的肚子裡，然後把魚進獻上去。到僚跟前，專諸掰開魚，趁勢用劍刺殺吳王僚！吳王僚當場斃命。其侍從眾人當即混亂不堪。公子光趁機出動埋伏的武士，誅殺吳王僚的部下，將其全部消滅。

公子光終於如願自立為國君，這就是歷史上赫赫有名的春秋五霸之一的吳王闔閭。

孫武的「三令五申」是指什麼事？

在闔閭稱霸的過程中，他手下有很多能幹的臣子，如伍子胥、孫武等。孫武字長卿，齊國樂安（今山東惠民）人。其曾祖父、祖父都是齊國名將，在對內對外戰爭中立過戰功顯赫。可惜後來齊國內亂不止，幾大家族爭權奪勢紛爭不休。孫武無意捲入無謂的家族鬥爭之中，便舉家遷到了南方的吳國，躬耕隱居，潛心著書，尋求新的發展機會。

當時吳王闔閭剛奪得王位，一心想擴充軍備，建立霸業，急需統兵征戰的大將之才。孫武遂受好友、時任吳國大臣伍子胥的推薦入宮，並把自己撰寫的兵法十三篇呈獻給吳王。吳王將這十三篇兵法一一看完，讚不絕口，卻不知孫武是否能將這些理論運用於實戰，便問他：「你的十三篇兵法，我都看過了，可以小試一下指揮隊伍嗎？」孫武答道：「當然可以。」闔閭又說：「可以就近調我宮裡的宮女來演練嗎？」孫武回答：「自然可以。」於是喚出宮女一百八十人交他操練。孫武將宮女編成兩隊，並以吳王兩個寵姬分任兩隊隊長。然後要她們全體持戟，準備操練。孫武向她們發令說：「你們知道自己的心、左右手和後背嗎？」宮女回答：「知道！」孫武號令他們：「我發令向前，你們就看你們心口所對的方向；向左，就看左手所在的方向；向右，就看右手所在的方向；向後，就看背所對的方向。」號令交代清楚，便陳設出斧鉞等刑具以示警誡，又「三令而五申之」，反覆說明。於是擊鼓傳令：「向右。」宮女們都大笑起來。孫武說：「約束不明，號令不熟，這是將領的過錯。」又三令五申地交代好幾遍，然後擊鼓傳令：「向左！」宮女們又大笑。孫武說：「紀律不清楚，號令不熟悉，這是將領的過錯；這些既已交代明白，卻不依號令去做，這乃是隊長和士兵的過錯了。」於是要斬兩位隊長。台上觀看的吳王見要斬他的愛姬，大吃一驚，忙派人傳令：「我已經知道將軍善用兵了。我如果沒有這兩個妃子，連吃東西都沒有味道，希望不要殺他們。」孫武說：「我既已受命為將，將在軍，君命有所不受。」於是，殺了兩個隊長示眾。依次用後二人為隊長，再擊鼓操練，向左向右，上前退後，跪下起立，無不符合命令和紀律要求，全體肅然，沒一個敢出聲。這時，孫武派人向武王報告：「隊伍已操練整齊，大王可來試試看，聽憑大王怎樣使用他們，即使讓他們赴湯蹈火，都是可以辦到的。」吳王知道孫武真的善於用兵，就讓他做了將軍。

伍子胥報仇是怎麼回事？

楚平王聽信奸臣費無忌的讒言，使伍奢、伍尚父子雙雙在楚國郢都含冤而死，而伍奢的次子伍子胥卻逃了出來。據記載，伍子胥逃走後，曾叫前來追殺的楚國士兵轉告楚平王，將來定要把楚國變成一片廢墟，以報父兄之仇。

伍子胥到了吳國，吳國的公子光正想奪取王位。在伍子胥的幫助下，公子光殺了吳王僚，自立為王，即吳王闔閭。闔閭登位後，任伍子胥為行人（掌朝覲聘問之官），協助其管理國家大事。任命另一個從楚國逃亡出來的貴族伯嚭為大夫。又舉薦精通兵法的大軍事家、齊國人孫武為將。為了鞏固和擴大吳國的統治，伍子胥向吳王進以安君理民、強國興霸之道，闔閭採納了他的建議，委託伍子胥築城郭，設守備，實倉廩，治兵庫。自此，吳國的政治、經濟和軍事力量逐漸得到加強，闔閭圖謀大舉攻楚。

西元前五〇六年，闔閭採納了伍子胥和孫武的建議，聯合唐國和蔡國，興師大舉進攻楚國，攻破了楚國的都城郢。這時，楚平王早已死去，伍子胥沒有找到楚平王的兒子楚昭王，只找到了楚平王的墳墓。想起父親和哥哥遇害，自己又逃亡在外的事情，伍子胥怒火中燒。他挖開楚平王的墳墓，拖出他的屍骨，狠狠地抽了三百鞭。伍子胥終於報了殺父之仇。

伍子胥的好友申包胥曾發誓要挽救楚國，聽到這件事便派人對伍子胥說：「你這樣報仇，未免太過分了。我聽說，人能勝天，但天注定也能破人。你從前是楚平王的臣子，曾經北面稱臣侍奉他，現在竟然連死人也不肯放過，甚至侮辱他的屍體，這難道不是傷天害理到了極點嗎？」伍子胥也讓人轉告申包胥：「我急著報仇，就好像路途還很遙遠可是太陽已經下山了一樣，我怕等不及了，所以倒行逆施地做下去，已經管不了那麼多了。」於是，申包胥就跑到秦國去求救，他在秦廷上不分日夜地哭，七日七夜不絕其聲。秦哀公感其忠誠，遂派兵車五百乘救楚攻吳，吳兵乃退。

伯嚭是怎樣一位大臣？

伯嚭是楚國大臣伯州犁之孫，因祖父被誅，遂逃往吳國，並被吳王闔閭任為大夫。後得到闔閭的兒子吳王夫差的寵幸，為吳國太宰。

吳王夫差在夫椒一戰打敗越國，將越王勾踐圍困在會稽山上。越王派文種求降，伍子胥不許，並勸說吳王乘勝滅掉越國。文種聽說伯嚭貪財好色，與伍子胥不和，就獻計派人收買伯嚭，使其在吳王面前求情。勾踐依計而行，讓文種帶了黃金玉器和八個妝扮豔麗的美女，送給伯嚭。伯嚭果然被收買，便勸說吳王免勾踐一死。吳王聽了伯嚭的話，便放了越王勾踐，也為自己留下後患。而勾踐一方面臥薪嘗膽，準備復仇；一方面繼續收買伯嚭，使其麻痺吳王的警惕。由於夫差的驕橫，加之伯嚭的讒言，伍子胥被吳王賜死，而吳國最終也被越國所滅。

最終，伯嚭也沒有得到好下場，越王勾踐滅吳之後，便下令將他處死。

吳、齊艾陵之戰是怎麼回事？

春秋後期，僻處東南的吳國崛起，他們學習中原文化，引進中原人才，國力日強，終於擊敗強楚，立威於南方，後來又降服了近鄰越國，兵鋒所向，望者披靡。此時，吳王夫差的野心開始膨脹，他一心想向中原地區進攻，欲進一步稱雄諸侯，這一次他把矛頭指向了齊國。

吳王夫差是個頗有作為的君王。首先，為了應付供應戰爭物資，運送軍隊的方便，他徵調民夫，在祁地築城，屯積物資，並開掘了從邗至淮河的運河，後來又一直開到訴水和濟水，綿延近千里，工程浩大。為修這條運河，吳國幾乎耗盡了積蓄多年的家底，使得國庫空虛，徵發的民夫死傷無數，農失其時，田園荒蕪。吳國元老重臣伍子胥見狀，再三勸阻吳王不要伐齊，空耗國力，應先修內政，再除越國而後再談中原爭霸。但是太宰伯嚭極力迎合吳王之意，說只要打敗了齊國，就可以稱霸天下。結果夫差反而迫令執反對意見的伍子胥去齊國下問罪之書，戰爭如箭在弦一觸即發。

西元前四八四年七月，吳國十萬大軍透過魯境進入齊國，拉開了齊吳大戰的序幕。齊國大將國書屯兵攻上，聞吳軍大至，遂移師南下。這時，齊相陳桓為增強齊軍實力，乃派遣其弟陳逆率軍前去增援，兩下合兵，恰也是十萬之眾。由於雙方兵力各為十萬，大致相當，於是吳上、下、右軍分別由大夫胥門巢、王子姑曹、展如指揮，與齊軍相對列陣。吳王夫差親自指揮中軍，列於吳三軍陣後為預備隊。齊軍由國書率中軍，高無邳率上軍，宗樓率下軍。初戰，吳右軍擊敗齊上軍；吳上軍則被齊中軍擊敗。此時，吳王率中軍及時投入戰鬥，救援胥門巢軍，大敗齊軍。齊軍十萬人馬幾乎全部被殲，將領公孫揮戰死；下軍大夫宗樓下落不明；齊國書、公孫夏、閭丘明、陳書、東郭書五位大夫被俘。戰後，齊國獻上大批金帛財物，向吳求和，吳王夫差答應了議和，罷兵回國。

吳雖獲勝，但這場大戰吳國贏得並不輕鬆，一來興師遠征，開掘運河消耗國力遠甚於齊；二來艾陵之戰，雖殲敵十萬，自己損失也在半數左右。雖然大勝，但卻無力向齊國發起進一步進攻，遂匆忙接受議和回國了事。後來，越國之所以能滅掉吳國，主要原因就在於吳國在艾陵之戰中大傷元氣。

夫差為什麼要賜死伍子胥？

西元前四八四年，夫差聞齊景公亡，齊國內亂，大臣爭寵，便欲發兵攻齊，伍子胥勸諫說：「吳有越腹心之疾，臣聞勾踐食不重味，與百姓同苦樂。此人不死，必為國患。願王釋齊先越。」但夫差認為越已臣服，已構不成威脅，因而執意率軍攻齊。結果，敗齊師於艾陵，夫差更加驕傲自負。在吳國攻齊的四年中，越王勾踐用子貢之謀，一面率越軍助吳，以示忠心，一面以重金賄賂太宰伯嚭，使伯嚭在吳王面前為越王說好話。從吳王及列士皆有饋遺，吳人皆喜，唯伍子胥對此深為憂慮，便再三規勸夫差說：「越國是心腹大患，現在相信那虛飾浮誇狡詐欺騙之詞，貪圖齊國，必生後患。攻克齊國，好比占領了一塊石田，沒有絲毫用處。希望大王放棄齊國，先攻打越國；如不這樣，今後悔恨也來不及了。」但吳王受了伯嚭的挑唆，不僅不聽從伍子胥的意見，反而懷疑伍子胥有異心，賜劍命其自刎。

伍子胥仰天長嘆說：「讒言小人伯嚭要作亂，大王反來殺我。我使你父親稱霸。你還沒確定為王位繼承人時，公子們爭著立為太子，我在先王面前冒死相爭，方能得立。你立為太子後，還答應把吳國分一部分給我，我婉言辭謝，可現在你竟聽信獻媚小人的壞話來殺害長輩。」於是，告訴他親近的門客說：「你們一定要挖出我的眼珠懸掛在吳國都城的東門樓上，來觀看越寇是怎樣進入都城，滅掉吳國的。」於是，自刎而死。吳王聽到這番話，大發雷霆，就把伍子胥的屍體裝進皮革袋子裡，漂浮在江中。吳國人同情他，在江邊給他修建了祠堂，後人就把這個地方叫做胥山。

黃池之盟是怎麼回事？

夫差在位的第十四年春天，北上黃池，大會諸侯，意欲稱霸中原。越王勾踐知道吳國國內兵力空虛，便在六月丙子日這天起兵攻打吳國。乙酉日，五千名越軍與吳軍展開激戰，結果越軍打敗了吳軍並且俘獲了吳國的太子友。丁亥日，越軍攻進了吳國的都城。吳人把戰敗的消息傳到遠在北方的夫差。夫差知道後心亂如麻，為了維護吳國的威信，他不願意讓諸侯知道這件事情。但是，紙是包不住火的，諸侯們最後還是知道了這件事，夫差大怒，當即將走漏了消息的人斬首示眾。

後來，夫差又與晉定公爭奪盟主的位置，夫差說：「從周王室的角度來看，我的祖先的輩分最大，所以我應當成為盟主。」晉定公則說：「從姬姓諸侯的角度來看，晉國曾經做過天下的霸主，因此我理所當然地應當成為盟主。」雙方互不相讓，相持不下。最後晉國的大臣趙鞅終於怒不可遏，便威脅夫差說：「你們吳國現在已經被越國打得毫無還手之力，還有什麼臉面在這裡爭奪霸主，你們要是再不讓步的話，我們就發兵進攻吳國，到時我們在戰場上見分曉！」這時候吳國早已經讓越國打怕了，聽到趙鞅的恐嚇，夫差便只好選擇了退讓，晉定公當上了盟主。

會盟結束以後，夫差打算去討伐宋國。伯嚭建議說：「大王，您雖然可以勉強戰勝宋國，但是憑我們現在的實力，卻不能夠占有它。」夫差覺得自己的實力確實有限，只好作罷，便率軍回國了。

吳國是怎樣滅亡的？

越國被吳國打敗後，越王勾踐從此臥薪嘗膽，立志復仇。與此同時，吳王夫差卻為勝利沖昏頭腦，寵幸奸佞，賜死伍子胥，最終反而被越王勾踐打敗，成為亡國之君。

西元前四七八年，吳國出現災荒，「大荒薦饑，市無赤米」，越王勾踐得知此消息後，大會群臣謀劃滅吳。大家都認為攻打吳國的條件已經成熟，於是越王勾踐發動大軍，出師伐吳。這時吳國士民疲敝，精銳部隊盡死於齊、晉。因此，越國大軍勢如破竹，直搗姑蘇城下，所到之處，吳國軍隊土崩瓦解。西元前四七三年冬，在被圍困三年之後，吳國終於「士卒分散，城門不守」，越軍再次發起強攻，攻入吳國都城。吳王夫差逃到姑蘇山上，使大夫公孫雄「肉袒膝行而前」，向越王勾踐稱臣求降，說：「往日我在會稽得罪了您，不敢逆命而同您結好。現在您前來懲治我的罪過，我唯命是從，想來也像那時一樣，您能赦免我的罪吧？」越王勾踐有些不忍，打算接受請降。范蠡當即上前說：「會稽之事，天以越賜吳，吳不取。今天以吳賜越，越豈可逆天乎？」並提醒越王勾踐不要忘記二十年臥薪嘗膽。吳王使者一再哀求，范蠡毅然鳴鼓進兵，說：「越王已經交權於我，請使者回去，否則就得罪了。」公孫雄無奈離去。越王最終不忍，派人告訴吳王：「我把你安置在甬東（今舟山群島）之地，以百家供你衣食。」吳王夫差辭謝說：「吾老矣，不能事君王！」便自殺而死。死前蔽其面而曰：「吾無面以見子胥也！」吳國遂告滅亡。

越王勾踐滅吳之後，盡占吳國之地，正式與中原諸侯交往，成為春秋時期最後一位霸主。

五、春秋五霸之越王勾踐

越國是如何與吳國結仇的？

傳說，越國的祖先是大禹的後代，據《吳越春秋》記載，當年大禹巡行天下，回到大越，登上茅山朝見四方諸侯，封有功，爵有德，死後就葬在這裡。至少康時，帝少康擔心大禹後代香火斷絕，便封其庶子於越，號曰：「無餘」。越國建立後，一直保持著比較落後的生活習俗，很少與中原地區發生聯繫。直至傳到允常時，才與吳國發生了矛盾，並相互攻伐。此時，已是春秋末年了。

西元前四九六年，允常去世，越王勾踐即位。吳王闔閭聽說後，認為這是攻打越國的好機會，便乘機率兵攻打越國。越國因為國君剛剛去世，所以對吳國的進攻毫無準備。面對危急的局勢，在大夫范蠡的奇謀之下，勾踐收羅了全國所有的死囚，許諾死於陣前者一律免去罪名，且厚待其家人，倖存者一律免罪重賞。兩軍陣前，死囚們匯同精銳的敢死隊，組成千人方陣，列於陣前向吳軍挑戰。正當吳軍準備迎擊之時，方陣突然停止了前行，眾死囚前仆後繼、有條不紊地在兩軍陣前一個接一個揮刀自刎，初時吳軍還好奇地觀望，不久便被這慘烈的場面所震懾，不知不覺中，兩翼的吳軍漸漸聚集到了中軍，許多將士都喪失了鬥志。

趁著吳軍的注意力都集中在死囚營之時，越軍總攻戰鼓驟然響起，倖存的死囚們和早已紅了眼的敢死隊將士直撲吳王闔閭，此時大夫范蠡早已悄悄地率領越國精銳包抄到吳軍兩翼，這一戰空前慘烈。最終，越軍以僅三萬之眾大敗來犯的近十萬吳國軍隊，並射傷了吳王闔閭。這次戰役使吳王闔閭始終不能忘懷，在彌留之際，他還帶著遺恨告誡兒子夫差說：「越王勾踐是個非同小可的人物，你可千萬不要忽視他，要發憤圖強，為我報仇啊！」

「臥薪嘗膽」一語說的是什麼事？

吳王闔閭死後，夫差即位。闔閭臨死時對夫差說：「不要忘記報越國的仇。」夫差記住這個囑咐，叫人經常提醒他。他經過宮門，手下的人就扯開了嗓子喊：「夫差！你忘了越王殺你父親的仇嗎？」夫差流著淚說：「不，不敢忘。」他叫伍子胥和伯嚭操練兵馬，準備攻打越國。

過了兩年，吳王夫差親自率領大軍去打越國。越國有兩個很能幹的大夫，一個叫文種，一個叫范蠡。范蠡對勾踐說：「吳國練兵快三年了。這回決心報仇，來勢凶猛。咱們不如堅守城池，不要跟他們作戰。」勾踐不同意，也發大軍去跟吳國人交戰。兩國的軍隊在太湖一帶開戰了。結果，越軍大敗。越王勾踐帶了五千個殘兵敗將逃到會稽，被吳軍圍困起來。勾踐一點辦法也沒有了，他對范蠡說：「懊悔沒有聽你的話，弄到這步田地，現在該怎麼辦？」范蠡說：「咱們趕快去求和吧！」勾踐聽從建議，派文種到吳王營裡去求和。文種在夫差面前把勾踐願意投降的意思說了一遍。吳王夫差想同意，可是伍子胥堅決反對。文種回去後，打聽到吳國的伯嚭是個貪財好色的小人，就把一批美女和珍寶私下送給伯嚭，請伯嚭在夫差面前為勾踐說好話。經過伯嚭在夫差面前的一番勸說，吳王夫差不顧伍子胥的反對，答應了越國的求和，但是要勾踐親自到吳國去。文種回去向勾踐報告了。勾踐把國家大事託付給文種，自己帶著夫人和范蠡到吳國去。勾踐到了吳國，夫差讓他們夫婦倆住在闔閭墳墓旁邊的一間石屋裡，叫勾踐給他餵馬。范蠡跟著做奴僕的工作。夫差每次坐車出去，勾踐就給他牽馬，這樣過了兩年，夫差認為勾踐真心歸順了他，就放勾踐回國。

勾踐回到越國後，立志報仇雪恥。他唯恐被眼前的安逸消磨了志氣，就在吃飯的地方掛上一個苦膽，每逢吃飯的時候，就先嘗一嘗苦味，還問自己：「你忘了會稽的恥辱嗎？」他還把蓆子撤去，用柴草當作褥子。這就是後來人們傳誦的「臥薪嘗膽」。經過十年的艱苦奮鬥，越國變得國富兵強，於是越王親自率領軍隊進攻吳國，並取得勝利。

范蠡、文種對越國做出了什麼貢獻？

范蠡、文種對越國做出了什麼貢獻？

范蠡和文種是越王勾踐的重要輔臣，在越王復仇、稱霸的過程中發揮了重要的作用。

當越王勾踐被吳軍圍困在會稽山上時，范蠡出謀劃策，制定了暫且忍受屈辱，苟且偷生，以圖將來的計策，使得越王堅定了生存和發展的信念。文種臨危受命出使吳國，賄賂吳王及其權臣，麻痺了對方，最終不辱使命，使得越王絕處逢生，表現出了一位外交家出色的機智與才幹。

越王被赦免回國後，兩人又齊心協力幫助勾踐發展生產，增強國力，實施長期的復仇計畫。范蠡和文種根據各自所長，有所分工。范蠡主要輔佐勾踐整頓軍事，操練士兵，謀劃戰機。文種則主要管理國家政務，安撫百姓，發展生產。此時，越王虛懷若谷，禮賢下士，范蠡、文種兩人深謀遠慮，鞠躬盡瘁，君臣配合默契，相得益彰。歷盡千辛萬苦，經過「十年生聚，十年教訓」，越國逐漸復興。

國力強大以後，范蠡又建議越王暫時韜光養晦，不露鋒芒，先讓吳國全力北伐，再伺機乘虛進攻。這個正確的策略方針，使得越國贏得了最佳戰機，最終滅了吳國。當吳王也向勾踐屈辱求和之時，范蠡勸說越王不能手軟，要堅決清除後患，從而使越王獲得徹底勝利，最終得以稱霸東南。

如此看來，范蠡、文種對於越國的貢獻不可謂不大。然而，越王復仇以後，范蠡和文種卻做出了兩種不同的人生抉擇：前者料定「飛鳥盡，良弓藏；狡兔死，走狗烹」，於是功成而退，泛舟五湖，並且成為富豪。後者沒有看透人生，留居朝堂，結果為越王所殺，不得善終。

范蠡為什麼要功成身退？

西元前四七三年，在范蠡和文種的幫助下，勾踐臥薪嘗膽，終於滅掉了吳國。滅掉吳國後，勾踐揮師北上，與眾諸侯會盟於徐州，勾踐當了霸主。

自徐州返回後，勾踐擺宴祝賀，群臣歡歌笑語，十分高興。此時，只有勾踐一人面無喜色，范蠡看到後嘆道：「越王不想將功勞落到大臣名下，只能同患難，不能共享樂，猜忌之心已露，我若不走，必有不測。」第二天，范蠡寫信辭別勾踐說：「我聽說，君王憂愁臣子就勞苦，君主受辱臣子就該死。過去您在會稽受辱，我之所以未死，是為了報仇雪恨。當今既已雪恥，臣請求您給予我君主在會稽受辱的死罪。」勾踐說：「我將和你平分越國，你如不答應就要加罪於你。」范蠡說：「君主可執行您的命令，臣子仍依從自己的意趣。」於是，他打點包裝了細軟珠寶，與隨從乘船離去，始終未返回越國，勾踐為表彰范蠡，把會稽山作為他的封邑。

范蠡出走之後，給文種寫了一封信，信上說：你難道沒有聽說過嗎？狡兔死，走狗烹；飛鳥盡，良弓藏；敵國破，謀臣亡。勾踐長著長長的脖子，嘴尖像鳥嘴一樣，這樣的人只能共患難，不能同享樂。我已經走了，你若不走，定有殺身之禍，望你接到信後，盡快行動。文種接到信後，就稱病不朝。

越王左右嫉恨文種的人，向勾踐進讒言道：「文種自認為功高蓋世，現在大王不封賞他，他心中不滿，所以不上朝。」勾踐了解文種的才幹，覺得吳國已滅，他對自己已經無用，更害怕文種有朝一日作亂，無人能制，現聽群臣這麼說，就有了殺文種之心。

有一天，越王突然到文種家中探病，隨手解下寶劍，放在文種床邊，對他說：「你教我七條計謀，我用了三條就已滅吳，剩下的四條你幫我到地下去告訴先王如何？」說完就走了，文種把寶劍拿過來一看，

范蠡為什麼要功成身退？

正是當年吳王賜令伍子胥自殺的寶劍，立即就明白了越王的意思，於是仰天長嘆道：「我不聽范蠡的話，今日終被越王所殺，我真後悔呀！」說完拔劍自刎而死。

「范蠡三遷」這個故事出於《史記》。《史記．越王勾踐世家》的篇末有「太史公曰」的讚歎：「范蠡三遷，皆有榮名。」

「范蠡三遷」是這樣的：范蠡曾「與勾踐深謀二十餘年，竟滅吳，報會稽之恥」。范蠡很聰明，滅吳之後，他深感自己「大名之下，難以久居，且勾踐為人可與同患，難與處安」，於是毅然告退，這是范蠡一遷。

而與他同時輔佐勾踐的文種，因為沒有這樣做，後來竟被勾踐賜死了。范蠡隱退之後，覺得在勾踐的眼皮底下，還是不安全。於是，范蠡到了齊國，隱姓埋名，自稱「鴟夷子皮」，即生牛皮，意為「有罪被流放的盛酒皮囊」。這是為了紀念被吳王逼殺、並裝入叫「鴟夷」牛皮革囊中拋入江中的伍子胥，范蠡認為自己的遭遇同伍子胥一樣。在齊國，范蠡充分利用青年時期向計然學到的經商知識，來置家產。他們一家在海邊開荒種地，引海水煮鹽，沒多久財產已達數十萬錢。齊國人聽說他賢能，便想讓他做齊國的丞相。范蠡感嘆地說：「居家則至千金，居官則至相，這都是普通人最得意的事了，長久地享受這種榮譽不好呀！」於是，范蠡歸還相印，悄悄地把財產分給親戚鄉鄰，只帶少量財物又一次不辭而別，這是范蠡二遷。

范蠡三遷到了「陶」（今山東定陶）這個地方，陶當時人口稠密，經濟發達，商業往來頻繁。范蠡認為陶是天下的中心，是交易買賣、互通有無的商業要道。在此謀生置產，可以致富，於是自稱陶朱公。陶朱公做生意講究薄利多銷，賺錢只賺十分之一的利潤，看準行情買賣貨物，貨物的買入和出售都很謹慎，不多久家產殷實富比王侯。天下人又都知道了陶朱公，諸侯爭相與他交往。

齊威王是怎樣使齊國大治的？

第六章 戰國稱雄

從西元前四七六年到西元前二二一年，歷史上稱為戰國時期，較春秋而言它是一個更加動盪不安的歷史年代。經過不斷的兼併戰爭，眾多的諸侯國最後只剩下以齊、楚、燕、韓、趙、魏、秦為代表的「戰國七雄」，另外許多小國逐漸被七國吞併。戰國時，周王室連名義上的共主地位也沒有了，經過一段時間的勉強維持最終滅亡。

一、戰國七雄之齊國

齊威王是怎樣使齊國大治的？

春秋前期和春秋中期，齊國曾稱霸諸侯，顯赫一時。然而，由於姜齊後期幾代國君腐敗無能，齊國從春秋末年到戰國前期的一段時間裡，已積貧積弱，從昔日的霸主地位上一落千丈了。田氏代齊之後，雖然也採取了一些改良的政策措施，但由於種種原因，仍無明顯起色，未能從根本上扭轉長期積弱的局面。

西元前三五六年，齊威王田因齊繼位，因見吳越兩國俱稱王，自己不甘居下，也便自稱「齊王」。繼位之初，齊威王好酒色，沉湎不治，委政卿大夫，以致韓、魏、魯、趙等國相繼入侵，出現了「諸侯並伐，國人不治」的局面。但後來他虛心納諫，立即振作起來，下定了「不飛則已，一飛衝天；不鳴則已，一鳴驚人」的決心。

平民鄒忌以鼓琴求見，勸威王用賢臣、除奸佞，恤民養戰，經營霸王大業。威王見鄒忌是個人才，就用為相國，加緊整頓朝政，改革政治。即墨（今山東平度縣東南）大夫，勤理政務，荒地得墾，人民富饒，不過因為人正直、不善結納近臣，故時有毀言謗語；阿城（今山東陽谷縣東北）大夫相反，田地荒蕪，倉庫空虛，防務鬆弛，但對阿大夫卻日有美言。齊威王派人查得實情，立即召回二位大夫，當眾給即墨大夫加封萬戶土地的封賞；對阿大夫則處以烹刑。

威王這種不偏聽偏信，探查真實情況，基於事實上的嚴刑重賞，致使「齊國震懼，人人不敢飾非，務盡其誠。齊國大治。諸侯聞之，莫敢致兵」（《史記．田敬仲完世家》）。威王還下令全國：不論朝廷大臣、地方官吏或老百姓，能當面提出君主過失的，得上賞；用書面指出君主過失的，得中賞；在廣眾中議論君王過失的，得下賞。由於廣開言路，僅一年，弊除政清，齊國大治。

齊國向來有尊重人才的優良傳統，齊威王更能做到不拘一格地任用賢才。他一面選用宗室中有才智的人為官，如田忌做將軍，田盼子守高唐。一面又選用大批門第寒微的士人，委以重任。比如：因受妒而慘遭迫害的著名軍事家孫臏。

西元前三五三年和西元前三四一年，齊國先後出兵救趙救韓，進行了歷史上著名的桂陵戰役和馬陵戰役，兩次打敗了強大的魏國，開始稱雄於諸侯。到齊威王末年，齊國成為諸侯國中最強盛的國家。

鄒忌有哪些事蹟？

齊威王即位後，沉湎淫樂不理朝政。鄒忌是一個很有才學的人，他看到齊威王的所作所為，很想勸諫他振作起來。他聽說齊威王喜歡聽音樂，就想出了一條妙計。

鄒忌有哪些事蹟？

一天，他抱著一架琴進宮求見齊威王。見了齊威王，鄒忌只是大談特談樂理，就是不奏曲，齊威王不高興地說：「您的樂理說到我的心坎裡了，但光知道這些不夠，還需知琴音才行，請先生試彈一曲吧。」鄒忌說：「臣以彈琴為業，當然要盡心研究彈琴的技法；大王以治國為要務，怎麼可以不好好研究治國大計呢？我撫琴不彈，就無法使您樂意，怪不得齊人看見大王拿著齊國的大琴，幾年來沒彈過一回，都不樂意呢！」齊威王這才恍然大悟：「原來先生是拿彈琴來勸我，我明白了。」他叫人把琴拿下去，就和鄒忌談論起國家大事來。鄒忌勸他重用有才能的人，增加生產，節省財物，訓練兵馬，準備建立霸業。

鄒忌進見威王才三個月就被受了相印。淳于髡見了他說：「您真會說話呀！我有些淺薄的想法，願在您面前陳述。」鄒忌說：「恭敬地接受教誨。」淳于髡說：「侍奉國君能周到無誤，你的身名就都能興盛；如果稍有不周或失誤，身名都要毀滅。」鄒忌說：「恭敬地接受指教，我要把您的話謹記在心。」淳于髡說：「用豬油塗抹棘木車軸，是為了使它潤滑，然而，如果軸孔是方形的就無法轉動。」鄒忌說：「謹受指教，我要小心地在國君左右侍奉。」淳于髡說：「拿膠黏用久了的弓干，是為了黏合在一起，然而膠不可能把縫隙完全合起來。」鄒忌說：「謹受指教，我要使自己依附於萬民。」淳于髡說：「狐皮襖即使破了，也不能用黃狗皮去補。」鄒忌說：「謹受指教，我要小心地挑選君子，不讓小人混雜在其中。」淳于髡說：「大車如果不較正，就不能正常載重；琴瑟不把弦調好，就不能使五音和諧。」鄒忌說：「謹受指教，我要認真制訂法律並監督奸猾的官吏。」淳于髡說完後，快步走出，到門外對他的僕人說：「這個人，我對他說了五條隱語，他回答我就像回聲的響應一樣，這個人不久必定要受封啊！」果然，一年之後，威王把下邳賜給鄒忌，封其為成侯。

齊威王是如何稱雄戰國的？

西元前三四二年，魏國軍隊進犯韓國的國都。韓昭侯見魏軍來勢凶猛，難以抵擋，便派使者到齊國請求救兵。

齊威王召集群臣商量此事。大家議論紛紛，莫衷一是。只有孫臏在一旁不發一言，若有所思。齊威王問計於孫臏，孫臏說：「魏國自恃武力強大，前年伐趙，今年伐韓，總有一天會侵犯齊國。如果我們現在不出兵救韓，就等於拋棄了韓國，強大了魏國，所以不救是沒有道理的。但是，魏國剛開始攻打韓國，軍隊士氣正旺，韓國的實力還沒有受到挫傷，此時我們出兵救韓，等於讓韓國坐享其成，使齊國遭受損傷，因此馬上出兵救韓也不是良策。」齊威王又問：「如此說來，該怎麼辦呢？」孫臏回答說：「我們不如先答應韓國的要求，穩住韓國人的陣腳。韓國知道齊國發兵救援，一定會奮力抵抗魏軍。我們則坐山觀虎鬥，等到兩國軍隊打得精疲力盡之時，齊國再出兵攻打魏軍。這樣，既可以保住韓國，又不會使齊國軍隊的實力受損，兩全其美，何樂而不為呢？」

齊威王聞言大喜，採納了孫臏的建議。他對韓國的使者說：「齊國救兵不日即到。」韓昭侯聽說齊國出兵，就壯著膽子與魏軍開戰。結果五戰皆敗，只好再次向齊國求救。齊國趁勢出兵，派田忌、田嬰為統帥，孫臏為軍師，進攻魏國以救援韓國。結果齊軍在馬陵大敗魏軍，並殺死魏將龐涓，俘虜了魏太子申。此後，三晉的君主都由田嬰引見來朝拜齊王，盟誓之後才離去。

孫、龐鬥智是怎麼回事？

「孫龐鬥智」是春秋戰國時一段傳奇式的歷史：同為鬼谷子門徒的龐涓和孫臏，一個為了權力，一個為了復仇，在魏齊兩國演義了一場同門相殘的歷史悲劇。最終孫臏終身殘廢，龐涓被亂箭射死。

孫、龐鬥智是怎麼回事？

龐涓先於孫臏從鬼谷子門下辭師出山，鬼谷子看透了龐涓醉心功名利祿，缺少仁義的缺點，沒有把兵法絕學《孫子兵法十三篇》傳授給他，而是傳給了心地忠厚的孫臏。龐涓由魏國丞相王錯舉薦給國君，魏惠王拜龐涓為上將軍出兵攻打宋、衛等國，屢戰屢勝，又率兵擊敗入侵的齊國大軍，受到魏惠王的信任。此時墨翟向魏惠王推薦了孫臏，孫臏來到魏國，引起龐涓的不安。深知自己才學不及孫臏的龐涓深恐孫臏功勞蓋過自己，影響自己的地位，便千方百計地陷害孫臏。龐涓偽造孫臏家書，向魏惠王汙告孫臏私通齊國，殘忍地將孫臏膝蓋骨之間的筋骨割掉，並將孫臏黥面，使孫臏終身殘疾。隨後又假意關懷為孫臏治傷，矇騙孫臏企圖索取《孫子兵法》。識破龐涓蛇蠍心腸的孫臏巧妙地裝成瘋子，在齊國大將田忌的幫助下，逃到齊國。龐涓以為孫臏已死，天下無人是他的對手，便開始發動對外的侵略戰爭，率兵攻打趙國都城邯鄲。孫臏用「圍魏救趙」之計，大敗龐涓。

十一年後，龐涓出兵伐韓，率大軍包圍韓都新鄭。孫臏又率兵佯攻魏國都城安邑，在龐涓回師安邑的路上用減灶之計，將龐涓誘入馬陵道。馬陵道十分狹窄，路旁邊都是障礙物。龐涓恨不得一步趕上齊國的軍隊，就吩咐大軍趁夜往前趕去。忽然前面的兵士回來報告說：「前面的路被木頭堵住了！」龐涓上前一看，果然見道旁的樹全被砍倒了，只留下一棵最大的沒砍，細細瞧去，那棵樹的一面還刮去了樹皮，露出一條樹瓤來，上面影影綽綽寫著幾個大字。龐涓叫兵士拿火來照，那樹瓤上面寫的是：「龐涓死於此樹下。」龐涓大吃一驚，連忙吩咐將士撤退，但為時已晚。四周箭羽像飛蝗似的向魏軍射來。一時間，馬陵道兩旁殺聲震天，到處是齊國的兵士。原來孫臏預計魏兵會在此時到達馬陵，便預先埋伏著一批弓箭手，吩咐他們只等樹下有火光，就一齊放箭。結果龐涓被亂箭射死。孫臏用了十二年的時間終於報了血海深仇。

田忌賽馬為什麼能取勝？

孫臏被龐涓囚於魏國時，齊國使者來到大梁，孫臏以刑徒的身分祕密拜見，用言辭打動齊國使者。齊國使者覺得此人不同凡響，就偷偷地用車把他載回齊國。齊國將軍田忌賞識孫臏並像對待客人一樣禮待他。

有一天，齊王要田忌和他賽馬，規定每個人從自己的上、中、下三等馬中各選一匹來賽，並約定，每有一匹馬取勝可獲千兩黃金，每有一匹馬落後要付千兩黃金。

當時，齊王的每一等次的馬比田忌同樣等次的馬都要強，因而，如果田忌用自己的上等馬與齊王的上等馬比，用自己的中等馬與齊王的中等馬比，用自己的下等馬與齊王的下等馬比，則田忌要輸三次，因而要輸黃金三千兩。但是結果，田忌沒有輸，反而贏了一千兩黃金。這是怎麼回事呢？原來，在賽馬之前，田忌的謀士孫臏給他出了一個主意，讓田忌用自己的下等馬去與齊王的上等馬比，用自己的上等馬與齊王的中等馬比，用自己的中等馬與齊王的下等馬比。田忌的下等馬當然會輸，但是上等馬和中等馬都贏了。因而田忌不僅沒有輸掉黃金三千兩，還贏了黃金一千兩。

齊湣王為什麼最終沒能稱帝？

齊威王死後，他的兒子田辟彊繼位，即齊宣王。齊宣王死後，齊湣王繼位。齊湣王是齊宣王之子，本名田地，是田齊政權的第六任國君。

西元前二八八年，齊湣王自稱東帝，秦昭王自稱西帝。蘇代從燕國來到齊國拜見齊王，齊王說：「秦國派魏冉送來了帝號，您認為怎麼樣啊？」蘇代回答說：「希望大王接受帝號，但不要馬上就稱帝。秦國稱帝後，如果天下安定，大王再稱帝，也不算晚。況且在爭稱帝名時要表示謙讓，這樣誰也不會傷害。如果秦國稱帝後，天下都憎惡他，大王也就不要稱帝了，以此收攏天下的人心，這是很大的資本。況且天下並立兩帝，大王認為天下是尊崇齊國呢，還是尊崇秦國呢？」湣王回答說：「恐怕要尊崇秦國。」蘇代又問道：「如果放棄帝號，天下是敬愛齊國呢，還是敬愛秦國呢？」湣王不假思索地說：「那肯定是敬愛齊國啊！」蘇代又接著問道：「那麼東西兩帝訂立盟約對進攻趙國有利呢，還是討伐宋國有利？」湣王思考了一會兒說：「比較而言，還是討伐宋國有利一些。」蘇代因此說道：「盟約是均等的，可是與秦國一起稱帝，天下只尊崇秦國而輕視齊國。而如果放棄了帝號，天下就會敬愛齊國而憎恨秦國，進攻趙國不如討伐宋國有利，所以希望大王放棄帝號以收攏天下的人心，背棄盟約，拋開秦國，不與秦國爭強。大王利用這個時機攻下宋國，魏、趙、楚三國也都會受到威脅。放棄帝號而用討伐宋國代替，不但國家地位會得到提高，名聲也會受人尊崇，到時，燕國、楚國就會因形勢所逼而歸服，天下各國都不敢不聽從於齊國，這是像商湯和周武王那樣的義舉呀。名義上敬重秦國稱帝，然後讓天下人都憎恨它，這就是所謂由卑下變為尊貴的辦法。希望大王認真考慮。」齊王權衡再三，最終放棄了帝號。秦王看到齊國放棄了帝號，自己再稱西帝也就沒什麼意思，不久也放棄了帝號。

田單是怎樣用火牛攻破燕軍的？

西元前二八四年，燕昭王拜樂毅為上將軍，統率燕、韓、趙、魏、秦五國之兵合力攻齊，以雪齊乘燕亂大敗燕國之恥。

齊湣王放棄齊國都城臨淄（今山東淄博東北）逃至莒城據守。當時的田單在臨淄作市掾，是位名不見經傳的小吏。燕軍長驅直入，攻城拔郡。田單離開臨淄逃往安平（今山東臨淄東北）。為準備逃難，他讓族人「斷軸傅籠」——就是把露在車輪外的車軸截斷，外面包上鐵箍。燕軍圍攻安平，城陷，城中人爭先恐後奪路而逃，但由於車軸過長，車輪彼此撞擊而軸斷車毀，多遭燕軍虜獲，唯有田單和族人因車軸短且包有鐵箍得以逃脫，東行到達即墨。

即墨被圍不久，守將戰死，軍民共推田單為將。田單利用兩軍相持的時機，集結七千餘士卒，加以整頓、擴充，並增修城壘，加強防務。他和軍民同甘共苦，深得軍民信任。田單在穩定內部的同時，為除掉最難對付的敵人樂毅，又派人入燕行反間計，詐稱：樂毅名為攻齊，實欲稱王齊國，故意緩攻即墨，若燕國另派主將，即墨指日可下。燕惠王本怨樂毅久攻即墨不克，果然中計，遂派騎劫取代樂毅。騎劫一反樂毅戰法，改用強攻，仍不能下，企圖用恐怖手段懾服齊軍。田單將計就計，誘使燕軍行暴，派人散布謠言，說害怕燕軍把齊軍俘虜的鼻子割掉，又擔心燕軍刨了齊人在城外的祖墳。而騎劫聽到謠言後果然照著做了。即墨城裡的人聽說燕國的軍隊這樣虐待俘虜，全都氣憤至極，又見燕國的兵士刨他們的祖墳，更是恨得咬牙切齒，紛紛向田單請求，誓與燕軍決一死戰。田單進而麻痺燕軍，命精壯甲士隱伏城內，用老弱、婦女登城守望。又派使者詐降，讓即墨富豪持重金賄賂燕將，假稱即墨將降，唯望保全妻小。圍城已逾三年的燕軍，急欲停戰回鄉，見大功將成，只等受降，更加懈怠。

這時候，田單見反攻時機成熟，便集中千餘頭牛，角縛利刃，尾扎浸油蘆葦，披五彩龍紋外衣，於夜間點燃牛尾蘆葦。牛負痛從城腳預挖的數十個通道狂奔燕營，五千精壯勇士緊隨於後，城內軍民擂鼓擊器，吶喊助威。燕軍見火光中無數角上有刀、身後冒火的怪物直衝而來，驚慌失措。齊軍勇士乘勢衝殺，城內軍民緊跟助戰，燕軍奪路逃命，互相踐踏，騎劫在混亂中被殺。田單率軍乘勝追擊，很快將燕軍逐出國境，盡復失地七十餘城。隨後，田單迎法章回臨淄，正式即位為齊襄王，田單受封安平君。

齊襄王是如何被立為王的？

齊襄王是如何被立為王的？

西元前二八四年，燕、秦、楚和三晉合謀，各自派出精兵進攻齊國，並在濟水以西打敗了齊軍。燕將樂毅攻入齊都臨淄，掠取了齊國的珍寶物器。齊湣王出逃到莒。楚國派淖齒領兵救援齊國，想讓他輔佐齊湣王，沒想到淖齒竟把湣王殺掉，並與燕國一起瓜分了侵占齊國的土地和掠奪的寶器。

湣王遇害之後，他的兒子法章更名改姓去莒太史敫的家中當傭人。太史敫的女兒覺得法章相貌不凡，認為他不是平常之人，因而時常偷著送他一些衣食，並且和他私通。淖齒離開莒城之後，莒城裡的人和齊國逃亡的大臣聚在一起尋找湣王的兒子，想要立他為齊王。法章先是害怕他們要殺害自己，過了很久，才敢宣稱自己就是湣王的兒子。於是，莒人讓法章即位，這就是襄王。

襄王即位後，立太史氏的女兒為王后，稱為君王后，並生了兒子名建。太史敫說：「女兒不經媒人而私自嫁人，不能算我的後代，她玷汙了我們的家風。」便終身不與君王后見面。君王后賢惠，並不因為父親不見她的緣故就失掉了做子女的禮節。襄王在莒住了五年，田單依靠即墨軍民打敗了燕軍，到莒迎接襄王回到臨淄。齊國原有的土地全部收復。

齊國是怎麼滅亡的？

戰國後期，秦國日益強大，而齊國則自齊、燕之戰被樂毅擊敗後，實力大損，很難繼續與秦對抗。齊襄王死後，君王后扶持齊王建即位，母子目光短淺，苟且偷安，「立四十餘年不受兵」。君王后死後，後勝為齊相，秦國趁機用重金收買，使「勸王去從朝秦，不修攻戰之備，不助五國攻秦。」

西元前二二五年，秦國滅了魏國。齊王建知道後，便打算投降秦國。齊國雍門司馬和即墨大夫諫止說，「齊地方數千里，帶甲數百萬」，倘若聯合三晉流亡大夫和楚國共同抗秦，「則齊威可立，秦國可亡」，但齊王不從。

西元前二二一年，秦滅五國後發兵攻打齊國，齊王建和後勝這才想到「發兵守其西界，不通秦」。秦王派大將王賁率軍從燕國故地南部攻齊，蒙恬從楚國故地北部攻齊，秦軍長驅直入，「兵卒入臨淄，民莫敢格者」。齊王建見大勢已去，便聽從後勝之計，不戰而降。於是，秦虜齊王建，把他遷禁於共（今河南濮陽）地松柏之間，饑餓而死，齊國遂告滅亡。

齊國的滅亡，宣告秦統一六國事業的最終完成。

孟嘗君立薛是怎麼回事？

孟嘗君名田文，他的父親是靖郭君田嬰，田嬰是齊威王的小兒子，齊宣王的異母弟弟。從齊威王到齊宣王，田嬰立下了很多功勞，並且在齊宣王時出任齊國的丞相，為國家做出了巨大的貢獻。齊宣王去世以後，兒子湣王繼位。三年以後，齊湣王把薛邑封賜給田嬰，以表彰他的功績。

當初，田嬰有四十多個兒子，他的小妾生了個兒子叫文，田文是五月五日出生的。田嬰告訴田文的母親說：「不要養活他。」可是田文的母親還是偷偷把他養活了。等他長大後，他的母親便透過田文的兄弟把田文引見給田嬰。田嬰見了這個孩子憤怒地對他母親說：「我讓你把這個孩子扔了，你竟敢把他養活了，這是為什麼？」田文立即叩頭大拜，接著反問田嬰說：「您不讓養育五月生的孩子，是什麼緣故？」田嬰回答說：「五月出生的孩子長到跟門戶一樣高，會害父害母的。」田文說：「人的命運是由上天授予的，還是由門戶授予的呢？」田嬰不知怎麼回答好，便沉默不語。田文接著說：「如果是由上天授予的，您何必憂慮呢？如果是由門戶授予的，那麼只要加高門戶就可以了，誰還能長到那麼高呢！」田嬰無言以對。

不久，田文趁空問他父親說：「兒子的兒子叫什麼？」田嬰答道：「叫孫子。」田文接著問：「孫子的孫子叫什麼？」田嬰答道：「叫玄孫。」田文又問：「玄孫的孫叫什麼？」田嬰說：「我不知道了。」「田文說：「您執掌大權擔任齊國宰相，到如今已經歷三代君王了，可是齊國的領土沒有增廣，您的私家卻積儲了萬金的財富，門下也看不到一位賢能之士。我聽說，將軍的門庭必出將軍，宰相的門庭必有宰相。現在您的姬妾可以踐踏綾羅綢緞，而賢士卻穿不上粗布短衣；您的男僕女奴有剩餘的飯食肉羹，而賢士卻連糠菜也吃不飽。現在您還不斷地加多積儲，想留給那些連稱呼都叫不上來的人，卻忘記國家在諸侯中一天天失勢。我私下感到很奇怪。」從此以後，田嬰改變了對田文的態度，十分器重他，並讓他主持家政，接待賓客。賓客來往不斷，日益增多，田文的名聲隨之傳播到各諸侯國中。各諸侯國都派人來請求田嬰立田文為太子，田嬰答應下來。田嬰去世後，田文果然在薛邑繼承了田嬰的爵位。

「雞鳴狗盜」說的是什麼事？

孟嘗君在薛邑招攬各諸侯國的賓客以及犯罪逃亡的人，很多人歸附了孟嘗君。孟嘗君寧肯捨棄家業也給他們豐厚的待遇，因此天下的賢士無不傾心嚮往。孟嘗君對來到門下的賓客都熱情接納，不挑揀，無親疏，一律給予優厚的待遇。所以，賓客人人都認為孟嘗君與自己親近。

西元前二九九年，齊湣王派孟嘗君到了秦國，秦昭王立即讓孟嘗君擔任秦國宰相。臣僚中有人勸說秦王道：「孟嘗君的確賢能，可他是齊王的同宗，現在任秦國宰相，謀劃事情必定是先替齊國打算，而後才考慮秦國，秦國可要危險了。」於是，秦昭王就罷免了孟嘗君的宰相職務。他把孟嘗君囚禁起來，圖謀殺掉孟嘗君。孟嘗君知道情況危急就派人去見昭王的寵妾請求解救。那個寵妾提出條件說：「我希望得到孟嘗君的白色狐皮裘。」孟嘗君來的時候帶有一件白色狐皮裘，價值千金，天下沒有第二件，到秦國後獻給了昭王，再也沒有別的皮裘了。孟嘗君為這件事憂愁，問遍了賓客，誰也想不出辦法。忽然，賓客中有一位會披狗皮盜東西的人說：「我能拿到那件白色狐皮裘。」於是，他當夜化裝成狗，鑽入了秦宮中的倉庫，取出獻給昭王的那件狐白裘，拿回來獻給了昭王的寵妾。寵妾得到狐白裘後，替孟嘗君向昭王說情，昭王便釋放了孟嘗君。

孟嘗君獲釋後，立即乘快車逃離。昭王後悔放了孟嘗君，便立即派人駕車去追捕他。孟嘗君一行夜半時分到了函谷關，按照關法規定，雞叫時才能放來人出關，孟嘗君擔心追兵趕到萬分著急，忽然，賓客中有一人學起了雞叫。他一學雞叫，附近的雞隨著一齊叫了起來，孟嘗君便立即出示了證件逃出函谷關。出關不久，秦國追兵果然到了函谷關，但已落在孟嘗君的後面，就只好無功而返了。

當初，孟嘗君把這兩個人安排在賓客中的時候，賓客無不感到羞恥，覺得臉上無光，等孟嘗君在秦國遭到劫難，終於靠著這兩個人得到解救後，賓客們都佩服孟嘗君廣招賓客不分貴賤的做法。

馮諼為什麼要彈劍而歌？

孟嘗君深知，收養大量門客，獲得很多人的擁護和支持，對於取得名望、鞏固自己的地位是很必要的。所以，他到處蒐羅人才，不論貴賤，只要有一技之長，都以客相待。不久，他愛慕賢人的名聲就慢慢地傳開了。其他國家的一些豪傑之士，甚至一些逃跑的犯人也來投奔他，把他當作知己朋友，為他辦事。

有一次，一個叫馮諼的人來投奔孟嘗君。孟嘗君看他那副打扮，一身破衣裳，腳穿草鞋，腰裡繫著一把劍，連劍鞘也沒有，知道是個窮苦人，就問他：「先生找我有何見教？」馮諼說：「我窮得活不下去了，

孟嘗君相齊是怎麼回事？

到您這裡找口飯吃。」「你有什麼本事呢？」「我什麼本領也沒有。」孟嘗君笑了起來，說：「那你就先住下吧。」孟嘗君手下的人看馮諼這麼窮，又沒本領，都看不起他，便把他安排在下等房間裡住，天天給他粗飯吃。沒過幾天，孟嘗君問道：「那個馮諼在幹什麼？」賓客回答說：「他呀，天天彈那把劍，邊彈還邊唱：劍啊，咱們回去吧，這裡吃飯沒魚蝦。」孟嘗君覺得這話傳出去，自己沒臉面，就讓人把馮諼搬到中等房間裡住，給他魚蝦吃。沒過多少日子，馮諼又唱了：「劍啊，咱們回去吧，這裡出門沒車馬。」有人把這話報知孟嘗君，孟嘗君吩咐再給他一套車馬。誰知沒過多久，又有人來反映說：「馮諼仍舊天天唱著什麼『劍啊，咱們回去吧，沒錢不能養活家』。」孟嘗君挺生氣，不過，為了籠絡更多的人，他還是派人經常給馮諼的老母親送錢用。馮諼這才不彈不唱了。

孟嘗君相齊是怎麼回事？

孟嘗君回到齊國以後，齊湣王任用孟嘗君做了齊國的丞相，主持政務。一次，孟嘗君的侍從魏子替他去收封邑的租稅，三次往返，結果一次也沒把租稅收回來。孟嘗君問他是什麼緣故，魏子回答說：「臣在路上遇見了一位賢者，我私自以您的名義把租稅贈給了他，所以沒有收回來。」孟嘗君聽後大怒，一氣之下辭退了魏子。幾年之後，有人向齊湣王進讒說：「孟嘗君將要發動叛亂。」等到田君甲劫持了湣王，湣王便猜疑是孟嘗君策劃的，為避免殃禍孟嘗君出逃了。曾經得到魏子贈糧的那位賢人聽說了這件事，就上書給湣王申明孟嘗君不會作亂，請求以自己的生命作保，並在宮殿門口刎頸自殺，以此證明孟嘗君的清白。湣王為之震驚，便追查考問事情的真相，發現孟嘗君果然沒有叛亂陰謀，便召回了孟嘗君。孟嘗君因此推託有病，要求辭官回薛邑養老。湣王答應了他的請求。

回薛邑休養的孟嘗君仍在基本上影響著齊國的政治與外交。後來，齊湣王滅掉了宋國，變得更加驕傲，為了鞏固自己的政治地位，他打算除掉孟嘗君。孟嘗君知道後非常害怕，為了逃命便離開了自己的國家，前往魏國。魏昭王任用孟嘗君做了宰相，不僅與秦國、趙國聯合，還與燕國一同打敗了齊國。齊湣王出逃到莒邑，最終死在那裡。

此後，孟嘗君辭去魏國宰相的職位，又回到了自己的封地，他堅持中立的態度。齊襄王繼位以後，因對孟嘗君仍有所忌憚，便與他結好，重新親近他。幾年以後，孟嘗君在薛邑去世，齊王賜給他孟嘗君的謚號。隨後，孟嘗君的幾個兒子爭著繼位，導致薛邑一片混亂。齊國與魏國趁機聯合滅掉了薛邑，從此，孟嘗君的祭祀斷絕了。

二、戰國七雄之楚國

墨子是如何說服楚惠王罷戰的？

戰國初年，楚國的國君楚惠王想重新恢復楚國的霸權。他擴充軍隊，要去攻打宋國。楚惠王重用了一個當時很有本領的工匠——公輸班（魯班）。他替楚王設計了一種攻城的工具，比樓車還要高，看起來簡直高達雲端，所以叫做雲梯。楚惠王一面叫公輸班加緊製造雲梯，一面準備向宋國進攻。楚國製造雲梯的消息傳揚出去後，列國諸侯都頗為憂慮。特別是宋國，聽到楚國要來進攻，更是覺得大禍臨頭。

楚國想進攻宋國的事，也引起了一些人的反對。尤其持反對意見的是墨子。他聽到楚國要利用雲梯去侵略宋國，就急忙動身前往楚國。到了楚國的都城郢都，他先去見公輸班，勸他不要幫助楚惠王攻打宋國。公輸班說：「不行呀，我已經答應楚王了。」墨子就要求公輸班帶他去見楚惠王，公輸班答應了。在楚惠王面前，墨子誠懇地說：「楚國土地很多，方圓五千里，地大物博；宋國方圓不過五百里，土地並不好，物產也不豐富。大王為什麼有了華貴的車馬，還要去偷人家的破車呢？為什麼要扔了自己的繡花綢袍，去偷人家一件舊短褂子呢？」楚惠王雖然覺得墨子說得有道理，但仍不肯放棄攻打宋國的打算。公輸班也認為用雲梯攻城很有把握。墨子直截了當地說：「你能攻，我能守，你也占不了便宜。」他解下了身上繫著的皮帶，在地下圍著當做城牆，再拿幾塊小木板當做攻城的工具，叫公輸班來演習一下，比一比本領。公輸班採用一種方法攻城，墨子就用一種方法守城。一個用雲梯攻城，一個就用火箭燒雲梯；一個用撞車撞城門，一個就用滾木擂石砸撞車；一個用道地，一個用煙燻。公輸班用了九套攻法，把攻城的方法都用完了，可是墨子還有好多守城的高招沒有使出來。

惠王聽了墨子一番話，又看到墨子守城的本領，知道要戰勝宋國沒有希望，只好說：「先生的話說得對，我決定不進攻宋國了。」這樣，一場戰爭就被墨子阻止了。

白公勝劫楚惠王是怎麼回事？

白公勝是楚平王的孫子，亦稱王孫勝，其父太子建遭費無忌讒言出逃，在鄭國被殺。他隨伍子胥奔吳。西元前四八七年，令尹子西因他「信而勇」，從吳召回，任為巢大夫，號白公，以加強對吳的防禦。

白公喜好軍事而且能禮遇士人，見父親被殺就一心想為父報仇。西元前四八三年，白公向令尹子西請求出兵討伐鄭國。子西雖然口頭答應了，但並沒給他派兵，於是白公有些怨恨子西。西元前四八一年，晉國討伐鄭國，鄭國向楚國告急求救，楚國派子西前去救助，子西救鄭之後接受了鄭的賄賂，興高采烈地回到了楚國。白公聽說此事後非常生氣，立即和勇士石乞等人在朝堂上襲殺了令尹子西、子綦，趁機劫持了惠王，把他囚禁起來，想殺死他。惠王的隨從屈固背著惠王逃到了惠王的母親——昭王夫人的宮殿裡，把白公的所作所為一一向昭夫人做了匯報。這時的白公已經登位做了楚王。不料一個月後，惠王的援軍來到並成功地營救了惠王，於是楚惠王的侍衛和援軍一起攻擊白公，將他殺死。惠王這才重新登上王位。

「畫蛇添足」說的是什麼事？

楚國有昭、屈、景三大姓，昭陽為三大姓貴族之首，任上柱國，地位在宰相之上。西元前三二三年，楚國派柱國將軍昭陽連克魏國八座城池，又移兵攻打齊國。齊王大為驚恐。正好秦國使者、著名謀士陳軫出使齊國，齊王問他：「怎麼對付楚國？」陳軫說：「君王不要擔憂，我有辦法讓他撤軍。」於是，陳軫立即到楚軍中去會見昭陽，說：「我想聽聽楚國的軍功法，打敗敵軍殺死敵將的有功之臣，將賞賜什麼？」昭陽說：「授予上柱國將軍的官職，封給上等爵位，讓他手執珪玉。」陳軫說：「楚國還有比這更尊貴的賞賜嗎？」昭陽說：「令尹。」陳軫說：「今天您已經做了令尹，這是楚國最高的官位。我給你講個故事吧。」於是，他講了一則「畫蛇添足」的故事。

故事發生在古代楚國。有一戶人家祭祀祖宗。儀式完畢後，把剩下的一壺酒賞給手下人喝。人多酒少，很難分配。這幾個人就商量分酒的辦法。有個人說：「一壺酒分給幾個人喝，太少了。要喝就喝個痛快。給一個人喝才過癮呢！」大家都這樣想，可是誰也不肯放棄這個權利。另一個提議說：「這樣吧，讓我們來個畫蛇比賽。每個人在地上畫一條蛇，誰先畫完，誰就喝這壺酒。」大夥兒都贊成這個辦法。於是，每個人折了一根樹枝，同時開始畫起來。有一個人畫得最快，轉眼之間就把蛇畫好了。他左手抓過酒壺，得意地看看同伴，心想，他們要趕上我還差得遠呢。並說：「我再給蛇添上幾隻腳，也能比你們先畫完。」可正當他畫第二隻腳的時候，另一個人把蛇畫完了。他一把奪過酒壺說：「蛇本來是沒有腳的，你畫的根本就不是蛇。還是我先畫完，酒應當歸我喝。」

張儀是怎樣逃身於楚的？

講完這個故事，陳軫接著說：「今天您身為楚相，來攻打魏國，已打敗魏軍殺死魏將，沒有比這再大的功勞了，可是官職爵祿不可能再增加；假使打不勝，您將要殉職丟爵，給楚國造成不好的聲譽，這就是畫蛇添足。您不如率軍返楚對齊施恩施德，這就是永處高位的策略啊！」昭陽說：「好吧！」於是，率軍離開齊國。

張儀是怎樣逃身於楚的？

西元前三一三年，秦國想討伐齊國，可是楚國和齊國是同盟。秦惠王擔心楚國援助齊國，就讓張儀去會見楚王。張儀對楚王說：「如果楚王能與齊國斷交，那麼您今天就可以派人跟我去秦國領取秦曾奪取的楚國方圓六百里的商於之地。這樣，您便可以在北方削弱齊國，在西方有恩於秦，並增加商於六百里土地的財富，這真可謂一箭三雕。」懷王十分高興，聽信了張儀的話，與齊國斷絕了關係並將國相的玉璽贈給了張儀，還每天為他擺酒設宴。很多大臣們都前來祝賀，唯獨陳軫非常擔心。懷王認為他這是多慮了，故沒有聽從陳軫的意見，仍然派人跟隨張儀到秦國去接受商於之地。

張儀回到秦國後，假裝醉酒摔傷，三個月沒有露面。因此楚國遲遲不能得到商於之地。等到秦齊聯合之後，張儀的病也就好了，這時候他才對楚國的使者說：「你怎麼還沒接受土地呢？從某處到某處，方圓有六里呢！」使者聽了之後不解地問道：「我受命來接受的是六百里，沒聽說是六里啊！」使者覺得事情肯定有變故，就立即收拾行囊，返回楚國向懷王匯報。懷王聽後大怒，沒想到秦國竟敢欺騙他，於是派軍討伐秦國，結果被打得一敗塗地。

西元前三一一年，秦國派出使者與楚約定親善，並把漢中的一半地盤分給楚以求和解。楚王說：「我現在不想要土地了，只想得到張儀。」張儀聽到楚王的話，就向秦王請求出使楚國。張儀到達楚都後，懷王立即把他囚禁起來，並且揚言要殺他。張儀暗中賄賂靳尚，靳尚替他向懷王請求說：「大王，您拘捕了張儀，秦王一定很生氣。到時候，天下諸侯看到楚秦關係破裂，必定會輕視您的。」然後，靳尚又對楚王夫人鄭袖說：「秦王非常喜歡張儀，可是大王想殺他。現在秦王將要用上庸的六個縣賄賂楚國，把宮中善於歌舞的美女送給大王當侍女。楚王看重土地，秦女也必定得到大王的寵愛，那麼夫人一定會失寵。夫人不如在大王面前說句好話釋放張儀。」鄭袖於是在楚王面前替張儀說情，楚王最終不但釋放了張儀，還很客氣地款待了他，張儀又藉機勸說楚王與秦國結盟。張儀離開楚國後，屈原從齊國出使歸來，向懷王進諫殺死張儀。懷王這才後悔，派人去追，但張儀早已遠離楚境了。

楚懷王是怎樣客死秦國的？

楚、秦聯合對齊構成威脅，於是齊國就聯合韓、魏進攻楚國。西元前三〇一年，齊、魏、韓三國聯軍進攻楚國方城，在垂沙大敗楚軍，殺死楚將唐蔑（或作唐昧），楚國宛（今河南南陽）、葉（今河南葉縣）以北的土地全部喪失，被韓、魏兩國瓜分。宛地是一個富庶的地方，是楚國北進中原的門戶和長期經營的策略重地，它的喪失就堵死了楚國北進的道路。楚不敵三國的進攻，於是把太子橫送到齊國做人質，向齊國屈服。

楚國向齊屈服是秦國最擔心的，於是秦國在西元前三〇〇年出兵攻楚，斬殺楚軍兩萬，楚將景缺被殺。次年，秦再攻楚，占領八城。同時，秦昭王給楚懷王去信，約懷王在武關相會，以結兩國之好。懷王接到信後猶豫不決，想前去相會，怕再被欺騙；不去，又怕秦國發怒，遭到更嚴重的打擊。令尹昭睢主張不去，認為秦國不可信，其有兼併諸侯的野心，楚國只要增加兵力防守就是了。懷王的兒子子蘭卻極力勸他前往，認為不宜再激怒秦國，楚懷王於是決定前往。

楚頃襄王問「好射雁者」是怎麼回事？

秦昭王根本沒有到武關，只派一名將軍在武關埋伏，假稱秦王。楚懷王一進武關，秦軍便封閉關門，把懷王劫持到咸陽。在章台，秦昭王不以國君之禮接待懷王，而把他當作蕃臣。懷王大怒，後悔沒聽昭睢的話。秦昭王把懷王軟禁起來，要挾他割讓巫、黔中郡給秦，以結兩國之好。楚懷王也準備同意與秦結盟，秦昭王卻堅持要先割地後結盟。懷王十分生氣，就堅決不給，於是秦國就把他關押在秦不讓回國。楚懷王被囚在秦，國內大臣無奈，便從齊國接回太子橫立為王，是為楚頃襄王，並通知秦國，楚國國內已有新國王了。

西元前二九八年，秦昭王見懷王不給他土地，楚國內又立了新王，就發兵出武關攻楚，大敗楚軍，斬殺楚軍五萬人，奪取析（今河南淅川）地十五座城而去。次年，懷王從秦逃走，被秦人發現，堵塞了通往楚的道路。懷王恐懼，擇道逃到趙國。趙惠王年幼即位，他的父親趙武靈王在代地未歸，惠王不敢讓懷王進城。於是懷王打算逃到魏國，但被秦人追上，又把他劫持到秦國。楚懷王到秦國便病倒了。西元前二九六年，楚懷王死在秦國。當秦國把懷王的屍體送回楚國時，楚國人悲痛不已，秦、楚關係也就徹底破裂了。

楚頃襄王問「好射雁者」是怎麼回事？

西元前二八一年，楚國有一個擅長射雁的人被請進宮中，楚頃襄王向他詢問射箭之道。於是，此人以射鳥為喻，向楚頃襄王分析天下形勢，講述了一番治國之道、稱王之法。

他說：「像我那樣喜好射小雁、小鳥，這是小箭的作用；楚王應該憑藉自己的賢明和廣袤的國土，去射擊大雁和大鳥。過去三王射取了道德的尊號，五霸射取了好戰之國。當今天下，秦、魏、燕、趙是小雁，齊、魯、韓、衛是小野鴨，鄒、費、郯、邳是小鳥，其餘的就不用去射了。」他建議楚王要用聖人作弓，勇士作箭，分清輕重緩急，看準時機，射掉這六雙鳥。接著，他具體分析了各國的形勢，並指出了有針對性的射擊方法。最後他說，秦國是諸侯之中一隻最大的鳥，占據天時地利，不可能一夜之間射落，也不可能單獨捕獲，必須從長計議，合縱以對。

好射雁者講了這番話，是想以此來激勵楚頃襄王。不久，楚頃襄王又召他來詳談，他又說：「先王被秦國欺騙，客死國外，這是最大的怨恨。伍子胥、白公為了普通人的家仇，竟然可以以一個國家作為報復對象。當今楚國方圓五千里，擁有百萬大軍，本來可以馳騁天下，卻坐以待斃，我以為大王不會這樣做。」

楚頃襄王聽了好射雁者的話，受到了激勵，於是派遣使者出使諸侯國，重新約定合縱，準備攻伐秦國。

楚國是怎樣滅亡的？

自楚懷王時期開始，楚國在與秦國的歷次爭鬥中都處於被動地位，丹陽、藍田戰役之後，楚國的國力更是日漸衰微。楚頃襄王後期，一度準備重新與諸侯合縱，共同對付秦國的擴張。當時，楚國聯合齊國、韓國，一同進攻秦國，並想藉機圖謀周朝。周王赧派遣武公會見楚國的宰相昭子。武公指出，如果三國分割周朝的話，將會失去道義，導致大小諸侯反對，失掉天下民心。於是，楚國就放棄了原有計畫，諸侯合縱的事也因此有始無終，不了了之。而秦國卻反過來開始連年大舉進攻楚國。

西元前二八〇年，秦國討伐楚國，楚軍大敗，被迫割讓上庸、漢北之地給秦國。西元前二七九年，秦國大將白起攻占了楚國的都城郢，燒毀了先王墓夷陵。楚軍全面潰散，退守東北一隅的陳城。為了求和，楚頃襄王接受屈辱條件，讓太子到秦國做人質。西元前二六三年，楚頃襄王去世，太子熊元即位，這就是考烈王。考烈王時期，楚國更為衰落，已經無力抵禦秦國。秦王嬴政即位以後，開始逐一掃平東方六國。西元前二二二年，秦國大將王翦、蒙武攻占郢都，俘虜了楚王，楚國就此滅亡。

春申君說秦昭王是怎麼回事？

春申君原名黃歇，戰國時期四公子之一，楚國丞相。黃歇年輕的時候曾四處拜師遊學，見識廣博，以辯才出眾深得楚頃襄王的賞識。楚頃襄王即位後，秦昭王對其非常輕視，大舉出兵準備滅掉楚國。這時的楚頃襄王急於向秦國求和，並於西元前二七二年派遣辯才出眾的黃歇出使秦國。

當時，秦昭王派遣白起進攻韓國和魏國的聯軍，大勝，擒獲魏國將領芒卯，韓國和魏國只好向秦國臣服並聽命於秦國。隨後，秦昭王又命令白起同韓國、魏國一起進攻楚國，正準備出發。這時，黃歇恰巧來到秦國，聽到秦國這個計畫後，黃歇上書勸秦昭王說：「秦國和楚國是最強大的兩個國家，如果秦國欲攻打楚國，必然會導致兩敗俱傷，很容易使韓、趙、魏、齊等國家得漁翁之利。所以還不如讓秦國和楚國結盟，然後聯合起來一起對付其他國家。」秦昭王被黃歇成功說服，於是命白起回師，並派使臣給楚國送去厚禮，與楚國締結盟約，互為友好。

黃歇接受盟約後回到楚國，楚頃襄王派黃歇和太子熊完作為人質前往秦國，秦昭王將他們扣留了十年。西元前二六三年，楚頃襄王病重，秦國卻不讓熊完回楚國，黃歇知道秦國丞相范睢和熊完關係很好，於是試圖說服范睢。黃歇指出楚頃襄王可能會一病不起，如果秦國能讓熊完回去，熊完即位後必然會感激秦國，努力維護和秦國的關係；如果不放熊完回去，而是利用熊完要挾楚國，楚國必然會另立太子以對付秦國，秦和楚的關係就會破裂，而被秦國掌握的太子熊完也就變成了一個沒有價值的人。范睢將黃歇的意思轉達給秦昭王，秦昭王讓熊完的師傅回去探問一下楚頃襄王的病情，回來後再作打算。為了讓熊完能繼承王位，黃歇讓熊完換了衣服扮成楚國使臣的車伕得以出關，而他自己卻在住所留守，並以熊完生病為由謝絕訪客。等熊完走遠了，秦國無法再追到時，黃歇才向秦昭王說出實情，秦昭王大怒，想讓黃歇自盡。范睢勸道，熊完即位後，必定會重用黃歇，不如讓黃歇回去，以表示秦國的親善。秦昭王聽從了范雎的意見，將黃歇送回了楚國。

春申君是如何相楚的？

黃歇回到楚國三個月，楚頃襄王去世，熊完即位，是為楚考烈王。西元前二六二年，黃歇被楚考烈王任命為楚國令尹，封為春申君，賜給淮北十二縣的封地。十五年後，由於與齊國相臨的淮北經常發生戰事，黃歇請求楚考烈王把自己的封地淮北十二縣換到江東，楚考烈王答應了黃歇的請求。

西元前二六〇年，趙孝成王在和秦國的長平之戰中，中了秦國的反間計，用「紙上談兵」的趙括取代老將廉頗，結果導致趙國大敗，四十多萬兵士被秦國坑殺。西元前二五七年，秦國的軍隊包圍了趙國的都城邯鄲，趙國的形勢非常危急，趙國的丞相平原君趙勝前去楚國請求救援，楚考烈王棄秦楚兩國的盟約不顧，派遣春申君領兵救援趙國。與此同時，魏國也派出信陵君魏無忌救援趙國，在楚、魏、趙三國的聯合下，秦軍很快被擊潰，邯鄲之圍遂解。西元前二五六年，楚考烈王派遣黃歇向北征伐魯國，次年黃歇滅掉魯國，任命荀況為蘭陵（今山東蒼山）縣令。透過援趙滅魯，黃歇的在諸侯中的威望大增，也使楚國重新興盛強大。

春申君黃歇在對外窮兵黷武的同時，對內則和齊國的孟嘗君、趙國的平原君、魏國的信陵君競相禮賢下士，招引門客，黃歇門客最多時有三千餘人，其數量在「戰國四公子」中居於首位。黃歇的門客多逞強好鬥，奢侈浮華。有一次，趙國的平原君派門客拜訪春申君，春申君把他們安排在上等的客館住下。平原君的門客想向楚國誇耀趙國的富有，他們特意在頭上插上玳瑁簪子，亮出裝飾著珍珠寶玉的劍鞘，前去拜見春申君，而春申君的上等門客都穿著寶珠做的鞋子，讓平原君的門客自慚形穢。

西元前二四二年，各諸侯國擔憂秦國吞併中原的氣勢無法遏制，於是互相訂立盟約，聯合起來討伐秦國，並讓楚考烈王擔任六國盟約的首腦，讓春申君當權主事。六國組成合縱聯軍，由黃歇任命龐暖為聯軍主帥，六國聯軍曾一度攻到函谷關（今河南靈寶境內），秦國傾全國之兵出關應戰，六國聯軍戰敗而逃。楚考烈王把作戰失利的罪責歸於春申君，從此開始冷落他。

春申君為李園所殺是怎麼回事？

楚考烈王一直沒有兒子，春申君為此事很憂愁，就四處尋找女子進獻給楚王，雖然進獻了不少，卻始終未能如願。趙國人李園打算把他的妹妹進獻給楚王，可又聽說楚王不能生育，怕他妹妹得不到寵幸，就尋找機會做了春申君的侍從以尋找機會。不久他告假回家，故意延誤了返回的時間。春申君問他遲到的原因，他就回答說：「齊王派使臣來求娶我的妹妹，我跟那個使臣喝酒，不小心喝醉了，所以延誤了時間。」春申君問道：「可以讓我見見你妹妹嗎？」於是，李園就把他的妹妹領到了春申君那裡，春申君一見就喜歡上了她，隨後就把她納為了自己的小妾。後來李園知道他的妹妹懷了身孕，就讓他的妹妹尋機勸說春申君道：「楚王對您尊重寵信，即使他的兄弟也不能和您相比。如今大王沒有兒子，如果楚王壽終之後要改立兄弟，那麼您必然會受到冷落，您又怎麼能長久地得到寵信呢？不僅如此，您執掌政事這麼多年，對楚王的兄弟們多有得罪，如果楚王兄弟真的立為國君，殃禍就會落在您的身上，到時，您怎麼能保住丞相大印和江東的封地呢？我得到您的寵幸時間不長，現在我懷了身孕，如果您把我獻給楚王，楚王必定寵幸我。我若生個兒子，到時他就會成為楚王，那時侯楚國也將全部為您所有了，這與您身遭不測之禍相比，哪個更好呢？」春申君認為此話有理，就把李園的妹妹送到了宮中，楚王對她很是寵幸。不久，李園的妹妹生了一個兒子，並被立為太子，李園的妹妹被封為王后，李園也因此得以參與朝政。

西元前二三八年，楚考烈王病重，當時楚國的國舅李園想取代黃歇的地位，於是暗中豢養了刺客準備刺殺黃歇。黃歇的門客朱英得到了這個消息，提醒黃歇注意李園的動向，但黃歇沒有理會朱英的警告。不久，楚考烈王去世，李園搶先進入王宮，在棘門埋伏下刺客。春申君去王宮奔喪，在棘門受到李園刺客的伏擊，當即被斬殺。同時，李園派官兵前往春申君的家中，將春申君的家人滿門抄斬。同年，熊悍繼位，是為楚幽王，李園取代黃歇，被任命為楚國令尹。

三、戰國七雄之燕國

《甘棠》之詩因何而作？

燕召公奭和周王族同是姬姓。周武王滅掉商紂王以後，把召公封在燕地。在周成王的時候，召公居於三公之列，地位顯赫。當時周成王年紀尚小，周公代他主持朝政，執掌國家大權，儼然同天子一樣。於是，召公懷疑周公的作為。為消除召公疑慮，周公寫了《君奭》一文，以表達自己無意覬覦君位的想法。但召公仍然對周公很不放心，周公於是拿殷商時的歷史舉例說：「商湯時有伊尹，功德感動了上天；在太戊時，就有像伊陟、臣扈那樣的人，功德感動了上天，並有巫咸治理朝政；在祖乙時，就有像巫賢那樣的人；在武丁時，就有像甘般那樣的人。商代的功業就是因為這些大臣輔佐君王才取得的，商代也得到了治理和安定。」召公聽了這番話，這才想通，與周公冰釋前嫌。

召公曾經治理過周朝西部一帶的領土，很受廣大民眾的擁戴。召公到鄉村城鎮去巡察，當地有一棵很有名的棠梨樹，他就在樹下判斷官司，處理政事。當地的人民從貴族到平民都得到了適當的安置，沒有遊手好閒的人。召公去世後，當地民眾思念他的政績，懷唸著那棵棠梨樹，就作了名為《甘棠》的詩篇以歌頌召公的功績。

燕噲之亡是怎麼回事？

燕國建國以後與中原各地來往甚少，文化較中原落後，在春秋初年的外族入侵中更是險些亡國，後來憑藉齊國「尊王攘夷」的軍事幫助才得以保全，並進而在日後有所發展。燕王噲即位後，因經常受到齊國的威脅，便進行了不少政治改革，發憤圖強，國家逐漸強盛。不過他有個毛病，就是喜歡別人奉承他。

燕國有個大臣叫子之，燕王噲很信任他，讓他當了相國。子之表面上一片忠心，暗地裡卻培植自己的親信，圖謀篡國。燕王手下的許多大臣見子之位尊權重，都巴結他。蘇秦在燕國的時候，曾和子之結親，蘇秦的弟弟蘇代也和子之交往密切。蘇代曾作為齊國的使臣出使到燕國，燕王問他：「齊王這個人怎麼樣啊？」蘇代回答說：「他肯定不能稱霸。」燕王問：「為什麼呢？」回答說：「因為他不信任他的大臣。」蘇代說這些話的目的是為了刺激燕王，使他重用子之。燕王聽了蘇代的話之後果然對子之更加寵信。有一次，燕王噲與大夫鹿毛壽談論古代的聖君，問道：「古代的仁君很多，為什麼世人那麼推崇堯舜呢？」鹿毛壽正是子之一夥的，就趁機勸說燕王噲效仿古代的堯舜，將君位禪讓給子之。於是，燕王噲就召集群臣，宣布廢掉太子，禪國於子之。子之還假裝廉虛，再三推讓，最後才接受。從此，子之面南稱王，燕王噲卻北面稱臣，還把王宮讓出來，自己到別宮去住。子之成了燕國的國君後就倒行逆施、胡作非為起來，他提拔自己的親信，殺戮燕王的舊臣，驅逐太子平，國民怨聲載道。當時有個將軍叫市被，他不滿子之的所作所為，就起兵攻打子之，戰鬥持續了幾個月，死亡了幾萬人，燕國大亂。

就在燕國發生內亂的時候，齊湣王派章子率五都軍馬，打著幫助燕國平亂的旗號開始進攻燕國。燕國人因為痛恨子之，所以無人抵抗，齊軍長驅直入，直達燕國都城。子之的黨徒見齊軍強大，都畏懼逃散。子之仗著自己的勇力與鹿毛壽率軍抵抗，終究不能取勝，最後鹿毛壽戰死，子之身負重傷被擒。燕王噲害怕被齊人羞辱，便在別宮上吊自殺了。齊軍搗毀了燕國的宗廟，將燕都中的金銀珠寶搶掠一空。燕國人雖然痛恨子之，但見齊國勢在滅燕，誰也不願做亡國奴，紛紛起來反抗。這時曾在韓國做人質的燕王噲的庶子姬職被趙武靈王昭立為燕王，並發兵護送其回國，這就是在燕國歷史上頗負盛名的燕昭王。

燕昭王是如何招納賢士的？

燕國國君燕昭王即位後，一心想招攬人才，而更多的人認為燕昭王僅僅是葉公好龍，不是真的求賢若渴。於是，燕昭王始終尋覓不到治國安邦的英才，整天悶悶不樂。

後來有個叫郭隗的智者給燕昭王講述了一個故事，大意是：有一國君願意出一千兩黃金去購買千里馬，然而時間過去了三年，始終沒有買到，又過去了三個月，好不容易發現了一匹千里馬，當國君派手下帶著大量黃金去購買千里馬的時候，馬已經死了。可被派出去買馬的人卻用五百兩黃金買來一匹死了的千里馬。國君生氣地說：「我要的是活馬，你怎麼花這麼多錢買來一匹死馬呢？」國君的手下說：「你捨得花五百兩黃金買死馬，更何況活馬呢？我們這一舉動必然會引來天下人爭相為你提供活馬。」果然，沒過幾天，就有人送來了三匹千里馬。郭隗又說：「您要招攬人才，首先要從招納我郭隗開始，像我郭隗這種才疏學淺的人都能被國君任用，那些本事比我更強的人，必然會聞風千里迢迢趕來。」

燕昭王採納了郭槐的建議，拜郭槐為師，為他建造了宮殿，後來沒多久就引發了「士爭湊燕」的局面。投奔而來的有魏國的軍事家樂毅，有齊國的陰陽家鄒衍，還有趙國的遊說家劇辛等。落後的燕國一下子便人才濟濟了。從此，燕國從一個內亂外禍、滿目瘡痍的弱國，逐漸成為一個富裕興旺的強國。

樂毅破齊是怎麼回事？

樂毅是趙國人，因為趙國內亂而移居魏國。後來他聽說曾被齊國征服並占領了三年的燕國頗有復興的氣象，燕昭王還特地築了黃金台以廣招人才。他想到燕國去看看，便乘魏王派他出使的機會到了燕國。燕昭王拜他為亞卿，向他請教攻齊報仇的方略。樂毅認為齊國強大，「地大人眾，未易獨攻」，建議聯合趙、楚、魏一起攻齊。於是，燕昭王便派樂毅出使趙，另派使者聯絡楚、魏。樂毅又讓趙引誘秦也參加攻齊。此時齊湣王當政，橫徵暴斂，四處征伐，統治已出現危機。

西元前二八四年，燕昭王任命樂毅為上將軍，率燕、趙、韓、魏、秦五國聯軍攻齊。齊湣王率齊軍到濟水以西迎戰。樂毅命令聯軍猛攻齊軍。由於連年征戰，齊軍疲憊不堪，經不起聯軍的連續衝擊，大敗。樂毅命秦軍

和韓軍回國，命魏軍攻被齊所占的宋地，趙軍去收復河間（今河北獻縣東南），自己親率燕軍繼續追擊齊軍。齊軍大亂，齊湣王出逃，樂毅率軍占齊都臨淄，盡取財寶祭器運回燕國。燕昭王親至濟水慰勞燕軍，封樂毅為昌國君，命他繼續攻齊。樂毅整頓軍紀，禁止搶掠，廢除齊王的暴令，寬減賦稅，尊重齊人的風俗習慣和傳統文化。由於在政治上爭取了民心，燕軍在隨後的進軍中勢如破竹，半年內連下七十餘城，唯有莒和即墨尚未攻克。樂毅下令圍攻即墨的部隊後撤九里，命令不得逮捕城中逃出的難民，對生活困難

者予以救濟，想用政治爭取的辦法降伏即墨，但過了兩年仍未攻克。不久，便有人向燕昭王進讒言，說樂毅仰仗兵威，想在齊國稱王。昭王斬進讒言者。

昭王死後，惠王因與樂毅不和，又中了齊國田單的反間計，便以騎劫代將，而召樂毅回國，樂毅畏禍逃往趙國。不久田單打敗燕軍，收復失地。燕惠王失敗後很後悔，要樂毅回燕。樂毅寫了著名的《報燕惠王書》，謝絕歸燕。燕王便讓樂毅之子樂間做了昌國君。隨後，樂毅便來往於燕趙之間，最後死於趙國。

燕王喜為什麼殺死太子丹？

燕王喜是燕國末代君主，在位三十三年。西元前二三二年，燕太子丹在秦國做人質，備受凌辱，後逃歸本國。為了國家安危，抑制強秦，也為了報凌辱之仇，燕太子丹收買刺客荊軻，於西元前二二七年到秦國首都咸陽，刺殺秦王嬴政。太子丹讓荊軻假裝向秦王贈送燕國割給秦國城池的地圖，並在地圖裡卷藏上一把匕首，想等秦王看地圖時刺殺他。不料，荊軻的刺殺意圖在獻圖時被秦王發覺了，於是秦王與荊軻在秦宮激鬥，秦國的將士也都紛紛上來圍攻荊軻。荊軻身受重傷，最終被殺。秦王因此對燕國非常痛恨，發誓一定要滅掉燕國。

西元前二二六年，秦王嬴政派大將王翦攻打燕國，雙方大戰於易水之西。結果燕軍落敗，燕王喜及太子丹率其精銳兵將退守遼東。秦將李信緊追不捨，在此形勢危急之時，趙國的代王王嘉寫信給燕王，說：「秦國伐燕，實為報太子丹命荊軻行刺之仇，交出太子丹的首級，秦國兵馬便可撤退了。」此時，太子丹潛伏在遼陽的衍水邊。燕王喜深信殺子即可保住燕國，便派人斬下太子丹的頭顱獻給秦王。

但是太子丹的首級並沒有保住燕國。秦王嬴政在西元前二二五年至西元前二二三年滅了魏、楚兩國之後，於西元前二二二年大興兵將，進攻遼東。燕軍寡不敵眾，燕王喜束手就擒，燕國遂亡。燕國自西周召公之封國起，到為秦所滅，有國九百年。

四、戰國七雄之韓國

韓獻子有哪些事蹟？

韓國的祖先與周人同為姬姓。後來，他們的子孫侍奉晉國國君，其中一人受到晉君的寵愛，被封到韓原，這就是韓武子。韓厥又稱韓獻子，是韓武子的孫子，在這個時候，宗族依從封邑的名稱而改姓韓。韓厥為人不黨，治眾不亂，臨死不恐。如西元前六一三年，晉秦兩軍戰於河曲（山西永濟東南），晉國的中軍元帥趙盾剛剛提拔韓厥擔任中軍尉，而韓厥就斬殺了趙盾的僕人。國人擔心地說：「韓獻子朝升而暮殺，趙盾肯定不會饒恕他，韓獻子必死。」然而，韓獻子不懼不恐。趙盾也沒有加罪韓厥，反而讚揚他斬殺自己的僕人是不私不黨的高尚行為。

西元前五九七年，司寇屠岸賈告訴諸將要誅弒靈公之賊，族滅趙氏。司馬韓厥立即提出異議，並勸趙朔逃走。趙氏諸族被誅，韓厥稱疾不出，以示不滿。程嬰藏趙氏遺孤於山中十五年，韓厥是完全知道的，但他並不外泄。直到西元前五八三年，晉侯生病，占卜得病的原因是有大業於晉而不得逞者為祟。韓厥解釋說：「趙盾有功於晉，今斷絕煙火，其後不能得逞，遂使景公如此。」並且告之趙武尚在，景公甚為高興，遂復故趙邑，續趙氏祀，使趙氏煙火不斷。晉悼公繼位後，韓厥作為執政卿，對於立百官、定百事、選賢良、薄賦斂、養老幼以及和諸戎事華夏等一系列重大國策的制定都有著決定性的作用，從而奠定了晉悼公恢復霸業的基礎。

韓厥從政期間，諸侯爭霸是時代的典型特徵，他自己的活動都從屬於晉國稱霸的目標。但是，即便是在這個時期，晉國內部各大家族之間爭權奪利的矛盾和鬥爭仍很激烈。而韓厥在這種內部鬥爭中，一直保持著一種超然的姿態。西元前五七四年，欒書與荀偃迫於情勢，驟起發難，殺胥童，廢厲公。他們曾請韓厥參與其事，韓厥斷然拒絕。這兩次大家族之間的鬥爭都與國君有牽連，所以韓厥說：「弒君以求威，非吾所能為也。」表明自己不願意參與家族之間的爭權奪利。正是由於他這種超然的態度，使得韓氏家族得以保全壯大，成為後來「政在私門」時的六卿之一、三家分晉後的韓氏諸侯。

申不害相韓是怎麼回事？

韓國國勢最強是韓昭侯在位時，他用法家的申不害為相，內政修明，韓國成小康之治。

西元前三五四年，韓昭侯任申不害為相，申不害開始了以「修術行道」為指導思想的改革，強調君子以權術駕馭群臣。具體措施有二：一是改組、整頓官吏隊伍，對各級官吏的職權、責任作了明確規定，以此為標準衡量、選拔人才；二是對官吏加強考核、監督，實行「操契以責其實」。

申不害相韓十五年，「內修政教，外應諸侯」，幫助韓昭侯推行「法」治、「術」治，使韓國君主專制得到加強，國內政局得到穩定，貴族特權受到限制，百姓生活漸趨富裕，史稱「終申子之身，國治兵強，無侵韓者」。（《史記．老子韓非子列傳》）

韓國雖然處於強國的包圍之中，卻能相安無事，成為與齊、楚、燕、趙、魏、秦並列的戰國七雄之一。韓國改革最大的侷限在於，以權術之變代替制度改革，所以儘管能使韓國政治一度清明，但畢竟無法像其他國家的改革那樣，迎來國富兵強的大發展。

陳筮出使是怎麼回事？

韓僖王繼位時，韓國已經相當弱小了，隨時面臨亡國的危險。西元前二七三年，趙、魏兩國聯合攻打韓國的華陽。韓國被迫向秦國求援，但是秦國遲遲沒有回應。

韓國相國找到了聞名天下的賢者陳筮，向他鞠躬請求說：「先生啊！現在韓國處於危難之中，您身體雖然有病，但我還是希望您立即前往秦國，為韓國請求救兵，韓國的存亡就指望您了。」陳筮見他說得這麼淒涼，被他感動，答應他為韓國求救兵。於是，陳筮便到了秦國，他先是求見了當政的穰侯。穰侯聽說他來為韓國說情，就問他：「先生，現在韓國的事情緊急吧？不然的話，韓王為何派您來呢？」陳筮卻慢條斯理地回答說：「您說錯了，事情並不緊急。」穰侯沒想到這時他還如此嘴硬，氣得渾身哆嗦，指著他的鼻子說：「您這樣可以作為國君的使者嗎？韓國的使者絡繹不絕來到我國，都對我說國家形勢危急，而唯獨您說不緊急，您說說這是為什麼啊？」陳筮看到穰侯怒火中燒，卻仍然慢條斯理地回答說：「韓國如果真的危急，那麼就會改變它的國策而歸附其他國家。正因為現在形勢還沒有到那種程度，所以才派我前來求救。」穰侯聽了之後頓時醒悟，認識到了事情的重要性，怒氣也逐漸平息下去，然後對陳筮說：「您不必去見秦王了，我國立即發兵援救韓國。」八天以後，秦國援軍趕到了韓國，在華陽山下打敗了趙、魏聯軍。韓國因此而轉危為安。

雖然此次韓國逃過亡國之災，但是它更加顯示出國勢的頹弱，只有依靠別的國家才能生存下去。等桓惠王在位時，國家開始不斷受到秦軍攻擊，喪失了大片土地。到了韓王安在位的時候，秦軍再次向韓國展開猛攻。韓國派遣公子韓非出使秦國，想以此來挽救韓國。但是，韓非卻被秦國扣留、殺害。不久，秦軍攻滅了韓國，俘虜了韓王安，將韓國的土地劃為潁川郡，韓國正式滅亡。

韓非為什麼被殺害？

韓非出身於韓國的貴族世家，天生口吃，但文章卻寫得非常好。他曾和李斯一起跟隨荀子學習，繼承了荀子關於「人性惡」的學說，主張治國以刑罰、獎賞為基本手段。

非生活的年代，韓國日益衰落。韓非曾數次上書國君，陳述自己振興國家的政治主張，但都沒有被國君採納。韓非痛心疾首地說：「現在國君不依靠嚴明的法令統治國家，不憑藉強大的王權駕馭大臣，不致力於富國強兵來吸引四方的賢才，而是天天和那些只會說空話、不會做實事的人在一起，奮勇殺敵立下大功的人反而比他們地位低，這怎麼能治理好國家呢？」

韓非考察了歷史發展的變化得失，寫了十幾萬字的文章。後來這些文章流傳到秦國，秦王讀了《孤憤》、《說難》兩篇文章，讚不絕口：「見解真是太深刻了，我如果能親眼見到寫文章的人，就算是死了也心甘情願。」李斯說：「這些文章都是我的老同學韓非寫的，他是韓國的貴族子弟，不過一直沒受到韓王重用。」秦王立即給韓王寫信，要韓非來秦國，並且以武力相威脅。韓王本來就沒任用韓非，這時就順便做個人情，派遣韓非出使秦國。秦王高興極了，立即把韓非安置下來。

李斯十分嫉妒韓非的才能，擔心他被重用後，自己的位置會被他取代，於是就在秦王面前詆毀他。秦王還沒有任用韓非之前，李斯就對秦王說：「大王，韓非是韓國的貴族子弟，如今您要實現吞併六國、統一天下的偉大目標，韓非自然要先替他們韓國考慮，為他們國家獻計策。您把他留在我國，以後他回到韓國肯定會對我國不利。您不如找個藉口把他抓起來殺了，免得留下禍患。」秦王一聽，覺得有道理，就派人把韓非抓了起來。李斯趁機讓人給韓非送去毒藥，逼他自殺。韓非想要面見秦王替自己辯解，李斯當然不會讓他這麼做，韓非就這樣服毒而死。

後來秦王悔悟過來，立即派人去赦免韓非，可這時韓非已經死了。

五、戰國七雄之趙國

趙的早期歷史是怎樣的？

趙人與位於西部邊陲的秦人一樣，都是遠古時期顓頊大帝的後裔。他們的祖先中衍曾經給殷帝大戊駕御馬車。中衍的後代蜚廉有兩個兒子，叫做惡來和季勝。惡來是商朝末代君王紂王的大臣。他為人是非不分，為了博得主子歡心，幫著紂王倒行逆施，無惡不做，後來在周武王姬發領導的反商戰爭中被殺。惡來的後人就是秦人的祖先。

季勝是惡來的弟弟，他與自己的哥哥截然相反，品行端正，知書答禮，不僅沒有受到惡來的連累，反而受到了周王室的任用。季勝的後人便是趙人的祖先。

季勝有一個兒子叫孟增，他繼承了父親的美德，並因此受到當時周成王的寵幸。周成王為了表示對他的讚賞，把皋狼（今山西離石區西北）這個地方賜給他做采邑，孟增從此又被叫做宅皋狼。宅皋狼生下了衡父，衡父生下了造父。造父是趙人歷史上一個極其重要的人物。他承襲了先人爵位，並受到周穆王的賞識。更為重要的是，他繼承了先人善於駕車的本領。他的技術出類拔萃，駕起車來風馳電掣，無人能及。有一次，周穆王帶領軍隊巡狩西方，與當地西王母在瑤池對酒當歌，天天過得樂不思蜀，甚至連歸期都給忘記了。正在此時，傳來徐國（在今江蘇泗洪縣南）徐偃王造反的消息，穆王非常著急，在這關鍵時刻，造父駕車日馳千里，使穆王迅速返回鎬京，及時發兵打敗徐偃王，平定了叛亂。由於造父立了大功，周穆王便將趙城（在今山西洪洞縣北）之地賜給他，自此以後，造父的後裔便以封邑為氏，稱為趙氏。

自造父受封趙城起，趙人一直生活在趙城一帶。奄父是造父的五世孫，他也繼承了先人善於駕車的技術，為當時的周宣王駕御馬車，並在西元前七八九年周王室與少數民族的戰爭中救了宣王的性命，立下了大功。後來因為周幽王無道，奄父的兒子叔帶審時度勢，為了使自己的族人過上安穩日子，義無返顧地率領族人脫離周王室控制，歸附了晉人，為晉文侯效力。此後，趙氏宗族在晉國勢力的保護下逐漸興盛起來。趙夙是叔帶的五世孫，晉獻公時他因作戰勇猛當上了將軍，並為晉獻公駕車。西元前六六一年，趙夙參加了晉國兼併霍、魏、耿三個氏族的戰爭。由於趙夙功績卓著，晉獻公把耿（今山西河津市南）這個地方賞賜給他作為采邑。趙夙透過自己的努力，一躍成為了晉國的卿大夫。這也是趙氏宗族歸附晉國後受到的首次分封。

趙衰是如何輔佐公子重耳的？

趙衰是趙夙的孫子，也是春秋時期晉國之卿。趙衰早年即有大賢之名，與少年時期的晉文公重耳相友善。重耳因驪姬之亂出逃，流亡在外十九年，趙衰一直相隨。流亡期間，趙衰在生活上照顧重耳，路上攜帶飯食，寧可自己餓著不吃，也留著給重耳。在歸國謀位的大業上，更是費盡心機，幫重耳出謀劃策，甚

趙衰是如何輔佐公子重耳的？

至於脅迫重耳成就大事。重耳流亡到齊國，齊桓公對他很好，給他安家，使他過上舒適的生活。重耳一住五年，不願離去。趙衰見此，便與狐偃等人密謀，把重耳灌醉，抬上馬車，又開始周遊列國，尋求幫助。

重耳後來到達了楚國，楚成王聽說他來了之後，就以諸侯之禮接待他，重耳想著自己現在的處境，愧不敢當，趕緊辭讓不就。趙衰卻向他進言：「主公，您在外流亡十多年，那些小國個個都輕視您，更況且那些大國呢？現在楚國這樣的大國如此厚待您，我覺得您不應該辭讓，因為這是上天施恩給您啊！」重耳於是欣然接受了楚人的厚遇。此後，楚國派兵護送重耳到了秦國。秦穆公也同樣優待重耳，將宗室女子許配給他為妻。一次，秦穆公設宴招待重耳。趙衰在宴會上將《黍苗》一詩譜曲成歌，和唱助興，歌詞大意是：那些剛剛生長起來的黍苗啊，是多麼期盼著一場好雨來滋潤啊！唱完歌後，趙衰與重耳共同走下台階，向穆公行大禮，懇切地對他說：「大王，我們對您的依靠，就像百谷的成長要依靠及時雨一樣。」他們明確地表達了希望透過秦人幫助返回晉國、執掌政權的意願。秦王就答應了他們的請求，說有朝一日假如時機成熟，一定會幫助他們。過後不久，機會果然來了。晉惠公死去，他的兒子懷公子圉繼位，圉能力有限，不得人心。國內民眾都希望重耳能夠當上國君。重耳看到機會來了，便在裡呼外應的形勢下率領隨從返回晉國，被迎立為晉文公，終於結束了長達十九年的流亡生活。

晉文公即位之後，趙衰又幫助他走上稱霸諸侯的道路。西元前六三五年，周襄王因王室內亂而避居在外，秦穆公已派兵駐紮在黃河邊上，準備保護襄王歸國。趙衰建議晉文公應該率先採取行動，護送襄王。因為尊王是稱霸的資本，建立霸業的首要條件是以尊王為旗幟，如果此舉落在秦國後面，要想稱霸，是很難號令於天下的。晉文公採納了這一建議，為不久以後獲得的霸主地位奠定了基礎。

趙衰是跟隨晉文公流亡多年，並且頗受倚重的功臣，但他從不爭權奪利，不計較個人地位。回國後，曾任原（今河南濟源北）大夫，故亦稱原季。後來任新上軍主將，最後的職位是中軍佐。趙衰最受人稱道的品德是謙讓。史書記載，晉文公問他誰可以擔任元帥，他舉薦了別人；讓他擔任卿，他推薦欒枝、先軫和胥臣。後來上軍師狐毛去世，晉文公讓他繼任，他推薦了先且居。晉文公稱讚他的讓賢為「不失德義」，每次都讓給社稷之臣，利於晉國，對他越加敬重。

趙氏孤兒說的是什麼事？

趙衰死後，趙盾獨攬晉國朝政十幾年。趙朔是趙盾的兒子，他繼承了父親的爵位，並於晉景公在位期間擔任了將軍。趙朔娶了先君晉成公的姐姐，與晉氏宗族聯姻，但趙氏宗族在晉國的地位與影響力已不及趙盾在世的時候了。

晉景公在位時，有一個奸臣屠岸賈當了司寇，他對趙氏一族始終懷恨在心，一心想找個機會報復。到了西元前五九七年，屠岸賈見到自己位高權重，在朝廷上能夠一呼百應，就開始了他的復仇行動。他認為想要成功，首先要得到軍方支持，於是就挑唆眾將軍。大多數將軍也是非不分，對他言聽計從。大夫韓厥堅決反對他的提議，但由於自己勢單力薄，無法阻止事件升級，只好勸趙朔趕快逃走。趙朔不肯逃走，只是拜託韓厥幫助趙氏後人。韓厥答應了他，從此便以身體有病為託辭，不再參與朝政。不久，屠岸賈在沒有請示景公的情況下，擅自帶領將軍們對趙氏宗族發動進攻，一時間，趙氏家族內血流成河，趙朔、趙同、趙括、趙嬰齊等人被殺害，趙氏被滅族。

趙朔的夫人因是國君的胞妹，倖免於難，被送回內宮居住，此時她已懷有身孕。過了一段時間，趙朔的妻子在皇宮裡產下一個男嬰。屠岸賈想要把趙氏家族趕盡殺絕，得知此事後大吃一驚，隨即帶兵入宮搜捕。趙妻趕緊抱著孩子躲了起來。孩子沒有發出任何動靜，母子平安渡過此劫。公孫杵臼是趙朔的門客，程嬰是趙朔生前的好友，兩人共同擔負起了保護、撫養趙氏孤兒的重任。為了擺脫仇家搜殺，轉移視線，程嬰忍痛用自己剛出生不久的兒子代替了趙氏孤兒，藏匿在山中，並計畫好由程嬰出面密告假消息。屠岸賈得到消息後，便氣勢洶洶帶兵追到山上進行搜查，一草一木也不放過，最後，他找到了公孫杵臼與假扮的趙氏孤兒，認為這下終於可以將趙氏斬草除根了。為了保全真正的趙氏血脈，程嬰犧牲了剛出生不久的兒子，公孫杵臼也被殺害。計畫成功實施後，程嬰帶著真正的趙氏孤兒隱居於山中，並給他取名為武。

過了十五年，晉景公得了一場大病，占卜的結果是大業的後代子孫在作祟。景公心裡不明白，讓韓厥給他解釋這件事的具體原因。韓厥回答說：「大王，生活在晉國的大業的後人不就是趙氏嗎？自從叔帶歸附晉國，趙氏世代立下功勞，但卻在您在位期間被滅族。人們同情趙氏，所以您的身體才會不舒服。」景公緊接著又問：「哦，那趙氏還有後人嗎？」韓厥便以實情相告。景公知道趙氏還有後代活在世上，心裡十分高興，便讓韓厥把趙武召入宮中藏匿起來。此後，將軍們入宮請安，景公與韓厥威迫他們承認了趙武的合法地位，並且聯合發兵將矯詔犯上的屠岸賈滅族。景公把原本屬於趙氏的田邑歸還給趙武。趙武成年後，程嬰心願已了，為兌現當年對公孫杵臼許下與趙氏同患難的諾言，自殺了。趙武在晉平公時曾官至正卿，趙氏宗族的勢力開始迅速恢復。

趙簡子為何要立毋恤為太子？

趙簡子是趙武的孫子，也是春秋時晉國的大夫，趙毋恤是趙簡子與侍妾所生的庶子，在諸公子中出身微賤。一天，姑布子卿拜見簡子，簡子把兒子們都叫來讓他看相。子卿說：「沒有能做將軍的人。」簡子說：「趙氏要完了嗎？」子卿說：「我曾在路上看到一個孩子，大概是您的兒子吧！」簡子又叫來兒子毋恤。毋恤一到，子卿就站起來說：「這才是真正的將軍呀！」簡子說：「這孩子的母親卑賤，是從翟來的婢女，怎麼說他尊貴呢？」子卿說：「上天賜給的，即使卑賤也定能顯貴。」從此，簡子常把兒子們叫來談話，毋恤表現最好。

趙簡子注重對兒子們的教育和培養。他曾將訓誡之辭書於若干竹板上，分授諸子，要求他們認真習讀，領悟其要旨。並告訴他們三年之後要逐一考查。然而，在他考查時，他的兒子們，甚至連太子伯魯，也背誦不出，甚至連竹板也不知遺失何處。只有毋恤對竹板上的訓誡背誦如流，而且始終將竹板攜藏於身，經常檢點自己。於是，趙簡子始信子卿所薦，認為毋恤為賢。

及至諸子長大成人，趙簡子又對他們進行更深入的考察。一天，他召見兒子們說：「我將一寶符藏於常山之上，你們去尋找吧，先得者有賞。」於是，諸子乘騎前往，尋寶符於常山。然而，他們誰也沒有找到寶符，只得空手而歸。只有毋恤說：「我得到了寶符。」趙簡子聞聽便讓他將情況奏來。毋恤說：「憑常山之險攻代，代國即可歸趙所有。」趙簡子聽罷高興異常，頓覺只有毋恤明白自己的用心良苦，是趙氏大業難得的繼承人。遂廢掉太子伯魯，破例立毋恤為太子。

趙簡子有哪些事蹟？

趙簡子繼位之初，趙氏家族已處於存亡絕續的關頭。由於趙簡子採取了卓有成效的革新措施，趙氏宗室的勢力得以迅速增強。

經濟上，趙簡子革新畝制，調整賦稅。春秋末年，適當擴大畝制有利於農業和地主經濟的發展。為此，六卿都突破了「百步為畝」的舊經界，但范氏、中行氏和智氏的畝制不及韓趙魏的畝制大，韓魏的畝制又不及趙的畝制大。趙氏畝制「以一百二十步為寬，以二百四十步為長」。而趙氏賦稅卻最輕，范氏、中行

趙簡子有哪些事蹟？

氏、韓魏「伍稅之」，趙氏「公無稅焉」。孫武分析了六家改革後，認為趙氏改革是比較成功的，因此「晉國歸焉」。

政治上，趙簡子禮賢下士，選賢任能。他重用董安於、尹鐸、傅便、郵無正、史黯、竇犨等人，同衛莊公、扁鵲、姑布子卿等名士的關係也極為融洽。趙簡子虛心納諫，表彰敢於指出他錯誤的臣下。趙簡子派尹鐸治理晉陽，事先告訴他一定要拆除荀寅等人所築的壁壘。尹鐸到任卻加固增修原有的壁壘。趙簡子到晉陽，看到壁壘，一定要殺掉尹鐸才入城。經人進諫，指出增修壁壘的必要，趙簡子才反而「以免難之賞賞尹鐸」。趙簡子家臣周舍「好直諫」，周捨死後，簡子每每聽朝，常面露不悅，大夫請罪，趙簡子說：「諸大夫朝，徒聞唯唯，不聞周舍之鄂鄂，是以憂也。」

軍事上，趙簡子獎勵軍功，以功釋奴。西元前四九三年，趙簡子率軍迎戰增援范氏、中行氏的鄭國軍隊，誓師時宣布：「克敵者，上大夫受縣，下大夫受郡，士田十萬，庶人工商遂，人臣隸圉免。」這個命令的頒布，大大鼓舞了晉軍的士氣，對取得戰爭的勝利發揮了巨大的作用。

從西元前四八九年至西元前四七八年，趙簡子為避免同智氏之間矛盾的進一步激化，轉移國內視線，鞏固既得利益，又發動了一系列討伐衛、齊、魯、鮮虞的戰爭。西元前四八九年，趙簡子率師伐鮮虞。西元前四八五年，趙簡子率師伐齊。西元前四八一年春，伐衛。然而，這個進程因趙簡子染疾而中斷，從此，趙簡子退出了晉國的政治舞台，結束了他叱吒風雲的政治生涯。西元前四五三年，趙襄子與韓康子、魏桓子三分晉國。

趙襄子是怎樣一個人？

趙襄子在趙簡子死後繼位，很短時間內即顯示出他的政治風格。他的姐姐是代國國王的夫人，因有這樣的姻親關係，他到夏屋山（在今山西代縣東北）請代王相見，代王毫無戒備即來赴會。在酒宴上，趙襄子早已安排下陷阱，斟酒的人在行斟時，用斟酒用的銅勺乘機擊殺代王及其從官。然後，興兵伐代，一舉占領代國，將其領土併入趙氏版圖。其姐泣而呼天，拔下髮笄自刺而死。

其後，趙襄子協同智氏、韓氏、魏氏三卿瓜分了范氏、中行氏的領地，驅逐晉出公，立晉懿（或作哀）公。從此，四卿把持晉國的朝政，爭權奪利的矛盾更集中、更激烈。其中智氏最強，智伯狂妄驕橫，要求韓、趙、魏三家都割給他一塊土地。韓、魏兩家應允，唯有趙襄子不從，因而智伯大怒，聯合韓、魏兩家，進攻趙氏。趙襄子寡不敵眾，聽從張孟談的謀劃，退守晉陽。智伯率韓、魏兩家圍攻晉陽，一年多沒有攻下。後來引汾河水灌城，「城中巢居而處，懸釜而炊，財食將盡，士卒病羸」，岌岌可危。在生死存亡的關頭，趙襄子與張孟談謀劃，由張孟談暗中與韓、魏二氏聯絡，說動二君，約好裡應外合，共滅智氏。韓、魏之兵在夜裡殺死智氏守堤之吏，決開河堤，反使汾河水衝向智伯軍中。趙軍從城中殺出，韓、魏二家從旁夾擊，活捉了智伯。三家瓜分智氏領地，遂形成韓、魏、趙三家把持晉國的局面，為三家分晉奠定了基礎。

智伯門客豫讓欲為主報仇，意圖刺殺趙襄子被發現，趙襄子放過了他。豫讓又以漆塗身、吞炭為啞，乘趙襄子過橋時欲刺殺他，趙襄子馬驚，豫讓又被發現。趙襄子問：「你以前也曾效力范氏、中行氏，智瑤攻滅他們，你為什麼不為他們效死，偏偏為智瑤效力，現在又要為他刺殺我？」豫讓說：「范、中行氏以眾人遇我，我以眾人報之；智瑤以國士遇我，我就以國士報之。」趙襄子很感動，但仍命士兵包圍豫讓，豫讓請求趙襄子把衣服給他刺殺，以致報仇之意。趙襄子更加感動，將衣服送給他，他三次跳起刺之，隨後自殺。趙國人聽說此事，無不為豫讓落淚。趙襄子善於用人，與其父被後人並稱為「簡襄之烈」。

趙武靈王「胡服騎射」有何歷史意義？

襄子一生共有五個兒子，他晚年不立自己的兒子為太子，卻欲傳位於其兄伯魯的後代。因伯魯和其子趙周都去世較早，遂立伯魯之孫趙浣為太子。趙浣繼承了趙氏之尊位，史稱獻侯。

趙武靈王「胡服騎射」有何歷史意義？

趙武靈王是三家分晉後趙國的第六代國君，西元前二九九年，他將王位傳給了次子趙何，即趙惠文王，自稱「主父」，史家又稱他為「趙主父」。他是我國封建社會初期一位雄才大略的政治家和軍事家，其所推行的「胡服騎射」政策，對於當時和以後社會的發展都產生了積極的影響。

趙武靈王在位期間，趙國周圍被齊、中山、燕、林胡、樓煩、東胡、秦、韓、魏等國包圍著，時人稱趙為「四戰之國」，其形勢之險惡可以想像。趙武靈王即位前，趙國勢衰弱，往往無力抗擊小國的侵擾。趙武靈王即位後，在實行「胡服騎射」前的十八年中，趙屢敗於秦、魏，除損兵折將、國力大衰外，還不得不忍辱割地。林胡、樓煩也乘此機會，連年向趙發動軍事掠奪，趙國幾乎沒有還擊之力。

在嚴峻的形勢面前，趙武靈王決心發憤圖強，以振興日漸衰弱的趙國。他客觀地分析了當時趙國的實際情況和所處環境，認真研究了壯大趙國的辦法，最終，趙武靈王以超凡的才略和氣魄，毅然拋棄了中原傳統的衣冠制度和作戰形式，大膽學習北方游牧族軍事上的優點，下令在全國推行「胡服騎射」。他認為要從根本上改變趙國被動挨打的局面，削除中山國這個「心腹之患」，進而繼承先祖趙襄子「兼戎取代，以攘諸胡」的事業，靠中原傳統的步兵和戰車配合作戰的方式是不能成功的，因為笨重的戰車只宜在較為平坦的地方作戰，在複雜的地形中運轉十分不便；眾多的步卒也無力對付那奔馳迅猛、機動靈活的騎兵。必須學習諸胡的長處，壯大自己，才能免於被動挨打。只有以騎兵對抗騎兵，才是增強趙國軍事力量的唯一出路。同時，趙武靈王認為，只有改中原地區的寬袖長袍為短衣緊袖、皮帶束身、腳穿皮靴的胡服，才能適應騎戰的需要。在普遍以中原正統和華夏禮樂文化自負的氛圍中，趙武靈王敢於改革傳統的輿服制度，而取法胡人的服飾習俗，足見他的確是一位雄才大略、氣魄宏大的軍事家和政治家。

趙武靈王為什麼最終餓死在沙丘宮？

正當君王之業如日中天之時，趙武靈王卻把王位傳給了兒子趙何，即趙惠文王，而自號為主父。趙武靈王打算讓惠文王治理國家，而自己親率軍隊開拓國土，與秦國爭霸。西元前二九六年，趙武靈王率軍滅掉了中山國，把代郡與趙國的中心地區連為一體。於是，他把長子趙章封為代郡的安陽君（地處今河北陽原東南）。趙章為人一向驕奢，心中對弟弟趙何繼位很是不滿；趙武靈王派去輔佐趙章的田不禮又是個殘忍、好殺的人。這兩個人性情相投、狼子野心，為叛亂祕密積蓄著力量。

第二年，趙武靈王令群臣來朝見，趙章也在其中。朝會時，趙武靈王讓惠文王聽朝，自己則在一旁暗地觀察群臣、宗室的表現。趙章原本是太子，但是趙武靈王寵愛吳娃後，把他與吳娃生的兒子趙何改立為太子。吳娃死後，趙武靈王對趙何也不是十分喜愛了，他開始憐惜被廢的太子趙章。這一次，他見到了趙章，回想起對兒子的不公正待遇，心中很不是滋味。趙武靈王想把代郡從趙國中分出來，立趙章為代王以做補償，但卻遲遲沒有下定決心。

趙武靈王與惠文王到沙丘（今河北平鄉東）遊玩，兩人住在不同的行宮中。趙章與田不禮利用這個機會發動叛亂。他們假傳趙武靈王詔令，想把惠文王騙過來殺掉。但是相國肥義先於惠文王一步到達，二人的陰謀敗露。掌握國家實權的公子成、李兌得知消息後，立即率軍隊從邯鄲趕來「勤王」。趙章被打敗後，逃到趙武靈王行宮避難，愛子心切的趙武靈王收留了他。公子成、李兌的部隊便把趙武靈王的行宮重重圍困起來。殺掉趙章後，公子成、李兌商量說：「咱們因為要殺掉趙章而帶兵圍困了主父行宮，這是大逆不道的。如果撤走了圍兵，日後主父追究起來，咱們肯定會被滅九族。」為了保全身家性命，二人便一不做、二不休，將趙武靈王圍困起來，並且強行驅趕了行宮中的侍從，只剩下趙武靈王一人。趙武靈王既不能出宮又沒有食物，最後竟然到了以麻雀幼鳥充饑的地步。三個多月後，趙武靈王被活活餓死在沙丘行宮中。

藺相如完璧歸趙是怎麼回事？

趙惠文王時，楚國有一件叫做和氏璧的寶玉，為趙惠文王所得，秦昭王聽說後，表示願意用十五座城池換取和氏璧。趙惠文王召見藺相如，藺相如表示願帶和氏璧去秦國，如果趙國得到秦國的城邑，就將和氏璧留在秦國，反之，一定完璧歸趙。

藺相如到秦國後，將和氏璧獻上，秦昭王大喜，卻全無將城邑給趙之意。藺相如誆說玉上有一小疵點，要指給秦昭王看，便拿回了寶玉。藺相如手拿寶玉，在庭柱旁站定，說：「趙王擔心秦國自恃強大，得和氏璧而不給城邑，經過我勸說方才答應。趙王齋戒五天，然後才讓我捧璧前來，以示對秦國威嚴的尊重和敬意。不料大王禮儀簡慢，毫無交割城邑的誠意，現在若大王一定要搶走寶玉，我寧可將腦袋與寶玉一起在柱子上撞碎。」秦昭王無奈，只得劃出十五個城邑給趙。藺相如估計秦昭王不過是假意應付，便提出要秦昭王也齋戒五日，再鄭重其事地交換。秦昭王只好應允。藺相如便派隨從懷藏和氏璧，偷偷從小道返回趙國。等秦昭王齋戒完畢，準備舉行交換儀式時，藺相如才把送和氏璧回趙之事告訴秦昭王，從而保全了和氏璧。

秦、趙澠池之會是怎麼回事？

藺相如完璧歸趙的第二年（西元前二八二年），秦藉口趙不與之聯合攻齊而派兵攻下趙的兩座城池。西元前二八一年，秦兵侵趙，攻下石城（今河南林縣西南）。西元前二八〇年，秦將白起率軍攻趙，取光狼城（今山西高平縣西），斬殺趙國三萬人。秦在對趙進行軍事威脅的同時，又在外交方面迫使趙國屈服。西元前二七九年，秦王派使者邀趙王在西河外澠池（今河南澠池縣西）作友好會見。趙王畏懼秦國，欲辭謝不去。廉頗、藺相如兩人商量之後對趙王說：「大王不去赴會，顯得我們趙國軟弱、膽怯。」於是，趙王決定去和秦王相會，並帶藺相如同行。廉頗送到國境上，與趙王訣別時約定說：「大王出發之後，估計來回路程及會見的禮節完畢，前後不過三十天。要是過了三十天還沒有回來，就請讓我們立太子為王，用以斷絕秦國扣留您作為要挾的念頭。」趙王答應了。

趙王到了澠池與秦王相會。席上，秦王飲至酣處，對趙王說：「我聽說您喜歡彈瑟，請彈一曲給我聽聽。」趙王就在筵席上彈了一曲。秦國的史官走上前來，寫道：「某年某月某日，秦王與趙王會飲，命令趙王彈瑟。」藺相如上前對秦王說：「趙王聽說秦王擅長秦國的音樂，現在我奉獻盆缶，請秦王敲敲以相娛樂。」秦王怒，不肯答應。藺相如捧著盆缶上前，跪著獻給秦王。秦王還是不肯敲。藺相如說：「我跟大王的距離不足五步，大王要是不答應我的請求，我可要把頸上的血濺到大王身上了！」秦王的侍衛們要殺藺相如，藺相如瞪起眼睛，大聲喝斥他們，嚇得那些人直向後退。秦王很不高興，只得勉強在缶上敲了一下。藺相如回頭叫趙國的史官寫道：「某年某月某日，秦王為趙王擊缶。」秦國的群臣說：「請趙王送十五座城池給秦王作為獻禮。」藺相如也說：「請秦王把國都咸陽送給趙王作為獻禮。」直到酒筵完畢，秦始終不能占趙的上風。由於趙國已調集了大軍提防秦國進犯，所以秦國也不敢有什麼舉動。

將相和的故事為什麼能盛傳不衰？

將相和的故事為什麼能盛傳不衰？

藺相如奉命出使秦國，不辱使命，完璧歸趙；又陪同趙王赴秦王設下的澠池會，使趙王免遭欺辱。為獎勵藺相如的汗馬之功，趙王封藺相如為丞相。戰功顯赫的大將軍廉頗見藺相如沒有一點戰功，竟當上了相國，比自己的官還要大，於是，心中很不服氣。廉頗說：「我是趙國將軍，有攻城拔寨的大功，而藺相如只不過靠能說善道立了點功，地位就在我之上，況且藺相如本來是卑賤之人，我感到羞恥，在他下面我難以忍受。」並且揚言說：「我遇見藺相如，一定要羞辱他。」

藺相如聽說後，不肯和他相會。每到上朝時，藺相如常常推說有病，不願和廉頗去爭位次的先後。一次，藺相如外出，遠遠看到廉頗，便急忙掉轉車子迴避。藺相如的門客見此，就一起來直言進諫說：「我們之所以離開親人來侍奉您，就是仰慕您高尚的節義呀。如今您與廉頗官位相同，廉老將軍口出惡言，而您卻害怕而躲避他，您怕得也太過分了，平庸的人尚且感到羞恥，何況是身為將相的人呢！我們這些人沒出息，請讓我們告辭吧！」藺相如堅決地挽留他們，說：「諸位認為廉將軍和秦王相比誰厲害？」回答說：「廉將軍比不了秦王。」相如說：「秦王勢威，而我仍敢在朝廷上喝斥他，羞辱他的群臣，我藺相如雖然無能，難道會怕廉將軍嗎？但是我想到，強秦之所以不敢對趙國用兵，就是因為有我們兩人在呀，如今兩虎相鬥，勢必不能共存。我之所以這樣忍讓，就是為了把國家的急難擺在前面，而把個人的私怨放在後面。」

這番話傳到廉頗耳中，他細細一想，確實是這個道理。廉頗雖是個粗人，卻很耿直，懂得自己不對後，決定向藺相如請罪。他命人採來荊條，自己光著身子背負荊條，徒步走向藺相如的府邸。來到藺相如的府邸前，廉頗跪了下來，說：「我是個粗野卑賤的人，想不到將軍您是如此的寬厚啊！」藺相如聽到後，來不及穿上鞋，就急忙跑出來，扶起廉頗。從此，二人將相和睦，使趙國朝政穩定，社會安寧。

觸龍說趙太后是怎麼回事？

西元前二六五年，秦國攻打趙國，接連攻下三座城池。當時趙孝成王剛即位，太后當政，難以抵擋秦軍的進攻，趙國只好向齊國求救，齊國一定要趙國長安君去做人質，才肯出兵。太后不答應，大臣們竭力勸諫。

左師觸龍去見太后，他對怒氣衝衝的太后說：「老臣腳有毛病，不能快走，很久沒來看您了。又總擔心太后的貴體有什麼不舒適，所以想來看望您。」太后說：「我全靠坐輦走動。」觸龍問：「您每天的飲食該不會減少吧？」太后說：「吃點稀粥罷了。」觸龍說：「我近來也不想吃東西，只是勉強走走，每天走上三四里，就慢慢地增加了點食慾，身上也比較舒適了。」太后說：「我做不到。」太后的怒色稍微消解了些。

觸龍說：「我的兒子舒祺年齡最小，不成材；而我又老了，私下疼愛他，希望能讓他遞補上黑衣衛士的空額，來保衛王宮。」太后說：「可以。年齡多大了？」觸龍說：「十五歲了。雖然還小，希望趁我還沒入土就託付給您。」太后說：「你們男人也疼愛小兒子嗎？」觸龍說：「比婦女還厲害。」太后笑著說：「婦女更厲害。」觸龍回答說：「我私下認為，您疼愛燕後就超過了疼愛長安君。」太后說：「您錯了！我疼愛燕後不像疼愛長安君那樣厲害。」觸龍說：「父母疼愛子女，就得為他們考慮長遠些。您送燕後出嫁的時候為她哭泣，這是惦念並傷心她嫁到遠方，也夠可憐的了。她出嫁以後，您也並不是不想念她，可您祭祀時，一定為她祝告說：『千萬不要被趕回來啊！』難道這不是為她作長遠打算，希望她生育子孫，一代一代地做國君嗎？」太后說：「是這樣。」觸龍說：「從這一輩往上推到三代以前，甚至到趙國建立的時候，趙王被封侯的子孫的後繼人有還在的嗎？」趙太后說：「沒有。」觸龍說：「不光是趙國，其他諸侯國君的被封侯的子孫的後繼人有還在的嗎？」趙太后說：「我沒聽說過。」左師公說：「這些人近的

「紙上談兵」說的是什麼事？

災禍落到自己身上，遠的落到子孫身上。難道是國君子孫中封位的人都不好嗎？不過是地位尊貴而無功勛，俸祿優厚卻無勞績，而且擁有太多珍貴器物罷了。如今您抬高長安君的地位，封給他肥沃的土地，賜給他許多貴重器物，卻不趁現在讓他為國立功，等有朝一日您離開人世，長安君靠什麼在趙國安身呢？老臣以為您為長安君考慮得不夠長遠，所以說您愛他不如愛燕後。」太后聽完，恍然大悟，於是為長安君準備了一百輛車子，送他到齊國去做人質，齊國馬上派兵來救援趙國。

「紙上談兵」說的是什麼事？

趙奢是趙國名將，為趙國屢建戰功，被趙惠文王封為「馬服君」，地位與廉頗、藺相如相等。可是，趙奢的兒子趙括卻遠不及他。趙括從小的確讀了不少兵書，談起用兵之道時簡直是滔滔不絕，連他父親都不如他。於是，趙括自以為是，覺得自己是了不起的軍事家，他狂妄地認為自己在軍事上已經是天下無敵了。然而趙奢卻不這麼認為，他不但從未讚揚過兒子的誇誇其談，反而常常擔憂地說：「日後趙國不讓趙括帶兵便罷，如果讓他帶兵打仗，那麼斷送趙國命運的必將是趙括無疑。」

過了幾年，秦國對趙國大舉進犯，趙國派了年齡很大的將軍廉頗率軍迎敵。開始，趙軍連連失利。在這樣的情況下，廉頗改變策略方針，他下令讓軍隊堅守城池，以逸待勞，不要主動出擊，以保存實力守住陣地從而拖垮秦軍。秦軍由於遠道而來，經不住廉頗的拖延，糧草漸漸供給不上，快要支撐不下去了，因而十分恐慌。後來，秦軍施反間計，派人悄悄潛入趙國散布流言說：「秦軍誰都不怕，就怕趙括擔任大將。」趙王正在為廉頗在軍事上毫無進展而悶悶不樂，聽到外面流傳的那些說法，便撤掉廉頗，要派趙括為大將統帥軍隊。趙括的母親記住丈夫生前的囑咐，再三向趙王說明情況，極力勸告趙王收回決定，最終還是被趙王拒絕。

趙括一到前線，便開始胡亂指揮起來。他完全改變了廉頗的策略，大量撤換將官，命令部隊緊緊追擊秦軍。結果，秦軍一齊殺出，將趙軍各個擊破，團團圍住。趙軍被秦軍圍困四十多天，糧食早已吃盡又沒有接應，一時間軍心大亂。趙括一籌莫展，滿肚子的兵法也不知如何施展。眼看守下去也是活活餓死，便率軍倉皇突圍。無奈秦軍四面掩殺，無法逃脫。結果，趙括被亂箭射死，四十萬趙軍也全軍覆沒，從此，趙國一蹶不振。

為什麼李牧被稱為良將？

李牧是戰國時期趙國的著名將領，戰功顯赫，被封為武安君。趙惠文王時，趙國北方的匈奴逐漸強大，常常在趙國邊境搶掠，趙惠文王派李牧在代縣、雁門一帶防禦匈奴。

李牧在邊關採取積極防禦的策略，規定「匈奴入盜，急入收保，有敢捕虜者斬」，要求軍民遇到匈奴偷襲，一律快速進入營壘堅守，不得出戰。同時，他抓緊訓練兵士，提高邊防的戰鬥力。由於李牧數年不出戰，匈奴認為李牧膽怯，趙王也對李牧不滿，於是派人替換了李牧。結果新將貿然出擊，折損頗多。趙王無奈之下，只得再次任用李牧。李牧要求趙王不得干涉他的策略，趙王應允。李牧至邊地，重申舊約。匈奴幾年入邊，無所得，但終究以為李牧怯懦。趙邊地士兵屢得賞賜而不用，皆願一戰。於是，李牧乃從全軍中選得戰車一千三百乘，選得戰馬一萬三千匹，射手十萬人，皆勒令演習戰鬥。當匈奴小股入邊時，李牧佯敗不勝，丟棄數千人，恣其殺掠。單于聽到這一情況，便統率大軍侵入趙國邊境。李牧布下陣勢，開展左右翼的攻擊，大破匈奴軍，殺十餘萬騎。滅襜褴，破東胡，降林胡，單于逃跑。此後十多年，匈奴不敢接近趙國邊境，所以李牧也就被稱為良將。

西元前二四三年，趙王以李牧為將而攻燕，取武遂、方城。西元前二三四年，秦軍進攻趙之平陽、武城，大敗趙軍，殺趙將扈輒。次年，秦軍攻趙之赤麗、宜安。趙以李牧為大將軍率兵反攻，大破秦軍於肥。李牧因功被封為武安君。西元前二三二年，秦又派兩支軍隊攻趙，一軍到了鄴，一軍到了太原，向趙的番吾進攻。李牧擊破秦軍，南拒韓魏。

李牧雖然一再戰勝秦軍，自己兵力的損失也是慘重的，「趙亡卒數十萬，邯鄲僅存」。西元前二三一年，代地大動。次年，趙國又發生大旱災。西元前二二九年，秦又乘機大舉攻趙，趙派李牧、司馬尚帶領大軍抵禦。趙王寵臣郭開受了秦國賄賂，造謠說李牧、司馬尚謀反，趙王因此改用趙蔥和顏聚代替李牧、司馬尚，並派人暗中乘其不備逮捕了李牧，將他處死。三個月後，秦將王翦趁機猛攻趙國，大敗趙軍，殺死了趙蔥，俘虜了趙王遷和將軍顏聚，趙國滅亡。

虞卿棄相著書是怎麼回事？

虞卿是個善於遊說的有才之士，他腳穿草鞋，肩搭雨傘，遠道而來遊說趙孝成王。第一次拜見趙王，趙王便賜給虞卿黃金百鎰，白璧一對；第二次拜見趙王，就當上了趙國的上卿，所以稱他為虞卿。虞卿一生遊說於諸侯之間。長平之戰時，趙王不聽虞卿聯合魏、楚的主張，大敗。長平戰後，為解救秦軍對邯鄲的進攻，虞卿力排眾議，獻策趙王，聯合齊、韓、魏等國合力攻秦，深得敬重，趙王賜城邑及佩卿相印。

可是，趙國與魏國合縱沒有多長時間，魏國的公子魏齊在本國出了事，遭到了通緝，魏齊在魏國待不下去了，便逃到趙國，躲在平原君家中。秦昭王知道了這件事，於是設計把平原君騙到秦國，以其為人質向趙王要魏齊的人頭。魏齊向趙相虞卿求助，虞卿揣度趙王在秦國的威脅下斷然不敢庇護魏齊，於是拋棄榮華富貴，解下相印，攜魏齊逃往信陵君處。信陵君不敢接見他們，躊躇不定，問自己的手下：「虞卿是怎樣的一個人?」這時,他的一個門客侯嬴站出來說:「人固不易知,知人亦不易也!虞卿氣度非凡,第一次見趙王,趙王賜給他白璧一雙,黃金百兩;第二次見趙王,趙王就拜他為上卿;等到第三次見趙王,趙王就讓他做了相國,被封為萬戶侯。然而當魏齊處境危難,向他求助的時候,虞卿又放棄相國與萬戶侯這樣高的地位和俸祿,解下相印,和魏齊一起出逃,在走投無路的時候投奔到主公您這裡,可主公您在這個時候竟然還問:他這個人如何?人固不易知,知人亦不易也!」信陵君聽完之後大窘,於是親自駕車去城郊迎接,但魏齊聽到信陵君不肯接見他,早已怒而自盡。

魏齊死後,虞卿更加不得意,就著書立說,採集《春秋》的史實,觀察近代的世情,寫了《節義》、《稱號》、《揣摩》、《政謀》共八篇,用來批評國家政治的成功與失敗。這些文章在世上廣為流傳,被稱為《虞氏春秋》。

平原君殺美謝客是怎麼回事?

平原君趙勝是趙武靈王之子,惠文王之弟,司馬遷稱之為「翩翩濁世之佳公子」。他禮賢下士,門下賓客至數千人。平原君初為趙惠文王之相,趙惠文王死後,又為趙孝成王之相,被封於東武城(今山東武城西北)。

平原君家有座高樓面對著下邊的民宅,民宅中有個跛子,總是一瘸一拐地出外打水。平原君的一位美麗的妾住在樓上,有一天她往下看到跛子打水的樣子,就哈哈大笑起來。第二天,這位跛子找上平原君的家門來,請求道:「我聽說您喜愛士人,所以士人不怕路途遙遠千里迢迢來歸附您的門下,就是因為您看重士人而輕視姬妾啊!我遭到不幸得病致殘,可是您的姬妾卻在高樓上恥笑我,我希望得到恥笑我的那個人的頭。」平原君笑著應答說:「好吧。」等那個跛子離開後,平原君又笑著說:「看這小子,竟因一笑

「毛遂自薦」是怎麼回事？

的緣故要殺我的愛妾，未免也太過分了吧！」平原君終歸沒殺自己的愛妾。過了一年多，賓客以及有差使的食客陸陸續續地離開了一多半。平原君對這種情況感到很奇怪，說：「我趙勝對待各位先生不曾敢有失禮的地方，可是離開我的人為什麼這麼多呢？」一個門客走上前去回答說：「因為您不殺恥笑跛子的那個妾，大家認為您喜好美色而輕視士人，所以士人就紛紛離去了。」於是，平原君就斬下恥笑跛子的那個愛妾的頭。親自登門獻給跛子，並藉機向他道歉。從此以後，原來門下的賓客就又陸陸續續地回來了。

當時，齊國有孟嘗君，魏國有信陵君，楚國有春申君，他們都好客養士，爭相禮遇士人，以便使自己招徠更多的人才。

「毛遂自薦」是怎麼回事？

西元前二五八年，秦軍圍困了趙國都城邯鄲。大軍壓境，邯鄲危在旦夕。為解邯鄲之圍，趙孝成王想聯合楚國共同抗秦。因此，他派平原君趙勝到楚國去遊說。平原君打算從自己數千名門客中挑選出二十名文武兼備的賓客一同前往，可挑來挑去，只挑選出十九名，還差一人，怎麼也選不出。平原君正在憂愁的時候，門客中有個叫毛遂的人自薦補缺。

平原君上下打量了一下毛遂，問道：「先生到我這裡幾年了？」毛遂答：「三年。」平原君帶著諷刺的口吻說：「大凡有才能的人，就像錐子裝在布袋裡一樣，那鋒利的錐尖立刻就會露出來，你在這裡已經三年了，我還沒有聽到過你有什麼本領。這次去楚國，肩負著求援兵救社稷的重任，沒有什麼特殊才能的人是不便同去的，你就留下來好了。」毛遂對平原君說：「今天你就把我裝進布袋吧！要是早將我裝進布袋，估計連整個錐子都已鑽出來了，哪會只露一點尖呢？」於是，平原君帶著毛遂等二十人出使楚國。

平原君到了楚國，在楚國的宮廷上與楚王談判，說明趙國的危急，要求楚與趙合縱抗秦。楚王害怕秦國，不肯出兵。兩人從早上一直談到中午，還是沒有結果。平原君的二十個門客早已等得不耐煩了，便讓毛遂進去看個究竟。毛遂大步跨上台階，遠遠地大聲叫起來：「出兵的事，非利即害，非害即利，簡單而又明白，為何議而不決？」楚王非常惱火，問平原君：「此人是誰？」平原君答道：「此人名叫毛遂，乃是我的門客！」楚王呵道：「趕快退下！我和你主人說話，你來幹麼？」毛遂見楚王發怒，不但不退下，反而又走上幾個台階。他手按寶劍，說：「如今十步之內，大王性命在我手中！」楚王見毛遂如此勇敢，便沒有再喝斥他。毛遂見此，就把出兵援趙有利楚國的道理，為楚王作了非常精闢的分析。毛遂的一番話，說得楚王心悅誠服，楚王答應馬上出兵。沒幾天，楚、魏等國聯合出兵援趙。秦軍很快就撤退了。平原君回趙後，待毛遂為上賓。他感慨地說：「毛先生一至楚，楚王就不敢小看趙國。」

六、戰國七雄之魏國

魏早期的歷史是怎樣的？

魏國是戰國七雄之一，由魏文侯於西元前四〇三年被周威烈王冊封為侯至西元前二二五年為秦國所滅，共歷一百七十九年。魏國的始祖是畢公姬高，周武王伐紂之後，姬高被封在畢，後代於是就以畢為姓。但是《史記》提到「其後絕封，為庶人，或在中國，或在夷狄」，說明姬高的後人「絕封」，淪為庶人。後來，他子孫之中出了個名叫畢萬的，侍奉晉獻公，畢公高的後代時來運轉，又重新顯貴起來。

西元前六六一年，畢萬被任命為國君車馬護衛，隨著晉軍四處作戰。在他的幫助下，晉軍先後消滅了霍、耿、魏三個小國，晉國國勢大增，一躍成為當時具有影響力的大國。晉獻公認為畢萬有功，對晉國發展出力不少，為了賞賜他，便將魏地封給他，並提升他為晉國大夫。一次，晉國掌管占卜的大夫郭偃與畢萬在一起閒聊，他對畢萬感慨地說：「您的後代一定會昌盛！萬，是滿數；魏，是巍巍的名號。用這樣的名號開始封賞，是上天要您開拓基業啊！天子統治億萬人民，諸侯統治萬民。依照現在的情況推斷，您的後代必定會擁有眾多的民眾。」

畢萬受封后的第十一年，晉獻公去世，諸位公子為了爭奪王位，彼此之間互相攻伐，晉國內部發生大亂。而此時，畢萬的子孫則在封地內安居樂業，生息繁衍，因為先人受封在魏地，他們便改姓魏。魏武子是畢萬的兒子，他侍奉晉國公子重耳，對重耳忠心耿耿。後來，他跟隨公子重耳流亡，是他身邊的五大賢者之一。重耳即位為晉文公後，便讓魏武子以魏氏後代的身分沿襲先人的封爵，列為大夫，宗族的治所安排在魏邑。到了他的兒子魏悼子的時候，宗族的治所遷徙到了霍邑。

魏絳和戎是怎麼回事？

魏絳是魏悼子的兒子，晉悼公的重臣。西元前五七一年，晉國與諸侯會盟，悼公的弟弟楊干擾亂了隊伍行列。魏絳為了維護軍紀，處死了楊干的僕人以示懲罰。悼公聽說後，非常生氣，憤怒地指著他的鼻子說：「寡人這次會合諸侯是為了顯示榮耀，你現在卻侮辱我的弟弟！這讓我有什麼臉面再去面對諸侯！」他心裡越想越生氣，後來想乾脆殺掉魏絳。這時有人趕緊勸諫悼公，開導他說：「大王，魏絳這樣做也是為了維護晉軍軍紀，他能夠不畏強權，秉公執法，是個難得的人才啊！」悼公聽了諸位大臣的建議才如夢方醒，不僅沒有處罰他，並且因為這件事認識到魏絳的賢能與正直，繼續對他加以重用。

魏絳在晉國歷史上的重要貢獻，是他提出並實施的和戎之策。西元前五七〇年，魏絳向悼公提出一項重大主張，即和戎。與晉國相鄰的北方少數民族，時常與晉發生戰爭，數為邊患。以前從無和戎之說，只是討伐，故很難理解和戎的積極意義。當時悼公即說：「戎狄無親而貪，不如伐之。」魏絳懇切地向他陳述了和戎的「五利」：第一，「戎狄薦居，貴貨易土，土可賈焉」，可以利用游牧民族輕視土地，重視財貨的習俗，發展對戎狄的貿易；第二，「邊鄙不聳，民押其野，穡人成功」，沒有戰爭，人民安居樂業，利於發展農業生產；第三，戎狄事晉，四鄰振動，對諸侯有威懾作用；第四，「以德綏戎，師徒不勤，甲兵不頓」，維持和平局面，軍隊得到休息，軍備物資不須消耗，可以保存晉國的實力；第五，「鑒於后羿，而用德度，遠至邇安」，借鑑歷史的經驗，只有採用以德服人的辦法，才能保持長久的安寧和穩定的局面。他詳細地解釋和戎的益處，終於說服了晉悼公。悼公當即命魏絳出使和戎。

魏絳從國家大局出發，衝破傳統偏見的束縛，積極主張和戎，開創了歷史上漢族爭取團結少數民族的先例。和戎政策實施後大見成效，到西元前五六二年，僅短短的八年時間內，便取得了晉國與戎狄和睦相處的局面。

魏文侯是怎樣一位君主？

魏文侯名斯，為魏絳的七世孫，是春秋時晉國魏氏家族又一位顯赫人物。西元前四二四年，魏文侯繼魏桓子立。早在晉頃公時，其祖上魏獻子與趙簡子、范獻子等並為晉卿。後來魏桓子與趙襄子、韓康子共滅智伯而分其地，勢力更加強大，這便給魏文侯提供了施展政治才能的舞台。魏文侯在位時期，魏氏在與秦國的戰爭中接連獲勝，還攻滅了中山國，拓展了土地，正式被周王冊封為諸侯，加入到了爭霸行列之中。

魏文侯是儒家道德所標榜的榜樣，司馬遷在《史記》中將魏文侯歸於《儒林列傳》，並推崇說：「是時獨魏文侯好學。」《史記》還多次記載了他向當時名儒，孔子的弟子子夏請教禮樂和經藝之事。子夏替他分析了古樂與新樂之別，以樂喻道，借談樂向他灌輸儒家思想，傳授為君之道。田下方、段干木等都出於子夏之門，為孔子的再傳弟子，《史記》、《淮南子》、《說苑》等書都記載了魏文侯拜田子方、段干木為師的事蹟。

魏文侯還能聞過則喜。伐中山後封他的兒子於中山，翟黃指責他不封弟而封子，算不得仁君。他起初很不高興，隨後省悟翟黃說得有理，又喜歡他能直言，便拜為上卿。魏文侯的好學、禮賢、善於納諫，是一般人尤其是國君很難做到的。這些美德，使他成為當時有名的賢君。作為以賢明著稱的國君，魏文侯還善於用人，用而不疑。人們說吳起貪而好色，但在用兵打仗上很有才能，魏文侯便以吳起為將，進攻秦國，連拔五城，為西河守，一方為安。樂羊率領軍隊攻打中山國，很多人懷疑、攻擊他，誣告信裝滿了一箱子，但魏文侯信而不疑，終使樂羊大功告成。此外，魏文侯以西門豹為鄴令，以北門可為酸棗令，以翟黃為上卿，這些人努力建功立業，為魏國的發展強盛作出了貢獻。

魏文侯對歷史的重大貢獻是大膽任用法家人物，在魏國實行變法。吳起、西門豹、北門可等都是法家人物，魏文侯重用的李悝更是一個法家代表人物。魏國的變法便是在魏文侯的支持下，由李悝實施的。魏國的變法開歷史上變法之先河，開創了戰國時期各國相繼變法的局面，對社會歷史的發展作出了積極的貢獻。

西門豹是怎樣治理鄴縣的？

鄴地處於趙、魏之間，離衛、齊很近，是抑制趙國南進中原與魏國爭利的策略據點，必須任用一位能獨當一面的大臣，才能擔當這個重任。魏文侯選擇了聲名赫赫的西門豹。西門豹是著名的政治家、軍事家，曾立下戰功顯赫。

當時，漳水經常泛濫湧向鄴地，鄴地的百姓深受水災之苦。當地的三老、廷掾借為河伯娶婦平息水患為名從百姓身上搜刮大量的錢財。百姓中有女子的人家為了逃避被選中為河伯婦的厄運，紛紛逃往外地，人口流失嚴重。西門豹入鄴後，以其人之道還治其人之身，巧妙地制服了當地的三老和廷掾，廢除了為河伯娶親的陋習，止住了百姓的流失，為百姓節省了每年為河伯娶婦付出的大量賦稅。

西門豹為了解決漳水泛濫和鄴地鹽鹼化嚴重的問題，在漳水南岸開鑿了十二條水渠。這十二條水渠很好地完成了泄洪任務，消除了漳水泛濫對鄴地的危害。西門豹從這十二條水渠引漳水灌溉鄴地，反覆沖刷，改善了鄴地的耕地質量。西門豹的成功治漳，使從前以多水患、田地貧聞名的鄴地變成了著名的良田。鄴地的經濟開始復甦，原來逃走的百姓又回來了。鄴地的百姓對西門豹都很感激，十分擁護魏國的統治。

鄴地在西門豹的治理下，成為魏國鞏固的制趙策略基地，處於魏國中央政府的控制下。趙國對鄴曾經採取過多次進攻，但是卻無法穩定地占領，魏軍在鄴地百姓的支持下很快就能趕走趙軍，奪回鄴地。趙國由於無法突破鄴地對邯鄲的封鎖，一直也無法南進中原。

李悝在魏國進行了哪些變革？

李悝是戰國時期魏國人，子夏的學生，知識淵博，通權達變，是戰國初期主張法治的著名思想家、政治家和經濟學家。李悝在魏國很得魏文侯重用。他先做中山相，把中山治理得政通人和，百業俱興。因為政績卓著，魏文侯又任他為上地守，他領導上地人民一面發展生產，一面加強備戰，曾與秦交鋒，大敗秦軍。因為他治國有方，後來魏文侯任他為相國。

西元前四〇六年，魏文侯任用李悝進行改革，在經濟上實行「盡地力之教」和「平糴法」，在政治上採取了一套對新興地主階級利益有利的政策和措施。他實行「食有勞而祿有功」的辦法，打擊國內殘存的舊勢力，為新興封建階級的發展鋪好道路。「盡地力之教」是李悝經濟改革的主要內容之一。其具體措施是：規定每畝地的標準產量為一石五斗，要求農民「治田勤謹」，達到每畝增產三斗；同時雜種各種糧食作物，並充分利用空閒土地，植樹種桑，多種瓜果蔬菜。目的在於提高農作物產量，增加封建政權的田租收入。在李悝的經濟改革中，另一項重要措施是制定了調節糧價的「平糴法」。年成好時，政府以平價購入糧食，災年再以平價出售，以平衡糧食價格，防止商人壟斷糧價，穩定小農經濟，鞏固封建的經濟基礎。李悝的這一套改革措施，有力地限制了商人投機倒賣糧食的活動，鞏固了地主的經濟利益，使魏國國富兵強。

李悝在政治上推行的改革措施是實行「食有勞而祿有功」和「奪淫民之祿以來四方之士」的政策。軍事上，他創立了常備「武卒」制度，使國家保持強大的軍事力量。李悝在全面改革的同時，廣泛收集春秋末年以來各國的法律條文。在此基礎上，他編著了中國歷史上第一部系統的封建法典《法經》，用法律形式把封建地主階級的利益確定下來。

李悝的改革不僅使魏國很快富強起來，而且在歷史上具有重大的意義。從李悝開始，戰國時代政治、法律、軍事、經濟、文化的革新逐漸進入更深入、更廣泛的層面。由此，中國文明也進入更廣泛、更深刻的階段。

吳起吮疽是怎麼回事？

吳起是春秋戰國時期的大軍事家，和留下不朽軍事著作《孫子兵法》的孫武齊名。吳起是衛國人，曾經拜魯國曾子為師，學習儒術。之後，在魯國擔任將領。齊國人攻打魯國，魯國國君想拜吳起為元帥，抵禦齊國。但由於吳起娶了齊國的女子為妻，魯君心生疑慮。吳起想因此成就功名，便殺了他的妻子，來表明自己與齊國沒有任何關係。魯君最終拜他為統帥，率領軍隊攻打齊國，結果大敗齊軍。但是他的殺妻行為讓魯君厭惡他的為人，終究還是趕走了他。

吳起聽說魏文侯賢明，想要輔佐他。文侯問他的大夫李悝說：「吳起是個什麼樣的人呀？」李悝說：「吳起貪婪而且好色，但是非常會用兵，即使司馬穰苴在世也不見得比他強。」於是，魏文侯便以吳起為將帥，攻打秦國，吳起很快就攻取了秦國的五座城池。

吳起治軍嚴謹，賞罰嚴明，任賢用能。尤為可貴的是，他處處以身作則，為人表率，和普通士兵吃相同的飯菜，穿一樣的衣服，行軍時不騎馬，不乘車，背負乾糧，堅持與士卒一起步行。吳起統率魏軍攻打中山國時，有一個士兵身上長了毒瘡，輾轉呻吟，痛苦不堪。吳起巡營時發現後，毫不猶豫地跪下身子，把這位士兵身上的毒瘡中的膿血一口一口地吸吮出來，解除了他的痛苦。士兵的母親聽說了這件事，大哭。別人問：「你兒子僅僅是個普通士兵，將軍卻為他吮血，這應是光榮之事，為什麼還要哭呢？」士兵的母親說：「不是這樣呀，前幾年吳將軍為他的父親吸吮瘡口，結果他的父親直到戰死也絕不回首。今日吳將軍又為我的兒子吮血，我真不知我兒子要死在哪裡了，我因此而哭。」

吳起為什麼要相楚？

魏文侯死後，吳起繼續輔佐魏文侯之子魏武侯。吳起因為屢立戰功，威信很高，不過他殘忍刻薄、不擇手段的做事方式始終讓他得不到信任。後來魏國選相，很多人都看好吳起，但魏武侯最後卻任命田文為相。

田文死後，公叔任相，公叔對吳起非常畏忌，便想害吳起。他有個僕人對他說：「吳起很容易除掉。」公叔說：「怎麼辦？」僕人說：「吳起為人有節操，廉潔而重視聲譽，你可以先向武侯說：『吳起是個賢明的人，我們魏國屬於侯一級的小國，又和強秦接壤，據我看，恐怕吳起不想長期留在魏國。』武侯必然要問：『那怎麼辦呢？』你就伺機向武侯說：『君侯可以把一位公主許配給吳起，他如果願意留在魏國就必定欣然接受，如果不願意留在魏國就必然辭謝。以此就可以探測他的想法了。』然後你再親自把吳起邀到你的府上，使公主故意發怒而輕謾你。吳起看見公主那樣輕賤你，他想到自己也會被輕賤，就會辭而不受。」公叔照計行事，吳起果然看見公主輕謾魏相而向武侯辭謝。武侯因而對吳起有所懷疑而不信任他。吳起害怕武侯降罪，於是就離開魏國到楚國去了。

楚悼王知道吳起的才能，便任吳起為相。吳起果然不負君望，南平百越，北並陳蔡，卻三晉，西伐秦，諸侯無不患楚之強。吳起的事業達到了頂峰。但同時，他凶狠無情的性格絲毫未變，這也最終給他帶來了殺身之禍。楚悼王死後，楚國的王公親貴就在國君的葬禮上設下埋伏，縱橫沙場的吳起最終死在了暗箭之下。

魏惠王數被軍旅是怎麼回事？

魏文侯死後，子武侯擊繼位。西元前三七〇年，武侯死，子魏罃繼位，稱魏惠王。魏惠王時期是魏國的鼎盛時期，蘇秦說：「昔者魏（惠）王擁土千里，帶甲三十六萬，其強而拔邯鄲，西圍定陽（今陝西宜川西北），又從十二諸侯而朝天子，以西謀秦。秦王恐之，寢不安席，食不甘味。」

隨著魏國軍事上的強大，魏惠王接連不斷地對外用兵。西元前三七〇年，魏軍敗趙軍於懷縣（今河南武陟西南），敗韓軍於馬陵。次年，魏軍為齊軍所敗。西元前三六五年，魏又伐宋。西元前三六二年，魏軍又敗韓、趙聯軍於澮（今山西翼城東南），不久被秦軍打敗。西元前三五四年，魏軍又被秦軍大敗於元裡，並失少梁（今陝西韓城南）。次年，魏惠王使龐涓率軍攻趙，圍邯鄲，後被齊國田忌、孫臏敗於桂陵（今河南長垣西南）。西元前三五二年，諸侯軍將魏軍包圍於襄陵（今河南睢縣）。

魏國地處中原四戰之地，夾於秦、齊、楚大國之間，卻不斷四處用兵，軍事上的失敗是必然的。後來，魏國國力削弱，但軍事上還保持著強盛的聲勢。西元前三四四年，魏惠王聽從衛鞅的遊說，去侯稱王，同時召集逢澤（今河南開封南）之會，邀宋、衛、鄒、魯等國國君及秦公子少官會盟，爾後共同朝見周天子。逢澤之會遭到了韓國等大國的抵制。西元前三四二年，魏國向韓進攻。韓向齊求救。同年，齊、魏兩軍大戰於馬陵，魏軍大敗，主帥龐涓身亡，太子申被俘。次年，魏國又受齊、秦、趙三國三面進攻。西元前三四〇年，魏、秦交戰，魏軍又大敗。不久，魏徙都大梁（今河南開封），故也稱梁惠王。

魏惠王晚年，發憤圖強，厚幣以招賢，鄒衍、淳于髡、孟軻都到了魏國。孟軻是於西元前三三五年到魏國的，《孟子．梁惠王》記載了當時會見談話的情況。在孟子見梁惠王前後，梁惠王曾用惠施為相，進行改革。

「竊符救趙」是怎麼回事？

信陵君名魏無忌，是魏昭王的兒子，魏安釐王同父異母的弟弟。信陵君是戰國時代著名的政治家、軍事家，魏安釐王時期官至魏國上將軍，和平原君趙勝、孟嘗君田文、春申君黃歇合稱為「戰國四公子」。

西元前二六〇年，趙孝成王在和秦國的長平之戰中，中了秦國的反間計，用「紙上談兵」的趙括取代老將廉頗，結果導致趙國大敗，四十多萬兵士被秦國坑殺。西元前二五七年，秦國的軍隊包圍了趙國的都城邯鄲，趙國的形勢非常危急。趙國丞相平原君的妻子是魏無忌的姐姐，平原君趙勝多次向魏安釐王和魏無忌送信，請求魏國救援，最後，魏安釐王派將軍晉鄙領兵十萬前去救趙。秦昭王得到消息後，派使者威脅魏安釐王，魏安釐王懼怕，就派人通知晉鄙停止進軍，留在鄴紮營駐防，名義上為救趙，實際在觀望形勢的發展。

平原君不斷派使者前去魏國催促，並責備魏無忌不顧趙國和魏無忌姐姐的危亡。魏無忌為此憂慮萬分，屢次請求魏安釐王出兵，門客也用盡各種辦法勸說，但魏安釐王懼怕強大的秦國，始終不肯聽從魏無忌的意見。魏無忌見魏王拒絕出兵救趙，又不想看著趙國滅亡，於是湊齊戰車一百多輛，打算帶著門客前去趙國和秦軍死拼。

魏無忌帶著車隊路過夷門時遇見侯嬴，於是把情況告訴了侯嬴。侯嬴勸阻魏無忌說，這樣去就如同把肥肉扔給饑餓的老虎，一點作用都沒有。他向魏無忌祕密獻策，讓魏無忌去找魏安釐王的寵妃如姬幫忙，讓如姬從魏安釐王的臥室內竊出晉鄙的兵符，因為魏無忌曾為如姬報過殺父之仇，如姬肯定會為魏無忌效命的。魏無忌聽從了侯嬴的計策，如姬果然盜出兵符交給了魏無忌。魏無忌拿到了兵符準備上路，侯嬴又讓魏無忌把屠夫朱亥帶上，以便晉鄙在看到兵符仍不交出兵權的情況下讓大力士朱亥擊殺他。魏無忌到了鄴，拿出兵符假傳魏安釐王的命令要代替晉鄙擔任將領。晉鄙合了兵符，驗證無誤，但還是表示懷疑，不想交出兵權。此時的魏無忌在不得已的情況下，只好讓朱亥動手，用鐵椎殺死晉鄙，強行奪權。

魏無忌統領晉鄙的軍隊後，精選士兵八萬開赴前線。與此同時，楚國也派出春申君黃歇救援趙國，在楚、魏、趙三國的聯合下，秦軍被擊潰，邯鄲之圍遂解。

信陵君為什麼病酒而卒？

邯鄲大捷後，魏無忌知道自己盜取魏安釐王的兵符，假傳君令擊殺晉鄙，魏安釐王一定會非常惱怒，所以魏無忌讓將領們帶著魏軍返回了魏國，而魏無忌和他的門客則留在了趙國。趙孝成王感激魏無忌竊符救趙的義舉，把湯沐邑封賞給魏無忌，魏安釐王也原諒了魏無忌的罪過，仍然讓魏無忌享有信陵，但魏無忌一直留在趙國，十年沒有回去。

西元前二四七年，恢復了元氣的秦國開始大舉進攻魏國，魏安釐王為此焦慮不安，就派使者去請魏無忌回國。在毛公和薛公的勸諭下，起初猶豫不決的魏無忌終於決定回到魏國。魏無忌和魏安釐王兄弟兩人十年未見，重逢時不禁相對落淚。魏安釐王任命魏無忌為上將軍，讓他做魏國軍隊的最高統帥。魏無忌派使者向各諸侯國求援，各國得知魏無忌擔任了上將軍，都紛紛派兵救魏。魏無忌率領五個諸侯國的聯軍在黃河以南大敗秦軍，使秦國將領蒙驁戰敗而逃。聯軍乘勝攻至函谷關，秦軍緊閉關門，不敢出關應戰。這次合縱攻秦的勝利，使魏無忌聲威大震，各諸侯的賓客都向他進獻兵法，魏無忌編寫成書，後世稱為《魏公子兵法》。

秦昭王深深感到魏無忌是秦國的威脅，於是派人持萬斤黃金到魏國行賄，尋找晉鄙的舊門客，讓他們在魏安釐王面前進讒說魏無忌想自立為王。同時找人假意祝賀魏無忌，問他是否已經做了魏王。這些謠言讓魏安釐王信以為真，果然派人代替魏無忌任上將軍。信陵君雖然於心無愧，但知道魏王疑心日增，就託病不再入宮，將印信兵符等都交還魏王，四年之後便鬱鬱而死。六國中唯一能與秦抗衡的政治家死後，秦統一全國就成為必然。

唐雎不辱使命是怎麼回事？

安陵是戰國時期的小國，魏國的附屬國。魏國滅亡後，秦王派人對安陵君說：「我要用方圓五百里的土地交換安陵，安陵君一定要答應我！」安陵君說：「大王給予恩惠，用大的交換小的，很好。但我從先王那裡接受了封地，願意始終守護它，不敢交換！」秦王不快。安陵君因此派唐雎出使秦國。

唐雎不辱使命是怎麼回事？

秦王對唐雎說：「我用方圓五百里的土地交換安陵，安陵君不聽從我，為什麼呢？況且秦國滅亡韓國和魏國，而安陵君卻憑藉方圓五十里的土地倖存下來，是因為我把安陵君看作忠厚長者，所以不打他的主意。現在我用十倍的土地讓安陵君擴大領土，他卻違背我的意願，這不是輕視我嗎？」唐雎回答說：「不，不是這樣的。安陵君從先王那裡接受了封地而守護它，即使是方圓千里的土地也不敢交換，何況僅僅用五百里的土地呢？」

秦王當即便發怒了，「您曾聽說過天子發怒嗎？」唐雎回答說：「我未曾聽說過。」秦王說：「天子發怒，死人百萬，血流千里。」唐雎說：「大王聽說過平民發怒嗎？」秦王說：「平民發怒，也不過是摘掉帽子赤著腳，用頭撞地罷了。」唐雎說：「這是平庸無能的人發怒，不是有才能有膽識的人發怒。從前，專諸刺殺吳王僚的時候，彗星的尾巴掃過月亮；聶政刺殺韓傀的時候，一道白光直衝上太陽；要離刺殺慶忌的時候，蒼鷹撲擊到宮殿上。這三個人都是出身平民的有膽識的人，心裡的憤怒還沒發作出來，上天就降示徵兆，現在，專諸、聶政、要離加上我，將成為四個人了。如果有才能有膽識的人要發怒，就要讓兩個人的屍體倒下，血流五步遠，全國人民都要穿喪服，今天就是這樣。」於是，唐雎拔出寶劍站了起來。

秦王見此，變了臉色，立即向唐雎道歉：「先生請坐！怎麼會到這種地步！我現在明白了，韓國、魏國滅亡，而安陵國卻憑藉五十里的土地倖存下來的原因，只是因為有先生啊！」

七、戰國七雄之秦國

秦的早期歷史有哪些傳說？

秦的祖先是顓頊大帝的孫女，名叫女修。有一天，女修正在紡織，突然看見一隻飛燕掉下了一顆蛋。女修把這顆蛋吞吃了，不久就有了身孕，生下了兒子大業。大業成年以後，迎娶了少典氏部族的女子女華，女華生下了大費。大費曾經輔佐大禹治水。治水成功以後，虞舜賞賜大費，並將一名姚姓的女子嫁給了大費，大費恭敬地接受了。從此，大費開始輔佐虞舜馴服鳥獸，卓有成效。大費也被稱作柏翳，後來虞舜賞賜給他嬴這個姓氏。大費生有兩個兒子：一個名叫大廉，即鳥俗氏；另一個名叫若木，即費氏。他的後代子孫有的居住在中原各國，有的則居住在夷狄地區。

費昌是大費的玄孫，生活在夏桀時期。他看到夏人政治黑暗而商族日益興盛，便率領族人離開夏朝去投奔商族。他本人做了商湯乘車的御者，幫助商湯在鳴條戰役中打敗了夏桀。孟戲、中衍二人是大廉的玄孫。中衍長著鳥一樣的身體，但是卻能像人一樣說話，非常奇特。太戊帝聽說此人以後，打算任命他為乘車，但不知道這樣做是否吉利，因此進行占卜以定吉凶，結果是吉。於是，太戊帝把中衍召來為自己駕車，並且把自己美貌的女兒嫁給了他。從太戊帝以後，中衍的後代子孫裡世世都有人建功立業，成為商朝的輔政大臣。因此，嬴姓一族在商朝大都顯貴，勢力也非常強大，最終成為了諸侯。

中衍的玄孫名叫中潏，中潏與他的族人居住在西戎地區，保衛商朝的西垂疆域，他的兒子名叫蜚廉。蜚廉生了個兒子叫惡來。惡來力氣過人，而蜚廉則善於奔跑，父子二人都憑藉各自的特長侍奉商紂王。周武王興兵伐紂的時候，一併殺掉了惡來。此時，蜚廉正在北方為紂王製作石質棺材。事成之後，蜚廉準備回京覆命。但是，紂王已死，蜚廉無處覆命，於是在霍太山建築祭壇，祭奠紂王並向他覆命。蜚廉去世以後，就被安葬在霍太山。

非子是蜚廉的五代孫。當時，蜚廉的另一支後代宗族，即造父一族受到了周王室的寵信，被封在了今山西省境內的趙城。非子一支由於與造父一族的親緣關係，也蒙恩居住在趙城，姓趙。非子和他的族人居住在犬丘（在今陝西省興平市東南），他喜好馬匹和其他的牲畜，並且善於畜養、繁殖牠們。犬丘人將此事報告給了周孝王，孝王就命令非子到汧水、渭水流域去負責王室的養馬事宜。後來，孝王就命人在秦這個地方興建了城邑，讓非子接續嬴氏的廟祀，稱之為秦嬴。

秦是什麼時候被封為諸侯的？

西周時期，周幽王無道，荒淫驕橫，寵愛褒姒，曾經為博得褒姒一笑而烽火戲諸侯，後來又廢除太子，改立褒姒的兒子為太子。幽王還屢次欺辱諸侯，致使天下怨聲載道。西戎部族的犬戎一支和已故太子的外祖父申侯聯合侵伐周王室，在驪山下殺死了周幽王。由於與王室的姻親關係，秦襄公率領大軍援救王室，他作戰十分英勇並且立下了戰功。後來，周王室為了避開犬戎侵擾，決定向東遷都雒邑，秦襄公派兵護送王室東遷。

周王室在雒邑穩定下來後，平王開始對有功之臣論功行賞，他封襄公為諸侯，把岐山以西的土地賞賜給他。平王對襄公說：「西戎太凶殘了，屢屢侵犯我朝，並且奪取了我朝岐山、豐水一帶大片肥沃的土地。秦國如果能夠攻打並驅逐戎人，那這片土地就歸屬你們了。」平王還與襄公盟誓，賞賜給他封地和爵位。於是，從襄公開始，秦就成為了諸侯國。此後，秦國開始與其他諸侯國互通使者、行用聘享的禮節，國君也定期在西方祭祀上天。

秦穆公是怎樣一位君主？

秦穆公是一位雄才大略的君主，他不但求賢愛才，而且心地仁厚，臣民都樂意為他效命。

有一次，穆公外出巡察，走失了心愛的駿馬。他親自去找，發現他的那匹駿馬已經被人宰殺，有一夥人正在那裡吃馬肉。穆公當時非常生氣，對他們說：「你們吃的正是我的駿馬。」那些正在吃馬肉的人發現自己殺了國君的馬，都害怕得站了起來，臉上露出驚恐不安的神色。秦穆公看他們那種吃相，好像是已經餓了很久的樣子，不禁心生惻隱，怒氣全消，於是很和藹地對他們說：「沒關係，沒關係，你們不要害怕。我聽說吃馬肉的人，不喝點酒，會中毒而死的。」說完，便拿出酒來給他們喝。那些人飽餐之後，向穆公道了謝，就離開了。過了三年，晉國出兵攻打秦國。秦穆公率兵迎戰，不幸受傷，身陷重圍。以前吃秦穆公馬肉的人知道了，都說：「三年前穆公饒恕了我們，這個恩情欠得太久了。現在我們可以捨命來報答他了。」於是大家拿起武器，衝進晉軍陣中，把穆公救了出來。穆公突圍後，一舉擒獲晉惠公，打了一場勝仗。

秦穆公被許多史家認為是春秋五霸之一。他之所以能成為一代霸主，主要是能知人善任，尊賢用能。他曾經用五張黑羊皮把百里奚從楚國贖回來，封他為大夫，讓他主持國政。百里奚推薦他的好友蹇叔，秦穆公立即備了厚禮，派人去聘請蹇叔，任命他為上大夫。有一次，戎王聽說秦穆公很賢明，便派由余到秦國去觀察。秦穆公和由余談了一席話後，非常欣賞由余，於是採用內史廖的建議，以女樂贈送戎王，並把由餘留在秦國。等戎王沉湎於聲色，秦穆公才放由余回去。由余回去後，見戎王不思進取，屢次進諫無效之後，便在秦穆公所派使者的遊說下歸附秦國，秦穆公用客禮款待他。一年後，秦穆公採用由余的計策攻打戎王，吞併了十二個小國家，開拓了千里的疆域，從此稱霸西戎。

百里奚為什麼號為「五大夫」？

百里奚是春秋時楚國宛（今河南南陽）人，生卒年不詳，是秦穆公時賢臣，著名的政治家。百里奚擔任秦國宰相達七年之久，「三置晉國之君」，「救荊州之禍」，「發教封內，而巴人致貢；施德諸侯，而八戎來服」。百里奚為秦國的國強民富，為秦穆公的霸業立下了不可磨滅的功績，為秦國統一六國奠定了堅實的基礎。

百里奚又被稱為「五羖大夫」，這是為什麼呢？西元前六五五年，晉國借道於虞以伐虢國，大夫宮之奇以「辱亡齒寒」勸諫虞君，虞君因曾經接受晉獻公的寶玉「垂棘之璧」與名馬「屈產之乘」而答應了晉國。百里奚深知虞君昏庸無能，很難納諫，便緘默不語。結果晉在滅虢之後，返回時就滅了虞國，虞君及百里奚被俘。後來，晉獻公把女兒嫁給秦穆公，百里奚被當作陪嫁小臣送到了秦國。他以此為恥，便從秦國逃到宛（今河南南陽），被楚國邊境的人抓獲。秦穆公聽說百里奚賢智，想用高價贖回他，又怕楚人不許，就派人對楚國人說：「吾媵臣百里奚在焉，請以五羖羊皮贖之。」楚國人同意將百里奚交還秦國。百里奚回到秦國後，秦穆公親自為他打開囚鎖，向他詢問國家大事。百里奚推辭說，他是亡國之臣，不值得詢問。秦穆公說：「虞君不用子，故亡，非子罪也。」秦穆公與百里奚談論國事數日，秦穆公十分賞識他，便授以國政，號稱「五羖大夫」。這時，百里奚已是七十多歲的高齡。

百里奚相秦期間，內修國政，教化天下，恩澤施於民眾。作為諸侯國的大臣，百里奚勞作不乘車馬，暑熱不張傘蓋，在都城裡行走不用車馬隨從，不用甲兵護衛。這種平易樸素的品行，不僅為百官樹立了榜樣，也感動了百姓，贏得了世人的讚許和尊敬。

「秦晉之好」的成語是怎麼來的？

春秋時期，秦國和晉國是兩個相鄰的大國。秦穆公為了實現霸業，主動與晉國結好。晉獻公於西元前六五四年將其女兒伯姬嫁給了秦穆公。這就是歷史上所說的「秦晉之好」的開端。

後來，晉國發生內亂，晉獻公的兩個兒子夷吾和重耳分別逃往他國避難。晉獻公死後，夷吾許以割讓河東五城作為條件，得到了秦穆公的支持，順利繼承了王位，稱為晉惠公。但他不僅不履行與秦國的獻城承諾，而且三番五次挑釁秦國邊境。西元前六四七年，晉國發生饑荒，晉惠公派人向秦國求救，秦國不計前嫌提供援助。可是事後晉惠公並未感恩圖報，反而在兩年後趁秦國發生旱災之際，發動大軍進攻秦國。秦穆公派軍與晉戰於韓原，晉軍大敗，晉惠公被俘。晉國被迫割讓河東五城歸秦，同時，晉惠公以太子圉入秦為人質才得以脫身回國。太子圉到秦國後，秦穆公為了籠絡他，把自己的女兒懷嬴嫁給了他，由此兩國親上加親，秦國歸還了晉國河東五城。秦晉兩國以黃河為界重修舊好。

按理兩國關係應該是很穩固的了。可是當太子圉聽說自己的父親晉惠公病重時，害怕國君的位置會被傳給別人，於是就扔下妻子懷嬴，一個人偷偷跑回晉國。第二年，晉惠公死後，太子圉就成為晉國君主，這就是晉懷公。從此晉國跟秦國不相往來。秦穆公聞知此事後大怒，立即決定幫助重耳當上晉國國君，還要把女兒懷嬴改嫁給他。當時，公子重耳尚在國外避難。西元前六二六年，秦穆公派兵護送重耳返回晉國，東渡黃河，占領狐。秦國和重耳的代表在郇城會盟和談。晉國同意立重耳為國君，遂入都城絳，公子重耳就成為了春秋五霸之一的晉文公。秦晉兩國遂和好如初。

秦、晉崤之戰是怎麼回事？

秦在穆公即位後，國勢日盛，已有圖霸中原之意。西元前六三四年，鄭文公及晉文公相繼亡故，協助鄭國守城的秦大夫杞子差人密報秦穆公，請其乘機發兵襲鄭，爭霸中原。秦主政大夫蹇叔認為秦軍孤師遠征，不易成功，且須穿越晉境，易遭晉軍伏擊，故反對出兵。秦穆公東進心切，不聽蹇叔之言，遣秦將孟明視、西乞術、白乙丙率軍自雍都出兵，經晉南部的崤山隘道，於次年二月抵滑國（今河南偃師西南）境內。值鄭國商人弦高販牛途經滑國，其判定秦軍將襲鄭，遂假托奉鄭君之命，犒勞秦軍。孟明視等認為鄭已有防備，遂放棄攻鄭，滅滑後撤兵。對秦攻鄭之舉，晉新君襄公及其謀臣先軫認為是對晉國霸主地位的挑戰。為維護晉國的霸業，晉襄公決定待秦軍疲憊回師之時在崤山設伏殲之，並遣使聯絡附近的姜戎配合晉軍作戰。四月初，晉襄公親率大軍埋伏於崤山隘道兩側的高地。秦軍因東進途中未遇任何抵抗，故於歸途中疏於防備。四月十三日，晉軍待秦軍全部進入設伏地區後，突然發起猛攻，全殲秦軍，俘孟明視、西乞術、白乙丙三將。

晉文公的夫人懷嬴是秦穆公的女兒，她對襄公說：「這三人挑撥我們兩國國君的關係，穆公對三人恨之入骨。你何必自己去殺他們呢？不如放他們回去，讓穆公去將他們煮死！」晉襄公同意了。秦穆公穿了素服，哭著到郊外迎接孟明視等人，說：「我不聽從百里奚和蹇叔的話，使你們三位遭受恥辱，這是我的過錯。你們要專心謀劃報仇雪恥，不可懈怠！」於是，恢復了三人的官職，對他們更加信任。

秦孝公為秦國振興做了哪些事情？

秦孝公姓嬴，名渠梁，是戰國時代秦國一位有名的君主。《過秦論》中寫道：「秦孝公據崤函之固，擁雍州之地，君臣固守以窺周室，有席捲天下，包舉宇內，囊括四海之意，併吞八荒之心。當是時也，商君佐之，內立法度，務耕織，修守戰之具，外連衡而鬥諸侯。於是秦人拱手而取西河之外。」

秦孝公一生中做過兩件大事，其一是遷都咸陽，其二是任用商鞅變法。西元前三六一年，僅有二十一歲的秦孝公正式登基。這時，秦不為各國重視，連權力被架空的周天子也很輕視秦國。秦孝公見此，憤然喊出：「諸侯卑秦，醜莫大焉。」在這一年，秦孝公頒布了「求賢令」。衛國人商鞅在這種背景下來到秦國，並很快受到重用。經過商鞅的兩次有力的改革變法，秦國走上了富國強兵之路。商鞅變法是先秦最徹底的一場變革，它取消世襲的特權，規定按軍功給予爵位和田宅奴隸。西元前三五〇年，秦孝公把國都從雍（今陝西鳳翔南）遷到咸陽，進一步實行變法。從此，秦國日益富強，為後來統一六國開闢了道路。

商鞅為什麼要逃往秦國？

商鞅是魏國的一位公子，名鞅，姓公孫氏。商鞅年輕的時候就喜歡刑名之學，後來他到了魏國，做了魏國宰相公叔痤的臣子，官位是中庶子。公叔痤知道商鞅有賢才，只是沒有機會向國君引見。後來公叔痤病重，魏惠王就親自去探病，說：「若先生不幸病故，國家如何是好？」公叔痤回答說：「我的中庶子公孫鞅，年雖少，有奇才，願王舉國而聽之。」魏惠王不置可否，於是公叔痤讓左右侍者退下，對惠王說：「如果大王不用商鞅，就一定要把他殺了，不要讓他離開魏國。」惠王許諾後便離去。

惠王走後，公叔痤便召見商鞅，對他說：「今天大王問我誰可以接替我的位置來輔助魏國，我就推薦你，但是大王似乎不聽我的建議。所以我便和大王說了，如果不用你就把你殺了，大王許諾同意這麼做。

商鞅是怎樣取得秦孝公信任的？

你現在可以馬上離開，否則有殺身之禍。」公叔痤這麼做是出於先君後臣的考慮，既對得起國家，也對得起朋友，這就是古人的處事態度。但是商鞅聽了公叔痤之言後說：「若大王不能用君之言而任用我，又怎麼可能用君之言而殺我呢？」所以並沒有離開魏國。的確如商鞅所說，魏惠王出了公叔痤家後，便和左右的臣子說：「這個公叔痤真是病得不輕，竟然讓寡人把國家委任給公孫鞅，豈不是開玩笑！」

公叔痤死後，商鞅聽說秦孝公欲修穆公之業而招賢納士，於是便到了秦國。

商鞅是怎樣取得秦孝公信任的？

商鞅到了秦國以後，透過秦孝公的一位寵臣景監求見秦孝公。秦孝公見了商鞅，商鞅講了很多，但是秦孝公卻時時打瞌睡，並不聽商鞅所言。這次會面結束後，秦孝公怒氣衝衝地責備景監說：「你推薦之人乃妄人耳，怎麼能用呢！」景監挨了罵，回來就責備商鞅，商鞅說：「我和國君講帝道，估計國君不感興趣。」過了五天，商鞅又要求見秦孝公，秦孝公還是召見了他。這一次商鞅講了半天想取悅孝公，但是仍沒辦到。會談結束後，秦孝公又把景監責備一通，景監一肚子氣，回來後也把商鞅罵了一頓，商鞅說：「我跟國君說王道，國君並不感興趣，請您再讓我見一次國君，這次定能成功。」

由於有景監的推舉，秦孝公再次召見商鞅。這次，秦孝公覺得商鞅所說的治國之法雖好，但是不能用。於是，秦孝公對景監說：「你推薦的這個人很好，可以與他商量事情。」景監回去後問商鞅跟國君講了些什麼，商鞅說：「這次我跟國君講霸道，我看國君有用的意思，如果國君能再召見我，我就知道國君的想法。」沒過幾天，秦孝公再次召見商鞅。商鞅滔滔不絕地與秦孝公講治國之道，秦孝公越聽越入迷，竟不知不覺地坐到席前傾聽。這次秦孝公與商鞅談了幾天都不厭倦。景監非常奇怪，便問商鞅說：「你是怎麼說中國君的心思的？我們的國君非常歡喜。」商鞅說：「我說君以帝王之道比三代，但是國君說：『花的時間太久遠，我不能等待。而且作為賢君者，身當顯名天下，怎麼能等待數十百年以成帝王乎？』故我以強國之術勸說國君，國君大喜。然而如此為政亦難以比德於殷周矣。」秦孝公於是重用商鞅，任商鞅為相，實行變法。

商鞅變法的內容有哪些？

為了取得民眾的信任，商鞅在推行新法之前想了些辦法。據說，他在國都南門外立了一根三丈長的木頭，下令說：「誰能把這根木頭搬到北門去，就賞給他十金。」老百姓都很奇怪，沒有人敢去試試。商鞅又宣布賞五十金，終於，一個膽大的人把木頭搬到北門，果真得了五十金。透過這件事，人們都相信商鞅說話是算數的。商鞅抓住了這個時機公布了新法。

商鞅變法前後有兩次。第一次是西元前三五六年公布的。商鞅將居民以五家為「伍」、十家為「十」為編制，登記入戶籍，責令互相監督。一家有罪，九家必須連舉告發。若不告發，則十家同罪連坐。此外，還下令「有軍功者，各以率受上爵，為私鬥爭，各以輕重被刑」，以獎勵軍功而禁止私鬥。規定爵位依軍功授予，宗室非有軍功不得列入公族簿籍。即「有功者顯榮，無功者雖富無所芬華」。商鞅還推行了重農抑商的政策，即所謂「困末作而利本事」。他規定凡努力於耕織而生產粟帛多的人，可以免除自身徭役；凡經營商業、圖謀末利和因懶惰而貧窮的，將連同妻子兒女沒入官府為奴婢。

透過初步變法，秦國「主以尊安，國以富強」，軍事力量日趨增強。商鞅在秦孝公的支持下，於西元前三五〇年又進一步在經濟、政治領域進行變法。首先，廢井田，開阡陌。秦國把這些寬闊的阡陌剷平，也種上莊稼，還把以前作為劃分疆界用的土堆、荒地、樹林、溝地等也開墾起來。誰開墾荒地，就歸誰所有。

商鞅為什麼又號為「商君」？

土地可以買賣。其次，建立縣的組織，把市鎮和鄉村合併起來，組織成縣，由國家派官吏直接管理，以加強中央集權。再次，遷都咸陽。為了便於向東發展，把國都從原來的雍城遷移到渭河北面的咸陽。

商鞅為什麼又號為「商君」？

在商鞅變法期間，秦國遷都咸陽。咸陽北靠高原，南臨渭河，交通便利，物產豐富。特別是通往函谷關，這對秦向東方發展極為方便。遷都咸陽，鮮明地反映了秦國地主階級要向更大規模發展的雄心壯志。商鞅變法以後，不僅沉重地打擊了舊貴族的勢力，而且也促進了封建經濟的發展，鞏固了封建統治。經過多年的努力，秦國日益富強，逐步發展成為一個強國。

長期以來，魏對秦的威脅最大。因為魏當時是戰國七雄中的頭號強國，而秦國力量較弱，黃河以西大片土地一直在魏國的控制之下。商鞅變法之後，秦國兵強馬壯，準備收復失地。西元前三四〇年，齊、趙兩國又一次向魏進攻，魏國形勢危急。商鞅認為這是一個好機會，便也率兵攻打魏國。魏國派公子卬為將，領兵抵抗秦軍。從秦、魏當時的兵力而論，秦國想迅速取勝，困難還是很大的。於是，商鞅給公子卬寫了一封信，敘談在魏國的舊情，願意罷兵和好，並約公子卬前來飲酒。魏國當時正處於四面受敵的境地，對於商鞅的邀請，公子卬深信不疑，便前去會面。會面之後，正當飲酒時，早已埋伏好的秦兵一擁而上，將公子卬抓了起來。秦軍趁勢打敗了魏軍，取得了一次重大的勝利。魏國對外連年征戰，國內空虛，只好把黃河以西大片土地割給秦國以求和。魏惠王想起公孫座病重時向他推薦商鞅為相之事，萬分後悔地說：「我真悔恨當初為什麼不聽公孫座的話。」

商鞅打敗魏軍之後，秦孝公把於（今河南內鄉縣東）、商（今陝西商縣東南）之地十五邑封給他，因而號為「商君」。

商鞅是怎麼死的？

商鞅採取暴力手段，鎮壓奴隸主貴族的反抗，因而遭到舊勢力的反對。有一次，秦國的太子犯了法。商鞅對秦孝公說：「國家的法令必須上下一律遵守。要是上面的人不能遵守，下面的人就不信任朝廷了。太子犯法，他的師傅應當受罰。」結果，商鞅把太子的兩個師傅公子虔和公孫賈都定了罪，一個割掉了鼻子，一個在臉上刺字。這樣一來，那些貴族、大臣都不敢觸犯新法了。

在商鞅相秦十年之後，有一個名叫趙良的人，代表貴族集團去見商鞅。起初，趙良勸說商鞅讓位，後來又勸商鞅取消殘酷的刑罰，最後威脅商鞅，說他不遵守舊制，早晚要失敗的。他還奉勸商鞅說：「孝公一旦死後，秦國想收拾你的人難道還少嗎？你的末日快到了！」商鞅掌握秦國的軍政大權，獨斷專行，因而同地主階級內部的一些代表人物也發生了利害衝突，積怨甚多。商鞅對於這種處境也很害怕，每次出門，都要有侍衛護送。後來，秦孝公病重，據《戰國策．秦策一》記載，孝公病重時，曾打算把君位讓給商鞅，商鞅沒有接受。西元前三三八年，秦孝公去世，太子駟即位，史稱秦惠文王。公子虔誣告商鞅密謀反叛，惠文王下令逮捕商鞅，商鞅立即逃跑。

商鞅在路上要求住店時，因沒有任何憑證，店主不敢收留，並對他說：這是「商君之法」的規定。商鞅沒有辦法，又跑到魏國，魏國對他早已恨之入骨，他只好回到自己在秦國的封地商邑。在商邑，他組織了一些人馬，準備抵抗秦軍，但終寡不敵眾，被惠文王的軍隊抓獲。惠文王以殘酷的刑法「車裂」，把商鞅處死。

秦惠文王及公子虔等殺死商鞅，這是地主階級內部的矛盾，並不是新舊兩種勢力的鬥爭。因此，商鞅死後，秦國的改革並未停止，封建制繼續發展，並不斷地得到加強。

蘇秦「始將連橫」是怎麼回事？

蘇秦「始將連橫」是怎麼回事？

蘇秦是合縱派的領導人物，但他一開始對秦惠王倡導的卻是連橫策略。他遊說秦惠王說：「大王的國家，西面有巴、蜀、漢中等地的富饒物產，北方有來自胡人地區的貴重獸皮與代地的良馬，南邊有巫山、黔中作為屏障，東方又有崤山、函谷關這樣堅固的要塞。土地肥沃，民殷國富；戰車萬輛，壯士百萬；沃野千里，資源豐富，積蓄充足；地勢險要，能攻易守。這正是天下公認的『天府之國』，因而秦國是真正雄霸天下的強國。憑著大王您的賢能，秦國士卒與百姓的眾多，戰車、騎兵等武器的巨大作用，兵法和謀略的運用之妙，完全有把握吞併其他諸侯，一統天下。希望大王能考慮一下，允許臣陳述自己的方略。」

秦惠王說：「寡人常聽人說：羽毛不夠豐滿的鳥兒不可以高飛，法令不完備的國家不可以獎懲刑罰，道德不崇高的君主不可以統治萬民，政策教化不順應天意的君主不可以號令大臣。如今先生不遠千里來到我秦國登庭指教，寡人內心非常感激，不過關於軍國大計，最好還是等將來再說吧！」

蘇秦遊說秦王的奏章，雖然一連上了十多次，但他的建議始終沒被秦王採納。他的黑貂皮襖也破了，一百兩金幣也用完了，最後甚至連房費都沒有了，不得已只好離開秦國回到洛陽。

蘇秦是怎樣遊說六國諸侯的？

蘇秦在第一次遊說後不被重用，他就從幾十個書箱裡面找出一部姜太公著的《陰符》來。從此，他就趴在桌子上發憤鑽研，選擇其中重要的加以熟讀，而且一邊讀一邊揣摩演練。當他讀書讀到睏倦而要打瞌睡時，就用錐子刺自己的大腿，鮮血一直流到自己的腳上。他自語道：「哪有遊說人主而不能讓他們掏出金玉錦繡而得到卿相尊位的呢？」過了一年，他的研究和演練終於成功，他又自言自語說：「現在我終於可以去遊說各國君王了。」

當時，燕昭王正廣招天下賢士，蘇秦入燕後，便深受燕昭王信任。蘇秦認為，燕國欲報強齊之仇，必須先向齊表示屈服順從，將復仇的願望掩飾，贏得振興燕國所需的時間。其次，要誘使齊國不斷進攻其他國家，以防止齊國攻燕，並消耗其國力，為此，他勸說齊王伐宋，合縱攻秦。西元前二八五年，蘇秦到齊國，挑撥齊趙關係，並取得齊湣王的信任，被任為齊相，暗地卻仍在為燕國謀劃。齊湣王不明真相，依然任命蘇秦率兵抗禦燕軍。齊燕之軍交戰時，蘇秦有意使齊軍戰敗，導致五萬人死亡。他使齊國群臣不和，百姓離心，為樂毅五國聯軍攻破齊國奠定了基礎。

之後，蘇秦又說服趙國聯合韓、魏、齊、楚、燕攻打秦，趙國國君很高興，賞給蘇秦很多寶物。蘇秦得到趙國的幫助，又到韓，遊說韓宣王；到魏，遊說魏襄王；至齊，遊說齊宣王；又往楚，遊說楚威王。諸侯都贊同蘇秦的計畫，於是六國達成聯合的盟約，蘇秦為縱約長，並任六國相。回到趙國後，趙王封他為武安君。秦知道這個消息後大吃一驚。此後十五年，秦兵不敢圖謀進犯函谷關內各諸侯國。

蘇秦相六國後親友們的態度有何變化？

蘇秦出身寒微，起初只不過是一個住在陋巷、掘牆做門、砍桑做窗、用彎曲的木頭做門框的窮人。蘇秦窮困潦倒時，兄嫂、弟妹、妻妾都私下譏笑他，說：「按周國人的習俗，人們都治理產業，努力從事工商，追求富足的生活。如今您丟掉本行而去做耍嘴皮子的事，窮困潦倒，不也應該嗎？」他遊說秦王不成而回到家裡以後，正在織布的妻子不理他，嫂子也不肯給他做飯，甚至父母也不跟他說話，因此他深深嘆息：「妻子不把我當丈夫，嫂子不把我當小叔，父母不把我當兒子，這都是我蘇秦的罪過啊！」

後來，當蘇秦佩戴六國相印的時候，他終於可以坐上豪華的四馬戰車或騎著高頭大馬遊歷天下，在各諸侯國朝廷上遊說君王，使各諸侯王的親信不敢開口，天下沒有誰敢與他對抗了。有一次蘇秦途經洛陽，

蘇秦的結局是怎樣的？

隨行的車輛馬匹滿載著行裝，各諸侯派來送行的使者很多，氣派堪比帝王。周顯王聽到這個消息也感到害怕，趕快找人為他清除道路，並派使臣到郊外迎接慰勞。父母得知後，便趕緊整理房間、清掃道路，僱用樂隊，準備酒席，到距城三十里遠的地方去迎接；妻子對他敬畏得不敢正視，斜著眼睛來看他的威儀，側著耳朵聽他說話；嫂子則跪在地上不敢站起，像蛇一樣在地上爬，對蘇秦一再叩頭請罪。蘇秦問：「嫂子，為什麼你以前對待我是那樣的傲慢不遜，而現在又這樣的卑賤下作呢？」他嫂子答：「因為現在你地位尊顯、錢財富足。」蘇秦長嘆一聲說道：「唉！一個人如果窮困落魄，連父母都不把他當兒子，然而一旦富貴顯赫之後，親戚朋友都感到畏懼。由此可見，一個人活在世界上，怎麼能不追求權勢和富貴呢！」

蘇秦的結局是怎樣的？

燕易王的母親是燕文侯的夫人，與蘇秦私通。燕易王知道這件事，卻待蘇秦更加優厚。蘇秦害怕被殺，就勸說燕易王：「我留在燕國，不能使燕國的地位提高，假如我在齊國，就一定能提高燕國的地位。」燕易王說：「一切聽憑先生去做吧！」於是，蘇秦假裝得罪了燕易王而逃到齊國。

齊宣王任用蘇秦為客卿。齊宣王去世後，湣王繼位，蘇秦就勸說湣王把葬禮辦得鋪張隆重些，用來表明自己的孝道，他讓湣王高高地建築宮室，大規模地開闢園林，以表明自己得志，其實蘇秦打算使齊國破敗，從而有利於燕國。此後，齊國大夫中有許多人和蘇秦爭奪國君的寵信，因而派人刺殺蘇秦，蘇秦當時沒死，帶著重傷逃跑了。蘇秦被刺，齊湣王十分震怒，下令全國逮捕凶手，可是抓不到。蘇秦在臨死之前告訴齊湣王，只要宣布蘇秦是個奸細，是為燕國來做間諜的，被殺死以後，齊國就可以安定，這樣便可抓到凶手。蘇秦說完這些話就死了。齊湣王照蘇秦的話宣布之後，行刺的凶手果然出來了，於是齊湣王把凶手抓來殺了。

蘇秦是怎樣激怒張儀的？

蘇秦和張儀是同窗，師從於隱者鬼谷子。學成下山後，蘇秦做了趙國宰相，推行合縱策略，聯合六國抗秦。他想到，必須物色一合適之人去秦國掌權，為他合縱策略的成功添加籌碼。他想到了從未得志的張儀，便授計於門客畢成，讓其假扮趙國商人到魏國說服張儀到趙國來找同窗蘇秦。

張儀果然來到趙國求見蘇秦，而蘇秦對他卻十分冷淡，又讓他不可隨意離去。過了半個多月，有一天蘇秦召見了他，神色故意顯得很輕慢，還讓他吃僕妾之食。張儀非常生氣，蘇秦譏笑他說：「以你的才能讓自己困窘受辱到這步田地，真出乎我的意料，我雖然可以在趙王面前保舉你，但你不堪造就，趙國估計不會收留你這樣的人。」張儀再也忍耐不住，拍案而起：「你居然這樣輕賤我？大丈夫自能創業，豈要靠你幫忙？」蘇秦讓下人給他一錠金子，並說這是看在同學關係上。張儀氣憤地將金子摔在地上，轉身便走。

張儀曾經受過什麼侮辱？

張儀回到驛館，連住店費也給不起。正值此時，那個假商人畢成來了，說：「是我慫恿您來的，我來付店錢，再送您回魏國去吧！」張儀說：「不，我思考再三，方今天下秦國最強大，只有入秦，才能創出比在趙國更大的業績，才能出今日之惡氣。」畢成說：「太巧了，我正要去秦國探親，我們正好一同上路，有個照應。」路上，畢成與張儀親切交談，深深為其言論所折服。欣賞之餘，便為張儀添置了許多高檔服飾及必需品，張儀也欣然接受。

到了秦國，畢成又給了很多錢讓張儀做活動經費。不久，秦惠王拜張儀為客卿，讓他主管討伐諸國的事。畢成見張儀受到秦國的重用，便向張儀告辭。張儀說：「我在您的幫助下才得顯貴，正要報答您的恩德，您為什麼卻要離開我呢？」畢成說：「我不是您的恩人，您的知己是蘇秦啊！蘇秦擔心秦國攻打趙國，認

張儀是如何離間齊楚關係的？

為只有您能掌握秦國的大權，所以故意激怒您，逼你出走秦國，同時讓我悄悄地奉送您資財。現在您已被秦重用，請讓我回去向主人報告吧！」張儀感慨地說：「我身在蘇秦的計謀之中而毫無知覺，我不如蘇秦的智慧啊！我雖被重用，又怎能去算計趙國呢？請您代我感謝蘇秦，只要蘇秦在世，張儀絕不敢攻打趙國。況且蘇秦在，我又怎能打敗趙國呢？」

張儀是魏國人，在魏國窮困潦倒，便跑到楚國去遊說，楚王沒有接見他。楚國的令尹把他留在家裡作門客。有一次，令尹家裡丟失了一塊名貴的璧，懷疑璧是被張儀偷去的，於是把他抓起來打個半死。

張儀垂頭喪氣地回到家裡，妻子撫摸著張儀滿身的傷痕，心疼地說：「你要是不讀書，不出去謀官做，哪會受這樣的委屈！」張儀張開嘴，問妻子說：「我的舌頭還在嗎？」妻子說：「舌頭當然還長著。」張儀說：「只要舌頭在，就不愁沒有出路。」

後來，張儀到了秦國，憑著出色的口才，果然得到秦惠文王的信任，當上了秦國的相國。這時候，六國正在策劃合縱。西元前三一八年，楚、趙、魏、韓、燕五國組成一支聯軍，攻打秦國的函谷關。其實，五國之間也有矛盾，軍隊難以齊心協力，經不起秦軍反擊，五國聯軍就失敗了。

張儀是如何離間齊楚關係的？

在六國之中，齊、楚兩國是大國。張儀認為要實行連橫，必須打破齊國和楚國的聯盟。他向秦惠文王獻了個計策，就被派到楚國去了。

張儀到了楚國，先用財物賄賂楚懷王的寵臣靳尚，求見了楚懷王。張儀說：「秦王特地派我來跟貴國交好。要是大王下決心跟齊國斷交，秦王不但情願跟貴國永遠和好，還願意把商於（今河南淅川縣西南）一帶六百里的土地獻給貴國。這樣一來，既削弱了齊國的勢力，又得了秦國的信任，豈不是兩全其美。」

楚懷王聽言，便高興地說：「秦國要是真能這麼辦，我何必非要拉著齊國不撒手呢？」楚國的大臣們聽說有這樣的好事，都向楚懷王慶賀。只有陳軫提出反對意見。他對懷王說：「秦國為什麼要把商於六百里地送給大王呢？還不是因為大王跟齊國訂了盟約嗎？楚國有了齊國作自己的盟國，秦國才不敢來欺負咱們。要是大王跟齊國絕交，秦國一定會欺辱我們楚國。秦國如果真的願意把商於的土地讓給咱們，大王不妨先命人去接收。等商於六百里土地到手以後，再跟齊國絕交也不算晚。」可楚懷王聽信張儀的話，他拒絕陳軫的忠告，一面跟齊國絕交，一面派人跟著張儀到秦國去接收商於。齊宣王聽說楚國同齊國絕交，馬上派使臣去見秦惠文王，約他一同進攻楚國。

楚國的使者到咸陽去接收商於，想不到張儀翻臉不認帳，說：「沒有這回事，大概是你們大王聽錯了吧。秦國的土地怎能輕易送人呢？我說的是六里，不是六百里，而且是我自己的封地，不是秦國的土地。」使者回來一報，楚王大怒，當即發兵十萬人攻打秦國。秦惠文王也發兵十萬人迎戰，同時還約了齊國助戰。結果，楚國一敗塗地，十萬人馬只剩了兩三萬，不但商於六百里地沒到手，連楚國漢中六百里的土地也被秦國奪去。楚懷王只好忍氣吞聲地向秦國求和，楚國從此元氣大傷。

張儀誑楚之後，又於西元前三一一年前往楚、韓、齊、趙、燕等國進行遊說，使得五國連橫事秦。同一年，張儀因功封得五邑，封號為武信君。

陳軫是如何施展「卞莊子刺虎」之計的？

陳軫是戰國時期一位很有名的說客。秦惠王時，韓國和魏國交戰不止。惠王想出面調解，但又不知是否妥當，大臣們也各持己見，莫衷一是。這時，恰好陳軫從楚國來到秦國。惠王於是問陳軫有什麼高見。

樗里子為什麼被秦人稱為「智囊」？

陳軫便給惠王講了卞莊子刺虎的故事。有一次，卞莊子看見兩隻老虎正在爭食一頭牛，便想拔劍刺虎。館豎子制止他說：「且慢！現在兩虎相爭，必然會廝咬起來，到時候小虎被咬死，大虎也一定會受傷。你那時再去刺殺那隻受傷的老虎，不就可以一舉兩得了嗎？」卞莊子聽從了勸告，結果以逸待勞，一舉殺死了兩隻老虎。

陳軫講完這個故事後說：「現在韓、魏兩國相爭，雖然暫時不分勝負，但總有一天會弱國失敗，強國受損。那時候，大王再出兵攻打受損的國家，必然會一舉兩得，就像卞莊子刺虎一樣。」惠王聽後連聲叫好，便按兵不動，坐山觀虎鬥。後來，果然不出陳軫所料，韓國失敗，魏國受損，秦國出兵伐魏，大獲全勝。

樗里子為什麼被秦人稱為「智囊」？

樗里子是秦惠王的異母弟弟，名叫疾，因為家住在渭水南岸的陰鄉樗里，所以叫樗里子。他的母親是韓國人。樗里子足智多謀，口才又好，遇事反應很快，秦國人稱他為「智囊」。他先後輔助秦惠王、秦武王和秦昭王。

西元前三三〇年，秦惠王封樗里子「右更」的爵位，派他帶兵攻打曲沃，趕走了當地所有的居民，占領了曲沃的城池，把土地納入了秦國的版圖。西元前三一三年，樗里子掛帥攻打趙國，俘虜了趙國將軍莊豹，占領了藺邑地區。第二年，他輔助魏章攻打楚國，打敗了楚國大將屈丐，占領了漢中一帶。因為戰功卓著，秦惠王加封樗里子，賜號「嚴君」。秦惠王去世以後，太子武王繼位，罷黜了張儀和魏章，然後任命樗里子和甘茂分別為左右丞相。秦王派甘茂攻打韓國，一舉占領了宜陽。又派樗里子率戰車百輛進入周都炫耀武力，周王不敢怠慢，派儀仗隊列隊迎接，態度畢恭畢敬。秦武王去世以後，秦昭王繼位，樗里子更加受到尊敬和重用。

西元前三〇〇年，樗里子去世，葬在渭水南邊的章台之東。他臨終前曾預言說：「一百年之後，這裡會有天子的宮殿夾著我的墳墓。」樗里子嬴疾的家在昭王廟西邊渭水之南的陰鄉樗里，因此人們俗稱他為樗里子。後來漢朝興起，漢長樂宮就建在他墳墓的東邊，而未央宮則在他墳墓的西邊，武庫正對著他的墳墓，果如所言。秦國人有句諺語說：「力氣大要算任鄙，智謀多要算樗里。」自此，後人常稱足智多謀的人為智囊。

甘茂是怎樣的一個人？

甘茂是楚國下蔡人，曾侍奉下蔡的史舉先生，跟他學習諸子百家的學說，後來透過張儀、樗里子的引薦得到拜見秦惠王的機會。惠王接見甘茂後，很喜歡他，就派他帶兵，去幫助魏章奪取漢中地區。秦武王時，甘茂率軍平定蜀地，並與樗里子分別任左右丞相。

西元前三〇八年，秦武王想向東擴展領土，對甘茂說：「寡人想乘車通往三川，去窺伺周王室，若能達此目的，就死而無憾了。」甘茂於是自請出使魏國，約魏攻韓，並要求向壽同往。甘茂到了魏國，就派向壽回去告訴秦武王，魏王已答應了。當時甘茂主張以武力攻占宜陽（今河南宜陽西），樗里子則主張以外交方式騙取宜陽。秦武王在息壤迎接甘茂，甘茂勸服秦武王，支持自己武力攻打的主張，並立約為誓。甘茂率兵攻打宜陽，五月不克，樗里子與公孫爽果然提出爭議。秦武王動搖，便召見甘茂，想要撤兵。甘茂說「息壤還在那裡」，提醒秦武王遵守誓言。於是，秦武王發動全部兵力，甘茂繼續猛攻，最終攻破宜陽，斬首六萬，打通了秦向東發展的必由之道。

秦昭王即位後，甘茂和向壽、樗里子結怨，向壽、樗里子向秦昭王說甘茂的壞話，甘茂內心恐懼，便逃往齊國。途中遇見蘇代入秦時，甘茂請求蘇代幫其救助家人。蘇代於是遊說秦昭王，秦昭王賜甘茂上卿，派人往齊國請他回國。蘇代又遊說齊湣王，齊國也以甘茂為上卿。後來甘茂為齊國出使楚國，楚王聽信范蜎之策，使秦昭王用向壽為相。而甘茂從此無法入秦，最後死於魏國。

為什麼甘羅十二歲能成為秦國上卿？

甘羅是甘茂之孫，從小聰明機智，能言善辯，深受人們的喜愛。後來，甘茂受到別人的排擠被迫逃離秦國，不久便死於魏國。

甘羅小小年紀就投奔到秦相呂不韋的門下，做他的門客。一次，秦欲派使赴燕，呂不韋請老臣張唐應命，屢勸無效。原來，張唐曾得罪過趙國，而出使燕國必須路過趙國，張唐怕被趙國殺害，所以拒絕赴燕。於是，甘羅主動請求去拜見張唐。他對張唐說：「您的功勞與武安君白起相比，誰的功勞大？」張唐說：「我的功勞可比不上他。」甘羅又說：「應侯范雎在秦國任丞相時與現在的文信侯相比，誰的權力大？」張唐說：「應侯不如文信侯的權力大。」甘羅接著說：「應侯打算攻打趙國，武安君故意讓他為難，結果武安君剛離開咸陽七里地就死在杜郵。如今文信侯親自請您去燕國任相而您執意不肯，我不知您要死在什麼地方了。」張唐說：「那我就依著你這個童子的意見前往燕國吧！」於是讓人整治行裝，準備上路。

行期已經確定，甘羅便對文信侯說：「借給我五輛馬車，請允許我為張唐赴燕先到趙國打個招呼。」文信侯就進宮把甘羅的請求上報秦始皇。秦始皇召見了甘羅，就派他去趙國。趙襄王到郊外遠迎甘羅。甘羅勸說趙王，問道：「大王聽說燕太子丹到秦國做人質嗎？」趙王回答說：「聽說這件事了。」甘羅又問道：「聽說張唐要到燕國任相嗎？」趙王回答說：「聽說了。」甘羅接著說：「燕太子丹到秦國來，說明燕國不欺騙秦國。張唐到燕國任相，表明秦國不欺騙燕國。燕、秦兩國這樣做，顯然是要共同攻打趙國，趙國就危險了。燕、秦兩國互不相欺，沒有別的緣故，就是要攻打趙國來擴大自己在河間一帶的領地。大王不如先送給我五座城邑來擴大秦國在河間的領地，我請求秦王送回燕太子，再幫助強大的趙國攻打弱小的燕國。」趙王聽後，立即劃出五座城邑來擴大秦國在河間的領地。甘羅回到秦國，秦王大加讚賞，說道：「你的智慧真是超出了你的年紀啊！」於是就封他為上卿，並且把原先甘茂的田宅賜給他。趙國得知秦國與燕國絕交後，派軍攻打燕國，得到三十座城池，又把其中的十一座城池送給了秦國。

穰侯是如何成為秦之相國的？

穰侯魏冉，是秦昭王母親宣太后的弟弟，秦惠王、武王、昭王時有名的大臣。秦武王死後，沒有兒子，所以立武王的弟弟為國君，這就是昭王。昭王的母親原是宮內女官，稱為羋八子，等到昭王即位，羋八子才稱為宣太后。宣太后有兩個弟弟：她的異父長弟叫穰侯，姓魏，名冉；她的同父弟弟叫羋戎，就是華陽君。昭王還有兩個同母弟弟：一個是高陵君，一個是涇陽君。兄弟諸人中，魏冉最為賢能，從惠王、武王時即已任職掌權。武王死後，他的弟弟們爭相繼承王位，只有魏冉物色並擁立了昭王。昭王即位後，便任命魏冉為將軍，衛戍咸陽。他曾經平定了季君公子壯及一些大臣們的叛亂，並且把武王后驅逐到魏國，昭王的那些兄弟中有圖謀不軌的全部誅滅，魏冉一時聲威大震，轟動全國。當時昭王年紀還輕，宣太后親自主持朝政，讓魏冉執掌大權。

西元前三〇〇年，樗里子死去，秦國派涇陽君到齊國做人質。趙國人樓緩來秦國任相，這對趙國顯然不利，於是趙國派仇液到秦國遊說，請求讓魏冉擔任秦相。仇液即將上路，他的門客宋公對仇液說：「假如秦王不聽從您的勸說，樓緩必定怨恨您。您不如對樓緩說『請為您打算，我勸說秦王任用魏冉為相將會有所保留。』秦王見趙國使者請求任用魏冉並不急切，必感奇怪，將會不聽從您的勸說。您這麼說了，如果事情不成功，秦王乃用樓緩為相，您會得到樓緩的好感；如果事情成功了，秦王任用魏冉為相，那麼魏冉當然會感激您了。於是，仇液聽從了宋公的意見。秦國果然免掉了樓緩，任魏冉做了丞相。後來賜封魏冉於穰地，不久又加封陶邑，稱為穰侯。

從這以後，一直到西元前二六六年，秦國雖多次易相，但實際權力大部分時間都掌握在穰侯魏冉和宣太后手中。穰侯先後五次出任秦相，是秦國歷史上在相位時間最長的一個。

穰侯為什麼會被罷免相國？

秦昭王即位時，年僅二十歲，實際上無力執政。朝政由他的母親宣太后代為掌管，由穰侯魏冉負責執行。這樣，一個以宣太后為首的外戚集團便在秦國形成了。這個集團的核心人物，除了宣太后、穰侯，還有被封為華陽君的宣太后的幼弟，和被封為高陵君與涇陽君的宣太后的兩個兒子。穰侯與他們三人，當時被合稱「四貴」。

作為秦昭王前期向東擴展的決策者，穰侯頗有一番建樹。但後期，以宣太后和穰侯為首的外戚專權日趨腐朽。他們驕奢淫靡，飛揚跋扈。「四貴」都有大片封地，穰侯更是嫉妒賢能，他一反秦國一貫吸納外來人才的做法，拒斥外來政客、游士。他們御下蔽上，不把秦王放在眼裡。誠如後來范雎所言：「秦國只有太后、穰侯，哪裡聽說有秦王。」

直到西元前二六六年，范雎在得到秦昭王的信任後，就勸說秦昭王廢太后，逐「四貴」。范雎說：「國家的王是國家的頭腦，應有定奪國家大事、主宰生殺予奪的權威。現在秦國宣太后能夠擅自行事，穰侯可以出使不報，華陽君、涇陽君、高陵君可以自行決斷，這就叫做國家無主。如此下去，後果不堪設想。恐怕萬世之後，有秦國者非大王子孫也。」秦昭王於是下令廢宣太后，驅逐「四貴」，收回穰侯的爵位。接著又把華陽君、涇陽君、高陵君驅逐到關外，將宣太后安置於深宮，不准再干預朝政。透過這些變革，秦國消除了內部隱患，使權力集中於以秦昭王為首的中央手中，政權更加鞏固。

白起在軍事上有何建樹？

白起又叫公孫起，是繼孫武之後中國戰爭史上又一個偉大的軍事統帥，是秦國歷史上戰功最為卓著的將領。白起一生善於用兵，征戰沙場達三十七年之久，戰勝攻取七十餘城，殲敵百萬，未嘗敗績，為秦國的統一奠定了基礎。史學家司馬遷稱讚白起「料敵合變，出奇無窮，聲震天下」。

白起一生指揮了許多重要戰役。鄢郢之戰中大破楚軍，攻入郢都，迫使楚國遷都，楚國從此一蹶不振。伊闕之戰又殲滅韓魏二十四萬聯軍，徹底掃平秦軍東進之路。長平一戰一舉殲滅趙軍四十餘萬人，開創了中國歷史上最早、規模最大的包圍剿敵戰先例。大小七十餘戰，沒有敗績，從最低等的武官一直升到受封武安君，六國聞白起膽寒。

白起的作戰指揮藝術，代表了戰國時期戰爭發展的水平。白起用兵，善於分析敵我形勢，然後採取正確的策略、戰術方針對敵人發起進攻。如伊闕之戰中集中兵力，各個擊破；鄢郢之戰中的掏心戰術，並附以水攻；華陽之戰長途迅速行軍。長平之戰以佯敗誘敵，使其脫離既設陣地，爾後採用分割包圍戰術，殲敵四十餘萬，創造了先秦戰史上最大的殲滅戰戰例，其規模之大、戰果之輝煌，在世界戰爭史上也是罕見的。

白起的作戰指導特點有三個：一是不以攻城奪地為唯一目標，而是以殲敵有生力量作為主要目的的殲滅戰思想，而且善於野戰進攻，戰必求殲，這是白起最為突出的特點。二是為達殲滅戰目的強調追擊戰，對敵人窮追猛打，較孫武的「窮寇勿追」及商鞅的「大戰勝逐北無過十里」，顯然前進一步。三是重視野戰築壘工事，先誘敵軍脫離設壘陣地，再在預期殲敵地區築壘阻敵，並防其突圍。此種以築壘工事作為進攻輔助手段的作戰指導思想，在當時前所未有。

白起是怎樣被殺的？

長平之戰後，白起本欲乘勝滅趙。西元前二五九年，秦再次準備攻打韓國和趙國。韓國和趙國驚恐萬分，派蘇代用重金賄賂秦相應侯范雎說：「白起擒殺趙括，圍攻邯鄲，趙國一亡，秦就可以稱帝，白起也將封為三公，他為秦攻拔七十餘城，南定鄢、郢、漢中，北擒趙括之軍，雖周公、召公、呂望之功也不能超過他。現在如果趙國滅亡，秦王稱王，那白起必為三公，您能在白起之下嗎？即使您不願處在他的下位，那也辦不到。秦曾經攻韓，圍邢丘，困上黨，上黨百姓皆奔趙國，天下人不樂為秦民已很久。今滅掉趙國，秦的疆土北到燕國，東到齊國，南到韓魏，但秦所得的百姓，卻沒多少。還不如讓韓、趙割地求和，不讓白起再得滅趙之功。」於是，范雎以秦兵疲憊，急待休養為由，請求允許韓、趙割地求和。昭王應允。白起聞知此事，從此與范雎結下仇怨。

當年九月，秦又發兵攻趙邯鄲。正趕上白起染病，不能走動，而攻邯鄲遇阻。白起病癒，秦王欲以白起為將攻邯鄲，但白起不同意發兵攻趙。昭王親自下命令行不通，又派范雎去請，白起始終拒絕，稱病不起。昭王改派王齕替王陵為大將，圍攻邯鄲，仍久攻不下。楚國派春申君同魏公子信陵君率兵數十萬攻秦軍，秦軍傷亡慘重。白起聽到後說：「當初秦王不聽我的計謀，現在如何？」昭王聽後大怒，強令白起出兵，白起自稱病重，經范雎請求，仍稱病不起。於是，昭王免去白起官職，降為士兵，遷居陰密（今甘肅靈台縣西）。由於白起生病，未能成行。白起在咸陽住了三個月，這期間諸侯不斷向秦軍發起進攻，秦軍節節退卻，告急者接踵而至。秦王派人遣送白起，令他不得留在咸陽。白起離開咸陽，到杜郵，昭王與范雎等群臣謀議，白起被貶遷出咸陽，心中怏怏不服，有怨言，不如處死。於是，昭王派使者拿了寶劍，令白起自刎。白起伏劍自刎時說：「我何罪於天而至此哉？」良久，又說：「我固當死。長平之戰，趙卒降者數十萬人，我詐而盡坑之，是足以死。」（《史記．白起王翦列傳》）於是自殺。

范雎是怎樣辭魏入秦的？

范雎是戰國時魏人，曾任秦丞相，對秦的強大和統一天下起了重大作用。范雎少時家境貧寒，但他卻不是人窮志短，而是從小就抱有遠大政治抱負。作為魏國的臣民，他要實現安邦定國的抱負，當然首先想到的是自己的魏國。但魏國的門閥觀念相當濃厚，因為范雎家裡貧窮，竟連面見魏王的機會都沒有，所以只好寄身於大夫須賈門下當門客。

但是，須賈是個心胸狹窄的勢利小人。有一次，范雎隨須賈出使齊國。齊王以當年齊國遭到五國聯合進攻，魏國拒絕援齊一事指責須賈，使須賈十分尷尬，此時，范雎及時站出來，為須賈解了圍。齊王見范雎是個人才，就贈給范雎黃金、牛肉、白玉、美酒等，想留下他任客卿，均遭范雎謝絕。回國後，須賈不但不讚揚范雎的高風亮節，反而向魏王誣告范雎，說他接受齊國的賄賂。恰巧魏王也是個心胸狹小之人，就懷疑范雎出賣了魏國，便把范雎打入死牢，接著又親自拷問，打得范雎肋折齒落，體無完膚，最終把范雎打得昏死過去。魏王還不解恨，又讓人把范雎用葦蓆捲起來，扔到廁所裡，讓賓客們往范雎的身上撒尿。到了夜裡，一息尚存的范雎慢慢甦醒過來。看守他的小卒很同情范雎的遭遇，就背著范雎，把他送回家，對魏王則謊稱把范雎的屍體扔到茅坑裡了。魏王信以為真。

范雎讓妻子把他的結拜兄弟鄭安平找來，鄭安平把范雎隱藏到一個祕密的地方，精心治療，這才救了范雎一命。范雎傷好後，就化名張祿，藏進了深山。與此同時，范雎的妻子在家裡遵照范雎的安排，大舉喪禮，使魏王對范雎已死深信不疑。半年後，秦國的使臣王稽到魏國尋訪有才能的人。鄭安平聽到消息後，就設法見到了王稽，說他有個朋友叫張祿，才能同死去的范雎不相上下，不知秦國是否願意聘用他。王稽答應先見上一面。這天夜裡，張祿打扮成獄卒的模樣，偷偷來會見王稽。他們談了一會，王稽就覺得到張祿是個難得的人才，便勸說張祿隨他到秦國去一展才華。范雎說：「我張祿是魏國人，本應報效魏國，可魏國有我的大仇人，我在這裡待不下去了。既然您瞧得起我，我就跟您去秦國吧！」於是，張祿就悄悄地隨王稽到了秦國。

范雎是怎樣被拜為秦相的？

范雎來到秦國以後，聽說穰侯要派兵去攻打齊國，便給秦昭王寫了一封信，請求昭王接見他。秦昭王這才安排會見范雎。范雎在去往王宮的半路上，正好碰上前來迎接的秦昭王的儀仗隊。范雎也不讓路，徑直往前走。儀仗隊的人高聲喝道：「秦王來了，快讓開！」范雎卻高聲說：「我只知道秦國有個穰侯，沒聽說還有秦王！」原來，這穰侯平日驕橫跋扈，把秦王也不放在眼裡。坐在車裡的昭王聽到范雎的話，正好刺到了自己的痛處。他阻止了正要去捉拿范雎的軍士，打聽到來人正是張祿，就把范雎請到了宮中。

范雎對秦王直言相諫：「按說秦國的地勢，是其他六國都不具備的，兵力也比任何一國都強大，為什麼不能兼併天下呢？說到底，是大王上畏於太后、穰侯的淫威，下惑於奸臣的諂詐，無法辨明是非，造成策略上的失誤。」秦王聽范雎說得有理，就讓范雎再具體談談。范雎便說：「比如穰侯此次攻齊，中間隔著好幾個國家，出兵少不足以敗齊，出兵多又會使國內空虛，打敗了有失秦國的尊嚴，打勝了也無法去管理占領區，攻齊何益？說到底，不過是穰侯想擴大自己的封地而已，而大王卻不能制止。」昭王越聽越佩服范雎的才能，便向他請教統一中原的方略。范雎說：「概括起來，就是四個字：遠交近攻。具體地說，就是與離我們遠的齊、楚等國搞好關係，使他們不再干預我們去攻打鄰近的國家；而對離我們近的趙、魏等國，可以像蠶吃桑葉一樣一個城一個城地去攻占，占領了就派我們的人去管理，如此統一中原，何難之有？」秦昭王聽罷，高興得眉飛色舞，便封張祿為客卿，下令把攻打齊國的軍隊撤了回來。過了幾年，又拜范雎為丞相。

范雎當了丞相，便在內政外交上採取了一系列大刀闊斧的革新。在內政上，他建議昭王把穰侯撵到了封地去養老，接著又剝奪了華陽君、高陵君、涇陽君的大權，把他們送到邊遠地方去居住。隨後又逼著太后退位養老，不讓她再干預朝政，秦國中央政權得到了鞏固。對外，則實施「遠交近攻」的策略，派使與齊、楚通好，然後把進攻的目標對準了趙國和魏國等臨近的國家。經過幾年的征戰，把韓國攔腰斬為三截，把魏打得俯首稱臣，接著又大敗趙國，使之元氣大傷，從而為秦最後統一天下打下了堅實的基礎。

「賜綈袍」說的是什麼事情？

范雎做了秦國相國之後，秦國人仍稱他叫張祿，而魏國人對此毫無所知，認為范雎早已死了。魏王聽到秦國即將向東攻打韓、魏兩國的消息後，便派須賈出使秦國。范雎得知須賈到了秦國，便隱蔽了相國的身分改裝出行，他穿著破舊的衣服步行到客館，見到了須賈。須賈一見范雎，不禁驚愕道：「范叔原來沒有死啊！」范雎說：「是啊！」須賈笑著說：「范叔是來秦國遊說的吧？」范雎答道：「不是的。我前時得罪了魏國宰相，所以流落逃跑到這裡，怎麼還敢遊說呢！」須賈問道：「如今你做些什麼事？」范雎答道：「我給人家當差役。」須賈聽了有些憐憫他，便留下范雎一起坐下吃飯，又不無同情地說：「范叔怎麼貧寒到這般地步！」於是，就取出了自己的一件粗絲袍送給他。須賈問道：「秦國的相國張君，你知道他吧。我聽說他在秦王那裡很得寵，國家大事都由相國張君決定。這次我辦的事情成敗也都取決於張君。

你有沒有跟相國張君熟悉的朋友啊？」范雎說：「我的主人很熟悉他。就是我也能求見的，請讓我把您引見給張君。」

於是，范雎親自給須賈駕車，直進了秦國相府。相府裡的人看到范雎駕著車子來了，有些認識他的人都迴避離開了。須賈見到這般情景感到很奇怪。到了相國辦理公務的地方，范雎站在門口對須賈說：「等等我，我替您先進去向相國張君通報一聲。」須賈就在門口等著，拽著馬韁繩等了很長時間也不見人來，便問門卒說：「范叔進去很長時間了不出來，是怎麼回事？」門卒說：「這裡沒有范叔。」須賈說：「就是剛才跟我一起乘車進去的那個人。」門卒說：「他就是我們的相國張君啊！」須賈一聽大驚失色，自知被誆騙進來，就趕緊脫掉上衣光著膀子雙膝跪地而行，托門卒向范雎請罪。於是，范雎派人掛上盛大的帳幕，召來許多侍從，才讓須賈上堂來見。須賈見到范雎連叩響頭口稱死罪，說：「我沒想到您靠自己的能力達到這麼高的尊位，我不敢再讀天下的書，也不敢再參與天下的事了。我犯下了應該煮殺的大罪，把我拋到荒涼野蠻的胡貉地區我也心甘情願，讓我活讓我死只聽憑您的決定了！」范雎譴責了他的罪狀和當初對自己的侮辱，並說：「你之所以能不被處死，是因為從今天你贈我一件粗絲袍看還有點老朋友的依戀之情，所以給你一條生路。」之後，范雎進宮把事情的原委報告了昭王，決定不接受魏國來使，責令須賈回國。

秦昭王是怎樣為范雎報仇的？

須賈回到魏國，把情況告訴了魏齊，魏齊大為驚恐，便逃到了趙國，躲藏在平原君的家裡。

秦昭王聽說魏齊藏在平原君的家裡，想替范雎報仇，便假意交好寫了一封信給平原君說：「我久聞您為人有高尚的道德情義，希望跟您交個像平民百姓一樣無拘無束的知心朋友，您肯光臨我這裡小住幾日的話，我願同您開懷暢飲十天。」平原君原本就畏懼秦國，看了信又認為秦昭王真的有意交好，便到秦國見了秦昭王。昭王陪著平原君宴飲了幾天，便對平原君說：「從前周文王得到呂尚尊他為太公，齊桓公得到管夷吾尊他為仲父，如今范先生也是我的叔父啊。范先生的仇人住在您家裡，希望您派人把他的腦袋取來；否則，我就不讓您出函谷關。」平原君說：「顯貴了還要交低賤的朋友，是為了不忘低賤時的情誼；富貴了還要交貧困的朋友，是為了不忘貧困時的友情。魏齊，是我的朋友，即使他在我家，我也絕不會把他交出來，何況現在他根本不在我家呢！」昭王又給趙國國君寫了一封信說：「大王的弟弟在我秦國這裡，而范先生的仇人魏齊就在平原君家裡。大王趕快派人拿他的腦袋來；否則，我要出動軍隊攻打趙國，而且不會把大王的弟弟放出函谷關。」趙孝成王看完信就派兵包圍了平原君的家宅。危急中，魏齊連夜逃出了平原君家，見到了趙國宰相虞卿。

虞卿估計趙王不可能說服，就解下自己的相印，跟魏齊一起逃出了趙國，兩人抄小路奔逃，想來想去幾個諸侯國都沒有能急人之難而可以投靠的人，就又奔回大梁，打算透過信陵君投奔到楚國去。信陵君聽到了這個消息，由於害怕秦國找上門來，有些猶豫不絕不肯接見他們，後來聽了侯嬴的一番話深感慚愧，便驅車到郊外去迎接他們。沒想到魏齊當初聽到信陵君不大願接見他的消息，早已一怒之下刎頸自殺了。趙王得知魏齊自殺身亡，終於取了他的腦袋送到秦國。秦昭王這才放平原君回趙。

秦昭王是怎樣激勵范雎的？

西元前二六九年，秦昭王採用范雎的計謀，成功施行反間計使趙國臨陣換將，讓馬服君趙奢的兒子趙括代替廉頗統帥軍隊。結果秦軍在長平大敗趙軍，進而圍攻邯鄲。此後不久，范雎與武安君白起結下了怨仇，就向昭王進讒言而把白起殺了。於是，昭王任用鄭安平，派他領兵攻打趙國。鄭安平在戰場上反被趙軍團團圍住，情況危急，他帶領二萬人投降了趙國。對此，范雎自知罪責難逃，就跪在草墊上請求懲處治罪。按照秦國法令，被舉薦的官員犯了罪，舉薦人也按被舉薦官員的罪名治罪。這樣范雎應判逮捕父、母、妻三族的罪刑。但秦昭王對范雎不予追究，還下令國都內：「有敢於議論鄭安平事的，一律按鄭安平的罪名治罪。」同時加賞相國范雎更為豐厚的賞賜，來使范雎安心順意。此後兩年，經范雎推薦的河東郡守王稽，又與諸侯有勾結，因犯法而被誅殺。為此，范雎一天比一天懊惱。

後來，有一天昭王上朝時不斷嘆息，范雎走上前去說：「我聽說『人主憂慮是臣下的恥辱，人主受辱是臣下的死罪』。今天大王當朝處理政務而如此憂慮，我請求治我的罪。」昭王說：「我聽說楚國的鐵劍鋒利而歌舞演技拙劣。這個國家的鐵劍鋒利那麼士兵就勇敢，它的歌舞演技拙劣那麼國君的謀略必定深遠。心懷深遠的謀略而指揮勇敢的士兵，我擔心楚國要對秦國不利。辦事不早作準備，就不能夠應付突然的變化。如今武安君已經死去，而鄭安平等人叛變了，國內沒有能征善戰的大將，國外敵對國家又有很多，我因此憂慮。」昭王說這番話意圖激發鼓勵范雎。而范雎聽了卻感到恐懼，也想不出什麼辦法來。恰好蔡澤來到秦國，於是范雎就聽從了他的勸告，交出了相印，回家養老去了。

蔡澤是如何西入秦國的？

蔡澤，燕國人，曾周遊列國從師學習，並向許多大小諸侯謀求官職，但都沒有得到任用。有一次，他請唐舉相面，說：「我聽說先生給李兌相面，說『一百天內將掌握一國的大權』，有這事嗎？」唐舉回答說：「有這事。」蔡澤說：「像我這樣的人你看怎麼樣？」唐舉仔細地看了一番便笑著說：「先生是朝天鼻，端肩膀，凸額頭，塌鼻梁。我聽說聖人不在貌相，大概說的是先生吧？」蔡澤知道唐舉是跟自己開玩笑，就說：「富貴那是我本來就有的，我所不知道的是壽命的長短，希望聽聽你的說法。」唐舉說：「先生的壽命，從今以後還有四十三年。」

蔡澤笑著走開了，隨後對他的車伕說：「我端著米飯吃肥肉，趕著馬車奔馳，手抱黃金大印，腰繫紫色絲帶，在人主面前備受尊重，享受榮華富貴，四十三年該滿足了。」便離開燕國到了趙國，但被趙國趕了出來。隨即又前去韓國、魏國，路上遇著強盜搶走了他的鍋鼎之類的炊具。後來，蔡澤聽說應侯范雎舉薦的鄭安平和王稽都在秦國犯下大罪，范雎內心慚愧不已，於是又向西來到秦國。

蔡澤是怎樣遊說范雎退位讓賢的？

蔡澤來到秦國後，為了能夠見到范雎，先託人在范雎面前說了一番激怒他的話：「燕國來了一位說客蔡澤，非常能言善辯。他說如果他見到昭王，昭王一定會不重視你並奪去你的相位。」范雎聽此，決定見一見這個不速之客。蔡澤見到范雎後，氣宇軒昂，談吐不凡，范雎不得不服。蔡澤對范雎說：「人們常說，太陽運行到中天便要偏西，月亮圓滿便要虧缺。物盛則衰，這是天地間的自然規律。你現在功勞很大，官位到了頂點，秦王對你的信任也無以復加，正是退隱的好時機。這時退下來，還能保住一生的榮耀，否則，必有災禍。這方面的教訓是很多的。想當年，商鞅為秦孝公變法，使秦國無敵於天下，結果卻遭到車裂而死的下場。白起率軍先攻楚國，後打趙國，長平之戰殺敵四十萬，最後還是被迫自殺。又如吳起，為楚悼王立法，兵震天下，威服諸侯，後來卻被肢解喪命。文種為越王勾踐深謀遠慮，使越國強盛起來，報了夫差之仇，可最終還是被越王所殺。」

范雎聽後不禁動容。蔡澤又說：「這四個人都是在功成名就的情況下不知退隱而遭受禍患的。這就是能伸而不能屈，能進而不能退啊！倒是范蠡明白這個道理，能夠超脫避世，做了被人稱道的陶朱公。我聽說，以水為鏡，可以看清自己的面容，以人為鏡，可以知道自己的禍福。《逸書》說：『成功之下，不可久處。』你何不在此時歸還相印，讓位給賢能的人，自己隱居山林，永保廉潔的名聲和應侯的地位，世世

蔡澤是怎樣遊說范雎退位讓賢的？

代代享受榮耀呢？」蔡澤的話終於打動了范雎。於是，他待蔡澤為上客。過了幾天，范雎向秦昭王舉薦了蔡澤，並說服昭王拜蔡澤為相，自己則託病歸還了相印。

蔡澤在秦國做了幾個月的相國，就有人惡語中傷，他害怕被殺，便推託有病送回了相印。後來，蔡澤在秦國居住了十多年，曾輔佐昭王、孝文王、莊襄王。最後輔佐秦始皇，曾為秦國出使燕國。

第七章　掃平六合

秦國從西元前二三〇年到西元前二二一年，歷時十年，相繼滅掉了北方的燕、趙，中原的韓、魏，東方的齊和南方的楚六個國家，結束了春秋以來長達五百餘年的諸侯割據紛爭的戰亂局面。

嬴政是如何當上秦王的？

秦始皇名嬴政，是秦莊襄王的兒子，莊襄王是秦昭王的孫子。秦昭王曾讓莊襄王作為人質留在趙國。莊襄王在趙國結識了一個叫呂不韋的大商人。呂不韋有一個小妾，長得十分漂亮，而且多才多藝。莊襄王非常喜歡她，便娶了她做妻子，後來，莊襄王的妻子在邯鄲生下了一個兒子，這就是嬴政。嬴政十三歲時，莊襄王去世，他便繼承王位做了秦王。

這時候，秦國疆域已經十分遼闊，向南吞併了巴郡、蜀郡和漢中，占據了楚國的郢都，設置了南郡；往北收取了上郡（今山西省境內）以東，占據了河東、太原和上黨郡；往東到滎陽（今河南省境內），滅掉西周、東周兩國，設置了三川郡。嬴政愛惜人才，重用賢士，任命呂不韋為相國，賜十萬戶，封文信侯；又封李斯為舍人，任蒙驁、王齮、麃公等為將軍。他招攬天下的賓客游士來輔佐自己，想借此來壯大勢力，吞併天下。

秦王嬴政是怎樣平定嫪等人的叛亂的？

嬴政之母生性荒淫，加上丈夫早早地去世，便到處尋找美男來尋歡作樂，呂不韋投其所好，向她進獻了一個叫嫪毐的男人來滿足她的私慾。嫪毐得寵，被封為長信侯。太后賜給他山陽的土地，讓他居住在那裡，又把河西太原郡改為嫪毐的封國，宮室、車馬、衣服、園林、巡獵全部聽憑嫪毐驅使，甚至連國家大事都由嫪毐決定。

劉向的《說苑》記載，有一次，嫪毐「與侍中左右貴臣博奕飲酒」，在醉眼朦朧中因一言不合導致相互廝打，嫪毐凶相畢露，「瞋目大叱」說：「我就是皇帝的假父親，你們這些窮小子膽敢與我對抗麼！」這些博奕者紛紛逃到嬴政那裡告狀，嬴政非常生氣。嬴政對嫪毐早已不滿，嫪毐對此也是心知肚明。隨著時間的推移，兩人的矛盾也越來越深。嫪毐一心想除掉嬴政，取得秦王的權力，後來他趁嬴政進行成年加冠儀式時，發動了叛亂。他盜用秦王的大印和太后的印璽，發動京城部隊和侍衛、官騎、戎狄族首領、家臣，企圖攻打嬴政住所蘄年宮。嬴政得知後，臨危不亂，命令相國昌平君、昌文君發兵攻擊嫪毐。在咸陽一戰中，嫪毐的軍隊死傷數百，嫪毐戰敗逃跑了。嬴政獲勝後，獎賞了立功的戰士，又通令全國：如果有人活捉嫪毐，賞錢一百萬；殺掉他，賞錢五十萬。嫪毐等人無處可逃，終於全部被抓獲。事後，嬴政開始清算嫪毐的餘黨，受嫪毐牽連並被判處極刑的中央官吏就有二十多人。嫪毐本人也被五馬分屍，家人全部被誅殺，他的家臣，處罰最輕的也要為國家服三年勞役。還有受牽連的四千餘家被剝奪了官爵，遷徙到蜀郡，甚至連呂不韋也因此事受到牽連，被免去了官職。太后則被嬴政打入冷宮，後來在別人的勸說下嬴政才將她接轉身邊。

嫪毐的下場實為咎由自取，罪有應得。他恃寵驕橫不法，攬權貪財，甚至覬覦秦氏王權，後果可想而知。

秦王嬴政為什麼要下「逐客令」？

秦王嬴政為什麼要下「逐客令」？

西元前二三七年，許多小諸侯國已經被消滅，只剩下幾個大國，這幾個大國之間的兼併戰爭十分激烈，秦國最為強大，由它來統一天下的形勢已漸趨明朗。其他諸侯國都怕秦國兼併自己，有的用割地賠款的方式賄賂秦國；有的則聯合起來共同對付秦國。他們都千方百計地遏制秦國向外擴張。正在這時，韓國利用秦國大力進行兼併的機會，派了一個名叫鄭國的水工到秦國去，建議秦王修了一條很長很長的灌溉渠，目的是想以浩大的工程，牽制、耗費秦國的人力、物力，使他難以對外用兵。可是不久，這個計謀被發覺了。於是，秦國宗室的貴族大臣們就紛紛上書給秦王，要求下逐客令：就是要把客卿通通趕走。李斯本來是楚國人，當然也在被逐之列。驅逐客卿，實際上是秦國貴族藉機排擠打擊異己力量的錯誤行動，對秦國實現一統天下的夙願，是有百害而無一利的。就在這種情況下，李斯一面寫了《諫逐客書》上書秦王進行勸阻；一方面收拾行裝開始出走。

文章一開頭，李斯便開門見山地指出秦王逐客的錯誤，然後用正面事實列舉出秦往昔納客而獲得的種種好處：「遂霸西戎」、「至今治強」、「使之西事秦，功施至今」、「使秦成帝業」……也就是說：納客能令秦獲得「稱霸、治國、外交成功及成帝業」的益處，這樣就自然而然地反駁了秦王「客負於秦」的論據，同時，這些好處是與秦統一天下密不可分的，既然秦王一心想統一天下，那麼，李斯的這番話正說到秦王的心坎上去了，已收到了動搖秦王逐客之決心的效果。而緊接著，李斯說了句：「向使四君卻客不內……而秦無強大之名也。」這是反面陳述不納客的壞處，有加強語氣、反襯秦納客的好處的作用，因此進一步動搖了秦王拒客的決心。

秦王看了《談逐客書》，深受感動，立即取消了逐客令，並恢復了李斯的官職，不久又提升他當了廷尉。

尉繚是如何評價秦王為人的？

嬴政廢止了逐客令以後，李斯接著又勸說秦王，建議首先攻取韓國，以此來恐嚇其他國家。秦王便派李斯去降服韓國。韓王為此十分憂慮，就派大梁人尉繚來到秦國，向秦王勸說道：「憑著秦國這樣強大的實力，諸侯就像郡縣首腦。但是如果其他各國聯合起來進行偷襲的話，秦國就很危險了。從前智伯、夫差、湣王就是這樣滅亡的。我希望大王不要吝惜財物，給各國權貴大臣送禮，利用他們打亂諸侯的計畫，這樣只不過損失三十萬金，而諸侯就可以完全消滅了。」

秦王聽從了他的計謀，覺得尉繚是個難得的人才，對他非常尊敬，會見尉繚時以平等的禮節相待，甚至衣服飲食也與尉繚一樣。而尉繚私下裡卻對人說：「秦王這個人，高鼻梁，大眼睛，老鷹的胸脯，豺狼的聲音，缺乏仁德而有虎狼之心，窮困的時候容易對人謙卑，得志的時候也會輕易吃人。我是個平民，然而他見到我總是那樣謙和。但如果秦王奪取天下的心願得以實現，天下的人就都成為奴隸了。這樣的人，我不能跟他長久地交往啊！」他就打算逃走。嬴政發覺後，極力挽留，並任命他為秦國的最高軍事長官，徵兵作戰時也始終採用他的計謀。

秦是什麼時候滅掉六國的？

西元前二三八年，秦王嬴政親政，幽禁太后，誅殺嫪毐，罷免呂不韋，任用尉繚、李斯等參與朝政，秦國為之一振。西元前二三〇年，秦王政開始了轟轟烈烈的統一六國的兼併戰爭。

秦先滅韓於西元前二三九年，然後大舉攻趙。王翦率上黨兵，攻下井陘，包圍邯鄲，次年俘虜趙王遷，趙國亡。西元前二二七年，燕太子丹派荊軻刺殺秦王失敗，秦王遷怒於燕，令王翦、辛勝為將，大舉伐燕。西元前二二二年，秦軍俘獲燕王喜，燕國遂滅。西元前二二五年，秦王使李信、蒙恬率兵二十萬攻

「奇貨可居」一語是怎麼來的？

楚。秦軍敗退。秦王於是親自赴頻陽，請求老將王翦為將。王翦入破楚軍，並於西元前二二四年虜獲楚王負芻，楚亡。西元前二二五年，秦將王賁攻魏，引河水灌魏都大梁，大梁城壞，魏王投降，秦滅魏。西元前二二一年，秦國大將王賁從燕地發兵，攻克臨淄俘虜齊王田建，齊國遂亡。

至此，秦先後滅了韓、趙、楚、魏、燕、齊等六國，結束了七雄並立的局面，統一大業已成定局。

「奇貨可居」一語是怎麼來的？

說到嬴政，有一個人就不能不提，他就是秦國的丞相呂不韋。呂不韋是陽翟的大商人，他往來各地販賣貨物，以低價買進，高價賣出，所以累積起千金的家產。

西元前二六七年，太子去世兩年後，秦昭王把他的第二個兒子安國君立為太子。而安國君有二十多個兒子。安國君有個非常寵愛的妃子，被立為正夫人，稱之為華陽夫人。華陽夫人沒有兒子。安國君有個排行居中的兒子名叫子楚，子楚的母親叫夏姬，不受寵愛。子楚作為秦國的人質被派到趙國。秦國多次攻打趙國，趙國對子楚也不以禮相待。子楚是秦昭王庶出的孫子，在趙國當人質，他乘的車馬和日常的財用都不富足，生活困窘，很不得意。呂不韋到邯鄲去做生意，見到子楚後非常喜歡，說：「子楚就像一件奇貨，可以屯積居奇，以待高價售出。」

於是，他就前去拜訪子楚，對他遊說道：「我能光大你的門庭。」子楚笑著說：「你姑且先光大自己的門庭，然後再來光大我的門庭吧！」呂不韋說：「你不懂啊，我的門庭要等待你的門庭光大了才能光大。」子楚心知呂不韋所言之意，就拉他坐在一起深談。呂不韋說：「秦昭王已經老了，安國君被立為太子。我私下聽說安國君非常寵愛華陽夫人，華陽夫人沒有兒子，能夠選立太子的只有華陽夫人一個。現在你的兄弟有二十多人，你又排行中間，不受秦王寵幸，長期被留在諸侯國當人質，即使是秦王死去，安國君繼位為王，你也不要指望同你長兄和早晚都在秦王身邊的其他兄弟們爭太子之位了！」子楚說：「那我該怎麼辦呢？」呂不韋說：「你很貧窘，又客居在此，也拿不出什麼來獻給親長，結交賓客。我呂不韋雖然不富有，但願意拿出千金來為你西去秦國遊說，侍奉安國君和華陽夫人，讓他們立你為太子。」子楚於是叩頭拜謝道：「如果實現了您的計畫，我願意分秦國的土地和您共享。」

呂不韋是怎樣成為秦相的？

為了幫助子楚得到秦國，呂不韋拿出五百金送給子楚，作為日常生活和交結賓客之用；又拿出五百金買珍奇玩物，帶著西去秦國遊說。呂不韋先拜見華陽夫人的姐姐，把帶來的東西全部獻給華陽夫人，順便談及子楚聰明賢能，所結交的諸侯賓客，遍及天下，常常說「我子楚把夫人看成天一般，日夜哭泣思念太子和夫人」。夫人非常高興。呂不韋乘機又讓華陽夫人的姐姐勸說華陽夫人道：「我聽說用美色來侍奉別人的，一旦色衰，寵愛也就隨之減少。現在夫人您侍奉太子，甚被寵愛，卻沒有兒子，應趁這時早一點在太子的兒子中結交一個有才能而孝順的人，立他為繼承人而又像親生兒子一樣對待他，那麼，丈夫在世時受到尊重，丈夫死後，自己立的兒子繼位為王，最終也不會失勢，這就是人們所說的能得到萬世的好處啊！如不在容貌美麗之時樹立根本，等到容貌衰竭，寵愛失去後，即使想和太子說上一句話，也是很難的。現在子楚賢能，而自己也知道排行居中，按次序是不能被立為繼承人的，他的生母又不受寵愛，自己就會主動依附於夫人，夫人若真能在此時提拔他為繼承人，那麼夫人您一生在秦國都要受到尊寵了！」華陽夫人聽了認為很有道理，就趁太子方便的時候，委婉地談到在趙國做人質的子楚非常有才能，來往的人都稱讚他。接著就哭著說：「我有幸能填充後宮，但非常遺憾的是沒有兒子，我希望能立子楚為繼承人，以便我日後有個依靠。」安國君答應了，就和夫人刻下玉符，決定立子楚為繼承人，安國君和華陽夫人都送很多禮物給子楚，並請呂不韋當他的老師，子楚的名聲在諸侯中越來越大。

西元前二五七年，秦昭王派王齮圍攻邯鄲，情況非常緊急，趙國想殺死子楚。子楚就和呂不韋密謀，拿出六百斤金子送給守城官吏，才得以脫身回國。趙國又想殺子楚的妻子和兒子，子楚的夫人是趙國富豪人家的女兒，早已藏起來，因此母子二人竟得活命。西元前二五一年，秦昭王去世了，太子安國君繼位為王，華陽夫人為王后，子楚為太子。趙國也護送子楚的夫人和兒子嬴政回到秦國。

安國君繼位一年之後去世，諡號為孝文王。太子子楚繼位，他就是秦莊襄王。莊襄王尊奉為母的華陽王后為華陽太后，生母夏姬被尊稱為夏太后。西元前二四九年，秦莊襄王任命呂不韋為丞相，封為文信侯，賜河南洛陽十萬戶作為他的食邑。

呂不韋為什麼被迫飲鴆而死？

秦莊襄王即位三年後去世，太子嬴政繼立為王，尊奉呂不韋為相國，稱他為「仲父」。秦王年紀還小，太后常常和呂不韋私通。嬴政越來越大了，但太后一直淫亂不止。呂不韋唯恐事情敗露，災禍降臨在自己頭上，就暗地尋求了一個叫嫪毐的人送給太后。後來，有人告發嫪毐實際並不是宦官，常常和太后淫亂私通，並生下兩個兒子，把他們隱藏起來，還和太后謀議說「若是秦王死去，就立這兒子繼位。」於是，嬴政命法官嚴查此事，把事情真相全部弄清，事情牽連到相國呂不韋。這年九月，嬴政把嫪毐家三族人眾全部處死，又殺掉太后所生的兩個兒子，並把太后遷到雍地居住。嫪毐家的食客們都被沒收家產，遷往蜀地。

秦王想處死相國呂不韋，但因其侍奉先王功勞極大，又有許多賓客辯士為他求情，秦王不忍心嚴懲，只是免去了呂不韋的相國職務。等到齊人茅焦勸說秦王，秦王這才到雍地迎回太后，但仍把呂不韋遣出京城，前往河南的封地。又過了一年多，各諸侯國的賓客使者絡繹不絕，前來問候呂不韋。秦王擔心他發動叛亂，就寫信給呂不韋說：「你對秦國有何功勞？秦國封你在河南，食邑十萬戶你不慚愧嗎？你對秦王有什麼血緣關係而號稱仲父？你與家屬都一概遷到蜀地去居住吧！」呂不韋想到自己再三受到逼迫，害怕日後被殺，就喝下毒酒自殺而死。

嬴政是呂不韋的兒子嗎？

在司馬遷的《史記．呂不韋列傳》中有這樣的記載，呂不韋選取了一位姿色出眾而又善於跳舞的邯鄲女子同居，知道她懷了孕。有一次，子楚和呂不韋一起飲酒，看到此女後非常喜歡，就站起身來向呂不韋祝酒，請求把此女賜給他。呂不韋很生氣，但轉念一想，已經為子楚破費了大量家產，為的是藉以釣取奇貨，於是就獻出了這個女子。此女隱瞞了自己懷孕在身，到數月之後，生下兒子名政。那麼，這位「政」，究竟是呂不韋之子，還是子楚之子呢？歷來眾說紛紜。

司馬遷是一位嚴肅的史家，且《史記》是在呂不韋死後一百二十多年才寫的，這個記載應該不是胡編亂造的。所以，東漢班固寫《漢書》時，也持司馬遷的觀點，甚至連宋朝司馬光編《資治通鑑》時也沒有懷疑。他們的記載文字不同，但都道出這位呂不韋所獻的趙姬是帶有身孕到秦國生下秦始皇的。

開始對司馬遷《史記》記載有懷疑的是明朝的王世貞。王世貞在《讀史後辨》一文中認為，呂不韋為嬴政生父之說是偽造的。其造偽者可能是呂不韋本人，他編造這個謊言，目的是想長保富貴；也可能是呂不韋的門客，他們編造這個謊言，目的是要侮辱嬴政。二十世紀四十年代，郭沫若在《十批判書》中，專門有一章論述呂不韋與秦王政的關係。其文首先對司馬遷《史記．呂不韋列傳》發難，提出三個疑點：一、《史記》這篇文字，《國策》沒有記載，是為孤證；二、此情節與春申君和女環故事一模一樣，類似小說家所言；三、《史記》此篇文字與司馬遷在其他地方的記載互相矛盾。但郭老又說：「這自然也是一種揣測，

贏政是呂不韋的兒子嗎？

尚無直接證據，但是至少我們可以斷言：秦始皇是呂不韋兒子的話，確實是莫須有的事。」在郭老的影響下，許多史家學者都否定司馬遷的觀點。

孰是孰非尚未定論，只有期待日後地下出土的資料能給我們一個答案。

第八章 大秦帝國

秦朝是中國歷史上一個極為重要的朝代，它結束了自春秋起五百年來分裂割據的局面，成為中國歷史上第一個統一的、多民族的、中央集權的封建專制國家。自秦始皇嬴政至秦三世子嬰，共傳三帝，歷十五年。

一、千古一帝

秦王嬴政是什麼時候稱為「始皇帝」的？

秦王嬴政於西元前二四六年即位，憑藉祖輩奠定的基業和自己的雄才偉略，他最終掃平東方六國，一統天下。西元前二二一年，徹底完成了統一大業之後，嬴政召集群臣商議更改名號的事情。他對群臣說：「我憑藉渺小之身，仰仗祖宗英靈，興兵誅討暴亂，蕩平六國，天下一統，如果現在不更改名號，就無法顯揚我的功業。」

丞相王綰、御史大夫馮劫、廷尉李斯等都說：「從前五帝的土地縱橫各千里，外面還劃分有侯服、夷服等地區，諸侯有的朝見，有的不朝見，天子不能控制。現在您興正義之師，討伐四方逆賊之人，平定了天下，在全國設置郡縣，法令歸於一統，這是亙古不曾有的，是五帝也比不上的。我們恭謹地跟博士（當時的一種官職）們商議說：『古代有天皇、有地皇、有泰皇，泰皇最尊貴。』我們這些臣子冒死罪獻上尊號，王稱為『泰皇』。發教令稱為『制書』，下命令稱為『詔書』，天子自稱為『朕』。」結果秦始皇認為自己的功勞高過了三皇和五帝，最後將皇和帝並稱為「皇帝」。由皇帝來掌握全國的政權，不再像西周那樣分封諸侯，各管一地，致使最後諸侯各自獨立，中央無法控制而導致天下大亂。同時，皇帝的妻子稱「皇后」，父親稱「太上皇」，母親稱「皇太后」。

秦始皇又下令說：「我聽說上古有號而沒有謚，中古有號，死後根據生前品行事蹟給個謚號。這樣做，就是兒子議論父親，臣子議論君主了，非常沒有意義，我不取這種做法。從今以後，廢除謚法。我就叫做始皇帝，後代就從我這裡開始，稱二世、三世直到萬世，永遠相傳，沒有窮盡。」

秦始皇巡遊過哪些地方？

秦始皇是個喜歡巡行的人，他一生曾經六次出巡。一次，他出巡時在湘山祠遇到大風，幾乎不能渡河。秦始皇問博士說：「湘君是什麼神？」博士回答說：「聽說是堯的女兒，舜的妻子，埋葬在這裡。」秦始皇對這個湘君非常生氣，認為是在故意與他作對，就派人把湘山上的樹全部砍光。因為當地是紅土，湘山也就變成了紅色的禿山。

秦始皇出巡時常遇危險。西元前二一八年，秦始皇到東方巡遊。在到達陽武縣博浪沙時，遭到張良和一名大力士行刺。刺客誤中副車，秦始皇受了驚嚇，就命令全國大規模搜捕捉拿刺客，但最終也沒有捉到。還有一次，秦始皇和四個武士一起在咸陽穿便裝出行，晚上在一個叫蘭池的地方遇見了強盜，形勢十分危急，幸虧武士們殺死了強盜，他才得以脫險。秦始皇為此事在關中大規模搜捕了二十天。

秦始皇在出巡中還曾在海上射殺過大魚。方士徐市等人入海尋找仙藥，花費了很多時間和錢財也沒找到。他害怕遭受責罰，就欺騙秦始皇說：「蓬萊仙藥可以找到，但我們時常被大鯊魚困擾，所以無法到達。

希望皇上派善射之人一起前往，遇到大鯊魚就用連發的弓弩射牠。」恰巧秦始皇做夢與海神交戰，海神的形狀與人形相似。占夢的博士說：「水神本來是看不到的，他用大魚蛟龍做偵探。現在皇上的祭祀周到而恭敬，卻出現這種惡神，只有把它除掉才能找到真正的善神。」於是，秦始皇命令入海的人攜帶捕大魚的工具，親自帶著弓弩去射殺了一條大魚。

秦始皇是怎樣求仙占卜的？

秦始皇一直夢想長生不老。齊地人徐市等上書說大海之中有三座神山，名叫蓬萊、方丈、瀛洲，是仙人居住的地方。如果齋戒沐浴，帶領童男童女前往，就可以求得長生不老之藥。秦始皇聽言，便派徐市挑選童男童女幾千人，到海中去尋找仙人。

秦始皇在前往碣石（在今河北省秦皇島市昌黎縣）巡遊時，曾派燕國人盧生訪求海中的仙人。盧生入海求仙回來後，向秦始皇進獻了宣揚符命占驗的讖書，上面寫著五個醒目的大字：「亡秦者胡也」。秦始皇認為「胡」就是北方的胡人。為了防止讖書的預言變成現實，秦始皇派將軍蒙恬率軍攻打了北方的胡人，並修築了萬里長城來防禦他們。

西元前二一一年，有顆隕星墜落在東郡。有人在那塊隕石上刻了「始皇死而地分」幾個字。秦始皇聽說後，派御史前去查問，但沒有人認罪。秦始皇於是把居住在那塊石頭周圍的人全部抓來殺了，並焚毀了那塊隕石。當年秋天，有一個使者晚上出行，遇到一個手持玉璧的人。他攔住使者說：「替我送給滈池君。」又說：「今年祖龍死。」使者問他緣由，那人忽然不見了，只留下了玉璧。使者捧回玉璧向秦始皇陳述了自己的見聞。秦始皇沉默了良久說：「這沒什麼大不了的，山裡鬼怪只不過能預知一年的事而已。」當時已是秋季，秦始皇認為那年的日子已不多，這話未必能應驗。到退朝時他又說：「祖龍就是人的祖先。」

故意把「祖」解釋成祖先，祖先是已死去的人，因此「祖龍死」自然與他沒什麼關係。秦始皇接著又讓御府察看那塊玉璧，竟然是秦始皇以前出巡時沉入江中的那塊。秦始皇心裡很害怕，還專為此事進行了占卜。

「焚書坑儒」是怎麼回事？

為了提高皇權，維護秦皇朝的政治體制及統治秩序，秦始皇在文化意識領域也採取過一些嚴厲措施，其中最主要的就是史籍經常提到的「焚書坑儒」。

西元前二一三年，始皇在咸陽宮置酒宴飲，博士七十人向前祝壽。博士僕射周青臣當面頌揚始皇，稱其「神靈明聖，平定海內」，「以諸侯為郡縣，人人自安樂」，「自上古不及陛下威德」。博士齊人淳于越不以為然。他提出：「古時殷周分封子弟功臣，故能長有天下。今陛下有海內，而子弟為匹夫，一旦有事，誰來救助？」為此，他主張以古為師，認為「事不師古而能長久者，非所聞也。」本來，分封郡縣之爭，早在秦皇朝初建時就出現過。眼下淳于越舊事重提，且又涉及到「師古」與「師今」的大問題，故始皇「下其議」，著令群臣討論。這時，李斯指出：「五帝不相復，三代不相襲。」不同的時代，有不同的治國措施。「今陛下創大業，建萬世之功，三代之事，何足效法！」現在，「諸生不師今而學古，以非當世，惑亂黔首」；而私學又「相與非法教，人聞令下，則各以其學議之，入則心非，出則巷議」，譁眾取寵，「造謗」生事。如不加以禁止，其結果必然是「主勢降乎上，黨與成乎下」。因此，李斯建議：「史官非《秦記》皆燒之；非博士官所職，天下敢有藏《詩》、《書》、百家語者，悉詣守、尉雜燒之；有敢偶語《詩》、《書》者棄市；以古非今者族；吏見知不舉者與同罪；令下三十日不燒，黥為城旦；所不去者，醫藥、卜筮、種樹之書。」秦始皇認可了李斯的建議，並隨即付諸實施。於是，一次全國範圍的焚書事件發生了。

秦始皇為什麼被稱為「千古一帝」？

就在焚書的第二年，即西元前二一二年，又發生了一起坑儒生的事。這件事是由幾個方士的畏罪逃亡引起的。原來，秦始皇十分迷信方術和方術之士，以為他們可以為自己找到神仙真人，求得長生不老之藥。但時間一長，侯生、盧生等方士的許諾和種種奇談總是毫無效驗，騙局即將揭穿。因此，侯生、盧生密謀逃亡，在逃亡之前還說秦始皇剛愎自用，專任獄吏，貪於權勢，未可為之求仙藥。始皇知道後大怒，於是命審訊在咸陽的全部方士與儒生。諸生相互牽連告發，結果查出犯禁者四百六十餘人，全部坑殺於咸陽。

秦始皇為什麼被稱為「千古一帝」？

秦王政創立了「皇帝」的尊號，自稱始皇帝，宣布子孫稱二世、三世，以至萬世，代代承襲。隨後，他在全國範圍內廢除分封制，代以郡縣制，在皇帝的直接控制下，建立自中央直至郡縣的一整套官僚機構；以秦國原有的法令為基礎，吸收六國法律的某些條文，制定和頒行統一的法律；將原六國貴族豪富遷至關中、巴蜀，以防止他們進行分裂復辟活動；又明令禁止民間收藏武器，銷毀沒收得來的武器，鑄造十二個金人。

在經濟上，秦王政推行重農抑商政策，扶植封建土地私有制的發展。西元前二一六年，秦始皇下令占有土地的地主和自耕農只要向政府申報土地數額，交納賦稅，其土地所有權就得到政府的承認和保護，並以商鞅所制定的度量衡為標準統一全國的度量衡制度，還統一全國幣制。為發展全國水陸交通，秦始皇又實行「車同軌」，修建由咸陽通向燕齊和吳楚地區的馳道，以及由咸陽經雲陽（今陝西淳化西北）直達九原（今內蒙古包頭西）的直道；並在西南地區修築了「五尺道」，開鑿溝通湘江和灕江的靈渠。

在文化思想方面，秦始皇以秦國通行的文字為基礎制定小篆，頒行全國；並利用戰國陰陽家的五德終始說，以秦得水德，水色黑，終數六，因而規定衣服旄旌節旗皆尚黑，符傳、法冠、輿乘等制度都以六為數。水主陰，陰代表刑殺，於是以此為依據加重嚴刑酷法的實施。西元前二一三年，秦始皇下令銷毀民間所藏《詩》、《書》、百家語，禁止私學。隨後，又因求仙藥的侯生、盧生逃亡，牽連儒生、方士四百餘人，而將其全部坑殺於咸陽。

秦始皇即位後，派蒙恬率兵出擊匈奴，還把戰國時秦、趙、燕三國北邊的長城連結起來，修築西起臨洮（今甘肅岷縣）東至遼東的萬里長城。在征服百越地區後，設置桂林、象郡、南海等郡。始皇末年，秦郡數由統一之初的三十六郡增至四十餘郡，其版圖「東至海暨朝鮮，西至臨洮、羌中，南至北向戶，北據河為塞，並陰山至遼東」。

秦始皇是怎麼死的？

西元前二一〇年，秦始皇最後一次出巡天下，左丞相李斯、少子胡亥、宦官趙高一起跟隨他巡遊。秦始皇渡過錢塘江，到了會稽郡，再向北到了琅邪（今山東膠南縣）。從冬季出發，一直到夏天才回來。回來的路上，秦始皇在平原津（今山東平原縣南）病倒了。隨從的醫官給他看病、進藥，都不見效。到了沙丘（今河北廣宗縣西）的時候，秦始皇病勢越來越重。彌留之際，他吩咐趙高說：「快寫信給扶蘇，叫他趕快回咸陽去。我死後由他主辦喪事。」信寫好了，還沒來得及交給使者送出，秦始皇已經嚥氣。

秦始皇死於何因？史學界有兩種截然不同的觀點，一說死於疾病，一說死於非命。持死於疾病說的認為，秦始皇早年患過結核性腦膜炎，後又得了癲癇病，並經常發作。西元前二一八年，秦始皇東巡時，在陽武博浪沙遭人行刺，身後的一輛副車被刺客用重錘砸得粉碎。隨後，又發現了刻有「始皇帝死而地分」的隕石和出言「今年祖龍死」的「仙人」。秦始皇很迷信，這些現象使他感到恐懼不安。為了消災避難，尋找長生不老藥，秦始皇聽從了一名相卜者的建議，進行第五次巡遊。但這次巡遊不僅沒有消災和獲得長生不老之藥，反而使他由於勞累和緊張引發了癲癇病。犯病時，他的頭重重地撞到車內用來消暑的青銅冰鑑上，腦部受到撞傷，並由此而導致結核性腦膜炎復發，雖經醫官全力搶救，但終因醫療條件限制，最後死於沙丘。

持死於非命說的，以郭沫若為代表。郭沫若分析，當時秦始皇雖然病重，但意識很清楚，為穩定秦王朝，他親筆寫下了傳位長子扶蘇的木簡遺詔，讓趙高派人送給遠在上郡的扶蘇。而趙高卻與李斯密謀傳位給胡亥，並將遺詔改為「賜死扶蘇、蒙恬」，由於當時他們還怕秦始皇再次醒來，所以，沒敢立即將篡改的遺詔送出去。可當他們第二天去看秦始皇時，發現秦始皇已死去多時，右耳流著黑血，身子都硬了。郭沫若認為，這是胡亥害怕夜長夢多，擔心趙高、李斯發生動搖而下的毒手，很可能是將一根長三寸的鐵釘從秦始皇的右耳釘入腦顱，致其死亡。

二、二世亡秦

秦二世是怎樣登上帝位的？

秦始皇死後，丞相李斯對趙高說：「此地離咸陽還很遠，不是一二天能趕到的。萬一皇上去世的消息傳了出去，恐怕裡裡外外都會發生混亂，倒不如暫時保密，不要發喪，趕回咸陽再作處理。」於是，他們把秦始皇的屍體安放在車裡，關上車門，放下窗帷，外面什麼人也看不見。隨從的人除了胡亥、李斯、趙高和五六個內侍外，別的大臣都不知道秦始皇已亡。車隊照常向咸陽進發，每到一處，文武百官都照常在車外奏事。

李斯叫趙高趕快派人把信送出去，叫公子扶蘇趕回咸陽。趙高是胡亥的心腹，他偷偷地跟胡亥商量，準備假傳秦始皇的遺囑，殺害扶蘇，讓胡亥繼承皇位。胡亥當然求之不得，完全同意。趙高對李斯說了他的打算，李斯卻一口回絕。趙高不慌不忙地說：「李丞相，您最好好好考慮一下，在朝中，您的功勞能和蒙恬相比嗎？您的威望、您的計謀能和蒙恬相比嗎？況且，扶蘇對您的信任也沒有對蒙恬的深，假如扶蘇即位，那丞相的職位肯定就是蒙恬的了，哪還會重用您！丟掉丞相倒是小事，身首異處也不是沒有可能。您還是好好想想吧，命運就掌握在您自己的手裡。」

經過趙高連哄帶嚇地說了一通，李斯怕讓扶蘇繼承皇位以後，自己保不住丞相之位，就和趙高、胡亥合謀，假造了一份詔書給扶蘇，說他在外不能立功，反而怨恨父皇；又說將軍蒙恬和扶蘇同謀，都該自殺，把兵權交給副將王離。扶蘇接到這封假詔書，哭泣著想自殺。蒙恬懷疑詔書是偽造的，要扶蘇向秦始皇申訴。扶蘇心地仁厚，說：「既然父皇要我死，哪裡還能再申訴？」於是就這樣自殺了。

趙高和李斯繼續催著人馬趕路。那時候，正是夏末秋初，天氣還很炎熱，沒過多久，秦始皇的屍體開始腐爛，車子裡散發出一陣陣臭味。趙高派人去買了一大批鹹魚，叫大臣們在每輛車上放一筐，車隊周圍的鹹魚氣味便把秦始皇屍體的臭味掩蓋過去了。他們到了咸陽，才宣布秦始皇死去的消息，舉行喪葬，並且假傳秦始皇的遺詔，由胡亥繼承皇位。這就是秦二世。

秦二世是怎樣誅殺諸公子及大臣的？

秦二世胡亥以不光彩的手段登上帝位以後，心裡非常不踏實。趙高趁機勸說秦二世除掉異己，於是秦二世開始誅殺諸公子及大臣。

秦二世是怎樣誅殺諸公子及大臣的？

秦二世屠殺自己兄弟最殘忍的是在咸陽市（市即古代城市中的商業區）將十二個兄弟處死。另一次是在杜郵（今陝西咸陽東），又將六個兄弟和十個姐妹碾死，刑場慘不忍睹。將閭等三人也是胡亥的兄弟，最終也被逼自盡。他們三個人比其他兄弟都沉穩，胡亥找不出什麼罪名加以陷害，就關在了宮內。等其他的兄弟姐妹被殺後，趙高派人逼他們自盡，將閭等對來人說：「宮廷中的禮節，我們沒有任何過錯；朝廷規定的禮制，我們也沒有違背；聽命應對，我們更沒有一點過失，為什麼說我們不是國家忠臣，卻要我們自殺？」來人答道：「我不知道你們為什麼被定罪處死，我只是奉命行事。」將閭三人相對而泣，最後引劍自刎。在胡亥的眾兄弟之中，還有一個叫公子高的。他眼看著兄弟姐妹們一個接一個被胡亥迫害致死，知道自己也難逃厄運。但逃走又會連累家人，於是下決心用自己的生命來保全家人的安全。他上書給胡亥，說願意在驪山為父親殉葬。胡亥很高興，又賜給他十萬錢。

除了兄弟姐妹，胡亥對其他不順從的文武大臣也不放過。首先迫害的是蒙恬兄弟，胡亥將蒙毅囚禁在代郡的監獄中，後來胡亥派使者逼蒙毅自盡。然後又派人到陽周的監獄中逼蒙恬自殺，蒙恬開始不從，聲辯說要見胡亥，請他收回詔命，使者不許，蒙恬見生還無望，只得服毒自盡。對其他忠良，胡亥在趙高的唆使下，也大開殺戒。右丞相馮去疾和將軍馮劫為免遭羞辱而死，選擇了自盡。殺了許多朝中的大臣，趙高還不滿足，又尋找機會唆使胡亥對地方官吏也下毒手。在胡亥即位的第二年，即西元前二〇九年年初，胡亥效法自己的父親秦始皇巡遊天下。巡遊途中，胡亥不問青紅皂白，就連連下令誅殺異己，結果弄得大臣們惶恐不安。趙高實際上把無知殘暴的胡亥當成了擴張自己權勢的工具。

「指鹿為馬」是怎麼回事?

秦二世的時候，宰相趙高掌握了朝政大權。趙高為了達到自己徹底專權的目的，對胡亥說了一大通很有「道理」的話，大意是說胡亥年輕，經驗不足，而且皇帝也應該少和大臣們見面，以免在大臣們面前暴露自己的弱點。如果能居住在深宮聽取趙高他們的匯報，有他們這些「棟梁之才」來輔佐，那國家便會治理得更好。胡亥一聽有道理，從此便待在後宮中享樂，朝中大小政事都由趙高一人來獨斷專行。

趙高雖然大權在握，但也害怕大臣們聯合起來反對他，為了試驗大臣對他的真實態度，趙高精心策劃了一起讓自己遺臭萬年的政治事件：指鹿為馬。

有一天上朝時，趙高牽著一隻梅花鹿對二世說：「陛下，這是我獻的名馬，牠一天能走一千里，一夜能走八百里。」二世聽了，大笑說：「丞相啊，這明明是一隻鹿，你卻說是馬，真是錯得太離譜了!」趙高說：「這確實是一匹馬，陛下怎麼說是鹿呢?」二世覺得納悶，就讓群臣百官來評判。有人沉默不語，有人害怕趙高而回答是馬，也有人據實而言。事後，趙高陰謀殺害了那些回答是鹿的人。從此，人人自危，沒有人再敢說趙高有錯。

秦二世是怎樣被迫自殺的?

經過趙高「指鹿為馬」的事件後，胡亥以為自己得了迷惑病，於是叫來太卜掐算，太卜說是因為他祭祀時齋戒不好引起的。胡亥聽言，便到上林苑裡重新齋戒，開始還能堅持，過了沒多久又開始享樂了。有一次，胡亥將誤入苑中的人當場射死，趙高知道後又借題發揮，先是讓他的女婿閻樂上奏說，不知誰殺了人，將屍首扔到了苑中。然後趙高又裝模作樣地對胡亥說，皇上因為是天子，所以射死了無罪的人要受上天懲罰，同時鬼神會奉命降災的。胡亥很害怕，趙高趁機叫他暫時到別處的行宮去躲一躲，胡亥依言而行，趙高在朝中儼然皇帝一般。

胡亥此時並不了解天下的真實情況，等到陳勝的軍隊逼近了都城咸陽，他這才感到危機臨頭。胡亥聽從了章邯的建議，讓他率領釋放的驪山刑徒出戰迎敵。這些刑徒常年從事體力勞動，身體強壯，剛剛被釋放，士氣很高，在勇將章邯的率領下，起初他們打了很多勝仗，戰勝了陳勝和項梁的部隊。但後來，項羽破釜沉舟與章邯決戰，章邯作戰失利，向胡亥請求救兵增援，卻又被趙高猜疑拒絕發兵。走投無路的章邯最終投降了項羽。章邯叛降後，秦軍便不堪一擊，秦朝江山危在旦夕。到這時，胡亥才猛然醒悟過來，原來趙高說的天下太平竟是謊言，現在天下已經亂得要亡國了，胡亥言談之中對趙高很是不滿。

趙高恐懼不安，就暗中跟他的女婿咸陽縣令閻樂、他的弟弟趙成商量說：「皇上不聽勸諫，如今事態危急，想要把罪禍推給咱們家族。我想另立天子，改立公子嬰。」於是，趙高的女婿閻樂領著上千人，假稱逮捕盜賊，直闖胡亥的行宮，閻樂走上前去歷數二世的罪狀說：「你驕橫放縱、肆意誅殺，天下的人都背叛了你，怎麼辦你自己考慮吧！」二世說：「我可以見丞相嗎？」閻樂說：「不行。」二世說：「我希望得到一個郡做個王。」閻樂不答應。又說：「我希望做個萬戶侯。」還是不答應。二世又說：「我願意和妻子兒女去做普通百姓，跟諸公子一樣。」閻樂說：「我是奉丞相之命，為天下人來誅殺你，你即使說再多的話也無用。」無奈，胡亥抽劍自刎。

子嬰是怎樣一個人？

趙高殺了二世之後，便立二世哥哥的兒子子嬰為秦王，將二世當做平民來埋葬。並要子嬰齋戒，以便入太廟祭祖，接掌傳國玉璽。當齋戒進入第五天時，子嬰與他的兩個兒子商議說：「丞相趙高殺了二世，怕臣子殺他，就假裝道義來擁立我登基。我聽說趙高竟然與楚國相約要滅秦朝皇室，然後在關中稱王，現在要我齋戒，以便入太廟，就是希望借此在廟中殺我。我想屆時裝病不去，那丞相一定會親自來找我，等他一來就殺了他。」到了要入太廟的時候，趙高派人去請子嬰等人，子嬰不去。趙高果然自己前來，說道：「宗廟之事，非常重要，大王為何不去呢？」子嬰趁此機會在齋宮中殺了趙高，並滅了趙高三族。

後來，劉邦率領一支秦末起義軍進入關中。在到達灞上後，劉邦派人勸子嬰投降，並得到子嬰的同意。子嬰用繩綁縛自己，並攜同皇帝御用物品（包括玉璽和兵符）親自到劉邦的軍前投降。子嬰共當了四十六天秦王。秦朝在子嬰投降的一刻正式結束。劉邦並沒有處死子嬰，而是把他交給隨行的吏員看管。一個多月後，項羽亦率領大軍到達關中。劉邦的部將曹無傷向項羽稱劉邦將以子嬰為相而自立為關中王，結果項羽設下了鴻門宴。項羽入咸陽城後，立刻殺死子嬰，並進行了大屠殺。

根據《史記》所述，賈誼認為嬴子嬰是使秦朝完全滅亡的人物。他在一篇論文中認為：只要子嬰有「庸主之材」，加上中規中矩的輔佐，秦仍可保守關中地區。司馬遷本人在《秦始皇本紀》亦對賈誼的論文表示贊同。東漢史家班固則持不同看法：他認為秦二世死時，秦朝已不可救；子嬰雖然無能為力，但殺死趙高的決定已證明他已盡力完成自己能做的事，應該予以同情和尊重：「吾讀《秦紀》，至於子嬰車裂趙高，未嘗不健其決、憐其志。嬰死生之義備矣。」

三、秦朝重臣

蒙恬一家為什麼受秦始皇尊寵？

蒙恬的祖先是齊國人，蒙恬的祖父蒙驁從齊國來到秦國輔助秦昭王，官至上卿。西元前二四九年，蒙驁擔任秦國將領率軍攻打韓國，占領了成皋、滎陽，設置了三川郡。西元前二四八年，蒙驁攻打趙國，奪取了三十七座城池。西元前二四四年，蒙驁攻打韓國，奪取了十三座城池。西元前二四二年，蒙驁攻打魏國，奪取了二十座城池，設置了東郡。西元前二四〇年，蒙驁去世。西元前二二四年，蒙武（蒙驁的兒子）擔任秦國的列將，和王翦一同攻打楚國，大敗楚軍，殺死了項燕。西元前二二三年，蒙武又攻打楚國，俘虜了楚王。

西元前二二一年，蒙恬（蒙武的兒子）由於出身將門做了秦國的將軍，不久率兵攻打齊國，大敗齊軍。秦國兼併天下後，又派蒙恬率軍三十萬北擊匈奴，次年收復河南地，擊退匈奴七百餘里，屯兵上郡（今陝西榆林東南）。蒙恬吸取戰國時期據險防禦的經驗，從榆中（今屬甘肅）沿黃河至陰山構築城塞，連接燕、趙、秦五千餘里舊長城，並修築北起九原（今內蒙古包頭西北）、南至雲陽（今陝西淳化西北）的直道，構成了秦朝北方漫長的防禦線。匈奴懾於蒙恬兵威，不敢進犯。秦始皇特別尊重推崇蒙氏，信任並賞識他們的才能。蒙恬的弟弟蒙毅官至上卿，和秦始皇特別親近，外出就陪著始皇同坐一輛車子，回到朝廷就侍奉在國君跟前。蒙恬在外擔當著軍事重任，而蒙毅經常在朝廷出謀劃策，被譽為忠信大臣。因此，其他將相都不敢和他們爭寵。

蒙恬為什麼會吞藥自殺？

胡亥即位後，便遣使者以捏造的罪名賜公子扶蘇、蒙恬以死罪。扶蘇自殺，蒙恬內心疑慮，請求復訴。使者把蒙恬交給了官吏，派李斯舍人來代替蒙恬掌兵，囚禁蒙恬於陽周。胡亥殺死扶蘇後，便想釋放蒙恬。但是趙高深恐蒙氏再次貴寵用事，對己不利，執意要消滅蒙氏。

趙高對胡亥說：「我聽說先帝很久以前就選賢用能，冊立您為太子，而蒙毅勸阻說：『不可以。』如果他知道您賢明有才能而長久拖延不讓冊立，那麼，就是既不忠實而又蠱惑先帝了。以我愚見，不如殺死他。」胡亥聽從了趙高的話，就在代郡把蒙毅囚禁起來。子嬰力諫，認為不可誅殺蒙氏兄弟。胡亥不聽，殺死了蒙毅。

胡亥又派人前往陽周去殺蒙恬。使者對蒙恬說：「你罪過太多，況且蒙毅當死，連坐於你。」蒙恬說：「自我先人直到子孫，為秦國出生入死已有三代。我統領著三十萬大軍，雖然身遭囚禁，可我的勢力足以背叛。但我知道，我應守義而死。我之所以這樣做是不敢辱沒先人的教誨，不敢忘記先主的恩情。昔日周成王初立年幼，周公旦背負成王上朝，曾斷指起誓忠心為主，終於平定了天下。而成王長大，卻聽信謠言，周公旦被誣逃往楚國。後來成王終於反悟，殺了進讒言的人，請回了周公旦。所以《周書》上說：『君王辦事要反覆考慮。』我蒙氏一家對君王忠心無二而反遭斬殺，這一定是有邪臣作逆謀亂，內部排擠的緣故。周成王犯了錯誤而能改過自新，終於使周朝昌盛；夏桀誅殺關龍逢，商紂誅殺比干而不後悔，最終身死國亡。所以我認為犯了過錯可以改正，聽從勸諫可以覺醒。反覆考慮是聖君治國的法則。我的這些話，並不是求得免罪，而是準備為忠諫而犧牲，希望陛下為天下萬民著想，考慮遵從正確的治道。」使者說：「我只是受詔來處死你，不敢把將軍的話傳報皇上。」蒙恬喟然長嘆道：「我怎麼得罪了上天？竟無罪而被處

李斯為什麼觀鼠而嘆？

死？」沉默良久又說：「我的罪過本該受死了，從起臨洮，到遼東築長城，挖溝渠一萬餘里，這其間不可能沒挖斷地脈，這便是我的罪過呀！」於是吞藥自殺。

李斯為什麼觀鼠而嘆？

李斯，楚國上蔡（今河南上蔡縣）人，秦代著名政治家，在古代歷史上聲名顯赫，功績卓著。李斯出身於下層，年輕時做過管理文書的小官。李斯進取心強，政治上也很有抱負。有一次，他看見廁所裡的老鼠吃的是糞便，又時常受到人和狗的驚擾。而穀倉裡的老鼠，吃的是糧食，住的是寬敞的倉庫，不會遇到人和狗的驚嚇。於是，李斯慨然嘆息道：「一個人有出息還是沒出息，就如同老鼠一樣，是由自己所處的環境決定的。」於是，他就拜荀子為師，學習帝王之術。學成以後，李斯審時度勢，認為當時除秦國外其餘六國都軟弱無能，無法滿足他建功立業的慾望。

臨行時他對荀子說：「我聽說『遇到時機，就不可放過』。如今天下紛爭，正是我們這樣的人建功立業的時候。現在秦王想吞併天下，稱帝而治，這正是平民百姓和像我這樣的人出人頭地的好機會。身處卑賤的地位卻不謀劃博取功名，這就像鳥兒和鹿對肉食不感興趣一樣不可理喻！人是一定要力爭出頭的，所以說最大的恥辱莫過於地位卑賤，而最大的悲哀莫過於窮困潦倒。長時間過窮困貧賤的生活，不慕紅塵，恥於言利，自甘平淡無為，這不是知識分子的願望。所以我準備到西方去遊說秦王。」由此可見，李斯是一個功利心極重的人。

李斯對秦國有哪些貢獻？

李斯重新受到秦王政的重用後，以卓越的政治才能和遠見，順應歷史發展的趨勢，輔佐秦王政制定了吞併六國、實現統一的策略和部署，並努力組織實施。結果僅僅用了十年的時間，就先後滅了六國，於西元前二二一年建立了中國歷史上第一個統一的、中央集權制的專制國家，第一次完成了統一大業。

秦朝建立以後，李斯升任丞相。他繼續輔佐秦始皇，在鞏固秦朝政權，維護國家統一，促進經濟和文化發展等方面屢建奇功。他建議秦始皇廢除了造成諸侯分裂割據、長期混戰的分封制，實行郡縣制，把全國分為三十六郡（後增加到四十一郡），郡下設縣、鄉，歸中央直接統轄，官吏由中央任免。又在中央設三公、九卿，分職國家大事。這一整套中央集權制度，從根本上剷除了諸侯王國分裂割據的禍根，對鞏固國家統一，促進社會發展起了積極作用。所以，這一制度在秦以後一直沿用了近兩千年。

秦統一後，由於過去各諸侯國長期分裂割據，語言、文字有很大差異，對於國家統一和經濟、文化的發展極為不利。李斯及時地向秦始皇提出了統一文字的建議，並親自主持這一工作，他以秦國文字為基礎，廢除異體字，簡化字形，整理部首，形成了筆畫比較簡單、形體較為規範，而且便於書寫的小篆（也稱秦篆和斯篆），作為標準文字。他還親自用小篆書寫了一部《倉頡篇》，作為範本，推行全國。小篆的出現是漢字發展史上的一大進步。李斯還在統一法律、貨幣、度量衡和車軌等方面付出了巨大努力，做出了重大貢獻。

李斯為什麼被腰斬於市？

秦二世時，李斯任丞相，趙高想專權，欲設計剷除李斯。他對李斯抱怨說：「如今四海干戈，盜賊蜂擁，如此下去，先皇創下的江山豈能久保？你是丞相，擔負匡扶王政之職，為何不多向皇上進言，進行規

李斯為什麼被腰斬於市？

勸呢？」李斯更抱怨說：「皇上久居深宮，每日不朝，我哪有機會向他進言呢？什麼事都透過總管你傳話，你怎麼不進言呢？」趙高說：「我非重臣，人微言輕，只能照顧皇上的內宮事務。這樣吧，以後皇上一有空閒，我立刻通知您，怎麼樣？」李斯很感激趙高。

一天，秦二世正在看歌舞，正看到興頭上，趙高傳話給李斯，李斯便慌忙進宮求見，說有重大國事相商。二世哪有興致，叫李斯回去，改日再談。李斯吃了個閉門羹。又一次，二世在深宮飲酒正酣，趙高又傳話給李斯，李斯再次求見，二世大為掃興，依然沒有見他。這樣的情形持續了好幾次，每次都是二世玩得最高興的時候李斯求見。二世忍無可忍大發脾氣罵道：「這李斯究竟是什麼意思？專和朕過不去，有空時他不來，沒空時他卻要找朕談政事，豈有此理！」趙高趁機煽風點火說：「李斯這樣做實在是不把皇上放在眼裡，他是看不慣皇上休閒取樂，多次想攪局搗亂，罪不可赦！」

趙高趁機向胡亥誣陷了李斯三個罪名：一是李斯原來參與了擁立胡亥即位，但後來總抱怨自己不受重用，想和胡亥分土做王；二是李斯的兒子李由做三川郡守，而陳勝作亂經過三川郡時，李由卻不積極鎮壓，因為他和陳勝是鄰縣的同鄉，聽說李斯和陳勝他們也常有聯繫；三是李斯作為丞相，權利過大，超過了皇帝，但還不滿足，似乎有異心。胡亥聽了趙高的話，想抓李斯，但又沒有真憑實據，就先派人監視李斯。李斯聽到消息，就上書揭發趙高的惡行。胡亥卻不肯相信，反而將書信給趙高看。趙高知道和李斯是你死我活的鬥爭，就進一步地羅織罪名誣陷李斯。胡亥將李斯逮捕，交給趙高審理。

西元前二〇八年初冬，李斯全家被押赴刑場。就在這一天，李斯在咸陽街頭被腰斬，全家大小三族被殺害。

四、大澤鄉起義

大澤鄉起義是怎麼回事？

西元前二〇九年，蘄縣大澤鄉爆發了中國歷史上第一次農民大起義，即大澤鄉起義，起義的領袖是陳勝、吳廣。

西元前二〇九年七月，秦朝統治者徵發貧苦農民去屯守漁陽進縣。陳勝也被徵發去了，他同九百個被徵發的貧苦農民走到蘄縣的大澤鄉，不料遇到大雨，道路不通，被迫停留，誤了到達漁陽的期限。按照秦朝的法律，這是要被殺頭的。陳勝和另一戍卒吳廣就在一起商量，認為「天下苦秦久矣」，與其等著被處死，不如「死國」（即為國家大事而死，為起義而死）。計議已定，他們便去找一個算卦的卜問吉凶。這位算卦先生也非常痛恨暴秦，有意鼓動說：「你們舉大事一定能成功。」還建議他們要借助於鬼神的力量。

陳勝、吳廣暗暗用硃砂在一塊白綢上寫了「陳勝王」三個字，然後塞到魚的肚子中去。戍卒們燒飯做菜的時候，從魚肚裡發現了這塊白綢布，大為詫異：「難道鬼神要陳勝當王嗎？」因為這裡過去是楚地，當初秦派老將王翦率六十萬大軍攻打楚國，破楚軍，殺楚將項燕，這裡的人民很懷念楚國，痛恨秦國，為了激起人民反秦的情緒，吳廣又在夜間潛到附近的荒廟中去，燃起篝火，並學著狐狸的聲音叫道：「大楚興，陳勝王。」戍卒們在夜間聽到「狐狸」的叫聲，又看到荒廟中的篝火，更加驚異。歷史上有名的「血腹丹書」和「篝火狐鳴」的故事，就是這樣傳開的。

定好計策後，吳廣乘著押送軍官喝醉酒的時候，故意揚言要逃跑。押送軍官聽了，便狠狠責打他，並抽劍要刺殺他，吳廣趁勢奪了他的劍，把這個軍官殺了。陳勝同時殺死了另一個軍官。而後，他們把所有的戍卒叫到一起，陳勝大聲說道：「我們在這裡遇雨，誤了到漁陽的期限，這樣我們都要被殺頭。我們大家能甘心去送死嗎？大丈夫不死則已，就是死，也要做一番大事業。難道王侯將相就一定要由他們的子孫才能做嗎？」陳勝讓大家築起祭壇，壇上豎立一面大旗，上書「大楚」二字。旗前擺著押送軍官的兩顆頭，作為祭神的物品。陳勝率領大家在壇前盟誓。所有人都脫去右袖，露出右臂，作為參加起義的標誌。因為當時沒有兵器，大家就「斬木為兵，揭竿為旗」。陳勝自立為將軍，吳廣為都尉。就這樣，中國歷史上第一次農民大起義的烈火燃起來了。

張楚政權是怎樣建立起來的？

陳勝率領起義軍首先攻下了蘄縣縣城（在今安徽省宿縣境內），然後兵分兩路，一路由符離（即今安徽宿縣的符離集）人葛嬰帶領，攻打蘄縣以東的地方，一路由陳勝自己帶領，攻打蘄縣以西的地方。他們一邊作戰，一邊擴充軍隊，當起義軍攻抵陳郡（今河南淮陽）的時候，已擁有兵車六、七百乘，騎兵千餘，步兵數萬。

後來起義軍乘勝攻下了陳，陳曾是戰國後期楚國的都城。起義軍進城幾天之後，便召三老（秦時掌管教化的鄉官）和地方上的豪傑來商議大事。三老豪傑都說：「將軍（指陳勝）披堅執銳，伐無道，誅暴秦，復立楚國之社稷，功宜為王。」陳勝於是自立為王，國號「張楚」。張楚有張大楚國的意思。這是因為這一地區正是當年楚國的舊境。百姓怨秦的暴政，自然懷念楚的過去。陳勝、吳廣就是借被胡亥害死的扶蘇以及受到楚人尊敬的楚將項燕的名義號召起義的。因此，建立的政權也以「張楚」為號。

陳勝起義軍西征是怎樣失敗的？

「張楚」政權建立後，起義軍就開始西征。西征的起義軍有三支：一支由吳廣率領，圍攻滎陽；一支由周文率領，直搗關中；一支由宋留率領，南下南陽，進逼武關。

吳廣統率西征軍，屢戰屢勝，進軍順利，準備攻克三川郡，直取咸陽。但是，西征軍在攻打滎陽時，遇到了由郡守李由率領的秦軍的頑抗，結果滎陽久攻不下，形成了膠著的狀態。吳廣滯阻滎陽，陳勝聞訊之後，便命令周文率軍西征。周文避開秦軍主力，沿途沒有遭遇大的抵抗，於西元前二〇九年九月順利攻入關中，直抵戲亭（今陝西臨潼東）。這支起義軍沿途不斷壯大，已經有兵車千乘，戰士幾十萬人，直接威脅著秦都咸陽。消息傳來，秦二世十分恐慌，立即採用章邯的主張，釋放驪山刑徒和奴產子，傾盡全力組織反撲，並調王離的軍隊來增援。周文沒有及時進攻咸陽，給敵人留下了喘息的機會，加上孤軍深入，後援斷絕，結果兵敗受挫，只好退出關中，最後在澠池（今河南澠池西）戰敗自殺。

當時吳廣久攻滎陽不下，吳廣的部屬回臧得知周文兵敗，秦軍很快可以打到滎陽，便與李歸等人商量，假借陳勝的命令，擅自將吳廣殺害。南線宋留的起義軍也遭到了失敗。這樣，局勢更加惡化了。

陳勝起義為什麼失敗了？

隨著反秦鬥爭的開展，起義軍內部的弱點和矛盾也逐步暴露。陳勝滋長了驕傲情緒，聽信讒言，誅殺故人，與起義群眾的關係日益疏遠。從前，一位曾經與他一起受僱給人家耕田的同鄉聽說他做了王，便來到了陳縣，敲著宮門說：「我要見陳勝。」守宮門的衛士要把他捆綁起來，經他反覆解說，才放開他，但仍然不肯為他通報。等陳勝出門時，他攔路呼喊陳勝的名字。陳勝聽到了，才召見了他，與他同乘一輛車子回宮。走進宮殿，看見殿堂房屋、帷幕帳簾之後，鄉人說：「陳勝大王的宮殿高大深邃啊！」這鄉人在

陳勝起義為什麼失敗了？

宮中出出進進越來越隨便放肆，常常跟人講陳勝從前的一些舊事。有人就對陳勝說：「您的同鄉愚昧無知，專門胡說八道，有損您的威嚴。」陳勝就把同鄉殺死了。從此之後，陳勝的故舊知交都紛紛自動離去，沒有再親近陳勝的人了。而且陳勝還任命朱房做中正，胡武做司過，專門督察群臣的過失。將領們稍不服從命令，就抓起來治罪，以苛刻地尋求群臣的過失作為對陳勝的忠心。凡是他倆不喜歡的人，一旦有錯，不交給負責司法的官吏去審理，就擅自予以懲治。陳勝卻很信任他們。將領們因為這些緣故，就不再親近依附他了。這也是陳勝所以失敗的原因之一。

另外，派往各地的將領也不聽陳勝節制，甚至為爭權奪利而互相殘殺。如武臣到邯鄲自立為趙王，以陳餘為大將軍，張耳為丞相。陳勝命他率兵入關支援周文，他卻抗命而派韓廣略取燕地。韓廣在燕地舊貴族的慫恿下，也自立為燕王。周市至魏地，立魏國舊貴族寧陵君咎為魏王。圍攻滎陽的起義軍將領田臧與吳廣意見不合，竟假借陳勝之命殺死吳廣。西元前二〇九年十二月，秦將章邯在打敗西征軍以後，又發起對陳縣的進攻。陳勝親自督戰，因戰事失利，不得不退至汝陰（今安徽阜陽），後又退至下城父（今安徽蒙城西北）。陳勝在撤退時，被叛降的車伕莊賈殺害。這樣，陳勝、吳廣領導的農民起義就以失敗而告終了。

第九章 楚漢相爭

楚漢相爭是楚王項羽和漢王劉邦之間的一場長達四年爭奪天下的戰爭。劉邦的知人善任、團結部下、紀律嚴明、策略得當與項羽的剛愎自用、有勇無謀、紀律鬆弛形成鮮明對比，最後劉邦由弱變強打敗了項羽，給後人留下了「鴻門宴」、「四面楚歌」、「霸王別姬」等許多動人的故事。

一、西楚霸王

項梁、項羽起義的歷史背景是什麼？

項梁、項羽本是下相（今江蘇宿遷西南）人，項羽幼時亡父，叔父項梁將他養大成人。項羽的祖父是楚國的大將項燕，項家祖祖輩輩都做楚國的大將。楚國被秦國滅亡以後，項梁一直想恢復楚國，替父親報仇，可是自己沒有力量。項羽小的時候曾學習寫字識字，沒有學成就不學了；又學習劍術，也沒有學成。項梁對他很生氣。項羽卻說：「寫字，能夠用來記姓名就行了；劍術，也只能敵一個人，不值得學。我要學習能敵萬人的本事。」於是，項梁就教項羽兵法，項羽非常高興，可是剛剛懂得了一點兵法的大意，又不肯學到底了。

後來項梁把仇人殺了闖了禍，就帶著項羽逃到吳中，隱姓埋名，跟吳中人士結交。吳中郡有才能的士大夫，本事都比不上項梁。每當吳中郡有大規模的徭役或大的喪葬事宜時，項梁經常做主辦人，並暗中用兵法部署組織賓客和青年，借此來了解他們的才能。秦始皇遊覽會稽郡渡浙江時，項梁和項羽一起去觀看。項羽說：「那個人，我可以取代他！」項梁急忙捂住他的嘴，說：「不要胡說，要滿門抄斬的！」但項梁卻因此而感到項羽很不一般。項羽身高八尺有餘，力大能舉鼎，才氣超過常人，項梁相信他定能有所作為。

西元前二〇九年七月，陳勝、吳廣等人在大澤鄉起義。同年九月，會稽郡守殷通對項梁說：「江西皆反，此亦天亡秦之時也。吾聞先即制人，後則為人所制。吾欲發兵，使公及桓楚將。」（《史記・項羽本記》）此時，桓楚正逃亡在沼澤之中，項梁藉口別人不知道桓楚逃亡的地方，只有項羽知道，趁會稽守召項羽進來受命去找桓楚的機會，示意項羽持劍斬了會稽守，項梁提著會稽守的人頭，佩了會稽守的大印出來示眾，郡守的左右隨從大驚失色，亂成一團，項羽發威砍殺百十來人，滿衙門的人都嚇得趴在地上，沒有誰敢站起來。項梁就召集以往他們熟悉的地方豪傑官吏，向他們說明這樣做是為了起義的大事，於是調集吳中士卒，派人徵集下屬各縣丁壯，得到精兵八千人。這八千人就是後來跟隨項羽南征北戰，所向披靡的吳中八千子弟兵。

為了便於號召，項梁採納謀士范增的建議，立前楚懷王的孫子熊心為王，建都於盱眙，仍稱楚懷王。項梁率義軍在和秦軍戰鬥中接連取勝，產生了驕傲輕敵思想，結果在定陶（今山東定陶縣西北）被秦將章邯指揮的軍隊打敗，項梁戰死。

鉅鹿之戰是怎麼回事？

鉅鹿之戰是怎麼回事？

章邯擊殺項梁後，認為楚兵已不足為慮，遂渡河擊趙。大破趙軍，攻占邯鄲。趙王歇、丞相張耳退守鉅鹿城，將軍陳餘駐守鉅鹿城北。章邯令王離、涉間圍攻鉅鹿，自己駐軍城南，築甬道，為秦軍輸粟。

趙求救於楚。楚懷王命宋義為上將軍，項羽為次將，范增為末將，北上救趙。然後，遣劉邦直搗關中。並約定，先入關者王其地。由於宋義懼怕秦軍，行至安陽時停止前進，坐觀秦趙相鬥。項羽一再催促急行，宋義不聽，還說：「坐而運策，公不如義。」就這樣拖延時間，直至軍糧吃完，將士靠食芋菽度日，加之天寒地凍，士兵情緒波動。項羽怒批宋義說：「國家安危，在此一舉。今不恤士卒，而徇其私，非社稷之臣。」宋義仍然無動於衷，並下令說，如敢不服從指揮，擅自行動者，「皆斬之」。項羽忍無可忍，於第四十六天清晨闖入宋義帳中，斬其首，示眾說：「宋義與齊謀反楚，楚王陰令羽誅之。」將卒皆慴服，推項羽為假上將軍。項羽令桓楚報於楚懷王，楚懷王拜項羽為上將軍。當陽君、蒲將軍皆歸項羽指揮。

項羽殺宋義之事，威震楚國，名聞諸侯。項羽當即派當陽君英布和蒲將軍統兵兩萬渡河救鉅鹿。戰事稍稍有些勝利，趙將陳餘又請求援兵。項羽便統帥全部軍隊渡河，渡河後沉掉全部船隻，砸毀鍋甑，燒掉營壘，只攜帶三天的乾糧，以此向士卒表示要決一死戰、絕不後退的意志。於是，項羽一到鉅鹿就包圍了王離，與秦軍接戰九次，截斷他們的甬道。大敗秦軍，殺了蘇角，活捉王離，涉間不投降，自己燒死了。此時，楚軍雄冠諸侯，鉅鹿城下，諸侯援軍有十多座營寨，都不敢出兵。等到楚軍攻打秦軍時，諸侯軍的將領都在壁壘上觀看，楚軍戰士無不以一當十，殺聲震天，諸侯軍無不人人惶恐。打敗秦軍之後，項羽召見諸侯將領，他們進入轅門時，無不膝行而前，莫敢仰視。項羽從此成為諸侯的上將軍，各路諸侯都歸附於他。

鴻門宴上項羽為什麼不殺劉邦？

西元前二〇六年十一月，項羽至函谷關，劉邦已捷足先登，派兵守關。項羽大怒，遣當陽君攻破函谷關。項羽率四十萬大軍，進至戲西，駐軍於新豐鴻門。這時，劉邦兵十萬，駐軍霸上，兩軍對壘。

劉邦左司馬曹無傷遣人到項羽處告密，說：「沛公欲王關中，使子嬰為相。珍寶盡有之。」項羽聞言大怒，欲次日擊劉邦。范增說：「沛公居山東時，貪於財貨，好美姬。今入關，財物無所取，婦女無所幸，此其志不在小。吾令人望其氣，皆為龍虎，成五彩，此天子氣也。」他建議項羽從速進兵，勿失時機。一場惡戰已迫在眉睫。在此關鍵時刻，項羽的叔父項伯夜馳劉邦軍，邀張良脫離險境。張良引項伯會見劉邦。劉邦乘機陳述說：「吾入關，秋毫不敢有所近，籍吏民，封府庫，而待將軍。所以遣將守關者，備他盜之出入於非常也。日夜望將軍至，豈敢反乎？」項伯聽信了劉邦的話，並囑咐劉邦次日及早到鴻門拜謝項羽，消除誤會。項伯連夜趕回鴻門，把劉邦之言告訴項羽，並說：「沛公不先破關中，公豈敢入乎？今人有大功而擊之，不義也。不如因善遇之。」

次日，劉邦帶著張良和大將樊噲親自到鴻門，告訴項羽，自己只是看守咸陽，等項羽來稱王。項羽相信了劉邦，設宴招待他。范增坐在項羽旁邊，幾次暗示項羽動手殺劉邦，可是項羽卻假裝沒看見。范增就讓大將項莊到酒桌前舞劍助興，想藉機刺殺劉邦。項羽的叔父項伯趕緊也拔劍陪舞，用身體擋著劉邦，暗中保護他，項莊一直沒有得手。張良一看情況緊急，趕緊出去召喚劉邦的大將樊噲。樊噲立刻手持盾牌和利劍，直接闖入軍帳，斥責項羽說：「劉邦攻下咸陽，沒有占地稱王，卻回到霸上，等著大王來。這樣有功的人，不僅沒有得到封賞，你還聽信小人的話，想殺自己兄弟！」項羽聽了，心中慚愧。劉邦想逃走，但又怕項羽怪罪。樊噲說：「大行不顧細謹，大禮不辭小讓。如今人方為刀俎，我為魚肉，何辭為？」劉邦遂與樊噲等四人從小道歸霸上，而留張良拜謝，贈送禮品。范增聽說劉邦已走，氣憤地說：「豎子不足與謀，奪項王天下者，必沛公也，吾屬今為之虜也。」

項羽滅秦後分封了哪些諸侯王？

鴻門宴後，項羽引兵西屠咸陽，殺秦降王子嬰，燒秦宮室，大火三月不滅，收其貨寶婦女而東去。此時，有人對項羽說：「關中阻山河四塞，地肥饒，可都以霸。」（《史記．項羽本記》）但項羽見秦宮室都被燒殘，又急於東歸，便說：「富貴不歸故鄉，如衣繡夜行，誰知之者！」（《史記．項羽本記》）那人說：「人言楚人沐猴而冠耳，果然。」（《史記．項羽本記》）項羽聽後大怒，將其烹死。此事充分說明了項羽在策略上目光短淺，為他後來的失敗埋下了伏筆。但項羽也不願讓劉邦占據形勢險要的關中，便詭稱：「巴、蜀亦關中地也。」封劉邦為漢王，王巴、蜀、漢中，都南鄭。把關中分為三塊，封給秦的三個降將。章邯為雍王，王咸陽以西，都廢丘；長史欣為塞王，王咸陽以東至河，都櫟陽；董翳為翟王，王上郡，都高奴。利用他們截斷劉邦東進的道路。

項羽把關東地區分封為十四個王國。徙魏王豹為西魏王，都平陽；封申陽為河南王，都洛陽；韓王成不變，都陽翟；司馬卬為殷王，都朝歌；徙趙王歇為代王，都代；張耳為常山王，都襄國；英布為九江王，都六；吳芮為衡山王，都邾；共敖為臨江王，都江陵；徙燕王韓廣為遼東王，都無終；臧荼為燕王，都薊；田安為濟北王，都博陽；田都為齊王，都臨菑；徙齊王田市為膠東王，都即墨。另外，封陳餘為三縣侯，梅鋗為十萬戶侯。凡有功於項氏者，都得到封地。項羽自立為西楚霸王，占地九郡，都彭城。西元前二〇六年四月，諸侯罷戲下，各就國。

楚漢戰爭是如何爆發的？

諸侯各就國後，項羽徙義帝（楚懷王）於長沙郴縣，密令英布、吳芮、共敖等殺之於江中，招致封王和群臣的不滿。韓王成既已受封，項羽又翻舊帳，因其遣張良送劉邦及無軍功，不讓就國，帶到彭城廢為侯，繼而又殺之。封國的墨跡未乾，項羽便自毀其諾言。

項羽分封不公，引起田榮和陳餘的極大憤怒。他們於陳勝起義不久，便積極響應，參加反秦戰爭。論戰功，他們有資格封王。但是，由於他們不聽項羽的調遣，未被封王。西元前二〇六年五月，田榮首先起兵反項羽，擊敗齊王田都，擊殺膠東王田市、濟北王田安，奪取三齊，自立為齊王。田榮賜彭越將軍印，令其反於梁地，擾楚。陳餘和張耳本為刎頸之交，後來變成死敵。拋開他們的個人恩怨，就反秦而論，功績不相上下，而張耳被封為常山王，陳餘僅為三縣侯。陳餘憤怒地說：「張耳與餘功等也，今張耳王，餘獨侯。此項羽不平。」憤怒之下，他向田榮請兵擊張耳。田榮為擴大反項羽的勢力，便遣兵助陳餘擊張耳。張耳大敗，投奔劉邦。陳餘迎代王歇，復立為趙王。趙王歇立陳餘為代王。楚霸王的霸局被田榮和陳餘破壞了。項羽大怒，遣蕭公角擊彭越，自己率兵擊田榮。項羽向九江王英布徵兵，英布裝病不去，只遣「四千人」隨行，項羽由此怨恨英布。

八月，劉邦乘項羽征戰田榮，一舉擊敗章邯。楚漢戰爭開始了。此後，楚漢雙方對峙，先後爆發了成皋之戰、滎陽之戰。由於項羽不善用人，政事軍事又連連失策；而劉邦一面調兵遣將，包圍項軍，一面又派韓信攻齊、趙等地，令項羽腹背受敵，進退失據。

「霸王別姬」是怎麼回事？

後來，楚漢雙方以鴻溝為界中分天下，兩軍罷兵而歸。但劉邦很快便撕毀了協議，掉過頭來攻打楚軍。他採納韓信、彭越等將領的意見，率幾路大軍逐漸把項羽合圍在了垓下（在今安徽省靈璧縣東南）。

項羽在垓下修築了防禦工事，但是楚軍兵少，糧食也將盡。漢軍與諸侯軍隊將楚軍層層圍困。一天夜裡，楚軍營地四周有人唱起了楚地民歌，項羽驚訝地說：「難道漢軍已經占領了楚國全境嗎？為什麼會有如此多楚國人在唱歌呢？」項羽起身在軍帳中飲酒。項羽身邊有一位名叫虞姬的美人，她受到項羽的寵幸而緊隨左右；項羽還有一匹烏騅寶馬，經常騎著牠南征北戰。現在到了如此慘境，一股悲傷之情湧上霸王的心頭，他吟唱道：「力拔山兮氣蓋世，時不利兮騅不逝。騅不逝兮可奈何，虞兮虞兮奈若何！」霸王輕聲吟唱了好幾遍。虞美人也應和道：「漢兵已略地，四面楚歌聲。大王意氣盡，賤妾何聊生！」和罷，虞美人拔劍自刎。霸王流下了行行熱淚，左右下人無不傷感哭泣。

傷感過後，霸王臉色一沉，飛身跨上戰馬，英雄氣概躍然重現。在中軍帥旗的引領下，八百多名騎兵追隨霸王，趁著夜色向南突出漢軍包圍圈，疾馳而去。

項羽為什麼不願意東渡烏江、捲土重來？

項羽突出重圍後，身邊只剩百餘人。他們到達陰陵後迷了路。項羽向一位田間老翁問路，老人欺騙他說：「向左。」項羽聽信了老人的話，結果陷入了大沼澤地裡，被漢軍追趕上。項羽又率軍向東行，到達東城（在今安徽省定遠縣東南）的時候，他身邊只剩下二十八個騎兵，而追兵有數千人。項羽自知難逃厄運，對從騎說：「吾起兵至今八歲矣，身七十餘戰，所當者破，所擊者服，未嘗敗北，遂霸有天下。然今卒困於此，此天之亡我，非戰之罪也。」他對部下說：「吾為公取彼一將。」果如其言，連斬漢將兩人，殺漢卒數十百人。

項羽逃到了烏江岸邊，烏江亭長已經把船停靠在岸邊等候霸王。他對項羽說：「江東地區雖小，但也是土地縱橫千里，民眾幾十萬餘，足夠您稱王了。希望您立即渡江。這裡只有我這一隻渡船，漢軍追到這裡，無船可以渡江。」項羽無奈地放聲大笑，說道：「上天要滅亡我，我為什麼還要渡江呢？從前，我率領著八千名江東子弟渡江西進，如今他們之中沒有一人歸還。縱然江東父老可憐我而擁立我為王，我又有什麼臉面去見他們呢？即使他們沒有怨言，難道我內心裡就不慚愧嗎？」他又對亭長說：「我知道您是一位長者。這匹烏騅馬跟隨我五年了，牠所向無敵，日行千里。我不忍心殺掉牠，就把牠送給您吧。」

隨後，項羽命令勇士們全部下馬，手持短兵器與漢軍決一死戰。霸王一個人便殺死了幾百個漢軍士卒，而他的身上也受了十幾處傷。項羽回頭看見漢軍騎兵中的司馬呂馬童，責問他說：「你難道不是我的故人嗎？」呂馬童審視了一會兒，便指著項羽對身邊的王翳說：「這個人就是項羽。」項羽說道：「我聽說劉邦為我的人頭而懸賞千金和萬戶侯的爵位。現在，我把這個大好處恩賜給你們吧！」說罷，霸王拔劍自刎而死。

項羽最終為什麼會失敗？

項羽是中國歷史上一位卓越的義軍領袖和傑出的軍事統帥。項羽作戰勇猛，歷史上無人能與其相比。鉅鹿之戰和彭城之戰的勝利，都是用破釜沉舟、窮追猛打的勇猛精神而取勝的。但項羽有勇無謀，缺乏策略眼光：鴻門宴上放走劉邦；滅秦後燒毀宮殿，不留己用；不在富饒的關中地區稱王，反而急於東歸；把自認為貧困的關中地區封給劉邦；封王時又只顧封自己的親信，結果引起舊諸侯的不滿；殺楚懷王，使諸侯更加不滿；楚漢戰爭開始後，不團結諸王，致使諸王相繼叛楚；不聽謀士范增的正確建議，養虎為患，讓劉邦逃走，使范增負氣而走；作戰中，糧道經常被斷，結果兩面作戰，兵疲將乏。一系列決策上的失誤最終導致了他的失敗。

後來，曹操常告誡大將夏侯淵：「為將當有怯弱時，不可但恃勇也。將當以勇為本，行之以智計；但知任勇，一匹夫敵耳。」（《三國志．夏侯淵》）夏侯淵最終果恃勇而亡，項羽也是如此。但項羽卻還不知自己有錯，司馬遷在《史記》中評價：「五年卒亡其國，身死東城，尚不覺寤而不自責，過矣。乃引『天亡我，非用兵之罪也』，豈不謬哉！」項羽的成敗足以警世後人，讓後人引以為鑒。

二、漢王劉邦

劉邦年輕時有哪些神奇傳說？

劉邦是沛郡（今江蘇省沛縣）人。劉邦還未出生之前，他的母親劉媼曾經在大澤的岸邊休息，夢中與神交合。當時雷鳴電閃，天昏地暗，劉邦的父親正好前去看她，見到有一條蛟龍在她身上。不久，劉媼就有了身孕，生下了劉邦。

劉邦鼻梁很高，一副龍的容貌，一臉漂亮的鬍鬚，左腿上有七十二顆黑痣。他仁厚愛人，喜歡施捨，心胸豁達。他平素具有做大事業的氣度，不愛做平常人家生產勞動的事。到了成年以後，他當了泗水亭這個地方的亭長。他生性狡黠，經常捉弄官署中的官吏。他又很喜歡喝酒，好親近女色。他常常去酒店賒酒喝，喝醉了躺倒就睡。酒店主人時常看到他身上有龍出現，覺得這個人很奇怪。劉邦每次去買酒，留在店中暢飲，買酒的人就會增加，賣出去的酒也是平時的幾倍。因為看見劉邦身上有龍出現，到了年終結帳時，酒店主人就把記帳的簡札折斷，不再向劉邦討帳。

劉邦做亭長時曾押送一批刑徒去驪山服役，很多刑徒在半路就逃走了。劉邦估計等到了驪山，刑徒也就全部逃光了。於是，在走到豐西大澤中時，他就停下來飲酒，索性趁著夜晚把所有的刑徒都放了。劉邦說：「你們都逃命去吧，從此我也要遠避他鄉了！」刑徒中有十多個壯士願意跟隨他一起走。於是，劉邦乘著酒意，帶著這些人在夜裡抄小路透過沼澤地逃走，並讓一個人在前邊為先導。不久，先導回來報告說：「前邊有條大蛇擋在路上，還是回去吧！」劉邦醉醺醺地說：「人丈夫走路，有什麼可怕的呢！」劉邦大步趕到前面，拔劍將大蛇斬成兩截。他們繼續往前走了幾里，劉邦實在醉得厲害了，就躺倒在地上睡了。後邊的人來到斬蛇的地方，看見有一老婦在暗夜中哭泣。有人問她為什麼哭，老婦人說：「有人殺了我的孩子。」有人問：「你的孩子為什麼被殺呢？」老婦說：「我的孩子是白帝的兒子，變化成蛇，擋在道路中間，如今被赤帝的兒子殺了，我就是為這個哭啊！」老婦人說完就忽然不見了。後面的人趕上了劉邦，把剛才的事告訴了劉邦，劉邦心中暗暗高興，更加自負。經過這件事後，那些追隨他的人也漸漸地畏懼他了。

劉邦起義後，經常躲藏在外。呂后和別人一起去找，常常能找到他。劉邦奇怪地問她怎麼能找到，呂后說：「你所在的地方，上空常有一團雲氣，順著去找就能找到你。」劉邦聽後心裡更加歡喜，因為秦始皇曾專門巡遊東方，以鎮壓東方出現的天子雲氣。沛縣的人聽說這件事後，更願意依附於劉邦了。

劉邦是如何與呂氏結為夫妻的？

劉邦是如何與呂氏結為夫妻的？

劉邦的妻子是呂公的女兒呂氏，呂公本來不住在沛縣，後來和家鄉的人結下冤仇，便和家人來到了沛縣，因為沛縣當時的縣令和他是好友。在剛剛到沛縣時，很多人便聽說了他和縣令的關係，於是，人們便上門來拜訪。劉邦聽說了也去湊熱鬧，當時主持接待客人的是在沛縣擔任縣主簿的蕭何，他宣布了一條規定：凡是賀禮錢不到一千錢的人，一律到堂下就坐。劉邦根本不管這些，他沒有帶一個錢去，但卻對負責傳信的人說：「我出賀錢一萬！」呂公聽後，趕忙出來親自迎接他。呂公一見劉邦器宇軒昂，與眾不同，就非常喜歡，請入上席就坐。酒至半酣，呂公向劉邦遞眼色，讓他一定留下來。劉邦於是在宴會結束之後，故意拖延，留在後面。呂公說：「我從年輕的時候就喜歡給人相面，經我相面的人多了，沒有誰能比得上你劉邦的面相，希望你好自珍愛。我有一個親生女兒，願意許給你做灑掃的妻子。」酒宴散了之後，呂公的妻子聽說呂公要把自己的女兒嫁給劉邦，對他大為惱火，說：「你起初總是想讓這個女兒出人頭地，把他許配給個貴人。沛縣縣令跟你要好，想娶這個女兒你不同意，今天你為什麼隨隨便便地就把她許給劉邦了呢？」呂公嘆息說：「這不是你們女人家所懂得的！」最終，呂公把女兒嫁給了劉邦。呂公的女兒就是呂后，後來生了漢惠帝和魯元公主。

劉邦做亭長時，經常告假回到家中。有一次，呂后和孩子正在田中除草，一個老人從這裡經過討水喝，呂后讓他喝了水，還拿飯給他吃。老人給呂后相面說：「夫人真是天下的貴人。」呂后又讓他給兩個孩子相面，他見了劉邦的兒子，說：「夫人所以顯貴，正是因為這個男孩子。」他又給劉邦的女兒相面，也同樣是富貴面相。老人走後，劉邦正巧回來，呂后就把此事原原本本地告訴了劉邦。劉邦問：「這個人在哪裡？」呂后說：「剛走，應該還沒走遠。」於是，劉邦就追上了老人，問他剛才的事。老人說：「剛才我看貴夫人及子女的面相都很像您，您的面相簡直是貴不可言啊！」劉邦於是道謝說：「如果真的像老人家所說，我絕不會忘記你的恩德。」等到劉邦顯貴之後，四處尋找這位長者的去處，但始終沒有找到。

劉邦是如何被立為沛公的？

秦末各地起義軍勢力急遽膨脹，讓沛縣縣令非常驚恐，他也想率領沛縣人民起義。曹參、蕭何對縣令說：「您是秦朝的官吏，現在想背叛秦朝率領沛縣的子弟起義，恐怕沒有人會聽從命令。您如果召回那些在外逃亡的人，用他們來脅迫眾人，眾人就不敢不服從了。」於是，縣令派樊噲去找劉邦等人。

樊噲把劉邦找來之後，縣令又後悔了。他害怕劉邦來了會發生變故，就關閉城門，據守城池，不讓劉邦進城，而且他還想殺掉蕭何、曹參。蕭何、曹參害怕了，就越過城門來依附劉邦，以求得保護。於是，劉邦用帛寫了封信射到城上去，向沛縣的父老百姓宣告說：「天下百姓為秦政所苦已經很久了。現在父老們雖然為沛令守城，但是各地諸侯全都起來反秦了，現在很快就要屠戮到沛縣。如果現在沛縣父老一起把沛令殺掉，從年輕人中選擇可以擁立的人立他為首領，來響應各地諸侯，那麼你們的家室就可得到保全。不然的話，全縣老少都要遭屠殺，那時就什麼事也做不成了。」於是，沛縣父老率領縣中子弟一起殺掉了沛令，打開城門迎接劉邦，想要讓他當沛縣縣令。劉邦說：「如今正當亂世，諸侯紛紛起事，如果安排將領人選不妥當，就將一敗塗地。我並不敢顧惜自己的性命，只是怕自己能力小，不能保全父老兄弟。這是一件大事，希望大家一起推選出能勝任的人。」蕭何、曹參等都是文官，都顧惜性命，害怕起事不成遭到滿門抄斬之禍，於是極力地推讓劉邦。城中父老也都說：「平素聽說劉邦那麼多奇異之事，必當顯貴，而且占卜沒有誰比得上你劉邦吉利。」經過再三推讓，劉邦被立為沛公。之後，在劉邦的授意下，那些年輕

「約法三章」是怎麼回事？

有為的官吏如蕭何、曹參、樊噲等都去招收沛縣中的年輕人，共招了二、三千人。劉邦覺得自己力量微小，就帶領人馬投奔了項梁，開始和項梁並肩作戰。

「約法三章」是怎麼回事？

項梁在定陶身亡後，楚懷王命令項羽北上救趙，派劉邦帶兵西進，攻打咸陽，並約定：誰先打進咸陽，平定關中（函谷關以西地區），就封他在關中做王。西元前二〇七年，劉邦領兵率先由中原進入秦川到達秦王朝國都咸陽，秦王子嬰出城獻國璽投降，秦朝正式滅亡。

劉邦進咸陽後，本想住在豪華的王宮裡，但樊噲和張良告誡他別這樣做，以免失掉人心。劉邦接受他們的意見，下令封閉王宮，並留下少數士兵保護王宮和藏有大量財寶的倉庫，隨即還軍霸上。為了取得民心，劉邦把關中各縣父老、豪傑召集起來，鄭重地向他們宣布道：「父老鄉親們遭受秦朝暴政苛法的苦害已經很久了，說一句對朝廷不滿的話就被誅滅三族，聚眾談論就被斬頭棄市，我曾與各路義軍首領有約，首先入關進咸陽者，就在當地為王。現在我自然應該稱王關中之地。我與諸位父老訂立三條法律。這三條是：殺人者要處死，傷人者要抵罪，盜竊者也要判罪！」接著，劉邦派人和秦朝舊吏們到縣鄉村鎮張貼告示，使約法三章家喻戶曉。三秦之地的民眾見此，都十分高興，人們紛紛送牛羊酒食慰問劉邦的軍隊將士，劉邦一再推辭不肯收下，說：「倉庫裡糧食很多，戰士們並沒有挨餓，我不想再給父老鄉親們添麻煩，使大家破費財物了！」從那時起，劉邦的軍隊給關中的百姓留下了好印象，百姓們都希望劉邦留在關中做王。劉邦用約法三章順利地收買了關中的人心。

「暗渡陳倉」是怎麼回事？

西元前二〇六年，秦朝滅亡。按楚懷王和諸侯們的約定，劉邦最早攻入關中，應稱「關中王」。但實力最強的項羽欲獨霸天下，自立為「西楚霸王」，將關中劃分為三部分，分封給秦朝降將章邯、司馬欣和董翳，將巴、蜀、漢中四十一縣劃歸劉邦，稱為漢王。將關中封給三位秦朝降將，是為了阻礙劉邦向東發展。

劉邦懾於項羽的威勢，只得率兵西上，開往都城南鄭（今陝西漢中）。途中，張良獻計，要劉邦燒掉走過的幾百里棧道。棧道，是在險峻的懸崖上用木材架設的通道。張良要燒毀這條唯一連通關中與漢中的道路，目的是向項羽表示，劉邦不打算回關中了，以消除項羽的疑慮，從而放鬆對劉邦的戒備。

劉邦在南鄭，拜才能出眾的韓信為大將，向他請教向東發展、奪取天下的良策。韓信建議劉邦首先還定三秦，奪取關中，建立興漢滅楚的根據地。劉邦採納建議，命韓信派出幾百兵士，去修復通往關中的棧道。守在關中西部的章邯聽到這個消息，不禁大笑，認為劉邦先自斷退路，如今修復棧道，這麼大的工程派幾百兵士修復，不知何年何月才能完成，因而對韓信的這個行動置之不理。

不久，章邯突然接到緊急軍情，說劉邦已領兵進入關中，占領了陳倉（今陝西寶雞東）。章邯起初以為是謠言，等到他領兵抵抗時，已經來不及了。章邯兵敗自殺，駐守關中東部的司馬欣和北部的董翳，也相繼投降，劉邦完全占領了號稱三秦大地的關中。

原來，韓信派兵修復棧道，只是迷惑楚軍，以為漢兵要從棧道出擊。實際上，他和劉邦統率主力軍隊暗中從小路繞道襲擊陳倉，趁章邯不備，大獲全勝。這就是「明修棧道，暗渡陳倉」的故事。現在，「暗渡陳倉」這個成語比喻造成假相以掩人耳目而暗中採取其他措施的一種計策。

劉邦是在什麼背景下被推上皇帝寶座的？

劉邦是在什麼背景下被推上皇帝寶座的？

西元前二〇二年十二月，項羽兵敗自刎，漢軍平定楚地，楚漢戰爭以楚亡漢勝而告終。正月，諸侯將相共同請求，要尊劉邦為帝，劉邦推辭說，皇帝的名號只有賢能的人才可享有，空有皇帝的名號而無賢德之實，就不該稱帝，因此他不敢稱帝。

群臣堅持，並說劉邦起於微細平民，誅殺暴逆，平定四海，有功勞的就分地封為王侯，劉邦若不稱皇帝尊號，大家都會懷疑自己的封號而甚為不安，因此願意以死來堅守上尊號於皇帝的決心。

劉邦見狀，再三謙讓，群臣堅持要「上皇帝尊號」，劉邦不得已，便稱「大家堅持認為我做皇帝對國家有利，為了國家的緣故，我只好做皇帝了。」假意推託一番之後，劉邦於二月初三，即皇帝位於汜水之陽（汜水北岸，今山東定陶西北）。

劉邦登上帝位後，便分封諸侯：改封齊王韓信為楚王，建都下邳（今江蘇睢寧西北）；封建成侯彭越為梁王，建都定陶（今山東定陶）；原韓王信仍為韓王，建都陽翟（今河南禹縣）；改封衡山王吳芮為長沙王，建都臨湘（今湖南長沙）；淮南王英布、燕王臧荼、趙王張敖仍保持原來的封號。

三、劉邦的左膀右臂

張良年輕時為什麼要在博浪沙狙擊秦始皇？

張良字子房，秦末漢初傑出的軍事謀略家，與蕭何、韓信同被稱為漢初三傑，被封留侯，謚文成侯。張良先祖是韓國人，其祖父張開地是韓昭侯、韓宣惠王、韓襄哀王時期的相國，其父張平是韓釐王、韓悼惠王時期的相國。秦滅韓之後，張良遣散三百家僮，弟亡不葬，分散所有家產來收買刺客，為韓報仇。

張良曾經在淮陽（今河南淮陽）學習禮制，到東方會見了當時的一位賢者倉海君。尋找到了一位大力士，給他特意製造了一個重一百二十斤的大鐵錘。西元前二一八年，秦始皇巡遊東方，張良和這個大力士暗中埋伏，在博浪沙襲擊秦始皇，可惜誤中了隨行車輛。秦始皇大為震怒，命令全國各地大舉搜捕，捉拿刺客。為此，張良改名換姓，逃亡到下邳躲藏起來。

為什麼說「亡匿下邳」是張良一生的轉折點？

張良藏身於下邳時，曾經到下邳的橋上散步，遇到一個穿粗布短衣的老者。他走到張良面前，故意讓鞋子掉到橋下，對張良說：「孺子，下取履！」張良感到驚訝，想揍他一頓，因為見他年老，勉強忍住氣，把鞋子拾起來。老者又說：「履我！」張良更是氣憤，但想到既已給他拾來了鞋子，便跪下給他穿鞋，老者以足受之，含笑而去。分開後張良特別驚訝，隨著老者的去向注視他。老者離去一里路遠，又返回，說道：「孺子可教矣。後五日平明，與我會此。」張良很感驚異，跪下怔怔地答應了。

五天後天剛亮，張良就去了。老者已經先在那裡，他生氣地說：「與老人期，後，何也？」便離開，並說：「後五日早會。」又過了五天，雞剛剛叫，張良就去了，老者又先在那裡，又生氣地說：「後，何也？」離開時囑他：「後五日復早來。」過了五天，張良不到半夜就去了。過了一會兒，老者也來了，他高興地說：「應當這樣。」隨即拿出一書，說道：「讀此則為王者師矣。後十年興。十三年孺子見我濟北，谷城山下黃石即我矣。」於是一言不發而去。從此張良再也沒有見到這位老人。

天亮後張良看那書，是《太公兵法》，因為覺得它不同尋常，便經常讀誦。張良藏匿下邳十年之久，這十年中，他從青年時代血氣方剛的豪俠人物成為一個深沉機智的機變之士，與年輕時代的匹夫之勇相比，判若兩人。這段時期成為張良一生的轉折點。

十年後，陳勝等人起兵反秦，張良也聚集了一百多人響應。沛公劉邦率領了幾千人馬，在下邳的西面攻占了一些地方，張良就歸附於他，成為他的部屬。從此，張良根據《太公兵法》經常向沛公獻計獻策，沛公也常常採用他的計謀。後來，張良成了劉邦運籌帷幄、決勝千里的軍師。劉邦稱帝後，封他為留侯。張良始終不忘那個給他《太公兵法》的老人。十三年後，他隨從劉邦經過濟北時，在谷城山下看見有塊黃石，並把它取回，稱之為「黃石公」，作為珍寶供奉起來，按時祭祀。張良死後，家屬把這塊黃石和他葬在了一起。

張良是如何被封為留侯的？

楚漢以鴻溝為界，中分天下之後，項羽引兵解而東歸，以為可以太太平平當他的霸王了。劉邦也想西行回國，張良、陳平建議說：「漢國已經有了大半個天下，諸侯又都歸附。楚軍兵疲糧盡，這是上天滅亡楚國的絕好時機，千萬不能錯過，應當趁此機會徑直奪取楚地。如今放走項羽不攻，這就叫『養虎自遺患』！」劉邦聽從了他們的建議。

西元前二〇二年冬，劉邦追擊項羽到達陽夏（今河南太康）後，便把軍隊駐紮下來，和韓信、彭越約期合擊楚軍。後來劉邦率軍到達固陵，而韓信、彭越的軍隊沒來會合。劉邦對張良說：「諸侯不遵守諾言，怎麼辦呢？」張良回答說：「楚軍將被粉碎，而韓信、彭越沒有確定的領地，他們不來是當然的。君王如果能夠與他們共分天下，現在立即可以把他們招來。如果不能，事態就難以預料了。君王如果把陳縣以東直到海濱的地區封給韓信，把從睢陽以北到穀城的地區封給彭越，讓他們各為自己的利益而戰，那楚國就容易打敗了。」劉邦依計而行，韓信、彭越等諸侯兵很快便會師垓下。經過垓下之戰，劉邦全殲楚軍，結束了楚漢戰爭，取得了爭天下的最終勝利。

西元前二〇一年，劉邦大封功臣。因張良沒有作戰之功，劉邦說：「運籌策帷幄中，決勝千里外，子房功也。自擇齊三萬戶。」張良說：「始臣起下邳，與上會留，此天以臣授陛下。陛下用臣計，幸而時中，臣願封留足矣，不敢當三萬戶。」於是，劉邦封張良為留侯。張良晚年退出政治活動，深受黃老之學影響，曾閉門學道，並從赤松子雲遊天下，善導引術（即今天所說的氣功）。由於張良的晚年活動鮮為人知，以至蒙上一層神祕色彩，而張良死後究竟葬於何處，也成為千古之謎。

蕭何對漢朝有何貢獻？

蕭何是沛縣豐邑人，他通曉法律，無人能比，是沛縣縣令手下的官吏。漢高祖劉邦還是平民時，蕭何多次憑著官吏的職權保護他。劉邦當了亭長後，蕭何也常常幫助他。劉邦以官吏的身分到咸陽服役，官員們都奉送他三百錢，唯獨蕭何送他五百錢。

劉邦封功臣時為什麼將蕭何推為第一？

等到劉邦起事做了沛公，蕭何又常常做為他的助手督辦公務。沛公進了咸陽，將領們都爭先奔向府庫，分取金帛財物，唯獨蕭何首先進入宮室收取秦朝丞相及御史掌管的法律條文、地理圖冊、戶籍檔案等文獻資料，並將它們珍藏起來。沛公做了漢王，任命蕭何為丞相。項羽和諸侯軍隊進入咸陽屠殺焚燒了一番就離去了。漢王之所以能夠詳盡地了解天下的險關要塞，家庭、人口的多少，以及各地諸方面的強弱，民眾的疾苦等，就是因為蕭何完好地得到了秦朝的文獻檔案的緣故。

楚漢相爭時，蕭何以丞相的身分留守治理巴蜀，安撫民眾，發布政令，供給軍隊糧草。西元前二〇五年，漢王與各路諸侯攻打楚軍，蕭何守衛關中，侍奉太子，安撫百姓，訓練士卒，籌集糧草，使在前線作戰的劉邦有一個安定的後方，兵員及後勤保障源源不斷，終於垓下一戰成功，劉邦亡楚。

漢朝建立後，以蕭何功最高，封為酇侯。蕭何採摭秦法，重新制定律令制度，作為《九章律》。又協助高祖消滅韓信、英布等異姓諸侯王，被拜為相國。高祖死後，蕭何輔佐惠帝。西元前一九三年，蕭何卒。

劉邦封功臣時為什麼將蕭何推為第一？

西元前二〇二年，劉邦已經消滅了項羽，平定了天下，於是論功行賞。由於群臣爭功，一年多了，功勞的大小也沒能決定下來。高祖認為，蕭何的功勞最顯赫，封他為酇侯，給予的食邑最多。很多功臣因此憤憤不平，說他們都身經百戰，而蕭何只不過發發議論，做做文字工作而已，毫無戰功，為什麼他的食邑反而比我們多？劉邦問大臣們：「你們知道獵狗嗎？打獵的時候，追殺野獸的是獵狗，用來指示行蹤，放狗追獸的是人。如今諸位只是能獵獲野獸，相當於獵狗的功勞。至於蕭何，他能放出獵狗，指示追逐目標，那相當於獵人的功勞。況且你們只是一個人追隨我，多的也不過帶兩三個家人，而蕭何卻是全族好幾十人跟隨我，這些功勞怎麼能抹殺呢？」大家都無言以對。

諸侯分封完畢，接著是排位次。群臣都說：「平陽侯曹參身受七十餘處戰傷，攻城略地，功勞最多，應排第一。」劉邦已經壓過大家一次，重封了蕭何，對排位次的事也就不好再說什麼，不過他心裡仍然認為蕭何應該排在第一位。這時，關內侯鄂君說：「在楚漢相爭的五年中，陛下有好幾次都是全軍潰敗，隻身逃脫，全靠蕭何從關中派出軍隊來補充。有時，就是沒有陛下的命令，蕭何一次也派遣幾萬人。不僅是士兵，就是軍糧也全靠蕭何由關中供應，才保證了軍隊的糧食。陛下有好幾次敗退把山東都丟了，幸虧有蕭何坐鎮關中，陛下才能重振旗鼓。這些都是創立漢家天下流傳後世的大功勞，怎麼能把像曹參等人只是一時的戰功列在萬世之功的前面呢！我認為，蕭何應排第一，曹參第二。」

這番議論，正中劉邦下懷，於是把蕭何排為第一，准許他穿鞋帶劍上殿，並封了蕭何的父子兄弟十多人。

「成也蕭何，敗也蕭何」是什麼意思？

漢高祖劉邦為鞏固政權，尋找藉口陸續消滅異姓王。他見韓信功高望重，且握有兵權，就幾次藉故削去韓信的兵權，最後降為只有虛名的淮陰侯。西元前一九七年，陽夏侯陳豨謀反，自立為王。劉邦親率大軍前去征討。當時韓信推說自己有病，沒有隨同前往。於是，韓信的一個門客求見呂后，告發韓信本是陳豨的知交，這次陳豨謀反，韓信是內應，準備在一天夜裡假傳聖旨，把奴隸和犯人釋放出來，襲擊呂后和太子劉盈。呂后一聽，認為事關重大，便祕密召見丞相蕭何。他們兩人商量出計策，由蕭何執行。

第二天，蕭何就讓人去請韓信到相府赴宴。韓信自稱有病，婉言謝絕。蕭何就親自到韓信府上，以探病為由，直接進入韓信的內室。韓信再也無法推辭，只得與蕭何寒暄一番。蕭何說：「我和你是好朋友，請你去赴宴，是有話對你說。」韓信忙問有什麼話。蕭何說：「這幾天皇上從趙地發來捷報，說征討軍大

蕭何是怎樣消除劉邦對自己的猜忌的？

獲全勝；陳豨已經逃往匈奴。現在朝中的王侯，都進宮去向呂后祝賀。你自稱有病不上朝，已經引起人們的懷疑了。所以我來勸你跟我一起進宮，向呂后道賀，消除人們的懷疑。」因為韓信成為大將軍是蕭何推薦的，所以蕭何說的話讓韓信不得不信，於是就跟著蕭何來到長樂殿向呂后道賀。誰知宮中早就埋伏好了武士，呂后一見韓信中計，便喝令刀斧手將韓信綁翻在地。韓信見事不妙，急忙呼叫：「蕭丞相快來救我！」哪知蕭何早就避開了。呂后不容韓信申辯，命令武士把他拖到殿旁邊的鐘室中殺死。隨後，又將韓信的父、母、妻三族全部捕殺。蕭何輔助呂后，謀殺韓信，很符合劉邦鞏固政權的需要，為劉邦除去了一塊心病。

韓信的成功是由於蕭何的大力推薦，韓信的敗亡也是蕭何出的計謀。所以民間就由這個故事概括出「成也蕭何，敗也蕭何」一句俚語。後人遂用「成也蕭何，敗也蕭何」來比喻事情的成敗、好壞都由一個人或一件事情造成。

蕭何是怎樣消除劉邦對自己的猜忌的？

楚漢戰爭時，蕭何任丞相，鎮守關中，漢王與項羽相持於京索之間。漢王數次派遣使者回關中慰勞丞相，這顯然不是一個正常的現象。蕭何手下有一位姓鮑的人對他說：「漢王在外風餐露宿，卻多次派使者慰勞丞相，恐怕是有疑君之心。依我之見，丞相不如把親族中可以當兵的子弟全部送到漢王軍中服役。這樣，漢王不僅不會懷疑您，而且會更加信任您。」蕭何採納了鮑生的意見。這一天，漢王正準備與楚軍決戰，忽報丞相派遣宗族子弟前來助戰。漢王一聽，非常高興，立即召見蕭何的親屬，向他們詢問丞相的近況。他們回答道：「丞相托漢王之福，一切安好，唯念大王親臨戰場，櫛風沐雨，備受艱辛，恨不能相隨左右，特遣我等前來供大王使喚，乞大王恩准。」漢王見狀大喜，說道：「丞相為國操勞，公而忘私，真乃忠臣也。」蕭何把自己的宗族子弟送往漢王處，實際上是以他們為人質，果然漢王對鎮守關中的蕭何放心了。

蕭何輔佐呂后用計誅殺了韓信以後，漢高祖對蕭何也不放心，於是派遣使者回京師，拜蕭何為相國，增加五千戶封邑，同時又命一名都尉率五百名士兵作為相國的警衛部隊。這樣做，既是為了籠絡蕭何，同時也有監視之意。朝中大臣見蕭相國如此受高祖寵信，紛紛前往蕭何府上祝賀。唯有一個名叫召平的人，他來到蕭府，不僅不表示祝賀，反而對蕭相國說：「公將大禍臨頭矣。皇上在外，公在朝中，既增加公之封邑，又為公設置警衛，顯然是對公起了疑心。願公上書辭讓封邑和警衛，並將家中私財悉數捐出以佐軍資，以解除皇上心中的疑忌。」蕭何原本就對此次增封大惑不解，聽了召平一番話，深以為然，立即採納了他的建議，又一次化解了漢高祖對他的猜忌。

後來淮南王英布謀反，漢高祖又親自帶兵征伐。蕭何因為皇上在外征討，總是兢兢業業，勤於國事，安定民心，源源不斷地向前方輸送給養。但蕭何越是勤勉，漢高祖心中越是不踏實，他又故態萌發，常常派使者回長安詢問相國的近況。蕭何對皇上的這一舉動非常疑惑。有一位門客向他道破了高祖的心思，說：「君不久即將滅族矣。君位居相國，功稱第一，如此勤勉，還想再高升嗎？君初入關中，至今已十餘年了，深得百姓擁戴。皇上近來之所以不斷地詢問君的作為，就是怕您深得民心，傾動關中。依臣之見，君不如在京師多置田地，強迫百姓賤價賣地，使關中百姓都罵君賤買民地。這樣，皇上知道君僅僅貪財，沒有政治野心，他也就放心了。」蕭何自任丞相以來，公忠體國，不謀私利，但為了解除皇上對自己的猜忌，他不得不採納這位門客的計謀，自汙以免禍。果然，蕭何的罵名很快就傳到了高祖那裡，漢高祖聽了就放心了。

蕭何一生謹慎，謙恭自守，不居功，不自傲，對漢高祖忠心耿耿，也不免遭到皇帝的猜忌，竟然以自汙免其禍，臣下侍奉君主之險惡由此可見一斑。

一飯之恩必報的故事是怎麼來的？

一飯之恩必報的故事是怎麼來的？

在漢高祖劉邦的軍事將領中，淮陰侯韓信是最傑出的人才。如果沒有韓信的輔助，劉邦是很難打敗項羽的。

韓信出身貧賤，從小就失去了雙親。建立軍功之前的韓信，既不會經商，又不願種地，家裡也沒有什麼財產，過著窮困而備受歧視的生活，常常是吃了上頓沒下頓。因與南昌亭亭長有些交情，韓信便常到這位小官家中去蹭飯，可是時間一長，亭長的妻子對他很反感，就提前做好早飯，端到內室床上去吃。開飯的時候，韓信去了，卻不給他準備飯食。韓信也明白他們的用意，一怒之下離去不再回來。

為了生存下去，韓信只好到當地的淮水釣魚，有位洗衣服的老太太見他沒飯吃，便把自己帶的飯菜分給他吃，這樣一連幾十天，韓信很受感動，便對老太太說：「總有一天我一定會好好報答你的。」老太太聽了很生氣，說：「你是男子漢大丈夫，不能自己養活自己，我看你可憐才給你飯吃，誰還希望你報答我。」韓信聽了很慚愧，立志要做出一番事業來。

很多年過去了，韓信成了劉邦軍中的名將，幫助劉邦平定天下，建立了漢朝。韓信被劉邦封為楚王，有了很高的聲望。他心裡一直惦記著當年接濟過他的那位老太太。韓信讓人打聽到了老太太，不但經常派人給老太太送去各種物品，好讓老太太不再過勞碌貧困的生活，而且還特意回家鄉看望老太太，並給老太太送去了一千兩黃金。

俗話說「滴水之恩，當湧泉相報。」濟困、報恩，都是傳統美德。韓信在困頓時得到那位老太太的接濟，並聲稱要好好報答她，這屬常理。韓信幫助劉邦平定天下，封了侯後，報答那位老太太，這是踐諾，是守信。自己許過的諾言，無論過了多長時間，都應該記得，也許你不經意間的一句諾言，對你來說早已忘記，但是對別人來說卻銘刻在心，所以說許出的諾言就一定要兌現。

「胯下之辱」說的是怎麼回事？

韓信的家鄉在淮陰，韓信年輕時，很多人都看不起他。淮陰街上有一個屠夫常對人說：「你們別瞧這傢伙長著那麼大的個子，又好舞刀弄劍，其實他膽子小著呢！」

有一天，這個屠夫看到韓信從街上過，立即出來擋住他，叫道：「韓信，你要是有膽，就給我一刀；你要是怕死，就從我褲襠底下鑽過去！」韓信聽了，很久沒有說話。看著屠夫那副趾高氣揚的樣子，他伏下身子，慢慢地從屠夫的褲襠下面鑽了過去。滿大街的人從此都笑話韓信，認為他膽子太小，不是個男子漢。但是後來，韓信卻為劉邦平定天下立下了汗馬功勞。他之所以甘心受這樣的屈辱，並不是沒有血性，而是想做一番大事業，必須要保全自己。如果韓信是個莽漢，當時就會和那些無賴一拼，其結果可想而知，不是被他們殺掉，就是闖下大禍之後亡命天涯，那也就沒有以後的韓信了。

後來韓信被封為楚王，召見曾經侮辱過自己、讓自己從他胯下爬過去的年輕人，任用他做了中尉，並告訴將相們說：「這是位壯士。當侮辱我的時候，我難道不能殺死他嗎？殺掉他沒有意義，所以我忍受了一時的侮辱而成就了今天的功業。」

韓信受胯下之辱的故事，後來成為一個廣為流傳的典故，人們常用它來比喻那些為了做大事而甘願受一時屈辱的人。

蕭何月下追韓信是怎麼回事？

蕭何月下追韓信是怎麼回事？

項梁起兵以後，路過淮陰，韓信去投奔他，在楚營裡當了個水兵。項梁死後，韓信跟隨了項羽，項羽見他比一般兵士強壯，就讓他做了個小軍官。韓信數次向項羽獻計策，項羽都沒有採用。韓信感到十分失望。漢王劉邦到南鄭去後，韓信就投奔了漢王。漢王也只讓他當了個小官。有一次，韓信犯軍法被抓了起來，就要被砍頭時，正值漢王部下一個將軍夏侯嬰經過，韓信高聲呼喊，向他求救，說：「漢王難道不想打天下了嗎？為什麼要斬壯士？」夏侯嬰看韓信的模樣，是一條好漢，便把他放了，還向漢王推薦。漢王於是派韓信做了管糧食的官。後來，丞相蕭何見到韓信，言談中發現韓信很有才能，便很器重他，還多次勸漢王重用他，但漢王總是不聽。恰好當時劉邦手下的兵士們都想回老家，差不多每天都有人私自逃走，心灰意冷的韓信也悄悄離開劉邦的軍隊，準備投奔別的起義軍。

蕭何得到他離開的消息後，也沒向劉邦匯報，只是急忙騎馬去追韓信。劉邦得到消息，以為是二人逃跑了。過了兩天，蕭何和韓信回來了，劉邦又驚又喜，責問蕭何是怎麼回事。蕭何說：「我是為您追人去了。」劉邦大惑不解：「過去逃跑的將領有幾十個，你都不去追，為什麼單單去追韓信呢？」蕭何說：「以前逃跑的將領都是平庸之輩，容易得到，而韓信是難得的奇才，如果您想爭奪天下，除了韓信，您就再也找不到同您計議大事的人了。」劉邦說：「那就讓他在你手下做個將領吧！」蕭何說：「讓他做一般的將領，他未必肯留下來。」劉邦說：「那就讓他做一個軍事統帥吧！」從此，韓信由一名運糧官變成了一位將軍。在後來幫助劉邦平定天下的過程中，他每戰必勝，立下了赫赫功勛。

蕭何月下追韓信的故事使人們看到了蕭何為國求賢的一顆赤誠之心，看到了他識人愛才的伯樂精神，也看到了他那不嫉賢妒能、甘居人後的博大胸懷。

「背水一戰」是怎麼來的？

韓信被任命為大將軍後，屢立戰功，劉邦十分器重他。不久，項羽為平定諸侯叛亂，陷入了不可自拔的境地，韓信向劉邦建議，出兵關中，與項羽爭奪天下，從此揭開了楚漢相爭的序幕。韓信用「明修棧道、暗渡陳倉」之計，不到一個月就平定了關中。

不久，韓信又率軍攻打趙國。趙國的兵馬有二十萬，遠遠超過韓信。但是韓信大膽進兵，行軍到離趙軍三十里處停下紮營。半夜裡，韓信選了兩千人的輕騎兵，命他們每人手執一面紅旗，抄小路隱蔽起來，並告訴他們說：「一會兒趙軍看我們撤退，必然會全部出動追趕我們，你們就趕快占據趙營，把他們的旗子換成我們的旗子！」他又向將領們發放乾糧，說：「等戰勝了趙軍後我們來個大會餐！」眾將領都不大相信這樣能打敗趙軍，但又不敢違抗命令，只得答道：「好！」韓信又派出一萬士兵作為先鋒部隊，靠著水邊擺開陣勢。敵軍見此情景，全都大笑起來，因為背水設陣，沒有退路，這是兵家大忌，韓信居然犯下這麼愚蠢的錯誤！

天亮後，韓信打出大將的旗號，一面擂鼓，一面率軍向趙軍開去，趙軍出營迎擊。雙方激戰了一會兒，還沒分出勝負，韓信就佯裝不敵，把旗號、軍鼓給丟了，領兵奔往駐紮在水邊的部隊。兩支部隊彙集在一起，又與趙軍展開激戰。趙軍看到韓信的軍隊全部背水而戰，於是傾巢出動，意在擒拿韓信。而漢軍背水而戰，已經無路可退，眾將士都拚死作戰，無不以一當十，趙軍雖然人多勢眾，但一時也不能擊敗漢軍。此時，先前隱蔽的兩千輕騎兵見趙軍已傾巢而出，營帳已空，就依著韓信的部署，快速奔入趙營，把趙軍的旗幟全都拔掉，換上了漢軍的旗幟。趙軍久久不能取勝，就想暫時收兵回營。誰知回頭一看，自己的營帳全部插上了漢軍的旗幟，都大驚失色，以為漢軍已經把自己的主帥給俘虜了，頓時陣勢大亂，兵士們東奔西逃。韓信乘機下令猛烈衝殺，趙軍大敗而逃。很快，漢軍殺死了趙軍的主帥，還俘虜了趙王。

韓信是怎樣被封為齊王的？

後來人們根據這個故事，引出「背水一戰」這一成語，比喻決一死戰，死裡求生，常常指在重大壓力下所採取的事關成敗的行動。

韓信是怎樣被封為齊王的？

西元前二〇三年十一月，韓信用重兵突襲的辦法攻破了齊都臨淄。楚將龍且急領二十萬人馬來援，與敗退的齊軍會師於高密，然後與漢軍隔淮水對峙。韓信祕密派人用一萬多個沙袋，乘暗夜在上游把淮水堵住。天明後派部分軍隊渡過淮水，在側後攻擊楚軍，繼而佯裝潰敗。龍且誤以為漢軍膽怯，便率主力渡淮水追擊。韓信見此，命部屬掘開上游堤壩，將楚軍衝成兩段，漢軍運用半渡而擊的辦法，把已渡水的楚軍全部殲滅，龍且被殺。未渡水的齊楚聯軍不戰自潰。韓信趁勢揮軍追殲逃敵，最終俘虜齊王田廣，平定了齊地。

韓信攻占齊地後，項羽驚恐萬分，連忙派人去遊說韓信，以三分天下為條件，希望韓信反漢聯楚，被韓信拒絕。韓信的謀士蒯通勸他：「將軍難道沒有聽說過勇略震主者身危，功蓋天下者不賞的道理嗎？……將軍如今既有震主的威名，又挾難賞的大功，歸楚，楚不信；歸漢，漢王震恐。若不自立為王，何處是你的歸宿呢？」韓信聽了連連擺手道：「請不要再說了，漢王待我十分恩厚，把他的車給我乘，把他的衣給我穿，把他的飯給我吃。古人說過：乘人家的車，要替人分擔憂患；穿人家的衣，也應替人分擔憂患；吃人家的飯，就應該為人家賣命。我怎麼能見利忘義呢？」於是謝絕了蒯通的建議。但由於齊地初定，需立王掌政以安民心。所以韓信遣使修書請求劉邦立他為假齊王（代理齊王）。當時，劉邦正被項羽困在滎陽，自顧不暇，看罷來書後勃然大怒，本不想應允，後來聽取了張良和陳平的意見後，劉邦才說：「大丈夫平定了諸侯就是真王，當假王做什麼！」於是，順水推舟地封韓信為齊王，穩住這支十分重要的力量，避免了漢軍的分裂。韓信從此感恩，無論誰再來勸說，他都不忍忘恩背漢，並最終引大軍擊楚，為劉邦統一天下起了決定性作用。

韓信是怎樣被擒、被殺的？

韓信助劉邦打敗項羽以後，被封為楚王。那時韓信初到楚國，各縣鄉邑巡察進出都派軍隊戒嚴。

西元前二〇一年，有人告韓信謀反。劉邦用陳平的計策，說天子要出外巡視會見諸侯，通知諸侯到陳地相會，說：「我要遊覽雲夢澤。」其實是想要襲擊韓信，韓信卻全然不知。劉邦來到楚國，韓信去陳謁見劉邦，劉邦令武士把韓信捆綁起來，放在隨從皇帝后面的副車上。韓信說：「果若人言，『狡兔死，走狗烹；飛鳥盡，良弓藏；敵國破，謀臣亡。』天下已定，我固當烹！」高祖說：「有人告你謀反。」就給韓信戴上械具。回到洛陽，因蕭何勸說，劉邦才赦免了韓信的罪過，改封他為淮陰侯。

後來，韓信的絕世軍功和才華終招來了殺身之禍。西元前一九六年，呂后和蕭何誘韓信至長樂宮的鐘室，以謀反罪名殺之。一代名將，死非其所，實堪哀傷。

陳平娶妻有何傳說？

陳平是西漢初期著名的政治家、軍事家，曾輔佐劉邦建立了西漢王朝，並為鞏固西漢政權立下了汗馬功勞。

陳平年輕時家中貧窮，喜歡讀書，他同哥哥陳伯住在一起。陳伯平時在家種地，聽任陳平出外求學。陳平長得身材高大，相貌堂堂。有人對陳平說：「你家裡那麼窮，吃了什麼長得這麼魁梧？」陳平的嫂子惱恨陳平不照顧家庭，不從事勞動生產，說：「也不過吃糠咽菜罷了，有這樣的小叔子，還不如沒有。」陳伯聽到這些話，趕走了他的妻子並休棄了她。

等到陳平長大成人該娶親時，富有的人家沒有誰肯把女兒嫁給他，娶窮人家的女兒陳平又感到羞恥。過了好長時間，戶牖有個叫張負的富人，他的孫女嫁了五次人，丈夫都死了，沒有人再敢娶她。陳平卻想娶她。鄉鎮中有人辦喪事，陳平因為家貧，就去幫忙料理喪事，靠著早去晚歸多得些報酬以貼補家用。張負在喪家見到他，相中了這個高大魁梧的陳平。一次，張負跟著陳平到了陳家，陳家在靠近外城城牆的偏僻小巷子裡，拿一張破席就當門了，但門外卻有很多貴人留下的車輪印跡。張負回家後，對他的兒子張仲說：「我打算把孫女嫁給陳平。」張仲說：「陳平又窮又不從事生產勞動，全縣的人都恥笑他的所作所為，為什麼偏把女兒嫁給他？」張負說：「哪有儀表堂堂像陳平這樣的人會長久貧寒卑賤呢？」最終將孫女嫁給了陳平。因為陳平窮，張家就借錢給他行聘，還給他置辦酒宴的錢來娶親。張負告誡他的孫女說：「不要因為陳家窮，侍奉人家就不小心。侍奉兄長陳伯要像侍奉父親一樣，侍奉嫂嫂要像侍奉母親一樣。」陳平娶了張家女子以後，資財日益寬裕，交遊也越來越廣。

不久，眾鄉親推選陳平為社宰，他時常割些肉均分給眾人。父老鄉親都稱讚陳平辦事公平，以後能有所作為。陳平則說：「如果以後我能主宰天下，我一定像均分肉一樣，讓天下老百姓都不受貧苦。」

陳平為什麼棄楚歸漢？

西元前二〇九年，陳勝在大澤鄉起義，並立魏咎為魏王。於是，陳平辭別兄長，前往臨濟投奔魏王。後來又轉投項羽門下做謀士。但陳平得不到項羽重視，鬱鬱不得志。西元前二〇五年春，因司馬卬背楚降漢，項羽遷怒於陳平。陳平不僅遭到了項羽的責備，而且他出的計謀項羽也不再採納。陳平看清了項羽是個魯莽武夫，最終是不可能取得勝利的，於是他掛印封金、偷偷地走了。他想起在漢王手下的魏無知是自己的老朋友，準備去投奔劉邦。天快黑時，他逃到了黃河邊，請船伕送他過河。陳平上了船，從船艙裡又出來了一個船伕。他想這兩個人可能是強盜，以為他身上帶著珠寶，想圖財害命。陳平為人機靈，渾身是計。為了保全自己的性命，他馬上脫了衣服，扔在船上，光著上身來幫船伕划船。船伕看他腰間什麼也沒有，衣服掉在船上也沒有什麼聲音，知道他身上什麼貴重的東西都沒有，也就打消了加害他的念頭。

陳平經漢將魏無知推薦，面見劉邦。兩人縱論天下大事，十分投機。劉邦破例任陳平為都尉，留在身邊做參乘（陪他出行，為他駕馭馬車的官員），並命他監護三軍將校。這一下引起了許多將領的不滿，他們紛紛說陳平品行不端，貪圖賄賂，認為這種人不能信任重用。劉邦經不住眾人再三詆毀陳平，便也心生疑團，召陳平來質問道：「聽說你原來是幫助魏王的，後來離開魏王去幫助楚霸王，現在又來幫助我，這怎麼不讓別人懷疑你的信義呢？」陳平慢條斯理地回答道：「同樣一件有用的東西，在不同的人手裡作用就不同了。我侍奉魏王，魏王不能用我，我離開他去幫助楚霸王，霸王也不信任我，所以我才來歸附大王。我雖然還是我，但用我的人可不一樣了。我久慕大王善於用人，所以才不遠千里來投奔大王。我什麼也沒帶到這裡來，所以什麼都沒有，才接受了人家的禮物。沒有錢，我就生活不了，也就辦不了事。如果大王聽信讒言，不任用我，那麼，我收下的那些禮物還沒有動用，我可以全部交出來，請大王給我一條生路，讓我辭職回家，老死故鄉。」陳平寥寥數語，道明了各方的政治優劣，話中有話。

劉邦聽後，疑慮頓消，對陳平倍增好感，並重重地賞賜一番，提升他為護軍中尉，專門監督諸將。從此，陳平一心一意為劉邦「六出奇計」奪取天下，成為西漢安邦定國的著名謀臣。

陳平是如何離間項羽與臣下關係的？

陳平是如何離間項羽與臣下關係的？

西元前二〇三年，楚漢戰爭到了最關鍵的時刻。劉邦被項羽圍困在滎陽城內達一年之久，並被斷絕了外援和糧草通道。劉邦向項羽求和，項羽不許，劉邦十分憂慮。這時，陳平獻計，讓劉邦從倉庫中撥出四萬斤黃金，買通楚軍的一些將領，讓這些人散布謠言說：「在項王的部下裡，范亞父和鐘離昧的功勞最大，但卻不能封王。他們已經和漢王約定好了，共同消滅項羽，分占項羽的國土。」這些話傳到霸王的耳朵裡，使他起了疑心，果然對鐘離昧產生了懷疑，以後有重大的事情也就不再跟鐘離昧商量了。他甚至懷疑范增私通漢王，對他很不客氣。

為了徹底孤立項羽，陳平還要把范增除掉。有一天，項羽派使者到劉邦營中，陳平讓侍者準備好十分精緻的餐具，端進使者房間。使者剛一進屋，就被請到上座，陳平再三問起范增的起居近況，大讚范增，並附耳低聲問：「亞父范增有什麼吩咐？」使者不解地問道：「我們是霸王派來的，不是亞父派來的。」陳平一聽，故作吃驚地說：「我們以為是亞父派來的人呢！」便叫幾名小卒撤去上等酒席，隨後把使者領至另一間簡陋客房，改用粗茶淡飯招待。陳平則滿臉不高興，拂袖而去。使者沒想到會遭受如此羞辱，極為氣憤。

回到楚營後，使者把情形一五一十地告訴了項羽，霸王更加確信范增私通漢王了。這時，范增正向項羽建議應該加緊攻城，但項羽卻一反常態，拒絕聽從。過了幾天，范增也知道了外面說他私通漢王的謠言，並且感到項羽已不再信任自己了，於是他就對項羽說：「天下大事已基本定了，希望大王好自為之。我年歲大了，身體又不好，請大王準我回家養老吧！」項羽十分薄情，竟然毫無挽留之意，他同意了范增的請求，還派人護送他回家鄉。范增一路走，一路嘆氣，吃不下，睡不著，傷心不已。他已經七十多歲了，哪裡受得了這麼大的委屈？到彭城的時候，氣得背上生了一個毒瘤，就此一病不起，駕鶴西去。這樣，項羽手下唯一的一個著名謀臣，竟被陳平略施小計就除掉了。

英布為什麼被劉邦所殺？

英布出身平民，少時有人給他算命說他在受刑之後會被封王賜爵。到壯年果然犯秦法遭黥刑，英布認為離自己成名的日子不遠了，欣然笑曰：「人相我當刑而王，幾是乎？」別人聽到後，一起嬉笑他。後英布被送往酈山服刑，酈山刑徒有數十萬人，英布結交刑徒中豪傑之士，率領一夥人逃入江澤中做了強盜。陳勝、吳廣農民起義爆發後，英布投靠了吳芮，並做了他的女婿。後來聽說項梁已平定江東、會稽，正渡江向西，隊伍不斷壯大，眾多將領歸附項梁，英布便投靠了他。在項梁帳下，英布作戰最為勇猛。鉅鹿之戰中，項羽命英布先渡河擊秦。英布屢擊章邯之軍，切斷秦軍糧道，項羽遂與英布會合，大破秦軍，收降章邯等人。到函谷關後，因劉邦派兵駐守，不能入關。項羽又派英布等人從閒道破關而入，攻到咸陽。

英布在作戰中常為先鋒，深得項羽器重，後項羽分封，立英布為九江王，都六安。

西元前二〇五年，齊王田榮叛楚，項羽出兵擊齊，向英布徵兵，英布託病，只派將領率幾千人前往。劉邦在彭城擊敗項羽，英布也託病不救，這就引起了項羽對英布的怨恨。張良對劉邦說，英布是員大將，可助漢建功立業，劉邦便派人去遊說英布。漢使見到英布，分析局勢的發展，說明英布依附項羽是不明智的，並向英布許諾只要他叛楚助漢，漢勝後必會割地封賞。於是，英布殺死了讓其援助項羽的楚使，歸漢攻楚，成為劉邦屬下的一支反楚的主力部隊。

西元前一九六年，呂后誅殺韓信，引起了英布的驚慌。同年夏，又殺彭越。英布得到消息後，大為恐慌，怕禍及自身，於是暗中聚合部隊，隨時注意鄰郡的動靜。英布有一寵姬向英布提到賁赫，並稱讚他是溫厚長者。英布懷疑她跟賁赫淫亂，想逮捕她。賁赫很害怕，遂乘車趕往長安，並上書稱英布已有謀反跡象，建議在他未發兵前殺掉他。英布見賁赫已逃，還上書言變，懷疑他說出了自己暗中布置之事，再加漢朝使者前來查驗，便殺了賁赫全家，起兵反叛。

劉邦召集諸侯討論如何應變，令尹分析英布軍雖有上、中、下三計可施，但英布出身酈山刑徒，經過奮鬥終成了萬乘之主，他的所做所為只是為了自身，而不為百姓謀福，不為後代子孫考慮，所以只能出下策。英布的計畫果不出令尹之謀，其出下計：東擊荊，荊王劉賈戰死於富陵。英布盡收其兵，渡淮水擊楚。楚發兵與英布在徐、僮大戰，結果大敗。英布率兵向西，與漢軍相遇於蘄西（蘄縣在今安徽宿縣南），會戰於甀。英布軍隊精銳，劉邦只得固守庸城，看見英布軍的列陣如項羽的軍隊，劉邦非常痛恨，遠遠地對英布說：「何苦而反？」英布說：「欲為帝耳。」劉邦大罵英布，與其大戰，英布敗走，渡過淮河，屢次停下來與漢軍交戰，皆不利。英布率百餘人逃到長江以南。英布原同吳芮通婚，所以長沙哀王（吳回，吳芮之孫）讓人欺騙英布，假裝同他逃跑，誘使英布逃向南越，英布相信了，同使者去番陽。番陽人在茲鄉一農戶家將英布殺死。

韓王信為什麼棄漢奔胡？

韓王信是戰國時韓襄王之孫。秦朝末年，沛公劉邦在河南作戰時，韓王信投入沛公軍中成為韓將，跟隨沛公進入關中。後來漢王劉邦打敗三秦，重占關中後，承諾將來會封韓王信為韓王，先拜他為韓太尉，派他帶兵攻取韓地。西元前二〇五年，韓王信攻取了韓十餘城，當漢王來到河南後，韓王信猛攻西楚霸王項羽所立的韓王鄭昌，迫使鄭昌投降，漢王便立韓王信為韓王。西元前二〇四年，韓王信在滎陽失守時向楚投降，不久成功逃回漢營，漢又立他為韓王。之後，韓王信跟隨漢軍擊敗項羽，平定天下。西元前二〇二年春，韓王信獲封國於穎川一帶，定都陽翟。

西元前二〇一年春，劉邦認為韓王封地接近四周的「天下勁兵處」，擔心韓王日後會對其構成威脅，便以防禦北方胡人為名，把韓王封地遷至太原郡，以晉陽為都。韓王信上書請求把都城改至馬邑，得到劉邦批准。後來匈奴攻馬邑，朝廷懷疑韓王信暗通匈奴，劉邦致書責備韓王信，韓王信擔心被誅，便與匈奴約定共同攻漢，以馬邑之地請降，進軍太原。

西元前二〇〇年冬，劉邦親自帶兵擊敗韓王信，信逃到匈奴那裡。劉邦追擊時被匈奴圍困在白登，後脫險退兵。此後，韓王信常率匈奴軍侵擾邊境。西元前一九七年，韓王信派人遊說駐守代地的陳豨起兵反漢。西元前一九六年，韓王信又與匈奴侵漢，漢將致書韓王信，勸他歸降，韓王信婉拒，兩軍隨即交戰，韓王信戰死。

盧綰與劉邦親如兄弟，為什麼最後要反叛？

盧綰是豐邑人，和劉邦是同鄉。盧綰的父親和劉邦的父親非常要好，劉邦和盧綰又是同日而生，長大後又在一起讀書，也非常要好。劉邦還是平民百姓的時候，被官吏追拿需要躲藏，盧綰總是隨同左右，東奔西走。後來，劉邦從沛縣起兵，盧綰以賓客的身分相隨，到漢中後，擔任將軍，總是陪伴在劉邦身邊。盧綰跟從劉邦東擊項羽時，以太尉的身分不離左右，深得劉邦寵信。西元前二〇二年，劉邦立盧綰為燕王，所有諸侯王受到的皇帝寵幸都比不上燕王。盧綰與劉邦親如兄弟，然而，這麼一個與劉邦相濡以沫的好友，最終居然也反叛了劉邦。

樊噲本以屠狗為事，為什麼能封侯？

西元前一九六年秋，陳豨反叛，盧綰援助劉邦進攻陳豨，他派部下張勝出使匈奴，稱陳豨軍隊已被擊敗，不讓匈奴出兵援助陳豨。張勝在匈奴遇到了逃亡匈奴的原燕王臧荼之子臧衍。臧衍勸說張勝，說燕國之所以能存在，是因為諸侯多次反叛，戰爭連年不斷。若陳豨被滅，接著就該輪到燕國了。張勝認為他說得有道理，就暗中讓匈奴幫助陳豨攻打燕國。燕王盧綰懷疑張勝和匈奴勾結，一起反叛，就上書皇帝請求把張勝滿門抄斬。張勝返回，把之所以這樣做的原因全部告訴了盧綰。盧綰覺悟了，就找了一些替身治罪處死了，把張勝的家屬解脫出來，使張勝成為匈奴的間諜，又暗中派遣范齊到陳豨的處所，想讓他長期叛逃在外，使戰爭連年不斷。

西元前一九五年，陳豨兵敗被殺，其副將向劉邦稟告了盧綰與陳豨勾結一事。劉邦極為震驚，派人追查。盧綰心中恐懼，閉門不出，對心腹說：「不是劉姓而被封為王的，只有我盧綰和長沙王吳芮了。去年春天，漢朝將淮陰侯韓信滿門抄斬，夏天，又殺掉了彭越，這都是呂后的計謀。現在皇帝重病在身，把國事全部交給了呂后，而呂后總想找個藉口殺掉異姓諸侯王和功高的大臣。」劉邦得知此語，越加憤怒，此時又聽說張勝尚在匈奴軍中，並充當燕王派往匈奴的使者，劉邦終於認定了盧綰謀反，遂派樊噲率軍攻打燕國。盧綰聽聞，把所有的宮人家屬及數千名騎兵安頓在長城腳下，想等皇帝病癒後親自謝罪。四月，劉邦病逝，盧綰逃入匈奴，被匈奴封為東胡盧王，他一直想重返漢朝，在匈奴一年多以後，便抑鬱而死。

樊噲本以屠狗為事，為什麼能封侯？

樊噲是沛縣人，原以殺狗賣狗肉為生，曾經和劉邦一起隱藏在芒山、碭山一帶。後跟從劉邦在豐縣起兵，攻取了沛縣。劉邦做了沛公，就以樊噲為舍人。樊噲便開始跟隨劉邦血戰疆場，陸續被賜封為國大夫、五大夫、卿爵、賢成君等。鴻門宴中，正當「項莊舞劍，意在沛公」之時，樊噲手持盾牌擅入帳中，指責項羽聽信小人胡言亂語，與沛公有了隔閡，天下又將四分五裂，一番壯語使項羽更加遲疑不決，劉邦趁機逃走。鴻門宴中，若非樊噲勇敢機智，劉邦的大業便可能毀於一旦。

劉邦被立為漢王后，樊噲被封為列侯，號臨武君，後又升任郎中，隨劉邦入漢中。劉邦回軍平定三秦時，樊噲總是帶頭衝鋒陷陣，因而連續升任郎中騎將、將軍。在攻取郿、槐里、柳中、咸陽的戰鬥中，樊噲的功勞都無人能比。樊噲血洗煮棗（今山東菏澤境內），攻取鄒縣、魯城、瑕丘、薛縣（分別是今山東鄒縣、曲阜、兗州、滕縣），隨劉邦攻打項羽，攻取了陽夏（今河南大康），將項羽圍困在陳縣，大敗項羽，血洗胡陵。

劉邦稱帝後，因為樊噲堅守城池、出擊作戰立有大功，便給他加封食邑八百戶。樊噲隨劉邦攻打反叛的燕王臧荼，平定了燕地，又隨劉邦到陳縣，逮捕了楚王韓信，平定了楚地。劉邦於是把舞陽（今河南舞陽）賜作樊噲的食邑，並賜封為舞陽侯。

樊噲雖出身卑微，但他忠心地追隨劉邦南征北戰，無論環境多麼險惡，處境多麼艱難，他都一如既往。據統計，自從樊噲跟從高祖征戰，共斬敵人首級一百七十六個，俘虜敵兵一百八十八人。他自己單獨帶兵征戰，打敗過七支敵軍，攻下過五座城池，平定了六個郡，五十二個縣，並俘虜過敵人丞相一人，將軍十二人，二千石以下到三百石的官員十一人。因此本以屠狗為生的樊噲，最終一步步被封為列侯。

酈商是一個什麼樣的人？

酈商是高陽人，在陳勝起兵反秦的時候，他聚集了一夥年輕人四處招兵買馬，組織了一支好幾千人的隊伍。沛公攻城奪地來到陳留，過了六個多月，酈商就帶領將士四千多人到岐投歸沛公。在攻打長社（今河南長葛縣東北）的戰鬥中，酈商驍勇異常，身先士卒，第一個登上城垣，大振軍心，初戰告捷。隨後，

酈商是一個什麼樣的人？

酈商又攻克緱氏（今河南登封市西北）、河津（在山西省南部）、襄（河南鄧縣）、宛（河南南陽）等十七縣，戰功卓著。

項羽滅秦之後，立沛公為漢王。漢王賜給酈商信成君的爵位，並以將軍的職位擔任隴西都尉。後來，酈商率軍平定了北地和上郡，在焉氏打敗了雍王章邯部下所率領的軍隊，在栒邑打敗了周類所率領的軍隊，在泥陽打敗了蘇駔所率領的軍隊。又以隴西都尉的職位跟隨沛公攻打項羽的軍隊達五個月之久，出兵巨野，和鐘離昧交戰，因激戰有功，被沛公授予梁國相印，又增封食邑四千戶。後又以梁國相國的職位跟隨漢王與項羽作戰達兩年又三個月，攻取胡陵。

項羽死後，漢王稱帝。這一年的秋天，燕王臧荼謀反，酈商以將軍的身分隨從高帝去攻打臧荼。在龍脫大戰時，酈商衝鋒陷陣，率先登城，在易下擊敗臧荼的軍隊。因殺敵有功，被升任右丞相，賜列侯爵位，和其他諸侯一樣剖符為信，世世代代永不斷絕。後又以右丞相之職單獨帶兵平定上谷，接著又攻打代，被高祖授予趙國的相國之印。又以右丞相加趙國相國的身分帶兵和絳侯周勃等人一起平定了代和雁門，活捉了代國丞相程縱、守將郭同，將軍以下到六百石的官員共十九人。凱旋之後，以將軍的身分擔任太上皇的護衛一年又七個月。然後又以右丞相之職攻打陳豨，搗毀東垣城牆。又以右丞相之職跟隨高帝進攻反叛的英布，酈商領兵向敵人陣地猛攻，奪取了兩個陣地，從而使漢軍能夠打垮英布的軍隊。之後，高帝把他的封邑改在曲周，增加到五千一百戶。

酈商去世後，謚號為景侯，他的兒子酈寄繼承了侯位。

灌嬰是一個什麼樣的人？

灌嬰原是睢陽的一個販賣絲繒的小商人。高祖在剛剛起兵反秦自立為沛公的時候，灌嬰以內侍中涓官的身分跟隨沛公，在成武打敗了東郡郡尉的軍隊，在槓裡打敗了駐守的秦軍。後又跟隨沛公在亳縣以南及開封、曲遇一帶與秦軍交戰，因奮力拚殺，被賜與執帛的爵位，號為宣陵君。後又跟隨沛公在屍鄉以北地區擊敗秦軍，領兵南下而平定了南陽郡。又向西進入武關，在藍田與秦軍交戰，一直打到霸上。

沛公被封為漢王之後，拜灌嬰為郎中之職。灌嬰跟從漢王進軍漢中。之後又還師平定了三秦，攻取了櫟陽。後又跟隨漢王東出臨晉關（又稱蒲津關，在陝西大荔東），降服了殷王董翳，平定了他所統轄的地區。又在定陶以南地區與項羽的部下龍且、魏國丞相項他的軍隊交戰，最後擊敗敵軍。漢王在彭城之戰中大敗，灌嬰隨漢王撤退，在雍丘駐紮。王武、魏公申徒謀反，灌嬰隨從漢王平定了叛亂。隨後漢王駐紮在滎陽，項羽的軍隊又來進攻，其中騎兵很多。這時漢王急需一名出色的騎兵將領，灌嬰受命於這個關鍵時刻，帶兵在滎陽大敗楚軍，並獨自率軍斷絕了楚軍的糧食供應線。在此後的多次戰爭中，灌嬰一直率領騎兵衝鋒在前，最終和漢王一起在陳縣擊敗項羽的軍隊。項羽在垓下兵敗，突圍逃跑，灌嬰奉漢王命令追擊倉皇而逃的項羽。項羽自刎後，灌嬰部下五人共同斬下了項羽的頭顱。從此，對漢王威脅最大的敵人被徹底消滅了。

漢王稱帝之後，灌嬰以車騎將軍之職跟從高帝擊敗燕王臧荼的軍隊。第二年，灌嬰跟從高帝到達陳縣，逮捕了楚王韓信。回朝之後，高帝剖符為信，使其世世代代不絕，把潁陰的兩千五百戶封給灌嬰作為食邑，號為潁陰侯。

高帝去世後，灌嬰就以列侯之職侍奉漢惠帝和呂太后。之後和周勃、陳平共同立代王為孝文皇帝。孝文皇帝又給灌嬰加封食邑三千戶，賜給黃金一千斤，同時任命他為太尉。三年以後，絳侯周勃免除丞相職

灌嬰是一個什麼樣的人？

務回到自己封地上去了，灌嬰擔任丞相，撤銷了太尉之職。這一年，匈奴大舉入侵北地、上郡，皇帝命丞相灌嬰帶領騎兵八萬五千人，前去迎擊匈奴。匈奴逃跑之後，濟北王劉興居造反，皇帝命令灌嬰收兵回京。一年之後，灌嬰死在丞相任上，謚號為懿侯。

劉邦總結自己得天下的原因是什麼？

第十章 西漢初興

劉邦知人善任，因勢利導，終於戰勝項羽登上了皇帝的寶座，成為中國歷史上第一位平民出身的天子。劉邦建立了漢王朝，自此中國在地理上再次統一，為以後的強大奠定了基礎。劉邦死後兒子惠帝即位，但權力掌握在呂后手中。呂后在宮廷中的權力角逐並不影響她推行德政，促進漢初社會的發展。所以司馬遷評價呂后說：「高後女主稱制，政不出房戶，天下晏然。」

劉邦總結自己得天下的原因是什麼？

劉邦當上皇帝后，社會逐漸安定下來。有一天，劉邦在皇宮裡大宴群臣。正當大家酒興正濃之際，劉邦舉起酒杯一飲而盡，高聲對大臣們說：「我們都是出生入死的兄弟，今天我們歡聚一堂，說話不要有所顧忌。你們說說看，我為什麼會得到天下？項羽為什麼會失去天下？」

大臣們聽了，紛紛挑最好聽的說，有的說劉邦英明神武，有的說劉邦是真命天子，都是一些拍馬屁的話。劉邦邊聽邊搖頭，露出了不滿意的神情。一位大臣說：「皇上知人善任，重獎有功的將士，所以大家都樂意為皇上效命；項羽妒賢嫉能，不但不封賞有功之士，還時時對他們進行壓制打擊，弄得上下離心。這就是他失去天下的原因。」

這時，劉邦說：「你們說的有些道理，但你們只知其一，不知其二啊！一個做大事的人並不一定要超群出眾，關鍵是要善於用人。坐在大帳裡出謀劃策，決勝千里，我比不上張良；治理國家，安撫百姓，籌集糧餉，我比不上蕭何；率領百萬大軍，戰必勝，攻必取，我比不上韓信。這些人都是當代的絕頂人才啊！我能夠重用他們，這就是我得天下的原因。項羽自以為能幹，連一個范增都不能重用。所以，他的失敗是必然的。」

劉邦一番話說得大臣們口服心服。他貴為天子，能在志得意滿的時候清醒地認識自己的長短，不貪他人之功，頗為難得。從這點來看，劉邦能在群雄中脫穎而出，奪得天下，也絕不是偶然的。

劉邦本想建都洛陽，但為什麼最終選擇了關中？

西元前二〇二年，漢王朝完成統一後，打算定都洛陽。當時婁敬作為齊國的戍卒，正被發往隴西（今甘肅一帶）戍邊。當他得知劉邦要在洛陽建都的消息後，便找到他的同鄉虞將軍，請他代為轉達，要求面見劉邦。這使虞將軍進退兩難，如果推辭不管，礙著同鄉情面；如果介紹他去見劉邦，婁敬一無勇武之名，二無賢德之望，皇上願見不願見呢？況且當時統一大業已成，滿朝文武躊躇滿志，婁敬就是見到了劉邦，又會怎麼樣呢？但在婁敬的一再請求下，虞將軍只好向劉邦轉呈了他的請求。然而出人意料，劉邦決定召見婁敬。在召見前，虞將軍覺得婁敬的衣著太失體統，便急忙派人送去一套上好的服裝，但固執的婁敬謝絕了這番好意，仍穿著粗布衣去面見劉邦，並當著滿朝文武的面，對建都洛陽一事大膽地提出不同意見，引起了一場爭論。

婁敬認為，洛陽自古以來就是天下交通往來的中心，太平盛世可以在此稱王，一遇戰亂就很難控制局面。現在戰爭剛剛停息，屍骸尚暴露於野外，哭泣之聲還沿路可聞，中央政權還不穩固，不宜在洛陽建都。

而秦朝經營了幾代之久的關中地區，則背山帶河，四面都有自然險阻，即便倉促間有個緊急情況，百萬之眾不難召集，而且那裡土地肥沃、氣候適宜，便於發展生產，恢復經濟，可以稱得上是天府之國。這就像與人格鬥，不擊其背扼其喉，就不易取勝，而建都關中正是擊中了天下之背，扼住了天下的咽喉，是鞏固政權的關鍵。

劉邦手下的群臣看到這個粗衣敝履的「小人物」竟然對建都這樣的國家大事如此滔滔不絕地發表意見，本來就有一種莫名的反感，加之他們大都不是關中地區的人，對這個建議就更感到不能容忍了。於是，他們紛紛進言，橫加指責，在一片反對聲中，只有張良一個人支持婁敬。經過反覆的利害權衡，劉邦力排眾議，決定採納這個「小人物」的建議，而且「即日車駕西都關中」。建都長安後，劉邦賜婁敬姓劉，拜為郎中，號曰「奉春君」。

白登之圍是怎麼回事？

自從秦始皇統治時期打敗匈奴以後，北方平靜了十幾年。到秦滅亡之後，中原發生了楚漢相爭，匈奴便趁機一步一步南侵。漢高祖時，匈奴的冒頓單于帶領四十萬人馬包圍了韓王信的封地馬邑（今山西朔縣）。韓王信無法抵擋，向冒頓求和。漢高祖得到這個消息，派使者責備韓王信。韓王信害怕漢高祖治罪，便向匈奴投降了。冒頓占領了馬邑，又繼續向南進攻，圍住晉陽。漢高祖親自趕到晉陽，和匈奴對戰。

西元前二〇〇年冬天，冒頓佯裝敗退，以誘漢軍深入。兩軍交戰，漢朝一連打贏了幾陣。後來，聽說冒頓單于逃到代谷（今山西代縣西北）。漢高祖派出士兵去偵察，回來的人都說冒頓的部下全是一些老弱殘兵，連他們的馬都很瘦小，如果趁勢打過去，準能打勝仗。大將劉敬懷疑其中有詐，但漢高祖不聽，準備攻打匈奴。漢高祖率領一隊人馬剛到平城（今山西大同市東北），四周突然湧出無數匈奴兵來，個個人強馬壯，原來的老弱殘兵全不見了。漢高祖拚命殺出一條血路，退到平城東面的白登山。

冒頓單于派出四十萬精兵，把漢高祖圍困在白登山，整整七天無法脫身。這時，高祖身邊的謀士陳平派了一個使者帶著黃金、珠寶去見冒頓的閼氏（就是匈奴的王后），請她在單于面前說些好話。閼氏一見這麼多的禮物，心裡十分高興。當天晚上，閼氏對冒頓說：「我們占領了漢朝的領土，卻沒法長期住下來，再說，漢朝皇帝也有人會來救他。咱們不如早點撤兵回去吧！」冒頓聽了閼氏的話，第二天一清早，就下令將包圍網撤開一角，放漢兵出去。第二天清早，漫天濃霧，漢高祖悄悄地撤離了白登。陳平還不放心，叫弓箭手朝著左右兩旁拉滿了弓，保護漢高祖下山。後來，漢高祖聽從劉敬的意見，派劉敬到匈奴去和親，冒頓同意了。漢高祖挑了一個宮女所生的女兒，稱作大公主，送到匈奴去，冒頓就把她立為閼氏。

劉邦所作《大風歌》表達了怎樣的心情？

劉邦在他稱帝後的第十二年（即西元前一九五年）十月，平定了淮南王英布的反叛，返回時途經故鄉沛縣（今江蘇沛縣以東），在沛宮設置酒宴，邀請款待父老鄉親。飲到酣處，劉邦站起來擊筑伴奏，乘興唱出了這首歷久不衰，為後人稱許的《大風歌》：大風起兮雲飛揚，威加海內兮歸故鄉，安得猛士兮守四方！

前兩句詩氣魄豪壯，雄邁飛揚，充分表現出一代英雄志得意滿、意氣風發的氣概。後一句詩表達了劉邦要鞏固他的統治，急須招攬人才的心情。據史書記載，劉邦唱此歌時，「泣下數行」，可見他情緒十分激動。劉邦在戰勝項羽後，成了漢朝的開國皇帝，這當然使他興奮、歡樂、躊躇滿志，但在內心深處卻隱藏著深刻的恐懼和悲哀。創業難，守業更難，漢高祖劉邦深深懂得了奪取政權的艱辛和進一步鞏固政權的

劉邦立儲時發生了哪些故事？

重要。這是他對未來的憂患思慮和對群臣、子弟的再三叮囑，一個有能力的封建帝王的韜略和雄姿，至此全面地繪聲繪色地刻畫出來。

劉邦立儲時發生了哪些故事？

因為呂后曾與劉邦共患難，所以呂后之子劉盈被立為太子，但漢高祖一直不喜歡他，認為他生性儒弱，不像自己，想把他廢掉，改立戚夫人之子趙王如意。但是，這個想法遭到了張良等大臣的反對，所以遲遲未能實施。西元前一九五年，淮南王英布叛亂。劉邦想讓太子劉盈帶兵出征，又遭到張良等大臣的反對。劉邦帶病徵討英布叛軍回到長安以後，由於箭傷發作，病情日趨嚴重。他自知時日不多，更急於廢立之事。張良等又竭力勸說劉邦改變廢長立幼的想法，但劉邦執意不從。劉盈的母親呂后聞聽，非常著急，便去求開國大臣張良，張良讓呂后去聘請「商山四皓」（四位賢士）。

有一天，劉邦正在喝酒，看見在旁陪侍的劉盈背後站著四位老人，年紀都在八十歲以上，鬚眉皆白，體格健壯。這四人正是劉邦多年想聘請而不得的「商山四皓」。劉邦驚奇之餘就問他們：「我尋找你們多年，你們都躲避我。現在為什麼來了，跟著我的兒子呢？」「商山四皓」回答說：「陛下輕視儒士，我們義不受辱，所以逃避。現在聽說太子仁孝，禮賢下士，所以我們就來了。」劉邦聽罷，說道：「好吧，那就麻煩你們好好輔佐我的兒子吧！」

「商山四皓」的出現，使劉邦不得不放棄了原來的打算。「商山四皓」走後，劉邦召來戚夫人，對她說：「我本來想把太子廢掉，但有這四個人輔佐他，太子的羽翼便成，所以難以更改了。呂后以後就是你的主人！」戚夫人聽後，哭泣不已。劉邦說：「你為我跳楚舞，我為你唱楚歌。」於是就唱了一首《鴻鵠歌》：鴻鵠高飛，一舉千里。羽翼已就，橫絕四海。橫絕四海，又可奈何。雖有繒繳，將安所施！《鴻鵠歌》深刻反映了劉邦在立儲問題上矛盾、痛苦的心情。這首詩也有著廣泛的影響，據說曹操《短歌行》的創作就受到了它的啟迪。

劉邦死後，呂后為什麼不立即發喪？

劉邦在討伐英布的時候，被亂箭射中，在回來的路上得了重病。呂后為他請來了一位名醫。醫生進宮拜見，劉邦問醫生病情如何。醫生欺瞞他說：「可以治好。」劉邦知道是在騙他，就罵他說：「我原是一介平民，手提三尺之劍，最終取得天下，這不是由於天命嗎？人的命運決定於上天，縱然你是扁鵲，又有什麼用處呢！」劉邦最終沒有讓他治病，賞給他五十斤黃金打發他走了。不久，呂后問劉邦：「陛下百年之後，如果蕭相國也死了，讓誰來接替他做相國呢？」劉邦說：「曹參可以。」呂后又問曹參的繼任者。劉邦想了一下說：「王陵可以。不過他略顯迂愚剛直，陳平可以幫助他。陳平智慧有餘，然而難以獨自擔當重任。周勃深沉厚道，缺少文才，但是安定劉氏天下的一定是周勃，可以讓他擔任太尉。」呂后再問以後的事，劉邦就搖搖頭說：「再以後的事，也就不是你我所能知道的了。」

西元前一九五年，劉邦在長樂宮逝世。呂后和審食其商量說：「那些將領先前和皇帝同為平民百姓，後來北面稱臣，這些人常常流露出不服氣的樣子，現在讓他們侍奉年輕的新皇帝，一定會叛亂。如果不殺掉他們，天下就安定不了。」因此，呂后隱瞞了劉邦去世的消息，過了四天還不發喪。有人得知後，告訴了將軍酈商。酈商去見審食其，對他說：「我聽說皇帝已駕崩四天了還不發喪，而且還要殺掉所有的將領。如果真的這樣做，天下可就危險了。陳平、灌嬰率領十萬大軍鎮守滎陽，樊噲、周勃率領二十萬大軍平定燕地和代地。如果讓他們聽說皇帝駕崩了，諸將都將遭殺戮，他們必定把軍隊聯合在一起，回過頭來進攻關中。那時候大臣們在朝廷叛亂，諸侯們在外面造反，覆亡的日子就不遠了。」審食其聽後，立即進宮把酈商的話告訴了呂后，呂后權衡再三，趕緊發布了劉邦逝世的消息，並讓自己的兒子劉盈繼承了皇位。

「蕭規曹隨」是怎麼回事？

漢惠帝即位的第二年，相國蕭何病重。惠帝親自去探望，問他將來誰可接替他。蕭何不願意表示意見。惠帝又問：「你看曹參怎麼樣？」蕭何和曹參早年都是沛縣的官吏，跟隨高祖一起起兵，二人本來關係很好，後來曹參立了不少戰功，可是地位卻比不上蕭何。兩個人就不那麼友好了。但蕭何知道曹參是個治國的人才，所以漢惠帝一提到他，他也表示贊成。

蕭何一死，漢惠帝馬上命令曹參進長安，接任相國。曹參一切按照蕭何已經規定的章程辦事，什麼也不變動。有些大臣看曹參這種無所作為的樣子，有點著急，也有的去找他，想幫他出點主意。但是他們一到曹參家裡，曹參就請他們一起喝酒。要是有人在他跟前提起朝廷大事，他總是把話岔開，弄得別人無法開口。最後客人喝得醉醺醺地回去，什麼也沒有說。漢惠帝看到曹相國這副樣子，認為他是倚老賣老，心裡很不高興，也感覺挺不踏實。曹參的兒子曹窋在皇宮裡侍候惠帝，惠帝囑咐他說：「你回家的時候，找個機會問問你父親，高祖歸了天，皇上那麼年輕，國家大事全靠相國來主持。可您天天喝酒，不管事，這麼下去，怎麼能夠治理好天下呢？看你父親怎麼說。」曹窋回家把惠帝的話一五一十跟曹參說了一遍。曹參一聽就火了，他罵道：「你個毛孩子懂得什麼，國家大事也輪到你來囉唆！」說著，竟叫僕人拿板子來，把曹窋打了一頓。曹窋莫名其妙地受了責打，非常委屈，回宮後也向漢惠帝訴說了此事。

第二天，曹參上朝的時候，惠帝就對他說：「曹窋跟你說的話，是我叫他說的，你打他做什麼？」曹參向惠帝請了罪，接著說：「請問陛下，您跟高祖比，哪一個更英明？」漢惠帝說：「我怎麼能比得上高祖呢？」曹參說：「我跟蕭相國比，哪一個更能幹？」漢惠帝微笑著說：「你好像不如蕭相國。」曹參說：「陛下說的話都對。陛下不如高祖，我又不如蕭相國。高祖和蕭相國平定了天下，又給我們制訂了一套規章。我們只要按照他們的規定辦事，不要失職就是了。」漢惠帝這才醒悟過來。

曹參任丞相三年，極力主張清靜無為，安民富民，遵照蕭何制定好的法規治理國家，使西漢政治穩定、經濟發展、人民生活水平日益提高。他死後，百姓們編了一首歌謠稱頌他說：「蕭何定法律，明白又整齊；曹參接任後，遵守不偏離。施政貴清靜，百姓心歡喜。」史稱「蕭規曹隨」。

呂后為什麼要殘害戚夫人及趙王如意？

由於太子之爭，呂后最痛恨戚夫人和她的兒子趙王如意。劉盈即位以後，她就下令把戚夫人囚禁起來，並派使者去召趙王進京，欲加害於他。趙王的丞相周昌對使者說：「高帝將趙王託付給我。我聽說太后怨恨戚夫人，想要召趙王進京將他們母子二人一同殺掉。我不能遣送趙王進京。況且趙王現在正在生病，也不能遵奉詔命。」使者往返幾次達不到目的。對此，呂后大為惱怒，便派人將周昌召進京城。此後，她再次派使者召趙王進京，這一次，再也沒有人敢阻撓了。

趙王還在進京的路上時，惠帝聽說太后有意加害趙王，便親自到長安城外的霸上去迎接他，把他接進宮裡與自己一同起居飲食，親自守護他。呂后便一直沒有找到合適的機會來加害如意。但百密總有一疏，一天清晨，惠帝出宮狩獵，趙王因為年幼而不能一同前往。呂后聽說趙王獨自在宮中，便派人用毒酒害死了他。等惠帝回宮以後，趙王已經死去。

此後，呂后又極其殘忍地砍斷了戚夫人的手足，挖去了她的雙眼，熏聾了她的耳朵，給她喝下了啞藥，把她丟棄在廁所裡，稱之為「人豬」。過了幾天，呂后召喚惠帝去觀看「人豬」。惠帝看見以後，不知道

呂后是怎樣迫害劉氏宗室的？

這是什麼人，經過詢問才得知這是戚夫人。他悲痛萬分，大哭不止，並且生了一場大病，臥床不起有一年多。惠帝派人向他的母親呂后請求說：「您的所作所為不是人所能做出來的。我是您的親生兒子，看來是不能再治理天下了。」從此以後，惠帝整日飲酒淫樂，不理朝政，久而久之便罹患了疾病。

呂后是怎樣迫害劉氏宗室的？

呂后不僅殺害了趙王，殘害戚夫人，而且還著手清洗劉氏宗室的另一些已封為王的兒子，以防止他們威脅漢惠帝的皇位。

不久，楚王、齊王入朝拜見漢惠帝，漢惠帝見到他們非常親熱，就請呂后一起來陪著飲酒。在酒席上，漢惠帝認為齊王比他年長，就請他坐在了上座。這下可把呂后惹惱了，她認為齊王坐上座是欺惠帝軟弱，是公開藐視她們母子。於是，她令人斟了兩杯毒酒，放在齊王的桌上，並催促他趕快喝掉。漢惠帝見呂后神色不對，懷疑她賜給齊王的酒中有毒，當齊王舉杯欲飲的時候，他也拿起齊王桌上的另一杯酒，做出準備和齊王同飲的樣子。呂后見勢不對，急忙上前打翻了漢惠帝手中的酒杯。齊王看見事情不妙，連忙裝出喝醉了酒不能再飲的樣子。後來齊王主動交出了幾座城池給呂后的女兒魯元公主，才讓呂后解了心中怨氣，自己也逃過一劫。

齊王逃過了太后的謀害，趙王劉友卻沒有這麼幸運。當初，呂后曾經強行將一位呂氏宗族的女子許配給劉友為王后。但劉友並不喜歡而是寵愛其他的姬妾。於是，這位王后產生了極為強烈的嫉妒心，憤然離去，跑到呂后面前去說劉友的壞話，甚至誣告劉友，說他曾經說過：「姓呂的人怎麼能夠被封王呢！太后死後，我一定要興兵攻伐這些人。」呂后被她這番話激怒了，打算懲治劉友，便召趙王劉友進京。劉友抵達長安以後，被安置在自己在京的府邸，呂后始終不接見他，後又派兵包圍他的府邸，將他困住，不給他飯吃。劉友的臣子中有人私下給他送去食物，但是隨即便被逮捕、判罪。劉友饑餓難耐、百感交集，不久就悲慘地死去。之後，呂后命人用平民的葬禮把他埋葬在長安的平民墓地裡。

趙王餓死後，呂后讓梁王劉恢當趙王，劉恢心懷不滿。為了防範劉恢，呂后在劉恢的宮中遍插親信，並處處壓制劉恢。劉恢不堪其辱，不久自殺身亡。

呂氏勢力是在什麼背景下興起的？

惠帝在登基以後的第七個年頭死去。發喪的時候，呂后只是乾哭，卻沒有掉下眼淚。留侯張良的兒子張辟強擔任侍中，只有十五歲，他對丞相陳平說：「惠帝是太后所生的唯一兒子。如今天子駕崩，太后雖然哭泣但並不悲痛，您可知其中的原因？」陳平為此不解，就向他問道：「是什麼緣故啊？」張辟強回答說：「惠帝沒有成年的兒子來繼承帝位，皇室勢單力薄，太后害怕你們這些大臣、將軍。如果您現在上書請求朝廷拜任呂台、呂產、呂祿為將軍以統領南北軍隊，並且讓呂家的人都進入宮廷任職掌權，那麼太后就會心安，而你們這些大臣、將軍就可以高枕無憂了。」丞相聽後就按照張辟強的計策行事。果然，呂后顯得十分高興。

漢惠帝死後，假太子即位，歷史上稱為少帝。呂后臨朝稱制，行使皇帝權力。從此，呂氏開始在朝廷裡掌權。

呂后是怎樣培植呂氏勢力的？

惠帝死後，呂后開始行使天子的大權，她開始分封呂氏的子弟為王。呂后先追贈酈侯呂台的父親呂澤為悼武王，想由此開頭來封諸呂為王。幾個月以後，呂后開始實施自己的想法。為了服眾，她先封高祖時期的功臣郎中令馮無澤為博城侯。呂后的女兒魯元公主去世以後，呂后不僅賜以魯元太后的謚號，還將魯元與宣平侯張敖所生的兒子張偃封為魯王。此後，她又封齊悼惠王的兒子劉章為朱虛侯，並且把呂祿的女兒嫁給他為妻；後又封齊王的丞相齊壽為平定侯；封少府陽城延為梧侯。接著，她又封呂氏宗族裡的呂種為沛侯，呂平為扶柳侯。

隨後，呂后又進一步封呂氏子弟為王。為了慎重起見，她先將惠帝后宮嬪妃所生的兒子分封。緊接著，呂后向大臣們暗示了她的意圖。大臣們紛紛上書請求封酈侯呂台為呂王，太后極為爽快地答應了他們的請求。太后的二哥呂釋之去世以後，他的嗣子犯了罪而被廢黜。於是，呂后改封他的弟弟為胡陵侯。幾個月以後，呂王呂台去世，朝廷賜他謚號為肅王，並且讓他的兒子呂嘉繼承王位。過了一年多，呂后封呂氏宗族裡的呂須為臨光侯、呂他為俞侯、呂更始為贅其侯、呂忿為呂城侯。為了服眾，她又同時封劉姓五位諸侯王的丞相為侯。大量呂氏被封為王，使呂后的權力更大，發布號令時更加肆無忌憚。

直至呂后病重時，仍任命趙王呂祿為上將軍，統領北軍；呂王呂產統領南軍。呂后告誡呂祿、呂產說：「高帝平定天下後，曾和大臣們立下誓約，說：『不是劉氏子弟卻稱王的，天下共同誅討他。』現在呂家的人被封為王，大臣們心中不平。如果我死了，皇帝年輕，大臣們恐怕要作亂。你們一定要握住兵權，保衛皇宮，千萬不要為我送喪，不要被人制服。」呂后去世後留下詔書，賜給每個諸侯王黃金千斤，大赦天下。

王陵為什麼被免相？

王陵原為沛縣人，當初是縣裡的豪紳，劉邦在卑微時，曾像對待兄長那樣侍奉王陵。王陵缺乏文化素養，愛意氣用事，喜歡直言。到了劉邦在沛縣起兵，進入關中抵達咸陽時，王陵也聚集黨羽幾千人，駐在南陽，不肯跟從劉邦。等到劉邦回軍進攻項羽時，王陵才率兵歸屬劉邦。後來，項羽捉住王陵的母親，將其安置在軍營中，王陵的使者到來時，項羽就讓王陵的母親朝東坐著，想以此招降王陵。王陵的母親私下送走使者時哭著說：「請替我告訴王陵，要小心地侍奉漢王。漢王是個寬厚的長者，不要因為我的緣故而有三心二意。我以一死來給你送行吧！」說罷即拔劍自刎而死。項羽發怒，燒煮了王陵的母親。王陵終於下定決心跟從劉邦平定天下。後來，王陵被封為安國侯，做了右丞相。

劉邦病危之際，曾有「非劉姓者不得封王」的遺囑。他的兒子漢惠帝在位的時候按這個遺囑行事。漢惠帝死後，呂后臨朝稱制，就改變了劉邦立下的遺囑，要立呂氏諸子弟為王。她徵求朝中大臣的意見，右丞相王陵說：「當初高祖在世，與臣等立下誓約，若有非劉姓而封王者，天下共擊之。如今若封呂姓為王，是違背誓約的行為。」呂后聽了很不高興，又問左丞相陳平、絳侯周勃，周勃等人回答說：「如今太后為一國之主，封自己的子弟為王沒有什麼不合適的。」太后聽了很高興。罷朝以後，王陵責備陳平、周勃等人說：「當初盟誓的時候你們難道不在場嗎？如今太后要封諸呂為王，你們只知道順勢討好，卻不顧與先帝的誓約，將來有何面目見先帝？」陳平等回答說：「敢於直言諫諍，我們確實不如你；但是保存江山社稷和維護劉氏的後代，你就不如我們了。」聽了這席話，王陵恍然大悟，便無話可說了。

後來，呂后拜王陵為皇帝的太傅，實際上是剝奪了他的相權。王陵對此極為不滿，便推辭有病告老還鄉，不再過問朝廷之事。

朱虛侯劉章在呂后面前唱「耕田歌」有何寓意？

呂后專權引起了一些功臣的強烈不滿，劉氏家族中的一些人更是恨得咬牙切齒。齊悼惠王劉肥的兒子朱虛侯劉章，是呂祿的女婿。他年方二十，生得儀表堂堂，器宇軒昂。他看到呂后專權，扶植諸呂，貶抑劉氏，十分氣憤。

一次，呂后在宮中大擺宴席，令他作監酒。劉章打算趁此機會滅一滅呂氏威風，於是就對呂后說：「我是將門之後，太后既然命我監酒，請允許我以軍法行事。」呂后以為是一句戲言，就答應了。酒過三巡，大家都有了幾分醉意。劉章對呂后說：「酒宴上沒有音樂歌舞，未免寂寞，臣願為太后唱耕田歌。」呂后笑道：「你的父親生長於民間，或許知道耕田。你生來便是王子，怎知耕田？」劉章說：「臣略知一二。」呂后說：「你且唱給眾人聽聽！」劉章就給呂太后唱了個《耕田歌》：「深耕概種，立苗欲疏；非其種者，鋤而去之。」「深耕概種」，言外之意是漢王朝統治者的劉家應多多地生子孫。「立苗欲疏」，指屬於劉氏的皇族，應遍布四方，各執大權；意即從中央到地方，從京都到邊關，各部各兵種大權皆握於劉氏之手。「非其種者，鋤而去之。」不是所需之良種，皆應剷除。言外之意是非劉氏而掌大權的（這裡主要指呂氏），都堅決撤掉！前兩句講的是安劉，後兩句講的是除呂。

呂后席間不便發作，就假裝不知。大家繼續喝酒。不一會兒，有一個呂氏子弟不勝酒力，偷偷溜了出去。劉章馬上追上去，拔劍殺了他，然後回稟呂后道：「剛才有一人逃席，臣謹依軍法，將他處斬了。」呂氏子弟皆大驚失色，呂后也不禁改容，但既已準他按軍法行事，就不能再指責他擅自殺人，只好忍耐了事，一場宴會就這樣不歡而散。

從此，呂氏子弟都有些忌憚劉章，功臣宿將們卻都心中暗喜，覺得劉氏天下還有希望。

「周勃安劉」是怎麼回事？

周勃是秦末漢初的軍事家、政治家、西漢開國功臣，沛縣（今江蘇沛縣）人，被漢高祖封為絳侯。劉邦病危時囑咐呂后：「周勃重厚少文，然安劉氏者必勃也。」

呂太后死後，兵權都在呂產、呂祿手裡。他們想發動叛亂，但是一時不敢動手。劉章從妻子那裡知道了呂氏的陰謀，就派人去告訴他哥哥齊王劉襄，約他從外面發兵攻進長安。齊王劉襄遂向西進兵。呂產得到這個消息，立刻派將軍灌嬰帶領兵馬去攔截。灌嬰一到滎陽，就跟部將們商量說：「呂氏統率大軍，想奪取劉家天下。如果我們向齊王進攻，豈不是幫助呂氏叛亂嗎？」大家商量之後，決定按兵不動，還暗地裡通知齊王，要他聯絡諸侯，等待時機成熟，一起起兵討伐呂氏。齊王接到通知，也就暫時按兵不動。

周勃、陳平知道呂氏要發動叛亂後，想先發制人，但是兵權在呂氏手裡，怎麼辦呢？他們想到大臣酈商的兒子酈寄和呂祿交好，就派人要酈寄去勸說呂祿：「太后死了，皇帝年紀又小，您身為趙王，卻留在長安帶兵，大臣諸侯都懷疑您，對您不利。如果您能把兵權交給太尉，回到自己的封地，齊兵就會撤退，大臣們也安心了。」呂祿相信了酈寄的話，把北軍交給太尉周勃掌管。周勃拿了將軍的大印，迅速跑到北軍軍營，向將士下了一道命令：「現在呂氏想奪劉氏的權，你們看怎麼辦？誰幫助呂氏的袒露右臂，幫助劉氏的袒露左臂。」北軍中的將士本來都是向著劉氏的。命令一傳下去，將士們全脫下左衣袖，露出左臂來。周勃順利地接管了北軍，把呂祿的兵權奪了過來。

呂產還不知道呂祿的北軍已落在周勃手裡，他跑到未央宮想要發動叛亂。周勃派朱虛侯劉章帶了一千多名兵士趕來，把呂產殺了。接著，周勃帶領北軍，把呂氏的勢力消滅了。到這時候，大臣們膽子就大了。他們說：「從前呂太后所立皇上不是惠帝的孩子。現在我們讓這種冒充的太子當皇帝，長大了不是呂氏一黨嗎？我們不如再在劉氏諸王中推選一個最賢明的立為皇帝。」大臣們商議後認為，代王劉恆在高祖的幾個兒子中，年齡最大，品行又好，就派人到代郡（治所在今河北蔚縣）把劉恆迎到長安，立為皇帝，這就是漢文帝。

第十一章 漢朝盛世

西漢文帝、景帝兩代共在位四十年左右的時間，當時社會穩定、經濟生產得到顯著發展。據史料記載，當時國庫裡的錢多得數不清，穿錢的繩子都爛了；糧倉的糧食一年年往上堆，都堆到糧倉外面來了。這樣安定繁榮的局面是中國進入封建社會後出現的第一個盛世。

「文景之治」是怎麼回事？

「文景之治」是指西漢文帝、景帝兩代四十年左右的時間社會穩定、經濟生產得到顯著發展的一段「盛世」。秦末以來的連年戰爭，給廣大平民百姓帶來了深重的災難。長達五年之久的楚漢之爭，更使得生靈塗炭，民不聊生。劉邦建立西漢初期，社會經濟一片凋敝，牲畜馬匹極缺，甚至連皇帝都找不到四匹一樣顏色的馬來拉車。面對如此窮困饑餓的景象，漢高祖劉邦採取與民休息的政策，致力於農業生產，大大減輕農民的負擔，穩定封建統治秩序。文景兩帝相繼即位後，在漢高祖的基礎上進一步採取了輕傜薄賦、與民休息的措施，促進了漢初社會經濟的發展。

漢文帝不僅多次下詔大力鼓勵發展農桑，還下詔減輕田租。漢文帝兩次將原來的十五稅一改為三十稅一，前十三年還全部免去田租。漢景帝在位的十三年間，田租一直是三十稅一，後來被定為漢代田租的正式制度。漢文帝還下令減輕賦稅和傜役。漢文帝以前，民眾從十五歲至五十六歲每人每年納稅一百二十錢，到文帝時則減為每人每年四十錢。漢文帝還將原來一年服役一次的制度改為三年一次，到漢景帝時還規定男子從二十歲才開始服徭役。漢文帝還下詔，開放原來歸國家所有的山林川澤，從而促進了農副業生產和與國計民生有重大關係的鹽鐵生產事業的發展。漢景帝還下詔，允許農民自由遷徙到地廣人稀的地區去從事墾殖，並大力興辦水利事業，以促進農業生產。

漢文帝對秦朝嚴酷的刑法也進行了重大改革，他下令廢除「連坐」、「肉刑」、終生服役制等。漢文帝還下令重新制定法律，根據犯罪情節輕重來規定服刑期限，罪人服刑期滿，貶為庶人。漢文帝對刑法進行改革後，許多官吏斷案從輕，持政寬厚，全國每年斷重罪者僅四百人，這和秦朝苛政猛於虎的情況截然相反。

文、景兩帝時還實行「民本」政策，鼓勵臣民發表意見。無論是誰提出的意見，都能認真聽取，講得對的就嘉獎，講得不對就不採納，並不追究責任。漢文帝個人勤儉節約，貴族官僚們也不敢奢侈浪費，由此，國家的財政開支得到了大大的節制和縮減，在一定程度上減輕了人民的負擔。文、景兩帝時期，還對周邊少數民族採取安撫友好的政策，不輕易動兵，盡力維持相安的關係。西漢初年，北方匈奴的軍事力量日益強大起來，文、景兩帝實行對匈奴的和親政策，以爭取時間休養生息，增強國力。

經過文、景兩帝四十年左右的治理，西漢的社會經濟得到了恢復和發展，秦末以來的荒田變成了綠地，人民安居樂業，生活水平得到了大大提高。西漢的國力也逐步增強，封建統治秩序也日臻鞏固，這便為後來漢武帝時期西漢的全面興盛奠定了物質基礎。所以說，「文景之治」揭開了西漢盛世的序幕。

漢文帝是在什麼情況下被推上帝位的？

周勃、陳平等人誅除諸呂后，便召集群臣討論善後事宜。大家商議，應該從劉姓諸王中物色一位賢能者來繼承帝位。經過反覆討論，最後大家一致認為代王劉恆是繼承帝位的最佳人選。因為劉恆素以仁孝寬

陳平為什麼能取得漢文帝的信任？

厚著稱，母舅薄昭為人忠厚，劉恆又是漢高祖現存諸子中最年長的，按順序也算合適。於是，陳平、周勃依從眾議，祕密派人前往代地，迎代王劉恆入京。

代王劉恆是漢高祖劉邦的庶子，其母薄姬不受漢高祖寵愛，因而也免遭呂后嫉恨。西元前一九六年，年僅八歲的劉恆被封為代王。十幾年來，母子倆遠離權力中心，默默無聞，倒也相安無事。如今福從天降，朝臣們把一頂皇冠戴到了代王頭上。他簡直不敢相信，急召群臣入宮商議。郎中令張武等認為，現在局勢不穩，不宜輕信來使，最好是稱病不去，靜觀時變。中尉宋昌卻力排眾議，他分析了當時的形勢，建議劉恆不必懷疑。代王劉恆便派母舅薄昭到長安去見周勃。周勃等人懇切地陳述了群臣商議迎立代王的原委，發誓決無他意。薄昭認為此事可信，很快還報代王。代王這才高興地對宋昌說：「果如公言！」隨即備好車駕，令宋昌等一同登車，奔赴長安。

車駕行至長安附近的高陵時，代王命宋昌另乘驛車，先赴長安觀變，以防萬一。宋昌抵達渭橋，見諸大臣早已守候在那裡，於是回報代王，請代王安心前往。代王車駕進至渭橋，群臣都拜謁稱臣。代王也下車答拜。待到眾臣起來，周勃搶前一步，請代王屏退左右，想和代王私下交談。宋昌在旁正色道：「太尉有事，盡可直說。所言為公，當眾說出便是；所言為私，王者無私！」周勃被宋昌一頓搶白，不覺面紅耳赤，急忙跪倒在地，取出天子玉璽，獻給代王。代王推辭一番，群臣再三跪伏固請，代王於是不再謙讓，群臣皆舞蹈稱賀，當即尊代王劉恆為天子，是為漢文帝。

陳平為什麼能取得漢文帝的信任？

漢文帝即位後，認為太尉周勃親自率兵誅滅呂氏宗族，功勞最大。陳平看到漢文帝想重用周勃，就想把右丞相的尊位讓給周勃，於是託病引退。漢文帝剛剛即位，覺得陳平病得奇怪，就親自去探問。陳平對他說：「陛下，高祖在世的時候，周勃的功勞不如我陳平。到誅滅呂氏宗族時，我的功勞就不如周勃了。我願把右丞相的職位讓給周勃。」漢文帝這才恍然大悟，就順水推舟，任命絳侯周勃為右丞相，位次名列第一；陳平調職為左丞相，位次名列第二。

過了一段時間，漢文帝已經漸漸明了熟悉國家大事。一次，漢文帝在接受群臣朝見時問右丞相周勃說：「全國一年中判決的案件有多少？」周勃心裡不清楚，謝罪說：「陛下恕罪，臣不知道。」文帝又問：「那麼全國一年中錢糧的開支收入有多少？」周勃又謝罪說不知道，已急得汗流浹背。於是，文帝又問左丞相陳平。陳平說：「有主管的人，陛下可以向他們詢問。」文帝便說：「那主管的人又是誰呢？」陳平回答說：「陛下若問判決案件的情況，可詢問廷尉；問錢糧收支的情況，可詢問治粟內史。」文帝意猶未盡，接著說：「如果各自有主管的人，那麼您所主管的是些什麼事呢？」陳平謝罪說：「為臣誠惶誠恐！陛下不知我才智低劣，讓我勉強擔任丞相的職位。丞相一職，對上輔佐天子調理陰陽，順應四時；對下養育萬物，讓它們適時生長；對外鎮撫四夷和諸侯；對內愛護團結百姓，使公卿大夫各自能夠勝任他們的職責。」漢文帝對他的話非常滿意，稱讚他回答得好。

右丞相周勃則大為慚愧，退朝後埋怨陳平說：「您怎麼不在平時教我對答這些話，讓我在皇上和文武百官面前丟臉！」陳平噗哧一笑，對他說：「您現在身居相位，難道不知道丞相的職責嗎？陛下如問起長安城中盜賊的數目，您是否也要勉強湊數來對答啊？」這時周勃才知道自己的才能與陳平相差很遠，卻擔任這麼重要的職位，覺得無地自容。不久，周勃便託病請求辭去右丞相的職務，陳平遂獨攬丞相之職。

周勃是有功之臣，為什麼背上反叛罪名？

周勃是有功之臣，為什麼背上反叛罪名？

文帝即位後，賞賜有功之臣，任周勃為右丞相，賜黃金五千斤，食邑增加到一萬戶。有人勸周勃說：「您誅滅諸呂，迎立代王為帝，聲威震動天下。您受到豐厚的賞賜，處在尊貴的地位，得到皇帝的寵信，這樣不久就會大禍臨頭。」周勃感到處境危險，於是請求辭去官職，文帝應允。不久丞相陳平去世，文帝復招周勃任丞相。十個多月後，文帝對周勃說：「我下令所有列侯離開長安到自己的封地去，有些人還沒有走，你一直被我器重，希望你可以帶頭就國。」周勃於是辭相歸國。

周勃免相歸國後一年多，當河東守尉來絳縣巡視時，周勃總擔心被害，往往身披鎧甲，家奴各拿兵器與守尉相見。之後便有人向朝廷上書告發周勃謀反。朝廷把這件事交給廷尉協理，廷尉要地方官逮捕周勃，進行審問。周勃非常害怕，不知怎麼辯解。獄吏也漸漸欺凌和侮辱他。周勃送給獄吏千兩黃金，獄吏便在「牘背」——公文板的背面書寫「以公主為證」幾個字給周勃示意。公主指的是文帝的女兒，嫁給了周勃的兒子周勝之，所以獄吏教周勃以她作證人。周勃把平日皇帝給他的賞賜都送給薄昭（漢文帝之舅），等到案件加緊審理時，薄昭便到薄太后那裡替周勃說情。薄太后也認為周勃沒有謀反之意。當文帝朝見太后時，太后便將「冒絮」（一種頭巾）扔向文帝說：「絳侯周勃誅諸呂時，當年身上掛著皇帝的玉璽，在北軍統率軍隊，那時沒有謀反，現在在一個小縣裡，難道要謀反嗎？」文帝已看到了絳侯在獄中的供詞，便向太后道歉說：「官員們正在查清這件事，準備釋放他呢！」於是，派使節赦免了周勃，恢復其爵邑。絳侯出獄後慨嘆：「吾嘗將百萬軍，安知獄吏之貴也！」周勃再次就國，於西元前一六九年卒，謚武侯。其子周勝之嗣，因殺人獲罪而死，國絕。一年後，文帝讓周勃賢子河內太守周亞夫復為侯。

太史公說：「絳侯周勃原來做平民的時候，是個粗陋樸實的人，才能不過平庸之輩。等到跟隨高祖平定天下才身居將相之位。後來呂氏家族想謀反作亂，周勃挽救國家危難，使朝廷恢復正常。即使伊尹、周公這樣的賢人，怎能超過他呢！但是因為他的功績地位太顯赫了，也就容易受到皇帝的猜疑，真令人悲傷啊！」

周亞夫「軍細柳」是怎麼回事？

周勃的兒子周亞夫也是漢朝的一位大功臣。漢文帝的時候，匈奴進犯邊境，漢文帝派他和另外兩位將軍分別駐紮在邊境上。文帝為鼓舞士氣，親自到三路軍隊的駐地去犒勞慰問。他先到灞上，再到棘門，這兩處都不用通報，見到皇帝的車馬來了，軍營都主動放行。而且兩地的主將直到文帝到了才知道消息，迎接時慌慌張張。送文帝走時也是親率全軍送到營寨門口。

可是，當漢文帝到了周亞夫所駐紮的細柳營時，只見軍士們個個全副武裝，箭上弦，刀出鞘，一副隨時準備迎敵的樣子。為漢文帝開路的侍衛人馬先到，可營門守衛不讓他們進去。侍衛大聲喝道：「皇上就要來了！你們也敢阻攔嗎？」守衛說：「周將軍有令，在軍營裡，只聽將軍的，不聽皇上的！沒有將軍的命令，誰也不許進！」一會兒，漢文帝來了，可守衛仍然不讓進。漢文帝就派人去通知周亞夫說：「皇上要進營勞軍。」周亞夫這才傳令，打開營門。營門的守衛又告訴漢文帝的屬下說：「周將軍有規定：車馬不許在軍中疾馳！」漢文帝就命令勒馬慢行。到了大帳，只見周亞夫行軍禮，說：「臣甲冑在身，不能下拜，以軍禮參見皇上！」漢文帝肅然改容，派人上前說：「皇上向您道辛苦了！」犒完軍後就離開了。

周亞夫如此無禮，漢文帝竟然沒有動怒，群臣都感十分驚訝。而漢文帝卻感嘆說：「周亞夫才是真正帶兵的將軍！先前那兩個軍營如同兒戲一般，敵人要想偷襲，那是輕而易舉的事。可他們哪裡能打得過周亞夫呢？」

周亞夫為什麼絕食而死？

從此，漢文帝就十分賞識周亞夫，並升遷了周亞夫的官職。事實也證明，漢文帝沒有看錯周亞夫。因為有周亞夫駐紮在邊境，匈奴也就不敢來侵擾了。後來，文帝病重彌留之際，囑咐太子劉啟也就是後來的景帝說：「以後關鍵時刻可以用周亞夫，他是可以放心任用的將軍。」文帝去世後，景帝讓周亞夫做了驃騎將軍。漢景帝的時候，發生了七國之亂，危急時刻，周亞夫果然為平定七國之亂立下大功。

周亞夫為什麼絕食而死？

西元前一五二年，丞相陶青染病辭退，景帝任命周亞夫為丞相。起初，景帝對他非常器重，後來，由於周亞夫性情耿直，不會講政治策略，逐漸被景帝疏遠，結局頗為悲慘。有一次，景帝要廢掉栗太子劉榮，劉榮是栗姬所生，所以叫栗太子。但周亞夫卻極力反對，結果導致景帝對他開始疏遠。還有和他有仇的梁王，每次到京城來，都在太后面前說周亞夫的壞話，對他也很不利。

後來，有兩件事導致了周亞夫的悲劇。一件是皇后兄長封侯之事，一件是匈奴王封侯之事。竇太后想讓景帝封皇后的哥哥王信為侯，但景帝不願意，說竇太后的姪子在父親文帝在世的時候也沒有封侯。竇太后說她的哥哥在世時沒有封侯，雖然姪子後來封了侯，但總覺得對不起哥哥，所以勸景帝封王信為侯，景帝只好推說要和大臣商量。在景帝和周亞夫商量時，周亞夫說高祖說過，不是姓劉的不能封王，沒有功勞的不能封侯，如果封王信為侯，就是違背了先祖的誓約。景帝聽了無話可說。

後來，匈奴王唯許盧等五人歸順漢朝，景帝非常高興，想封他們為侯，以鼓勵其他人也歸順漢朝，但周亞夫又反對說：「如果把這些背叛國家的人封侯，那以後我們如何處罰那些不守節的大臣呢？」景帝聽了很不高興：「丞相的話迂腐不可用！」然後將那五人都封了侯。周亞夫失落地託病辭退，景帝批准了他的請求。

過了不久，景帝在宮中召見周亞夫，賞賜飲食。席上放了一大塊沒有切開的肉，又沒有放筷子。周亞夫心裡不滿，就叫主管筵席的侍者去取筷子。景帝看著發笑，說：「此非不足君所乎？（這些不能滿足您的需要嗎？）」周亞夫向景帝免冠稱謝。景帝說：「起。」周亞夫也就快步出宮，不告而別。景帝兩眼直盯著他出去，說：「此怏怏者，非少主臣也！」這話的大意是，這個含恨不樂的人，終究不是未來君主的臣子。

時過不久，周亞夫之子為父從工官那裡購買五百具甲盾備作殉葬品時，苛待雇工，不給工錢。雇工知道這是私買皇帝的器具，就上書告發周亞夫之子，此事牽連到周亞夫。景帝看了告發之書，就交給官吏查究。官吏按照告發書中所列罪狀審問周亞夫，周亞夫拒絕回答。景帝惱怒，罵道：「吾不用也。」於是把周亞夫交給執法廷尉處治。廷尉責問周亞夫說：「君侯欲反何？」周亞夫說：「臣所買器，乃葬器也，何謂反乎？」廷尉官說：「君縱不欲反地上，即欲反地下耳。」官吏不斷威逼他承認罪名。起初，官吏去逮捕周亞夫時，周亞夫打算自殺，他的夫人加以制止，因此沒有死，才被廷尉捉了去，後在獄中絕食五天，吐血而死，封國也被廢除。

司馬遷在《史記》中稱讚周亞夫的同時，也為他惋惜，說他因為過於耿直，對皇帝不尊重，結果導致悲劇結局，令人慨嘆。最後，司馬遷補了一句：「條侯果餓死。死後，景帝乃封王信為蓋侯。」這一句極其冷峻，從中可明景帝的薄情寡恩；這一句也非常節制，蘊涵著司馬遷對條侯遭遇的無限惋惜。

緹縈救父是怎麼回事？

漢文帝在位期間，臨淄有個名叫淳于意的人，替人治病出了名。後來他做了太倉縣的縣令，因為不肯拍上司的馬屁，所以辭了官仍舊去做醫生。有個大商人請淳于意為他的妻子治病，不料那女人吃了藥不見好轉，後來死了。大商人就告他是庸醫殺人。當地的官吏把他判成「肉刑」。因為淳于意做過官，就把他解到長安去受刑。淳于意有五個女兒，沒有兒子。他被捕臨行時，心中不滿地對女兒們說：「生孩子不生兒子，遇到緊急情況，就沒有用處了！」他的小女兒緹縈感到非常傷心，就跟隨父親來到長安。

緹縈到了長安，上宮殿去求見漢文帝。管宮門的人不讓她進，她就寫了一封信，托守宮門的人傳上去。漢文帝一看，信的內容是：「我叫緹縈，是太倉縣令淳于意的小女兒。我父親做官的時候，齊地的人都說他是個清官。這會兒犯了罪，應當受到「肉刑」的處分。我不但替父親傷心，也替所有受「肉刑」的人傷心。一個人砍去了腳就殘廢了；割去了鼻子，不能再安上去，以後就是想改過自新，也沒有辦法了。我願意給官家沒收為奴婢替父親贖罪，好讓他有個改過自新的機會。懇求皇上開恩！」

漢文帝感於小姑娘的一番孝心，同時也覺得「肉刑」不合理。他對大臣們說：「犯了罪的人，應當罰他，讓他得到教訓，重新做人。現在懲辦一個犯人，在他臉上刺字，或者毀了他的肢體，怎麼能勸人為善呢？」大臣們商議，擬定了三條辦法：廢除臉上刺字的「肉刑」，改為做苦工；廢除割去鼻子的「肉刑」，改為打三百板子；廢除砍腳的「肉刑」，改為打五百板子。漢文帝因為這個小女孩的上書，不僅放了她的父親，還下令廢除了「肉刑」。緹縈救了父親，也替天下人做了一件好事。

淮南厲王劉長為什麼被流放？

淮南厲王劉長是漢高祖劉邦的小兒子，他的母親是過去趙王張敖的妃嬪。西元前一九九年，劉邦從東垣縣經過趙國，趙王把厲王的母親獻給他，她受到劉邦寵幸，懷了身孕。後來，因為受到趙王張敖的牽連，厲王母親被囚禁。厲王母親的弟弟托請辟陽侯審食其向劉邦進言求情，辟陽侯沒有盡力。厲王母親生下厲王后，心中怨恨而自殺。獄吏抱著厲王送到劉邦面前，劉邦後悔莫及，下令呂后收養他。西元前一九六年七月，淮南王英布謀反，劉邦遂立兒子劉長為淮南王，讓他掌管昔日英布領屬的四郡封地。

厲王因為辟陽侯而喪母，所以心中一直怨恨辟陽侯。至漢文帝即位，淮南王自視與皇上關係最親，驕橫不遜，一再違法亂紀。漢文帝念及手足親情，時常寬容赦免他的過失。西元前一七七年，淮南王自封國入朝，態度甚為傲慢。他跟隨皇上到御苑打獵，和皇上同乘一輛車駕，還常常稱呼皇上為「大哥」。

厲王有才智和勇力，能奮力舉起重鼎。一次，他前往辟陽侯府上求見。辟陽侯出來見他，他便取出藏在袖中的鐵椎捶擊辟陽侯，又命隨從魏敬殺死了他。事後，厲王馳馬奔至宮中，向漢文帝袒身謝罪。漢文帝哀憫厲王的心願，出於手足親情，不予治罪，赦免了他。這一時期，薄太后和太子以及列位大臣都懼怕厲王，因此厲王返國後越發驕縱肆志，不依朝廷法令行事，出入宮中皆號令警戒清道，還稱自己發布的命令為「制」，另搞一套文法，一切模仿天子的聲威。西元前一七四年，厲王準備在谷口縣謀反起事，並派出使者前往閩越、匈奴各處聯絡。朝廷發覺此事，治罪謀反者，派使臣召淮南王入京。厲王來到長安，漢文帝不忍心依法懲處，便赦免他的死罪，廢掉他的王位，將其流放到蜀郡嚴道縣邛崍山郵亭。因為厲王性情剛烈，不忍遭到粗暴摧折，在路上絕食身亡。

賈誼為什麼遭貶？

賈誼是西漢前期傑出的政治家、思想家和文學家。賈誼從小精通詩書，十八歲時就寫得一手好文章，在洛陽一帶很有名，被以愛才著稱的河南郡守吳公賞識，招為弟子。後吳公上調，賈誼也由吳公推薦做了博士。在陳述秦滅亡的原因時，賈誼發表了著名的《過秦論》，指出秦滅亡的原因是「仁義不施而攻守之勢異也」，震動滿朝文武。

張釋之公平執法有哪些故事？

賈誼二十一歲就當上了博士，深得漢文帝賞識，一年後又被提升為太中大夫。和許多悲劇性人物一樣，賈誼鋒芒畢露，難免引起一些人的嫉妒。另外，賈誼雖才高，但不懂人情世故，不知權衡輕重、迎合統治者及權貴的利益。他迫不及待的提出許多改革措施，文帝不但沒有採納，反而覺得他書生氣，華而不實。後來賈誼建議，為了強化皇上的權力，讓列侯離開京城，回到他們的封地去，結果得罪了列侯。於是，列侯群臣均在文帝面前誹謗他，久而久之，文帝也覺得他人緣不佳，就把他調出京城，派他去當長沙王的太傅。

於是，在政治上受挫的賈誼離開了京城，來到了地處偏遠的長沙。他聽說長沙地勢低，濕度大，自認為此去長沙將享壽不長，而且又因為是被貶謫，心情非常不好，常常拿自己與屈原作比。在這種情況下，他便寫下了《弔屈原賦》。西元前一七三年，文帝思念遠在長沙的賈誼，於是將他召進皇宮。當文帝聽完賈誼的一番宏論後，十分感慨地說：「吾久不見賈生，自以為過之，今不及也。」沒過多久，漢文帝拜賈誼為梁懷王的太傅。在任梁懷王太傅期間，賈誼仍對政事十分關注，而且敢於發表自己的見解，寫下了如《治安策》、《論積儲疏》等名篇。西元前一六九年，梁懷王入朝，不幸墜馬而死。賈誼認為自己作為梁懷王的太傅而沒有盡到自己的職責，因此非常傷心。一年以後，由於傷感過度，賈誼逝世，年僅三十三歲。

張釋之公平執法有哪些故事？

張釋之是西漢文帝時的廷尉，掌管全國司法。張釋之嚴守法紀，秉公斷案，剛正不阿，違法必究，依罪量刑，不以身分不同而隨意量刑，不搞株連，不因人廢法，不因尊者之言而改變法規。

一次，太子劉啟與梁王同車入朝，路過司馬門時揚鞭驅車徑直往裡闖，被張釋之發現。按照漢法律規定，文臣武將到司馬門都要下車下馬。經問明衛士知道是劉氏兄弟，張釋之急忙追過去，將車攔住。太子和梁王不但不承認錯誤，反而斥罵張釋之。張釋之義正辭嚴地說：「你們為什麼違背法令而不下車？難道法令對你們例外嗎？」二人張口結舌，只好灰溜溜地下了車。張釋之並不罷休，速寫奏章上呈文帝，彈劾太子和梁王不下司馬門所犯不敬之罪。文帝對張釋之的認真辦事、不畏權貴的精神很讚賞，遂升他為中大夫，職掌諫諍論議，專為皇帝獻計獻策。不久又升他為中郎將，皇帝外出，隨從護駕。

有一天，漢文帝外出遊樂，護衛隊拉得很長。當御車行至中渭橋時，忽一人從橋下鑽出，正好撞上御車的驂馬，馬受驚跳起，文帝險些被摔下。那人疾速向路邊田野逃去。衛士將其抓獲後，文帝責令張釋之嚴懲。經釋之審問，方知那人是鄉下人，初來長安，半路上遇到皇帝出遊，便躲到橋下。過了一會兒，他以為御車早已過去，就從橋下跑出。不料正碰上御車驂馬，避之不及，只好向田野逃去。張釋之確認情況屬實，按法令規定「蹕先至而犯者，罰金四兩」，當即上奏文帝對此人處以罰金。文帝認為判刑太輕，大為不滿，勃然發怒，張釋之分辯道：「法律是天子和天下人共同遵守的，不應偏私。現在依據法律，作如此判決是得當的。若皇上要依個人意願加重治罪的話，那麼法就不能取信於人民了！」文帝想了一會說：「廷尉量刑判決是對的。」後來，又有人偷了皇帝祖廟裡的玉環，被衛士抓獲，文帝十分惱怒，責令張釋之嚴懲盜犯。張釋之依照法律「盜宗廟服御物者」判盜犯死刑。文帝聞奏大怒，說：「人無道德品質才偷盜先帝宗廟器物。我把這個罪犯交給你，是想讓你判處為抄斬九族之罪，而你卻以一般的法律規定懲處，不符我敬奉祖先的意願。」張釋之說：「按法律辦這樣的罪已經夠重的了。如今盜了祖廟的器物就要治滅族之罪，萬一有人去高祖陵墓上挖土，陛下又該怎樣治罪呢？不能依個人感情來決定判刑的輕重。」後來，文帝請薄太后決定，太后認為廷尉處理得很好。

鄧通是漢文帝的寵臣，最終為什麼餓死？

鄧通是漢文帝的寵臣，最終為什麼餓死？

漢文帝是歷史上記載的一個英明皇帝，由其開創的「文景之治」是整個漢朝的盛世。文帝是漢朝最勤儉的皇帝，連一件穿破了的衣服也捨不得丟掉，但對男寵鄧通的寵愛卻無以復加，在鄧通身上所花的錢難以計數。

鄧通是蜀郡南安人，他的得寵是因為漢文帝做了一個夢。據史書記載，有一次，漢文帝夢見一個在宮掖池中撐船戴黃帽的小吏，從後面推他上天，到達長生不老的仙境。文帝回頭一看，這個人的衣襟繫在後面，夢醒後就派人去找這個「小吏」。結果找到一個也把衣襟繫在後面的人，這個人叫鄧通，姓名又和「登通」的音相同，文帝十分高興，逐漸對他加以寵信。鄧通也天天陪伴文帝，甚至連沐浴的日子也留在文帝身邊。所以文帝也更加寵愛他，賞賜他的財物以千萬計，並官拜上大夫。文帝還時常到鄧通的家裡去玩。不過，鄧通沒有什麼才幹，只是謹慎地博取文帝的寵信。有一次，漢文帝命一位有名的相士給鄧通相命，相士說他會貧餓至死，文帝很不高興地說：「能富通者在我，何說貧？」於是，賞賜蜀郡的嚴道銅山給鄧通，使他享有鑄造錢幣之權，這種把國家的造幣權賞賜給臣下的行為在歷史上是極其少有的，於是鄧通富可敵國，當時就有「鄧氏錢布天下」的說法。

可是，歷史上往往有這麼一個規律，一個人如果過於受皇帝寵信，權勢過大，過於富有，往往會在宮廷之中受妒，招來災禍，對那些沒有豐功偉績、只會媚上的男寵來說更是如此。有一次，文帝身上長了個毒瘡，鄧通就經常為他用口吸吮。有一次文帝問：「天下誰最愛我者乎？」鄧通說：「誰也不如太子愛皇上。」按說鄧通這話說得也恰到好處，皇帝又愛聽，又能討好太子，人做得夠圓滑。某一天太子來看父皇的病情，皇上就讓太子吸吮毒瘡，太子面帶難色，很不情願的樣子。過後太子聽說是鄧通經常為皇上吮毒瘡，感到羞愧，因此怨恨鄧通。鄧通還由於冒犯了皇上的座位而為丞相所責，甚至要殺鄧通，後來被文帝阻止。

文帝是鄧通的唯一靠山，文帝一死，太子即位為景帝，立即罷免鄧通，後來又抄了他的家，並且不許任何人接濟他。最後，鄧通正如那相士所言，餓死了。

平原君朱建為什麼自殺？

朱建是西漢高祖、文帝時人。英布做淮南王時，他出任淮南相。西元前一九六年，英布欲謀反，找朱建商量有關問題。面對曾夜坑秦降卒二十萬、殺人不眨眼的英布，朱建不畏權貴，不懼淫威，置生命於不顧，不但不為英布出謀劃策，而且竭力諫止。英布失敗被誅後，漢高祖劉邦有感於朱建的高風亮節，賜其為平原君，並將其全家接到長安居住。朱建遂以「行不苟合，義不取容」的美名享譽朝野。在以後的宦海生涯中，朱建表現得十分不俗。不媚權貴，不枉公理，不謀私利，世人無不稱其「清廉剛直」。

當時，辟陽侯審食其品行不端，靠阿諛奉承深得呂太后的寵愛。辟陽侯很想和平原君交好，但平原君一直不肯見他。平原君的母親去世時，他因家貧而無力為母親發喪。於是，辟陽侯就給平原君送去價值一百金的厚禮。而當時的不少列侯貴人也因為辟陽侯送重禮的緣故，也送去了總值五百金的錢物。於是，朱建放棄了多年奉行的「行不苟合，義不取容」的行為準則，改變了不與品行不端的人為伍的立場，接受了審食其的重禮，同呂氏集團站到了一起，心甘情願地為他們奔波，為他們賣命。

後來漢惠帝繼位，想藉機殺掉辟陽侯。呂太后頗感為難，又不能替他說情，而大臣們大都痛恨辟陽侯的惡行更想借此機會殺掉他。辟陽侯很著急，就派人給平原君傳話，說自己想見見他，但遭到平原君的拒絕。而私下裡，平原君請求會見漢惠帝的寵臣籍孺，說服他為辟陽侯說情。籍孺聽從了平原君的意見，面見皇帝給辟陽侯說情，皇帝果然放出了辟陽侯。呂太后去世之後，大臣們殺死了諸呂。辟陽侯和諸呂關係極深，但最終沒有被殺死，都是朱建為其出謀劃策，保全辟陽侯的性命。在後來的漢文帝時期，淮南厲王殺死了辟陽侯，這是因為他和諸呂關係至深的緣故。文帝又聽說辟陽侯的許多事情都是他的門客平原君出謀策劃的，所以就派遣官吏去逮捕他，想治他的罪。聽到官吏已到自己家門口，平原君就想自殺，他的幾個兒子和來負責逮捕他的官員都說：「事情的結果究竟如何，現在還不清楚，你為什麼現在就自殺呢？」平原君對兒子們說：「我一個人死了之後，對我們一家人的災禍也就沒有了，也就不會使你們受到牽連。」說完就拔劍自殺了。

漢景帝是怎樣的國君？

西元前一五七年，文帝病亡，三十二歲的劉啟登基，這就是歷史上有名的漢景帝。漢景帝平定了七國之亂後，乘機將封國的權力收回中央，又大量裁撤封國的官吏。以後，諸侯王就成了只享受當地租稅的貴族階層，不再有行政權和司法特權。大亂而大治，經過七國之亂，諸侯王的割據問題得以徹底解決。

景帝繼承了文帝的休養生息政策，賦稅很輕，刑法也不重，漢朝的國力繼續得到增強。為了使百姓都能有地可種，以發展經濟，提高人民生活水平，景帝及時調配了人口和土地。他改變了當時禁止百姓遷移的政策，允許百姓從土地少的地區遷移到土地多的地區，這樣不但能開發土地資源，也能增加國家的賦稅收入。為了提高農民的生產積極性，景帝還下令將田租減掉一半，也就是將十五稅一降到三十稅一。為了從根本上減輕農民的負擔，景帝也很節省，在位時極少興建宮殿樓閣。

景帝的另一個惠民措施是減輕刑罰。在文帝時開始了古代殘酷的「肉刑」制度改革，將「肉刑」改成了笞刑，景帝又逐漸減少了次數，同時規定了刑具——竹板的長短、寬窄，竹節也要削平，中途也不准換人。

這樣，從文帝開始的刑制改革終於完善了。對於官員的審案判罰，景帝也經常訓導要寬容，不可隨意錯判誤判。

在思想方面，景帝也不再嚴厲禁止其他學派的發展。當時，朝廷流行黃老學派，即以黃帝和老子命名的學派，主張無為而治，輕傜薄賦。景帝在提倡黃老的同時也讓包括儒家學說在內的其他各派學說的存在、發展，這為後來董仲舒學說的發展以及被漢武帝的重視採用提供了前提條件。

除了內政的成績以外，外交方面，景帝主要是繼續和匈奴和親的政策，對匈奴進行安撫。對於匈奴的小騷擾，景帝也沒有大規模地反攻，而是以大局為重，注重的是積極的防禦。同時，景帝在匈奴的邊界地區設立關市，和匈奴貿易，這也有效減少匈奴的騷擾。

景帝採取的安定國家、發展經濟的措施使漢朝的經濟日趨繁榮，和秦朝相比，國泰民安顯示了文帝和景帝的突出政績，所以後人稱之為「文景之治」。

申屠嘉是怎樣成為丞相的？

申屠嘉，梁人，跟從劉邦攻打項羽，升任軍隊首領。後又跟隨劉邦攻打英布，任都尉。漢文帝時，申屠嘉升任御史大夫。張蒼丞相被免職後，漢文帝認為皇后的弟弟竇廣國有才幹且品行好，所以想讓他做丞相，但又怕天下人認為偏愛竇廣國，所以漢文帝考慮了很久也沒有定下來。因劉邦時的舊臣又大多故去，剩下的又沒有能勝任的，於是最後文帝就任用御史大夫申屠嘉做丞相，因其家在故邑，封為故安侯。

申屠嘉為人清廉正直，不接受私人請託。漢文帝時，鄧通因替文帝舐瘡吸膿，受到寵幸，他常恃寵不尊朝廷禮法。有一天，丞相申屠嘉進朝覲見文帝，正巧鄧通也在那裡。他站在尊貴的位置，不把丞相放在眼裡。申屠嘉覺得太不像話了，便對文帝說：「陛下寵愛幸臣，儘管讓他富貴，但不能讓他壞了朝廷禮法。」

申屠嘉退朝回府後，派人去召鄧通到丞相府，說他若不前來，便將他處斬。鄧通很害怕，便向文帝求救。文帝說：「你先去，我隨後派人去救你。」鄧通無奈，來到相府，赤腳免冠，叩頭謝罪。申屠嘉也不還禮，坐在椅子上，責備鄧通說：「朝廷是高祖的朝廷，鄧通你一介小臣，竟敢在殿上嬉戲，實犯了大不敬之罪，當斬！」鄧通嚇得一個勁地叩頭，前額都磕出了血。正在這時，文帝派人來了，把鄧通領回。鄧通受此教訓，再也不敢驕橫了。

申屠嘉為相五年，文帝去世了，景帝即位。西元前一五五年，晁錯做內史，諸多法令多有變改，他還與景帝商議著要貶謫削弱諸侯。丞相申屠嘉極力勸阻，但景帝不聽，遂痛恨晁錯。晁錯為內史，門在東面，不方便，在南面改了一個門，改這個門打穿了太上皇廟外牆。申屠嘉聽到後，欲趁此依法告晁錯擅自鑿穿宗廟垣牆做門，奏請誅殺晁錯。晁錯的門客把這件事告訴了他，晁錯害怕了，夜入皇宮拜見景帝。上朝的時候，申屠嘉奏請誅殺晁錯，景帝說：「晁錯打穿的並不是真的宗廟垣牆，而是外牆。原來是別的官員住在裡面，再說又是我讓他做的，晁錯沒有罪過。」罷朝後，申屠嘉對長史說：「真後悔不先殺了晁錯，竟先請示皇帝，被晁錯耍弄了。」回到住處，便嘔血而死，諡號節侯。

晁錯為朝廷盡忠，為什麼反被身斬東市？

漢朝實行的是郡縣制，但同時又有二十二個諸侯國。這些諸侯都是漢高祖的子孫，也就是所謂同姓王。到了漢景帝時，諸侯的勢力已異常強大，像齊國有七十多座城，吳國有五十多座城，楚國有四十多座城。有些諸侯不受朝廷的約束，特別是吳王劉濞，更是驕橫。他的封國靠海，還有銅礦，自己煮鹽採銅，跟皇帝一樣富有。他自己從來不到長安朝見皇帝，焉然一個獨立王國。

內史晁錯見諸侯國已嚴重威脅到中央集權，就對漢景帝說：「吳王一直不來朝見，按理早該治罪。先帝（指文帝）在世時對他很寬大，他反倒越來越狂妄自大。他還私自開銅山鑄錢，煮海水產鹽，招兵買馬，準備叛亂。朝廷不如趁早削減他們的封地。」漢景帝還有點猶豫，說：「好是好，只怕削地會激起他們造反。」晁錯說：「諸侯存心造反的話，削地要反，不削地將來也要反。現在造反，禍患還小；將來他們勢力雄厚了，再反起來，禍患就更大了。」漢景帝覺得晁錯的話很有道理，便決心削減諸侯的封地。

西元前一五四年，吳、楚等七國以「誅晁錯、清君側」為藉口，一起發動了大規模的叛亂，這就是歷史上的吳楚七國之亂。叛軍聲勢很大，漢景帝有點害怕了。他想起漢文帝臨終的囑咐，拜善於治軍的周亞夫為太尉，統率三十六名將軍去討伐叛軍。危急時刻，文臣袁盎說七國發兵完全是晁錯引起的，他勸漢景帝說：「只要答應七國的要求，殺了晁錯，免了諸侯起兵的罪，恢復他們原來的封地，他們就會撤兵回去。」漢景帝聽信了這番話。接著，就有一批大臣上奏章彈劾晁錯，說他大逆不道，應該腰斬。漢景帝為了保住自己的皇位，批准了這個奏章。晁錯就這樣被腰斬了。

晁錯雖然死了，但他的削藩主張還是付諸實施了。到漢武帝時，中央集權繼續加強對王國的控制，諸王國名存實亡，漢初分封而引起的割據叛亂問題最終解決。

袁盎為什麼被刺殺？

袁盎個性剛直，有才幹，漢文帝時名震朝野。因數次直諫，觸犯皇帝，被調任隴西都尉，後遷徙做吳相，吳王優厚相待。晁錯死，景帝拜袁盎為太常出使吳地，宣告晁錯已誅，復還諸侯原地，促使吳王罷兵。

誰知，袁盎到達吳地後，吳王不但不肯罷兵，竟要留住袁盎並任用他為將軍，袁盎不肯，吳王震怒想要殺他，命一都尉率五百人圍守袁盎。都尉部下司馬是袁盎做吳相時的從吏，這位從吏過去曾私通袁盎侍婢，袁盎知情，待他如故。有人告訴從吏說：「相國已知你和侍婢私戀。」從吏愧歉，便不告逃回家中，袁盎追他回來，即將侍婢賜給他完婚。從吏一直對袁盎感激涕零，這次見袁盎遇難，便想救他一命。他先以美酒使士卒痛飲醉倒，當夜引袁盎起身，對袁盎說：「請大人趕快逃走，吳王明早就要殺您了。」袁盎問道：「你是何人？為何救我？」司馬說：「我是大人舊日部屬、曾私通大人侍婢的從吏。」袁盎驚奇地稱謝說：「我何幸今日能遇見故人，但你有家眷，我不可連累於你。」司馬說：「大人離開後，我也逃亡他國，並已將親眷藏匿別處，請大人不必擔憂。」說罷即用刀割去軍幕，指引道路讓袁盎逃亡回京。

袁盎此行雖未完成任務而逃回，但仍得景帝信任，常被召入宮商談國事。景帝之弟梁王想成為漢景帝的繼承人，袁盎進言勸說不可立弟以壞宗法制度，從此這種議論便被中止。梁王因此怨恨袁盎，曾經派人刺殺袁盎。刺客來到關中，打聽袁盎到底是一個怎樣的人，眾人都讚不絕口。刺客便去見袁盎說：「我接受了梁王的金錢來刺殺您，您是個正直仁厚的人，我不忍心刺殺您。但以後還會有十多批人來刺殺您，希望您注意防備！」袁盎心中不快。之後家裡又接二連三地發生了許多怪事，袁盎便出去占卜吉凶。回家的時候，隨後派來的梁國刺客在安陵外城門口攔住了袁盎，把他刺殺了。

吳楚七國之亂是怎麼回事？

吳王濞是劉邦的姪子，其封地吳國是五十餘城的大國。吳國的彰郡（轄今蘇西南、皖南、浙北之地）產銅，濱海地區產鹽，吳王濞招致天下各地的逃亡者鑄錢、煮鹽，所鑄錢流通於整個西漢境內。吳國由於經濟富足，境內不徵賦錢，卒踐更者一律給予傭值，因而得到人民的支持。文帝時，吳太子入朝長安，由於博奕爭執，被漢太子劉啟（即以後的景帝）以博局擊殺，引起了漢吳雙方的猜疑，吳王濞自此二十多年託病不朝。文帝為了籠絡吳王濞，賜以幾杖，允許不朝。吳王濞驕橫不法，以珠玉金帛賄賂諸侯王和宗室、大臣，企圖在政治上拉攏他們。

西元前一五四年，漢景帝採納晁錯的建議，向吳王劉濞下詔書，要削掉吳國的兩個郡。這激怒了劉濞，他馬上派人去聯絡楚王、趙王、膠西王、膠東王、淄川王、濟南王等，一塊起兵造反，並聲稱起兵目的是誅晁錯，恢復王國故地，安定劉氏社稷。很快，劉濞就徵發了二十多萬人。其他六國也紛紛起兵響應，七國之亂就這樣爆發了。

漢景帝聽說劉濞起兵叛亂後，立即派周亞夫帶著三十六個將軍和漢軍的主力去鎮壓吳、楚等國的軍隊；同時又派酈寄和將軍欒布各率領一支軍隊去進攻趙國和膠東、膠西諸國；另外還派大將軍竇嬰率領軍隊駐紮在滎陽，做各路軍隊的後援。為了盡快平定七國叛亂，漢景帝又聽信了大臣袁盎的建議，殺了晁錯，然後派袁盎前去和劉濞講和，表示要恢復他們的封地。劉濞聽說朝廷已經把晁錯殺了，並派人前來講和，不禁哈哈大笑道：「我現在已經成了東方的皇帝，哪裡還用得著再拜誰呢？」說完，劉濞就派人把袁盎關押起來。不久，周亞夫率軍把吳、楚的軍隊打得落花流水。楚王劉戊走投無路，只好自殺了。劉濞逃到東越國，也被東越王殺死了。在北方戰場上，趙王劉遂、膠西王劉卬、膠東王劉雄渠、淄川王劉賢、濟南王劉辟光等人，也相繼慘遭失敗，落了個身敗名裂的下場。

吳楚七國之亂平息後，漢王朝威望提高。漢景帝認真總結經驗教訓，採取了許多限制和削弱諸侯國的措施，使中央集權得到了大大加強。

竇太后為什麼一心想讓梁孝王做景帝的繼承人？

竇太后為什麼一心想讓梁孝王做景帝的繼承人？

梁孝王是文帝次子，長子就是後來的景帝，兩人同為竇太后的兒子。梁王為人仁愛，有孝心，每聽說太后有病，他就吃不下飯，睡不好覺，經常想留在長安侍奉太后。太后也很鍾愛他，所以一直希望景帝百年之後能傳位於梁王。一次景帝在宴請梁王時說：「千秋萬歲之後，傳位於王。」雖說這只是酒後之言，但太后和梁孝王聽後都非常高興。

因為有太后和皇上的寵愛，梁孝王被賞賜可使用天子的旌旗，每次出行，千乘萬騎跟隨在後；到處馳騁行獵，所用的儀制和排場可同天子相比。出行稱「蹕」，路上戒嚴清道；在宮內也登輦傳「警」。梁王在宮中侍奉景帝同乘一輦，外出同乘一車進行遊獵。梁國的侍中、郎、謁者，都登錄門籍出入天子的殿門，同天子宮中的宦官沒有什麼差別。

後來，景帝廢黜栗太子，竇太后便想把梁王立為皇位繼承人。大臣以及袁盎等人對景帝有所進言，竇太后的意見被阻遏不用，竇太后因此也就不再提立梁王為皇位繼承人的事了。這年夏天，皇上立膠東王為太子。梁王怨恨袁盎以及其他反對他繼承皇位的大臣，就同羊勝、公孫詭等人商議，偷偷地派遣刺客暗殺袁盎以及其他十幾個議事大臣。朝廷追捕罪犯，未能抓獲。景帝猜測是梁王指使的，後來抓到刺客進行審問，果然是梁王指使的。景帝因為此事而怨恨梁王。梁王心中恐懼，就派遣韓安國去長安透過長公主向太后謝罪，才得以免予追究。

景帝對梁王的怒氣稍有緩和，梁王便上書請求入朝。到了函谷關後，茅蘭勸說梁王，讓他改乘簡陋的布車，只帶兩個騎馬的侍從入關，並躲藏在長公主的園林中。朝廷派遣使者迎接梁王，梁王已經入關，而他的車馬侍從卻都在關外，不知梁王居處。消息傳來，太后哭著說：「皇帝殺死了我的兒子！」景帝也感到憂慮恐慌。正在這時，梁王到宮門前伏身於鐵砧之上表示謝罪，太后和景帝大喜，三人相擁而泣，又同從前一樣和好。景帝把梁王的侍從全都召入關內。但從此，景帝對梁王越來越疏遠，不再和他同車共輦了。

梁王在位的第三十五年冬天，又一次入朝。他上奏想留在長安，景帝沒有允許。梁王回到自己的封國，神志恍惚，悶悶不樂。到了六月間，梁王患了熱病，不久去世，被謚為孝王。

第十二章 漢武雄風

經過漢初七十年的休養生息，西漢社會經濟得到恢復和發展，漢武帝在位時，西漢王朝達到空前繁榮的階段，社會呈現一片興旺發達的景象，西漢王朝到達鼎盛時期。

一、漢武大帝

漢武帝是如何繼承帝位的？

漢武帝劉徹出生於西元前一五六年，父親就是漢景帝劉啟，武帝的母親是王美人。傳說王美人在懷孕時夢見了太陽鑽入懷中，漢景帝聽說後很高興，認為是個吉利的夢，預示著腹中孩子將來會有大作為。但由於武帝的母親不是皇后，所以她生的兒子按照封建時期的規定不能繼承皇位。那麼，後來武帝是如何當上太子，最終登上皇位的呢？

在武帝四歲時，景帝封他為膠東王，做太子的是他的哥哥劉榮。景帝的姐姐長公主有個女兒叫陳阿嬌，起初，長公主想把自己的女兒許給太子劉榮，將來太子一即位，女兒就是皇后了。但是太子的母親栗姬卻不領情，這使長公主非常生氣，從此與栗姬作對。不久，長公主將目光轉向了平時也很喜歡的武帝，但武帝的父親景帝不太支持。長公主便想辦法促成了此事：有一次，她在景帝的面前故意問武帝願不願意要阿嬌做他的妻子，武帝也很喜歡阿嬌，見姑姑問，便很大方地說：「以後如果能娶阿嬌做妻子，我就要親自建造一棟金屋子送給她。」父親景帝見武帝和阿嬌也很般配，便同意了這門親事。

長公主並不是一般的公主，她在景帝時很有地位，對景帝的影響不容忽視。由於她的極力策劃和幫助，加上武帝自己的表現，景帝最終選擇了武帝這個才華出眾的兒子做了太子，同時，武帝的母親王美人也被升為皇后。此時的武帝剛剛七歲。武帝做了太子後，更加勤奮好學，景帝還讓學識淵博的衛綰做他的老師。武帝的學習範圍很廣，包括騎馬、射箭、經學和文學。到了西元前一四〇年，十六歲的漢武帝正式繼承了皇位。

漢武帝尋姐是怎麼回事？

武帝的母親名叫王娡，王娡的母親叫臧兒，是原來的燕王臧荼的孫女。臧兒先嫁給槐里的王仲為妻，生有一子名叫王信，還有兩個女兒，其中長女就是王娡，次女叫王息姁。後來王仲死了，臧兒又改嫁給長陵田氏，生了兒子田蚡、田勝。王娡嫁給金王孫為妻，生了一個女兒。臧兒找人為子女算卦，結果說她的兩個女兒都將是貴人。臧兒覺得只有宮中才能富貴，因此想把女兒送入宮中，就把女兒從金氏家中強行接回送進太子宮中。太子劉啟很寵愛她，封為美人，王娡後來生了三女一男，三個女兒後來分別獲封，長女封平陽公主，次女封南宮公主，三女封林慮公主。另外一個男孩就是漢武帝。

韓王孫韓嫣受到武帝寵愛，有一次在武帝面前談起王太后有個女兒在長陵，父親是金王孫。武帝說：「為什麼不早說？」於是派人前去查看，那個女子正好在家。武帝就親自去迎接她。金氏一家聽說武帝來了，十分驚恐。金女躲藏在內室的床下，家裡人扶著她拜見皇上。武帝一下車就哭著說：「哎呀，大姐，怎麼藏得這麼深呀！」他把姐姐帶回長樂宮去拜見太后。太后說：「皇上如此疲倦是從哪來的呀？」武帝

漢武帝改革受阻是怎麼回事？

說：「今天到長陵找到了我的姐姐，和她一起回來的。」他回頭讓姐姐拜見太后。太后說：「你是我那個女兒嗎？」「是呀！」二人落淚哭泣。武帝捧著酒上前來為太后和姐姐祝賀，並賜一千萬錢，三百名奴婢，一百頃田地，上等宅第送給姐姐。武帝又讓平陽公主、南宮公主和林慮公主來拜見姐姐，並封姐姐為修成君，封姐姐的兒子為修成子仲，讓姐姐的女兒做諸侯王的王后。

漢武帝改革受阻是怎麼回事？

漢武帝繼承皇位以後，野心勃勃地想將文景之治的盛世延續下去，但在初期卻遇到了阻力。這主要是當時的太皇太后竇氏，即武帝的爺爺漢文帝的皇后。從她做皇后到這時，已經有了四十年，本家族在朝廷的勢力十分龐大。按照規定，分封的一些王與侯都要到各自的封地去，但竇氏的親屬們不願意到那些邊遠的地方去，都留在京城，互相勾結，違法亂紀的事經常發生。而對於竇太后來說，她和武帝的治國思想也有很大的區別。

竇氏喜歡的還是在漢朝初年很盛行的黃老思想，即遠古的黃帝和近世老子的思想，主要是「無為而治」，這是漢初與民休息政策的基本治國思想，這使國家的經濟得到了恢復和發展，促成了「文景之治」盛世景象的出現。但到了武帝時期，因為分封的諸侯王們對抗中央，所以迫切要求加強中央的權力來壓制地方勢力。這是武帝和竇氏太皇太后的思想分歧。

武帝即位後便開始實行自己的政治方略：安排自己信任的人掌管朝中大權，如讓舅舅田蚡做太尉，掌握軍權。同時，許多的儒生也被他重用。為了更多地選拔人才，武帝還下詔命令全國官吏向中央推薦人才，當時叫做「賢良方正」。「罷黜百家，獨尊儒術」的董仲舒就是在這次推薦考試中得了第一名。武帝召見他，探詢治國的良策。董仲舒將自己的一整套儒家治國思想說給武帝聽，武帝非常讚賞。

但武帝此時還沒有力量和自己的奶奶竇氏較量，在他任命的重臣趙綰提出竇氏不應再干涉朝政時，激怒了竇氏。竇氏逼迫武帝廢除了剛剛實行的一系列的改革措施，武帝任命的丞相和太尉也被迫罷免，有的大臣被逼死在獄中。然後，竇氏寵信的人接替了這些重要職位。這對武帝是一個打擊，但他沒有從此消沉，而是養精蓄銳，等待著時機。四年之後，即西元前一三五年，竇氏去世，時機終於來了，武帝馬上將竇氏的人一律罷免，將田蚡重新重用，做了丞相。治國思想也採用了儒家的主張，開始加強中央集權，對付地方的豪強勢力。

漢武帝時代為什麼被稱為鼎盛時代？

經過漢初七十年的休養生息，西漢社會經濟得到恢復和發展，漢武帝在位時，西漢統治達到空前繁榮的階段，社會呈現一片興旺發達的景象，西漢王朝達到鼎盛時期。

漢武帝即位初，一方面，政治形勢比較穩定，國家經濟狀況也比較好；另一方面，諸侯王國的分裂因素依然存在。所以，他在繼續推行漢景帝時各項政策的同時，採取了一系列強化專制主義中央集權的措施。在政治方面，首先頒行「推恩令」，使諸侯王多分封子弟為侯，使王國封地被分割，以進一步削弱諸侯王國勢力；其次，建立中朝削弱相權，鞏固了皇權的神聖地位；再次，設置十三部刺史，加強了對地方的控制。在軍事方面，主要是集中兵權，充實了中央的軍事力量。在經濟方面，整頓財政，頒布「算緡」、「告緡」令，徵收商人資產稅，打擊富商大賈；又採取桑弘羊建議，將冶鐵、煮鹽收歸官營，禁止郡國鑄錢；設置平準官、均輸官，由官府經營運輸和貿易，大大增強了國家經濟實力。同時，興修水利，移民西北屯田，實行「代田法」，促使農業生產的發展。在思想方面，採納董仲舒的建議，罷黜百家，獨尊儒術，使儒學成為社會的統治思想，對後世中國政治、社會、文化產生了深遠的影響。

漢武帝是怎樣一步步被引向求仙之道的？

對外，漢武帝採取軟硬兼施的策略。對匈奴，他一方面派衛青、霍去病徵伐，解除匈奴威脅，保障了北方經濟文化的發展。他消滅了夜郎、南越政權，在西南先後建立了七個郡，並使今天的兩廣地區自秦朝後重歸中國版圖。同時，他派張騫出使西域，打通了絲綢之路，加強了對西域的統治，並發展了中西經濟文化的交流。在東方，他派兵滅衛氏朝鮮（朝鮮北部），置為樂浪、玄菟、臨屯、真番四郡。

漢武帝是怎樣一步步被引向求仙之道的？

西元前一三三年，漢武帝初次到雍城去郊祀、禮見五時神靈，此後便每隔三年郊祀一次。時人李少君以祭灶、避谷、長生不老等法術拜見武帝，受到武帝的尊崇。李少君曾對武帝說祭灶能招致鬼物，從而丹砂就能煉成黃金，使用黃金打造的飲器可以延年益壽。益壽後才能見到蓬萊山的仙人，見到仙人後再行封禪禮就能長生不老了。於是，武帝開始親自行祭灶禮，並從事煉丹砂等藥劑為黃金的事情。

還有一個叫謬忌的人以祭祀太一神的方法上奏朝廷，武帝命太祝在長安東南郊建祠廟，按謬忌的方法供奉祭祀。齊人少翁以能與鬼神相通的法術拜見武帝，武帝在少翁的進言下建造甘泉宮，並在室內畫天、地、太一等鬼神像，擺上祭祀用具以招致天神。

西元前一一二年，一個叫欒大的方士到了長安，說自己經常在海上來往，見到過仙人，也找到了長生不老藥。一直想長生不老的漢武帝聽信了他的話，封他做了將軍，甚至還將自己的女兒嫁給他。武帝還給他刻了一枚玉做的印信，可見對他的迷信。但在西元前一一〇年，欒大騙局被揭穿後，武帝便怒斬了欒大。不過，武帝並沒有吸取教訓，而是接著派人到海上尋找神仙、求取仙藥，想著長生不老。

後來，河東太守聲稱出土一個大鼎，武帝將鼎置於甘泉宮。齊人公孫卿乘機聲言，今年得寶鼎的時間和黃帝得寶鼎的時間一致，黃帝當年得寶鼎後成仙升上天。武帝聽到此話十分高興，召見公孫卿並任他為郎官，派他到太室山候神。不久，公孫卿就傳來喜訊，報告在緱氏城上見到仙人蹤跡。武帝親倖緱氏城，察看仙人蹤跡。公孫卿故作鎮靜地安慰武帝，求神之事，著急不得，應耐心長期等候。此後，武帝又數次到緱氏城求仙，但都無果而終。漢武帝就是這樣一步步被引向求仙之道的。

漢武帝時的巫蠱之禍是怎麼回事？

巫蠱之禍是漢武帝末年封建統治集團內部發生的重大政治事件。巫蠱為一種巫術。當時人認為，使巫師祠祭或以桐木偶人埋於地下，詛咒所怨者，被詛咒者即有災難。

漢武帝第一次遭逢巫蠱，緣於一幕爭寵鬧劇。他的第一夫人——金屋藏嬌的陳皇后，無子失寵，妒火中燒，找來巫師楚服，用桐木刻成小人，寫上衛子夫等一干當紅寵妃的姓名，日禱夜告：詛咒她們生病不生子，得死不得幸。這就是上起王公、下至黎民，談之色變、聞之喪膽的「巫蠱」。不管陳阿嬌如何詛咒，衛子夫照樣花容月貌，生下公主。後來巫蠱東窗事發，楚服被殺，阿嬌被廢。

武帝時，還有一次更厲害的巫蠱之禍，這次災難導致漢朝多名大臣被殺，太子劉據也被陷害自殺，成為漢武帝揮之不去的陰影。

劉據是漢武帝和衛皇后之子，七歲時被立為皇太子。後來武帝為成年的太子修建「博望苑」，讓太子在那裡跟賓客往來，「從其所好」。太子性格「仁恕溫謹」，但武帝「嫌其才能少」，認為他不像自己。隨著武帝的其他寵妃生下兒子後，武帝對衛皇后和太子的關愛減少，令太子「常有不自安之意」。武帝察覺此事，曾對太子之舅、大將軍衛青說：「太子敦重好靜，必能安天下，不使朕憂。欲求守文之主，安有賢於太子者乎！聞皇后與太子有不安之意，豈有之邪？可以意曉之。」讓衛青安撫太子。太子經常勸諫武

漢武帝時的巫蠱之禍是怎麼回事？

帝減少跟外族的戰事，武帝卻說這樣做是為了太子將來可以安享太平。太子寬厚雖然得到民心支持，但是也引起了一些主張嚴刑峻法的官員的不滿。衛青死後，朝臣對太子的攻擊更多。

武帝晚年，衛皇后開始失寵，江充受武帝重用。江充與太子及衛皇后不和，擔心將來太子繼位後會誅殺他，便利用當時鬧出幾宗大案的「巫蠱之術」製造陰謀。這時，武帝因年老而性情變得多疑，以為身邊的人懂得「蠱道祝詛」，為此查根究底而導致多人被殺。江充當時負責處理有關巫蠱的案件，他說宮中有蠱氣，武帝派其他官員協助他追查。江充來到太子宮掘蠱，掘出桐木做的人偶。當時武帝在外地避暑，太子召問少傅石德，身為太子師傅的石德懼怕自己受株連，建議太子越權行事，拘捕江充等人及追查他們的陰謀，太子情急之下同意石德所言。西元前九一年七月，太子派人假冒使者收捕江充等人。江充助手韓說懷疑使者身分，不肯受詔，被來人殺了。太子派人稟告皇后，又分發武器給侍衛。太子向百官宣布江充謀反，把江充殺了。當時，江充另一助手蘇文逃到武帝處，向武帝控訴太子，武帝派使者召太子，使者不敢到太子那裡，謊報武帝說「太子反已成，欲斬臣，臣逃歸」。武帝大怒，下令丞相率兵平亂。太子調集了數萬人，與丞相軍激戰五日，死者數萬人。長安民眾以為太子謀反，所以大多數人不支持他。很快，太子便因勢孤力弱而兵敗，自己僥倖逃離長安。皇后自殺，太子賓客多被捕殺。太子逃到湖縣一戶貧家，戶主常賣屨以維持太子生活所需。太子有一位富有的故人在此地，因為派人找他而被人發現。官吏來圍捕太子，太子自殺，戶主亦被殺。

後來，武帝覺得巫蠱之事頗有蹊蹺，深知太子劉據本無反心，便把江充家滅族，處死蘇文，並在湖縣建「思子宮」。

二、漢武帝的外交

南越歸漢有什麼意義？

漢初，西元前一九六年，高祖派陸賈去南越，命趙佗因襲其南越王稱號，同他剖符定約，互通使者，讓他協調百越，使其和睦相處。高後時代，趙佗擅加尊號，自稱南越武帝，並且出兵攻打長沙的邊境。高後派兵攻打趙佗，卻因為酷暑潮濕的氣候，大軍無法越過陽山嶺。高後死去，漢軍就停止了進攻。趙佗憑藉他的軍隊揚威於邊境，用財物賄賂閩越、西甌和駱，使他們歸屬南越。趙佗竟然以皇帝身分發號施令，同漢朝地位相等。西元前一七九年，天子再次派陸賈作為使者前往南越。陸賈到了南越，趙佗十分恐懼，遂向天子寫信道歉，表示願意長久做漢朝的藩屬臣子，遵守向天子納貢的職責。

後來，趙佗之孫趙胡當了南越王。這時，閩越王郢發動戰爭，攻打南越邊境，趙胡向天子表示，南越作為漢朝的藩臣，不能擅自發兵攻擊閩越，希望天子下詔處理此事。天子讚揚南越王的忠義行為，為他們出兵，平定了戰亂。十多年後，趙胡病死，天子加給他文王的謚號。但是趙胡生前始終沒敢去朝見天子。嬰齊代為南越王之後，向漢天子上疏，請求立妻子樛氏為王后，趙興為太子。漢朝屢次派使者婉轉勸告嬰齊去朝拜天子，但嬰齊喜歡恣意殺人，懼怕進京，一直以有病為託辭，不去朝見天子。嬰齊死後，天子又加給他明王的謚號。

太子趙興代為南越王，他的母親當了太后。西元前一一三年，漢武帝派安國、少季前去規勸南越王和太后。太后是中原人，曾和少季通姦，而全國上下多半知道此事，太后害怕發生動亂，也想依靠漢朝的威勢，屢次勸說南越王和群臣，請求歸屬漢朝。於是就透過使者上疏漢武帝，請求參照內地諸侯，三年朝見天子一次。漢武帝答應了他們的要求，把銀印賜給南越丞相呂嘉。丞相呂嘉年齡很大，輔佐過三位國王，他的

漢滅東越後，為什麼將其民移至江淮間？

宗族子弟當官做長吏的有七十多人，他在南越國的地位非常顯要，在得民心方面甚至超過了南越王。呂嘉屢次建議南越王放棄上疏漢天子，南越王沒有聽從，他便產生了背叛的念頭。漢武帝聽說呂嘉不服從南越王，於是派遣韓千秋和王太后的弟弟率兵二千人前往南越。呂嘉等人終於造反，殺害了南越王、王太后和漢朝的使者。漢武帝派遣水兵十萬人前去討伐南越，伏波將軍和樓船將軍最終攻破南越，呂嘉被俘。南越由此歸為漢朝。

透過以上有關南越王趙佗建國的史實及其四位繼承者同漢王朝關係的記述可以看出，南越作為漢王朝的一部分，和其他區域的人民一樣都是漢王朝的同等臣民。南越歸漢反映了各民族走向統一的必然趨勢，體現了漢代大一統的政治局面。

漢滅東越後，為什麼將其民移至江淮間？

秦末漢初，東越由郡縣變成閩越國和東海國，勾踐的後裔無諸成為閩越王，搖成為東海王，俗號為東甌王。後來，閩越和東甌相互攻伐，武帝派兵援助東甌，閩越撤兵逃離，東甌請求把全國遷移到內地去，居住在江淮間。

西元前一三五年，閩越攻打南越。南越遵守天子的約束不敢擅自出兵，武帝派大行（外事官員）王恢領兵助戰。閩越王郢派出軍隊對抗漢朝軍隊。閩越王郢的弟弟餘善和東越丞相私下聯合殺死了郢，向漢朝謝罪。武帝立餘善為東越王。

西元前一一二年，南越造反，漢朝派大農令張成、原山州侯劉齒率兵攻打東越，沒有成功。後來，武帝又派橫海將軍韓說從句章出發，渡海從東邊進軍；派樓船將軍楊僕從武林出發；中尉王溫舒從梅嶺出發，攻打東越。橫海將軍韓說率兵先到東越。越衍侯吳陽叛變東越，同繇王居股、建成侯敖及部下共同殺死餘善，投降橫海將軍。於是，繇王居股被封為東成侯，建成侯敖被封為開陵侯，越衍侯吳陽被封為北石侯，橫海將軍為案道侯。漢武帝認為東越狹小而多險阻之地，加之閩越強悍，屢次反覆無常地造反，因而命令軍官們率領東越軍眾遷徙到江淮一帶居住。

西南夷是怎麼開通的？

西元前一三五年，唐蒙到南越考察後，上疏漢武帝指出，夜郎擁有精兵十多萬，漢軍可乘船沿牂柯江而下，乘其不備而加以攻擊，這是制服南越的一條奇計。漢武帝聽言，就任命他為中郎將，率領大軍以及負責糧食、輜重的人員一萬多人從巴符關進入夜郎。唐蒙會見夜郎侯多同並給了他很多賞賜，約定給他們設置官吏。武帝把夜郎設為犍為郡。後來，唐蒙就調遣巴、蜀兩郡的兵士修築道路，從僰直修到牂柯江。武帝又派司馬相如以中郎將身分前去西夷，表明朝廷願意以對待南夷的方式對待他們，給他們設置一個都尉、十幾個縣，歸屬於蜀郡。

過了幾年，武帝派公孫弘去西南夷考察，由於耗費財力、物力、人力較大，加之西南夷屢次造反，公孫弘上疏武帝開發西南夷的不利之處，武帝採納建議，下令停止對西夷的活動，只在南夷的夜郎設置兩縣和一都尉，命令犍為郡保全自己。

後來南越造反時，武帝派馳義侯用犍為郡的名義調遣南夷軍隊，但且蘭國君同他的軍隊謀反殺了漢朝使者和犍為郡的太守。漢朝就調動巴郡和蜀郡的八個校尉率領被赦從軍的罪犯去攻打且蘭，把它平定了。漢朝八個校尉在行軍中又平定頭蘭，也就最終平定南夷，並設置牂柯郡。夜郎侯受封為夜郎王。

西元前一〇九年，武帝調動巴郡和蜀郡的軍隊攻打並消滅了靡莫，大軍逼近滇國。滇王離開了西夷，率領全國軍民向漢朝投降。滇王進京朝拜武帝，漢朝為其設置益州郡，並賜給滇王王印。

張騫通西域是怎麼回事？

張騫通西域是怎麼回事？

漢武帝即位之初，從匈奴俘虜口中得知，過去匈奴破月氏，曾經以月氏王頭顱為溺器，月氏人深恨匈奴，武帝遂懸賞徵募使者出使月氏，希望能聯合月氏夾擊匈奴。

當時，有漢中人張騫應募，有個在長安的匈奴族人叫堂邑父，也願意跟張騫一同去找月氏國。西元前一三八年，漢武帝派張騫帶著一百多人出發去找月氏。由於要到月氏，一定要經過匈奴占領的地界。張騫他們小心地走了幾天，還是被匈奴兵發現圍住了，全都做了俘虜。匈奴人沒有殺他們，只是派人把他們分散看管起來，只有堂邑父跟張騫住在一起。

這樣一關就是十多年。日子久了，匈奴對他們漸漸放鬆了警惕。一次，張騫和堂邑父乘匈奴人疏於防備，騎上兩匹快馬逃了。他們一直向西跑了幾十天，吃盡苦頭，逃出了匈奴地界，沒找到月氏，卻闖進了另一個叫大宛（在今中亞細亞）的國家。大宛和匈奴是近鄰，當地人懂得匈奴話。張騫和堂邑父都能說匈奴話，交談起來很方便。他們見了大宛王，大宛王早就聽說漢朝是個富饒強盛的大國，這回聽說漢朝的使者到了，很是歡迎，並且派人護送他們到康居（約在今巴爾喀什湖和鹹海之間），再由康居到了月氏。當時，月氏受匈奴壓迫，已西遷定居嬀水（今阿姆河）北岸，又統領大夏，無意向匈奴復仇。張騫在月氏居留年餘，無法說服，只得東還。歸時他不敢再走原路，改從南道，傍金山而行，但仍為匈奴所俘。次年，匈奴發生內亂，張騫乘機與堂邑父等逃走，終於在西元前一二五年返回長安，隨從生還的僅十餘人。由於張騫等所經均漢人未到之地，故有「張騫鑿空」之稱。

張騫回國後向武帝稟告西域情形及在大夏見到邛杖、蜀布，據雲從身毒（即印度）販運而至，這就引起武帝經略西域和打通西南夷的意圖。西元前一一九年，張騫和他的幾個副手拿著漢朝的旌節，帶著三百個勇士，每人兩匹馬，還帶著一萬多頭牛羊和黃金、錢幣、綢緞、布帛等禮物去結交西域。張騫到了烏孫

（在新疆境內），烏孫王出來迎接。張騫送了他一份厚禮，建議兩國結為友好，共同對付匈奴。烏孫王只知道漢朝離烏孫很遠，可不知道漢朝的兵力有多少。他想得到漢朝的幫助，又不敢得罪匈奴，因此烏孫君臣對共同對付匈奴這件事商議了幾天，始終猶豫不決。張騫深恐誤時，便打發他的副手們帶著禮物，分別去聯絡大宛、大月氏、於闐（在今新疆和田一帶）等國。烏孫王還派了翻譯幫助他們。由於這些副手去了很長時間沒有返回，張騫便先行回到長安。烏孫王也派了幾十個人跟張騫一造成長安參觀，還帶了幾十匹高頭大馬送給漢朝。漢武帝見了他們已經很高興了，又見了烏孫王送的大馬，特別優待烏孫使者。過了一年，張騫病死了。張騫派到西域各國去的副手也陸續回到長安。副手們把到過的地方合起一算，總共到過三十六國。

從此，漢武帝每年都派使節去訪問西域各國，漢朝和西域各國建立了友好交往。西域派來的使節和商人也絡繹不絕。中國的絲和絲織品，經過西域運到西亞，再轉運到歐洲，後來人們把這條路線稱作「絲綢之路」。

漢武帝為什麼要征伐大宛？

自張騫通西域後，很多漢朝使者紛紛前往西域。有些使者回國後告訴武帝，大宛在貳師城藏有好馬，但拒絕給予漢使。武帝早已鍾愛大宛良馬，於是命人帶千金及金馬去求貳師城的好馬。大宛國自認為距漢朝遙遠，漢朝奈何自己不得，於是便不肯把大宛的寶馬給予漢使，還讓東邊的郁成國阻殺了漢使，奪取了財物。武帝得知後大發雷霆，於西元前一〇四年封李廣利為貳師將軍，率軍去攻伐大宛。但由於供給不足，僅在郁成便慘遭失敗，傷亡慘重。

漢武帝是如何擊敗匈奴的？

這次討伐大宛的失敗震動了朝野，公卿大臣們皆主張停止伐宛，專力攻打匈奴。但武帝執意要二次伐宛。於是又命李廣利統率六萬大軍，並備帶數以萬計的牛、馬、驢、駱駝以及其他的軍備物資，浩浩蕩蕩再度出征伐宛。這一次，漢軍所到之處，小國無不迎接，供給糧食。漢軍平安到達了大宛，一舉擊潰了前來迎戰的大宛軍隊，把其逼回到都城之內，斷其水源，圍困住大宛的城池，並摧毀了外城，俘虜了大將煎靡。大宛人恐懼萬分，就殺死國王毋寡，獻出大宛所有的好馬任漢軍挑選以求降。李廣利權衡利弊接受了大宛的請降要求，立親漢的昧蔡為大宛國王，與其訂立盟約後，帶著好馬數十匹以及一般牝牡馬三千多匹班師回朝。

漢武帝伐宛，表面看來似乎是因為想要得到貳師城的好馬，但實質上卻是為了與匈奴爭奪在西域特別是蔥嶺以西的優勢地位。西域是中西交通的要塞，漢朝如不能控制西域，就無法保證西部邊疆的安全，更不能保證中亞交通大動脈的暢通。而西域各國大多是親匈奴而遠漢的，特別是大宛作為西域很有影響力的一個國家，若不能臣服於漢朝，將直接影響漢朝對西域各國的控制。所以攻伐大宛是具有策略全局意義的。大宛被征服之後，漢武帝從敦煌到鹽水一路設置亭障，並在侖頭設置使者以保護田地，儲存糧食，供給那些到外國去的使者，從而在西域建立了一條至關重要的交通防禦線。

漢武帝是如何擊敗匈奴的？

秦漢時期，北方的匈奴一直對中原王朝構成巨大的威脅。在秦代，匈奴曾一度為蒙恬所擊敗而逃往漠北，十多年不敢南下。秦朝覆滅後，匈奴趁楚漢相爭、無暇北顧之機再度崛起。在其驍勇善戰的領袖冒頓單于的統率下，匈奴四面出擊，重新控制了中國西北部、北部和東北部的廣大地區。西漢王朝建立後，匈奴依然是漢民族和平生活的巨大威脅。而漢朝自高祖劉邦平城被圍事件發生後，由於實力不濟，加上有諸多內政事務亟待處理，只能對匈奴採取和親政策，出嫁公主，贈送絲綢、糧食等物品，與其約為兄弟，以緩解匈奴的襲擾，一直蒙受很大的恥辱。文、景時期，推行黃老「無為而治」的統治政策，使凋敝的社會經濟較快地得到恢復，整個國家呈現出一片富庶豐足的景象。漢武帝劉徹登基後，憑藉前輩所創造的物質基礎，積極從事於反擊匈奴的戰爭準備。後來，由他領導抗擊匈奴的戰爭，竟持續了四十三年，大小戰役達十五次之多，關鍵性的大戰役有三次。

西元前一三三年，武帝採納王恢的建議，派遣李廣、公孫賀、王恢、李息、韓安國五將軍，率三十萬漢軍埋伏在馬邑附近。又派聶一出塞與匈奴交易、誘敵。匈奴軍臣單于發現這是誘兵之計，便立即引兵撤退。漢朝三十萬大軍無功而返。馬邑之謀雖然失敗，但武帝全面反擊匈奴的決心已經不可動搖。

西元前一二七年，匈奴兩萬騎兵侵入邊境，由漁陽進入雁門，都城長安直接受到威脅。漢武帝採取聲東擊西的策略，對「河南地」（河套地區）的匈奴各部進行大規模迂迴包圍作戰。匈奴諸部無備，大敗，秦末以來長久淪陷於匈奴的河套地區被漢收復。漢朝收復河套地區後，利用河套這一有利的天然屏障，把朔方和五原建成抗擊匈奴的基地，既解除了匈奴對長安的威脅，又可以減省軍需糧餉的轉輸，為漢朝最後擊敗匈奴創造了有利條件。

西元前一二三年，武帝又派衛青率十萬騎兵出塞追殲匈奴。在這次戰役中，十八歲的年輕將領霍去病脫穎而出。漢軍出塞後，霍去病率八百騎兵衝殺在前，離開漢軍主力，一直迅速行軍數百里。這支騎兵小部隊，找到匈奴部隊後，以迅雷不及掩耳之勢發起突然襲擊，打得敵兵措手不及，潰不成軍。漢軍以少勝多，斬敵二千多人，殺死匈奴單于的叔祖父籍若侯產，生俘單于叔父羅姑比，大勝而歸。西元前一二一年春，霍去病被任命為驃騎將軍（位同大將軍），率領騎兵萬人，從隴西出塞，轉戰六天，越過焉支山（今甘肅山丹東南）千餘里，殺敵八千餘，俘虜渾邪王子等，繳獲休屠王的祭天金人。漢軍河西首戰告捷。同年夏天，

漢武帝是如何擊敗匈奴的？

霍去病又與公孫敖率數萬騎出北地（今甘肅慶陽西北），深入二千多里，越過居延澤（今內蒙古額濟納旗北），攻至祁連山（今甘肅張掖縣西北），擊敗匈奴軍主力，俘獲匈奴酋塗王和單于閼氏、王子等百餘人，殲敵三萬多人。這是西漢對匈奴開戰以來所取得的一次空前大捷。這次戰役後，漢朝控制了河西地區，截斷了匈奴和羌人的聯繫，打開了內地通往西域的道路。漢軍占領河西之地後，漢武帝置武威（郡治在今甘肅勤縣東北）、張掖（郡治在今甘肅張掖縣西北）、酒泉（郡治在今甘肅酒泉）、敦煌（郡治在今甘肅敦煌西）四郡，稱為河西四郡。河西走廊又是通往西域的交通要道，掃清了匈奴之後，就為通西域，將西域諸國同內地緊密地聯繫在一起創造了重要條件。

匈奴伊稚斜單于因屢遭重創，心有餘悸，將單于庭暫時移於漠北，便於引誘漢軍深入，然後乘其兵疲而襲擊。西元前一一九年春，武帝將計就計，乘匈奴疏於防範之際，決定攻其不備，發動了對匈奴的第三次大戰役。漢武帝調集十萬騎兵，隨軍戰馬十四萬匹，步兵及轉運夫十萬人，由衛青和霍去病統帥，分東西兩路向漠北進發。這是規模最大的一次遠征。衛青指揮漢軍以左右翼將匈奴單于包圍。伊稚斜單于率數百騎突圍逃走。漢軍乘勝追擊，殺敵近兩萬人。根據漢武帝的作戰計畫，霍去病的東路是主力軍，漢武帝給他配備的力量最強，漢軍「敢力戰深入之士」，都交給他指揮。霍去病深入漠北兩千多里，與匈奴左賢王相遇，展開一場激戰。左賢王的騎兵幾乎全部被殲。霍去病乘勝追擊，至狼居胥山（今蒙古人民共和國肯特山），直到瀚海（今俄羅斯西伯利亞貝加爾湖），才奏凱而還。經過這次漠北大戰，匈奴人馬傷亡很大，逐漸衰弱下去。「是後匈奴遠遁，而漠南無王庭」。

漢武帝為擊敗匈奴，雖然耗費了巨大的人力、物力，使社會經濟發展受到一定阻礙，但從長遠意義來看，匈奴被擊敗後，漢朝獲得了長久和平的經濟發展環境，國力不斷上升，從而為中華民族開闢了一個廣為後世稱頌的新時代。

三、漢武帝的治世能臣

萬石君父子為什麼受到皇帝的寵愛？

萬石君名石奮，十五歲開始為官，侍候高祖。石奮沒有文才學問，但恭敬嚴謹沒人能比。後來高祖讓石奮任中涓，又逐漸當上了大中大夫。到景帝即位時，石奮的四個兒子都因為品行善良，孝敬父母，辦事謹嚴，做官做到了二千石。於是，景帝說：「石君和他的四個兒子都是二千石官員，作為臣子的尊貴光寵竟然集中在他一家。」稱呼石奮為萬石君。

景帝晚年，萬石君回家養老，每年定期作為大臣參加朝會。經過皇宮的門樓，萬石君一定下車快步走，看見皇帝的車駕，一定俯身按著車前橫木表示敬意。當子孫犯了錯，石奮不動怒，不怪罪，養子不教誰之過？他怪他自己，所以懲罰自己，把自己關在房間裡絕食自責。直到子孫們相互檢討，相互譴責，最後進去謝罪懺悔，石奮才原諒自己。子孫如果擔任官職，來拜見石奮，他一定穿著朝服會面，並且絕不直呼對方名姓；若和完成成人禮的子孫同席，再輕鬆的場合，石奮也戴著冠帽，衣冠楚楚列席。正因為如此，石奮的子孫耳濡目染，見賢思齊，也能嚴謹守禮。

他的長子石建、幼子石慶在漢武帝時分別擔任郎中令、內史。石建有時會勸諫皇帝，但一定斥退左右，私下發表高論。公開場合，眾臣面前，他就結結巴巴，口不能言，這樣顧全皇帝面子，不引人炫目，皇帝也因此而越來越喜歡他。有一次，他閱覽皇帝批下來的奏章，發現他原來的奏本寫錯字了，「馬」裡頭共有四點，他少寫了一點。他嚇出冷汗，心想萬一皇上發現，就死定了。他的謹慎，由此可見一斑。石慶任太僕，為皇帝駕車外出，皇上問駕車的馬有幾匹，石慶用鞭子一匹一匹地把馬數完，舉起手說：「六匹馬」。石慶在兒子中是最簡略隨便的了，沒想到也這般謹慎。石慶後來貴為丞相，但漢武帝晚期殘酷多疑，六個丞相裡有五人死於刑戮，只有石慶安享天年，對不會逢迎的石慶來說，實屬不易。這不得不拜忠厚老實的性格所賜。

衛綰為什麼能被拜為丞相？

衛綰曾任中郎將、河間王太傅、太子太傅、御史大夫，並做過三年丞相。他寡言敦厚，謹於職守，是一位無為政治的奉行者。衛綰體力過人，且有高超的御車之術，漢文帝做代王時，他就護駕於左右。文帝即位，他為郎官，後升為中郎將。景帝做太子時，請皇帝身邊的近臣飲宴，衛綰藉口生病沒去。文帝臨死時囑咐景帝說：「衛綰是年高望重的人，你要好好對待他。」後來景帝即位，也一直沒有因舊事而責斥衛綰，衛綰也一天比一天更謹慎地輔佐景帝。

景帝有一次駕臨上林苑，命令中郎將衛綰和自己共乘一輛車，回來後問衛綰：「知道你為什麼能和我同乘一車嗎？」衛綰說：「我從一個小小的車士幸運地升為中郎將，我不知道這是什麼緣故。」景帝又問：「我做太子時召請你參加宴飲，你不肯來，為什麼呢？」回答說：「臣該死，那時實在生病了！」景帝賜給他一把劍。衛綰說：「先皇曾經賜給我六把劍，我不敢再接受陛下的賞賜。」景帝說：「劍是人們所喜愛之物，往往用來送人或交換他物，難道你能保存到現在嗎？」衛綰說：「全都還在。」皇帝派人去取那六把劍，寶劍完好地珍藏在劍套中，不曾使用過。皇帝又聽說中郎將屬下的郎官犯了錯誤，衛綰常常代他們受過，不和其他的人去爭辯；有了功勞，常常謙讓給他人。皇帝認為他品行方正，對自己忠誠沒有雜念，就任命他做了河間王劉德的太傅。吳楚七國之亂時，皇帝任命衛綰做了將軍，率領河間王的軍隊攻打吳楚叛軍，後又任命他做了中尉。過了三年，因為戰功，衛綰於西元前一五一年受封為建陵侯。

第二年，景帝廢黜栗太子劉榮，殺了太子的舅父等人。景帝認為衛綰是忠厚的人，不忍心讓他治理這件大案，就賜他休假回家，而讓郅都逮捕審理栗氏族人。處理完這件案子，景帝任命膠東王劉徹做了太子，徵召衛綰做太子太傅，不久，又升其為御史大夫。過了五年，衛綰代替桃侯劉舍做了丞相。衛綰做丞相三年，景帝死，武帝即位。建元年間，因景帝臥病時，各官署的許多囚犯多是無辜受冤屈的人，他身為丞相，未能盡職盡責，遂被免去丞相官職。後來衛綰去世，兒子衛信承襲了建陵侯的爵位。

直不疑是怎樣的人？

直不疑是南陽（今河南南陽）人，在漢文帝的時候，他曾經擔任郎官。

一次，他的同房郎官中有人請假回家，但是這個人錯拿了另外一個郎官的黃金。不久，黃金的主人發現黃金丟失，便胡亂猜疑是直不疑偷的。對此，直不疑沒有做任何辯駁，他買來了同等的黃金，交給了失主。過了幾天，請假回家的郎官返回來，把錯拿的黃金交還給了失主。這個丟失黃金的郎官十分慚愧，向直不疑道歉，直不疑十分大度，沒有任何怨言。人們知道這件事後，都稱讚直不疑是位忠厚的人。後來，直不疑逐漸升官，做了太中大夫。在一次上朝的時候，有位官員誹謗他說：「直不疑相貌很美，但是卻偏偏要與自己的嫂子私通！」直不疑聽後，只是平靜地回答說：「我是沒有兄長的。」僅此而已，他終究沒有為自己辯白。

七國之亂的時候，直不疑以二千石官員的身分帶領軍隊參加了平亂戰爭。西元前一四三年，直不疑被任命為御史大夫。天子表彰平定七國之亂的有功人員，直不疑被封為塞侯。西元前一四〇年，直不疑與丞相衛綰都因為過失而被免官。

直不疑喜歡讀《老子》一書，學習的是黃老之道。他無論到哪裡做官，總是採用老一套的辦法，唯恐人們知道他做官的事蹟。他不喜歡樹立名聲，正因為此，他常被人稱為有德行和厚道的賢人。直不疑去世以後，他的兒子直相如繼承了爵位。而他的孫子直望在位的時候，因為貢獻給朝廷的助祭黃金不符合規定，直望的爵位被廢除。

卜式是怎樣由牧羊兒成為御史大夫的？

卜式原是西漢郡（今河南溫縣）人，自幼家境貧寒，上不起學，與弟弟種田牧羊為生。弟弟成家後，他把僅有的家產都給了弟弟，自己只要了一部分羊，住進深山，繼續放牧。十年後，卜式的羊由原來的十八隻，增加到一千多隻，成了富有的放牧戶。而其弟卻家業衰敗，一貧如洗，他多次接濟弟弟，受到鄰里的稱讚。

那時，西北方的匈奴常常大肆南下侵襲，為了抵禦侵略，西漢朝廷耗費了大量人力物力。卜式認為，國家興亡，匹夫有責，為了使人民過上安居樂業的生活，應該有錢的出錢，有力的出力。因此，他把一半家產捐獻給了國家。一年多以後，匈奴首領渾邪單于因為受到漢軍打擊，損失慘重，加上自然災害的影響生活困頓，遂率領部眾歸降漢朝，朝廷讓河南地方政府供給衣食費用。由於耗費巨大，倉庫裡的東西都用光了。饑民們得不到衣食，四處流浪。這時，卜式又拿出二十萬錢交給河南地方官，用於救濟災民。漢武帝從河南呈報的當地富人濟助貧民的名單中看到卜式的名字，便想起一年前上書輸財之事，感到卜式確是真心實意為國家，並非沽名釣譽，於是封卜式為中郎。卜式堅辭不受。漢武帝說：「我上林苑中養著羊，想讓你去餵養。」卜式這才接受了這個官職，但他每天仍然穿著粗布衣服，拿著羊鞭去放羊。結果不到一年時間，上林羊群個個膘肥體壯。

有一天，武帝路過上林，見此情景，十分高興，便問卜式牧羊之道。卜式回答，要按時料理羊的飲食和起居，把那些劣質羊通通挑出去，不要使牠們影響羊群，接著說：「非獨羊也，治民亦猶是也。」聽罷這番話，武帝既感驚奇又受啟發，覺得卜式雖出身牧羊，卻懂得治民之道，是個不凡之人。於是，任命他為緱氏（今河南偃師東南）縣令。他到任後，按照牧羊之道，勤政愛民，取優汰劣，致治地方，政績顯著，深得緱氏人民擁護。不久又遷成皋（今河南滎陽汜水鎮），他調運軍需民用，漕運成績最突出。由此，武帝認為他忠厚樸實，確是能臣，遂拜他為御史大夫。

公孫弘如何由布衣而成為丞相？

公孫弘年輕時，家裡貧寒，曾為富人在海邊養豬維持生活。年輕時，他曾任過薛縣的獄吏，因無學識，常發生過失，最終因此免職。為此，他立志讀書，苦讀到四十歲，又隨老師始修《公羊傳》。

西元前一四〇年，漢武帝即位後，下詔訪求為人賢良通文學之人。當時，公孫弘年已六十，他以賢良的名分去應徵，被任命為博士。西元前一三七年，武帝派他出使匈奴，歸來後陳述的情況不合帝意，武帝認為他無能，再被免職。於是，公孫弘便稱病辭官，在家賦閒。西元前一三〇年，武帝又詔書徵求文學儒士，淄川國便推舉年已七十歲的公孫弘應詔，他一再推辭，不肯前去應詔。但最後，他還是應選。公孫弘到了太常，所征百名儒士各寫對策，公孫弘處為下策。後來，上奏武帝，武帝卻拔升公孫弘的對策為第一名，待入見武帝時，公孫弘豐儀魄偉，深得武帝喜愛，又被拜為博士。

公孫弘善於辯論，通曉文書、法律，又能以儒家的學說對法律進行闡述，漢武帝非常賞識他。在朝廷議事，他常提出要點，陳明情況，供皇帝取捨，從不固執己見和違逆聖意。漢武帝非常喜歡他這種馴良守禮之德，認為他口行敦厚，善於言詞，有文采，熟悉法令與各種公務，便升任他為左內史。公孫弘在任期間，所奏朝事都符合帝意，起因是他巧用「心計」。有一次，他和主爵都尉汲黯商議，為一事二人分別上奏。面見帝君，公孫弘等汲黯上奏完後，窺伺上意，據上意再取決自己的立場態度，然後才上奏章。因此，他奏對之事深合帝意，凡奏陳條也都採納。他這種表裡不一、前後矛盾的做法，遭到一些王公大臣的非議，主爵都尉汲黯尤其反感。有一次，汲黯當庭詰責公孫弘：「齊人多詐而無情實，始與臣等建此議，今皆倍（背）之，不忠。」漢武帝隨即問公孫弘，弘回答說：「夫知臣者以臣為忠，不知臣者以臣為不忠。」皇帝聽後，認為公孫弘說得有理，「益厚遇之」。西元前一二六年，張歐免官，武帝任命公孫弘為御史大夫。西元前一二四年，薛澤免相，武帝任命公孫弘為丞相，封他為平津侯。

主父偃為什麼被武帝殺死？

主父偃是齊國臨淄人，常學習遊學之術，很晚的時候才學習《易》、《春秋》等百家之著作。西元前一三四年，主父偃抵長安。後直接上書漢武帝劉徹。早上剛剛進奏，到晚上主父偃就被武帝召見。武帝對他說：「為什麼相見那麼晚呢！」當即任命主父偃為郎中。主父偃多次上書言事，升遷為謁者、中郎、中大夫，一年中升遷四次。

西元前一二七年，衛青收復了匈奴占領的河套地區。主父偃力言該地「肥饒、外阻河，蒙恬築城以阻匈奴，內省轉輸戍漕，廣中國，滅胡之本也」，強調置朔方郡的策略價值和重大意義。後來建朔方郡的提議在朝廷上得以透過，為以後漢軍大破匈奴提供了有利的策略保障。主父偃還向漢武帝進獻了「推恩術」。表面上推恩皇族子孫，實際上是將諸侯國化整為零，削弱封國實力。武帝採納了這一建議，頒布了「推恩令」，使地方諸侯王的勢力得到了有效的控制。主父偃還向漢武帝提出了「徙天下豪強於茂陵」的建議，妥善地解決了國內政治難題，使武帝一心抗擊匈奴，免除了後顧之憂。

但後來，隨著主父偃逐漸身居要職，他也開始倒行逆施起來。他曾告發董仲舒，使董仲舒幾乎死於非命；還曾因遊趙時未被賞識而主張嚴懲燕王，使燕王被誅，燕國廢除；又因想將女兒送入齊王宮內做妃嬪，被齊王母紀太后拒絕，而向武帝告發齊王，迫使齊王懼而自殺。由於主父偃很得武帝賞識，朝野大臣怕他在帝前進讒，故多行其賄，有人稱他「太橫矣」。主父偃聽後大言不慚地說：「丈夫生不五鼎食，死即五鼎烹耳，吾日暮途遠，故倒行逆施之。」

主父的報復行為也使趙王非常害怕。因為當初主父偃遊趙時，趙王也不曾厚待於他。趙王索性先發制人，上告主父偃接受諸侯賄金。再加上齊王自殺事發，武帝大怒，下令追查主父偃。主父偃對受賄供認不諱，但否認逼齊王自殺，武帝想赦免他的死罪。丞相公孫弘說：「偃本首惡，非誅偃無以謝天下。」於是主父偃被族誅。

莊助是一個什麼樣的人？

《史記》裡所記載的莊助，在《漢書》裡為避東漢明帝劉莊的諱改稱嚴助。莊助為西漢會稽郡吳縣人，西元前一四〇年，郡舉賢良，莊助被擢為中大夫，常與東方朔、司馬相如、吾丘壽王等大臣商辯朝政，撰寫文稿，深得武帝信任。

西元前一三八年，南方發生了戰爭，閩越王郢發兵攻東甌。當時會稽郡是東南軍事重鎮，武帝便派中大夫莊助到吳縣，命令會稽都尉出兵去救東甌。結果大軍未到，東甌已經解圍了。時隔三年，閩越又攻南越，南越向朝廷告急。淮南王劉安上書皇帝說，「蠻夷」自相殘殺，可以聽之任之。但武帝認為，閩越王郢不斷製造事端，對他不能放任不管，於是派大將王恢、韓安國出征，並命莊助出使南越，去傳達朝廷的支持。

莊助到南越時，閩越發生政變，王弟餘善殺了郢，向漢軍投降，叛亂平定。莊助歸來，武帝命他向淮南王通報情況。劉安聽後，表示皇帝決策英明，自己錯了。莊助向武帝匯報後，武帝很高興，就命莊助為會稽太守，讓他鎮守東南。莊助當了三年封疆大員，很少向朝廷匯報政事，這引起了皇帝的疑心。直到武帝來信責問，他才明白犯了大忌，趕緊要求回長安匯報，這才打消了皇帝的疑慮。

後來，莊助回到長安，成為專門為皇帝寫賦的文學侍從。淮南王喜歡結交文士，對他有好感，每年來朝總要禮拜一番。這本來是正常的禮節往來，但到西元前一二二年，淮南王、衡山王謀反案發，莊助就受牽連而被打入了死牢。「二王」案由廷尉張湯主審。張湯擅長搞擴大化，凡與二王有來往或書札通信的，一律算作謀反分子，由此處死了數萬人。武帝本不想殺莊助，但是張湯力阻，說莊助作為中央官員而與外藩結交，性質極其嚴重，結果還是殺了。

汲黯為什麼被武帝稱為「社稷之臣」？

汲黯是西漢濮陽（今河南濮陽西南）人，字長孺。孝景帝時為太子洗馬，武帝即位後為謁者。有一年，東越的閩越人和甌越人發生攻戰，武帝派汲黯前往視察。他未到達東越，行至吳縣便折返而歸，稟報說：「東越人相攻，是因為當地民俗本來就十分好鬥，不值得煩勞天子的使臣去過問。」言下之意是提醒武帝如果一點小事就去過問，那大事又該如何？

又有一次，河內郡發生了火災，綿延燒及一千餘戶百姓，武帝又派汲黯去視察。他回來報告說：「那裡普通人家不慎失火，由於住房密集，火勢便蔓延開來，不必擔憂。我路過河南郡時，眼見當地貧民飽受水旱災害之苦，災民多達萬餘家，有的竟至於父子相食，我就趁便憑所持的符節，下令發放了河南郡官倉的儲糧，賑濟當地災民。現在我請求繳還符節，承受假傳聖旨的罪責。」武帝認為汲黯賢良，免他無罪，調任為滎陽縣令。汲黯認為當縣令恥辱，便稱病辭官還鄉。武帝聞訊，召汲黯回朝任中大夫。

由於屢次向皇上直言諫諍，汲黯仍沒有在朝中久留，不久就被外放當了東海郡太守。汲黯推崇道家學說，治理官府和處理民事，喜好清靜少事，把事情都交託給自己挑選出的得力的郡丞和書史去辦。他治理郡務，不過是督查下屬按大原則行事罷了，並不苛求小節。他體弱多病，經常躺在臥室內休息不出門。即使這樣，只一年多的時間，東海郡便十分清明太平，人們競相稱讚。皇上得知後，又召汲黯回京任主爵都尉，比照九卿的待遇。

就在汲黯任主爵都尉而位列九卿的時候，武帝的舅舅武安侯田蚡做了宰相。年俸中二千石的高官來謁見時都行跪拜之禮，田蚡竟然不予還禮。而汲黯求見田蚡時從不下拜，經常向他拱手作揖完事。這時，武帝正在招攬文學之士和崇奉儒學的儒生，說他想要如何如何，汲黯便答道：「陛下心裡慾望很多，只在表面上施行仁義，怎麼能真正仿效唐堯虞舜的政績呢！」武帝沉默不語，心中惱怒。公卿大臣都為汲黯驚恐擔心。武帝退朝後，對身邊的近臣說：「太過分了，汲黯太愚直！」群臣中有人責怪汲黯，汲黯說：「天子設置公卿百官這些輔佐之臣，難道是讓他們一味屈從取容，阿諛奉迎，將君主陷於違背正道的窘境嗎？何況我已身居九卿之位，縱然愛惜自己的生命，但要是損害了朝廷大事，那可怎麼辦！」

汲黯多病，而且已抱病三月之久，武帝多次恩准他休假養病。最後一次病得很厲害，莊助替他告假。武帝問道：「汲黯這個人怎麼樣？」莊助說：「讓汲黯當官執事，沒有過人之處。然而他能輔佐年少的君主，堅守已成的事業，以利誘之他不會來，以威驅之他不會去，即使有人自稱像孟賁、夏育一樣勇武非常，也不能憾奪他的志節。」皇上說：「是的。古代有所謂安邦保國的忠臣，像汲黯就是這樣的社稷之臣。」

董仲舒「三年不窺園」是怎麼回事？

董仲舒「三年不窺園」是怎麼回事？

董仲舒是廣川（今河北棗強東）人，漢代著名的今文經學大師，專治《公羊傳》。漢武帝即位後，召試天下賢良文學之士，他以「天人三策」相對，建議「諸不在六藝之科、孔子之術者，皆絕其道，勿使並進。」要求漢武帝罷黜百家，獨尊儒術，為漢武帝採納，遂開此後二千餘年封建社會以儒學為正統的局面。他的學說以儒家宗法思想為中心，雜以陰陽五行說，把神權、君權，父權、夫權貫穿在一起，形成了封建神學體系。

據《儒林列傳》記載，董仲舒因為研究《春秋》，在孝景帝時當上了博士。他的學生很多，因此他只好以學生們入學時間的長短為序依次傳授學業，有的學生甚至沒有見過他的面。董仲舒因為潛心鑽研學問，三年都不曾到後園遊玩，專心致志到了如此地步，這便是所謂的「三年不窺園」。

董仲舒為人正直廉潔。當時，公孫弘研究《春秋》，成就不如董仲舒，但卻能迎合世俗，所以官居公卿。董仲舒認為公孫弘是阿諛小人，因此公孫弘對他又嫉又恨，便向武帝惡意推薦董仲舒擔任膠西王的丞相。膠西王向來以為人狠毒、濫殺臣子而聞名，但平素也聽說董仲舒很有德行，所以對他很好。但董仲舒害怕時間久了終會獲罪，所以稱病辭官回家，直到去世也不曾置過家產，終身潛心於研究學問、著書立說。所以，從漢朝建立直到第五代，董仲舒被認為是最深通《春秋》的，他所傳授的便是《春秋》公羊學。

四、漢武帝的安邦武將

韓安國是怎樣的人？

韓安國字長孺，西漢梁縣成安（今汝州小屯村北）人。曾在山東鄒平縣田生家裡學習《韓子》及雜家學說，後來在梁國（國都在商丘）梁孝王朝內當中大夫。韓安國文精武略，能言善辯，吳楚等七國叛亂時，韓安國為將，擊退吳兵於梁國東界，後又擔當使臣前往長安，以動人的言辭疏通了梁孝王與漢景帝的關係。他也因此揚名。

韓安國曾因輕罪被囚於山東蒙城監獄，獄吏田甲虐待羞辱他，他憤憤不平地說：「死灰難道不會再燃燒嗎？」意思是我還會再復職的，你要對我客氣點。誰知田甲毫不示弱，竟惡狠狠地說：「如果燃燒了我會用尿把他澆滅的。」不久，韓安國復官為內史，便將田甲叫到跟前說：「死灰復燃了，你怎麼不澆滅呢？」田甲叩頭求饒，韓安國既往不咎，一笑置之。

西元前一四四年，梁孝王死，共王即位，韓安國又犯法被罷官回到梁縣老家。後來，太尉田蚡向漢武帝推薦韓安國，武帝任其為北地都尉。因韓安國在處理事務中顯出非凡的才幹，西元前一三五年，他便當上了御史大夫，參與國家大事的討論與處理。韓安國任御史大夫時，北方的匈奴派使者請求和親，武帝讓群臣商議。大行王恢說：「漢與匈奴多次和親，大都不過數年便違背盟約，不如興兵討伐。」韓安國說：「匈奴兵強馬壯，行動像飛鳥一樣快捷，很難制服。得到他們的土地，我們也不稀罕，戰勝他們，也顯不出我們多麼強大。況且，跑到千里之外去作戰，是十分不利的。比如強弩之末，勢不能穿魯縞；衝風之極，力不能起鴻毛。不是它的力量不大，是到了最後力量用盡的緣故。打仗不如和親。」韓安國生動的比喻和有理的講解，博得群臣的贊同，最後漢武帝採納了他的建議。韓安國當了四年多御史大夫，曾推薦名士壺

李廣在文帝、景帝、武帝三朝有何事蹟？

遂、臧固等入朝為官，受到武帝的器重。後來韓安國和武帝一同外出，不慎從車上摔下來，足部嚴重受傷。當時武帝想用他為丞相，因他行走不便，遂改任薛澤為相，韓安國傷癒後被任命為中尉。

西元前一二九年，匈奴大舉入侵，被車騎將軍衛青敗於雁門。當時，韓安國為材官將軍，屯兵漁陽，因兵敗被匈奴虜走千餘人及大量牲畜，武帝派使責備，並遷他到右北平。韓安國看到武帝對他疏遠，且又兵敗內疚，心中抑鬱，不久便吐血而亡。

李廣在文帝、景帝、武帝三朝有何事蹟？

李廣是隴西成紀（今甘肅靜寧南）人，西漢著名軍事將領。李廣的祖先是秦朝將軍李信，曾率軍大敗燕太子丹。李廣習受家傳弓法，射術超群。西元前一六六年，匈奴大舉入侵邊關，李廣以良家子弟從軍抗擊匈奴。因善於用箭，殺死和俘虜眾多敵人而被升為郎中，以騎士侍衛皇帝。後多次跟隨文帝狩獵，捕殺猛獸，文帝曾慨嘆：「惜乎，子不遇時！如令子當高帝時，萬戶侯豈足道哉！」

景帝即位後，李廣任隴西都尉，又改任騎郎將。吳、楚七國叛亂時，李廣任驍騎都尉，隨從太尉周亞夫反擊吳、楚叛軍，在昌邑城下奪取了敵人的軍旗，立功揚名。但由於梁孝王私自把將軍印授給李廣，回朝後，朝廷沒有對他進行封賞，只是調他任上谷太守。這是因為當時梁王有窺視帝位的野心，李廣缺乏政治上的敏感，引起了當朝皇帝的疑忌。有一次，皇帝派了一位宦官跟李廣熟悉匈奴戰事，這位宦官帶領幾十名騎兵，遇到三個匈奴人，就與他們交戰，三個匈奴人轉身放箭，射傷了宦官，其所率騎兵也被殺殆盡。宦官逃回到李廣那裡，李廣帶上一百名騎兵前去追趕那三個匈奴人，最後射死了兩個，活捉了一個。就在李廣把俘虜捆綁上馬之後，卻遠遠望見幾千名匈奴騎兵。匈奴兵看到李廣，以為是誘敵之騎兵，都很吃驚，跑上山去擺好了陣勢。李廣的百名騎兵也都大為驚恐，想回馬飛奔逃跑。李廣卻命令騎兵向前進發，到了離匈奴陣地還有大約二里的地方，李廣停下來，下令說：「全體下馬解下馬鞍！」騎兵們說：「敵人那麼多，並且又離得近，如果有了緊急情況，怎麼辦？」李廣說：「那些敵人原以為我們會逃跑，現在我們都解下馬鞍表示不逃，這樣就能使他們更堅定地相信我們是誘敵之兵。」於是匈奴騎兵一直不敢來攻擊。有一名騎白馬的匈奴將領出陣來監護他的士兵，李廣立即上馬和十幾名騎兵一起奔馳，射死了那騎白馬的匈奴將領，之後又回到自己的騎兵隊裡，解下馬鞍，讓士兵們都放開馬，隨便躺臥。這時正值日暮黃昏，匈奴軍隊始終覺得奇怪，不敢進攻。到了半夜，匈奴兵又以為漢朝有伏兵在附近，想趁夜偷襲他們，因而匈奴將領就領兵撤離了。

西元前一四〇年，漢武帝即位，眾臣都認為李廣是名勇將，於是武帝調任李廣任未央宮的衛尉。李廣治軍簡易，行軍沒有嚴格的編制、隊列和陣勢，常找靠近水源的草地駐紮。士兵人人自便，晚上不打更巡邏自衛。軍隊的文書簿籍一概從簡，但是也遠遠布置偵察人員，所以沒遭遇過危險。

西元前一三七年，李廣率軍出雁門關，被數倍於自己的匈奴大軍包圍，李廣終因寡不敵眾而受傷被俘。匈奴單于久仰李廣威名，命令手下：「得李廣必生致之。」匈奴騎兵便把受傷的李廣放在兩匹馬中間，讓他躺在用繩子結成的網袋裡。走了十多里路，李廣裝死，斜眼看見他旁邊有個匈奴兵騎著一匹好馬，李廣突然一躍，跳上匈奴少年的戰馬，把少年推下馬，摘下他的弓箭，策馬揚鞭向南奔馳，匈奴騎兵數百人緊緊追趕。李廣邊跑邊射殺追兵，最終得以逃脫，收集餘部回到了京師。漢朝廷把李廣交給法官，法官判李廣部隊死傷人馬眾多，自己又被匈奴活捉，應當斬首，後家人用錢贖罪，成為平民。

李廣為什麼沒能封侯？

李廣在家閒居期間，常與潁陰侯灌嬰的孫子灌強到藍田南山中狩獵。有一次，李廣在夜間帶著一個隨從騎馬外出，跟別人在鄉間飲酒，歸來時路過霸陵亭，霸陵亭尉喝醉了酒上前喝斥李廣不讓通行，並且扣留了李廣等人，留宿霸陵亭下。不久，匈奴攻入遼西，擊敗了韓安國的軍隊。於是皇帝召李廣，封他為右北平太守。李廣隨即請求武帝，准許派遣霸陵亭尉一同前去。到了軍中，李廣就把亭尉殺了。這件事從一個側面反映出李廣心胸的狹窄。李廣任右北平太守後，匈奴畏懼，稱李廣「漢之飛將軍」，避之，數年不敢入侵右北平。

李廣的一生極富傳奇色彩，其一生的大部分時光是在與匈奴對戰的戰場上，最終不得封侯，對他來說是個極大的遺憾。其實李廣的機會是有的，皇帝也很欣賞他，並屢次獲得升遷，但每到關鍵時刻命運總要捉弄他。

李廣前後與匈奴作戰四十多年，卻始終沒有封侯。當年同他一起為郎中的堂弟李蔡，人品才能不及李廣，名聲也遠在李廣之下，卻連連得封，西元前一二四年為輕車將軍，後封為樂安侯，西元前一二一年，代公孫弘為丞相。李廣的許多部下也被封侯，而李廣卻未得爵邑，官職也沒有超過九卿。一次，李廣與望氣算命的王朔交談，說：「自從漢朝攻打匈奴以來，我沒有一次不參加。可是各部隊校尉以下的軍官，由於攻打匈奴有軍功被封侯的有幾十人。我李廣不算比別人差，但是沒有一點功勞用來得到封地，這是什麼原因呢？難道是我的骨相就不該封侯嗎？還是本來就命該如此呢？」王朔說：「將軍自己回想一下，難道曾經有過值得悔恨的事嗎？」李廣說：「我曾當過隴西太守，羌人有一次反叛，我誘騙他們投降，投降的有八百多人，我用欺詐手段在同一天把他們都殺了。直到今天我最大的悔恨只有這件事。」王朔說：「能使人受禍的事，沒有比殺死已投降的人更大的了，這也就是將軍不能封侯的原因。」

前人受此說的影響，以為「數奇」是李廣悲劇的原因。這個看法貌似有理，其實不然。這裡以史實為據舉三個例子來說明：其一，漢文帝時，李廣為武騎常侍（皇帝的衛隊官職），文帝曾稱讚他道：「惜乎，子不遇時！如令子當高帝時，萬戶侯豈足道哉！」文帝主張對境外少數民族實行懷柔政策，不想用兵，見李廣武藝高強，故有此嘆，不能因有「不遇時」一語就斷定李廣「數奇」。其二，漢景帝時李廣為驍騎都尉，參加平定七國叛亂有功，但中央朝廷以他曾接受過梁王的將軍印為由，不予獎勵，這反映了統治集團內部的矛盾以及最高統治者的刻薄寡恩，也不能歸結為李廣「數奇」。其三，武帝之初，李廣為將軍，出雁門擊匈奴，因寡不敵眾，為敵所俘，但隨即逃歸，集其餘軍入塞，結果竟被廢為庶人，這就更明顯地反映了統治階級的刻薄寡恩。

李廣被逼自殺說明了什麼？

西元前一一九年，大將軍衛青與驃騎將軍霍去病深入漠北攻擊匈奴。李廣多次請求隨軍出征，因武帝認為他年老而未予任用。直到西元前一一七年，李廣才被任命為前將軍，隨衛青出征。出塞後，衛青得知單于的駐紮地，遂決定自率精銳部隊襲擊單于，而命李廣與右將軍趙食其從東路出擊。東路道遠，而且水草極少，不利於行軍。李廣親自請求為先鋒，可是衛青曾暗中受到武帝的囑咐，認為李廣年老命數又不好，不要讓他與單于正面對陣。這時候，衛青的好友公孫敖新失侯爵，擔任中將軍隨大將軍出征，衛青想給他立功的機會，所以把李廣調開讓公孫敖與自己一同與單于對陣。

李廣知道這一內情後，堅決拒絕調動。衛青不接受他的請求，命令長史下道文書，讓李廣立即到所在部隊去，照文書行動。李廣沒有向衛青告辭就動身了，內心極其惱怒地回到營中，領兵與右將軍會合，從東路出發。部隊因無嚮導，迷失了道路，落在大將軍後面，耽誤了約定的軍期。衛青的部隊因單于逃跑也

李廣被逼自殺說明了什麼？

無收穫，在回軍的路上才與右翼部隊會合。回師後，大將軍衛青派長史帶著乾糧和酒送給李廣，順便向李廣詢問迷失道路的情況，還要給天子上書報告詳細的軍情。李廣沒有回答。衛青派長史責令李廣幕府的人員前去受審對質。李廣說：「校尉們沒有罪，是我自己迷失道路，我現在親自到大將軍幕府去受審對質。」到了大將軍幕府，李廣對他的部下說：「我從少年起與匈奴打過大小七十多仗，如今有幸跟隨大將軍出征同單于軍隊交戰，可是大將軍又調我的部隊去走迂迴繞遠的路，偏又迷失道路，難道不是天意嗎？況且我已六十多歲了，不能再受那些文吏的侮辱了。」於是就拔刀自刎了。李廣軍中的所有將士都為之痛哭。百姓聽到這個消息，不論認識的不認識的，也不論老的少的，都為李廣落淚。

李廣的悲劇其實是漢朝統治者刻薄寡恩、妒賢嫉能的做法造成的。漠北之戰中，李廣好不容易當上了前將軍，有了「一當單于」的機會，卻不料大將軍衛青在得知單于率部在後，竟將他調離前鋒，使其與右路軍合併，而自帶他的密友公孫敖去迎敵單于。衛青這種反常的做法出於自己貪功和幫助朋友恢復侯位，是頗具私心的，但他有恃無恐，因為在出征前他曾「陰受上誡」，說李廣「數奇」，「毋令當單于」。因此，儘管李廣據理力爭，衛青一直用強硬態度對待他，命令他速與右將軍合軍出東道，且不給嚮導。從這個經過來看，廣軍的「惑而失道」實是由衛青一手造成的。清人尤侗在論及此事時曾一針見血地指出：「以廣之勇，結髮與匈奴七十餘戰，使居前一當單于，其功可勝道哉！乃徙廣部行回遠，而軍無導，或（惑）失道；即失道，不至死，廣老將，獨不能少假（寬容）之耶？又使長史責之急，是廣之死，青殺之也。」在封建時代有這樣的看法實屬難能可貴，但在今天看來，「毋令當單于」既出自天子之意，則天子亦難辭其咎。

李陵是在什麼情況下投降匈奴的？

李陵字少卿，是「飛將軍」李廣之孫，年輕時為侍中建章監。西元前九九年，李陵向漢武帝請求攻打匈奴，收復失地。漢武帝很欣賞他的勇氣，同意了這次軍事行動。李陵遂率五千人從居延出發，經過了三十天的長途跋涉，到達浚稽山（約在阿爾泰山脈中段），在山下遇到了匈奴的軍隊。單于用三萬大軍包圍了李陵軍，李陵命令前隊的人拿盾和戟，後隊的人都持弓弩。他下令：「聽到鼓聲就向前衝，聽到鑼聲就停止。」匈奴軍見漢軍少，就一直向前挺進。李陵指揮弓弩手，千弩齊發，單于的士兵頃刻間死傷一片，匈奴兵頓時大亂，急忙向山上逃跑。漢軍乘勝追擊，殺死匈奴軍士數千人。

就在這關鍵時刻，李陵軍中有一個叫管敢的兵士，被李陵的校尉韓延年辱罵，一氣之下跑去向匈奴投降。他還向匈奴討好，對單于說：「李陵的軍隊沒有後備支援，弓矢也快用完了。」管敢還把李陵的排兵布陣告訴了單于。由於單于洞悉了李陵的虛實，知道他是孤軍作戰，便放心大膽地進攻起來。李陵率漢軍向南走，果然，還沒有到汗山，弓矢都用光了，漢軍被單于困在峽谷中。單于乘機用壘石攻打，漢軍死傷慘重。最後李陵被擒。隨後，邊關便報李陵降敵。

漢武帝聽說這件事後，十分惱怒。朝中大臣也都大罵李陵，只有太史令司馬遷對武帝說：「李陵為人誠實而講求信義，他為國家常常奮不顧身。現在他處境不幸，我們應同情他。況且，李陵只帶步兵五千人，面對匈奴八萬大軍，轉戰千里，彈盡糧絕，赤手空拳同敵人拚殺，這種勇往直前、無所畏懼的精神，即使古代名將也不過如此而已。他現在身陷匈奴，但是全天下的人都知曉他的戰績，他不死，估計是還想再為漢朝立功。」不料，司馬遷的一番話非但沒打動武帝的心，武帝反而定司馬遷「為陵遊說」之罪，處以宮刑。從此，司馬遷打消了仕進的念頭，忍辱負重，專心致志撰寫《史記》，以此來宣泄心中的憤懣。

那麼李陵被俘後為什麼向匈奴投降呢？李陵在匈奴數年杳無音信，武帝派公孫敖帶兵去設法搶回李陵。公孫敖去匈奴後無功而返，為了回覆武帝、完成任務，他帶回了關於李陵的消息，告訴武帝說：「聽說李陵在那邊訓練匈奴兵，要攻打漢朝。」武帝聽到這個消息，大發脾氣，命人把李陵母親、李陵弟弟及李陵的妻兒都殺了。其實，替匈奴訓練士兵的人是李緒，一位早年投降匈奴的漢都尉，公孫敖顯然是張冠李戴了。後來李陵受命勸降蘇武時，見蘇武不降，甚是敬佩，說自己有負漢室，罪責通天。之後，蘇武回歸，李陵告別，說自己本想戴罪立功，保全老母，「使得奮大辱之積志」，可惜全家被殺，為世人所恨，自己也無法再回去了。後漢武帝死，輔政大臣霍光、上官桀都是李陵舊時的好友，他們派李陵的故人去招李陵。李陵說：「歸易耳，丈夫不能再辱！」最後終死匈奴。

衛青是怎樣成為大將軍的？

衛青，字仲卿，他的母親在平陽公主家做女僕，因丈夫姓衛，她就被稱為衛媪。衛媪生有一男三女，即兒子長君，長女君孺、次女少兒、三女子夫。丈夫死後，衛媪仍在平陽侯家中幫傭，與同在平陽侯家中做事的縣吏鄭季私通，生了衛青。後來，他的母親感覺供養他非常艱苦，就把他送到了親生父親鄭季的家裡。但鄭季的夫人根本看不起衛青這個私生子，讓他到山上放羊，鄭家的幾個兒子也不把衛青看成手足兄弟，隨意苛責。衛青在這樣的環境下生活，受盡了苦難，在他的性格形成上打下了深深的烙印。有一次，衛青跟隨別人來到甘泉宮，一位囚徒看到他的相貌後說：「你現在窮困，將來定為貴人，官至封侯。」衛青笑道：「我身為人奴，只求免遭笞罵，已是萬幸，哪裡談得上立功封侯呢？」

衛青長大後，當了平陽侯家的騎兵，時常跟隨平陽公主。西元前一三九年的春天，衛青的姐姐衛子夫進入皇宮，受到武帝的寵幸，不久就有了身孕，引起了陳皇后的嫉妒。陳皇后就是漢武帝姑姑長公主的女兒，長公主為了給女兒出氣，嫁禍於衛青。她找了一個藉口，把衛青抓了起來，並準備處死。衛青當騎奴時結識的好友公孫敖聽到了消息，馬上召集了幾名壯士，趕往營救，把衛青從死亡的邊緣奪了回來。另一方面，公孫敖還派人給漢武帝送信。漢武帝得知後，大為憤怒，索性召見衛青，任命他為建章宮監、侍中。不久，漢武帝封衛子夫為夫人，提升衛青為太中大夫。

西元前一二九年，匈奴又一次興兵南下，前鋒直指上谷（今河北省懷來縣）。漢武帝果斷地任命衛青為車騎將軍，迎擊匈奴。從此，衛青開始了他的戎馬生涯。這次用兵，漢武帝分兵四路出擊。車騎將軍衛青直出上谷，騎將軍公孫敖從代郡出兵，輕車將軍公孫賀從雲中（今內蒙古托克托東北）出兵，驍騎將軍李廣從雁門出兵。四路將領各率一萬騎兵。衛青首次出征，但他英勇善戰，直搗龍城（匈奴祭掃天地祖先的地方），斬首七百人，取得勝利。另外三路，兩路失敗，一路無功而返。漢武帝看到只有衛青勝利凱旋，非常賞識，加封關內侯。

西元前一二七年，匈奴貴族集結大量兵力，進攻上谷、漁陽。武帝決定避實擊虛，派衛青率大軍進攻久為匈奴盤踞的河南地（黃河河套地區）。這是西漢對匈奴的第一次大戰役。衛青率領四萬大軍從雲中出發，採用「迂迴側擊」的戰術，從西面繞到匈奴軍的後方，迅速攻占高闕（今內蒙古杭錦後旗），切斷了駐守河南地的匈奴白羊王、樓煩王同單于王庭的聯繫。然後，衛青又率精騎，飛兵南下，進到隴西，形成了對白羊王、樓煩王的包圍。匈奴白羊王、樓煩王見勢不好，倉惶率兵逃走。漢軍活捉敵兵數千人，奪取牲畜無數，完全控制了河套地區。衛青在這次戰役中立有大功，被封為長平侯，食邑三千八百戶。

匈奴貴族不甘心在河南地的失敗，一心想把朔方重新奪回，所以在幾年內多次出兵，但都不得而終。西元前一二四年春，漢武帝命衛青率三萬騎兵從高闕出發；蘇建、李沮、公孫賀、李蔡都受衛青的節制，率兵從朔方出發；李息、張次公率兵由右北平出發。這次總兵力有十幾萬人。匈奴右賢王認為漢軍離得很遠，一時不可能到來，就放鬆了警惕。衛青率大軍急行軍六、七百里，趁著黑夜包圍了右賢王的營帳。這時，右賢王正在帳中擁著美妾，暢飲美酒，忽聽帳外殺聲震天，火光遍野，右賢王驚慌失措，急帶幾百壯騎，突出重圍，向北逃去。漢軍輕騎校尉郭成等領兵追趕數百里沒有追上，卻俘虜了右賢王的小王十餘人，男女一萬五千餘人，牲畜有數十萬頭。漢軍大獲全勝，高奏凱歌，收兵回朝。漢武帝得到捷報，立刻派使者拿著大將軍印，送到軍營，宣布衛青為大將軍，連他的三個還沒有成年的兒子也冊封為侯。衛青推辭說：「我幾次打勝仗，都是部下將士的功勞。我那三個孩子還都是娃娃，什麼事都沒做過，要是皇上封他們為侯，怎麼能夠勉勵戰士立功呢？」漢武帝經他一提醒，就封了衛青部下的七名將軍為侯。

對衛青的為人應該怎樣評價？

衛青從家奴變成了貴極人臣的大將軍，朝中官員無不巴結奉承。這時，平陽公主寡居在家，要在列侯中選擇丈夫，許多人都說大將軍衛青合適，平陽公主笑著說：「他是我從前的下人，過去是我的隨從，怎麼能做我的丈夫呢？」左右說：「大將軍已今非昔比了，他現在是大將軍，姐姐是皇后，三個兒子也都封了侯，富貴至極，哪還有比他更配得上您的呢！」漢武帝知道後，失笑道：「當初我娶了他的姐姐，現在他又娶我的姐姐，這倒是很有意思。」於是當即允婚，當年的僕人就這樣做了主人的丈夫。這樣一來，衛青與漢武帝親上加親，更受寵信。

但衛青為人謙讓仁和，敬重賢才，從不以勢壓人。後來，漢武帝對霍去病恩寵日盛，霍去病的聲望超過了他的舅舅衛青，過去奔走於大將軍門下的許多故舊，都轉到了霍去病門下。衛青門前頓顯冷落，可他不以為然，認為這也是人之常情，心甘情願地過著恬淡平靜的生活。

衛青率軍與匈奴作戰，屢立戰功，所得封邑總共有一萬六千三百戶。衛青雖然戰功顯赫，權傾朝野，但從不結黨干預政事。他和霍去病不同，對士卒體恤較多，能與將士同甘苦，威信很高。西元前一〇六年，大司馬大將軍衛青去世，漢武帝命人在自己的茂陵東邊特地為衛青修建了一座形似廬山（匈奴境內的一座山）的墳墓，以象徵衛青一生的戰功顯赫。

大將軍衛青一生七次率兵出擊匈奴，用兵敢深入，奇正兼擅；為將號令嚴明，與士卒同甘苦；作戰常奮勇爭先，將士皆願為其效力。而且衛青處世謹慎，奉法守職，實為一代將帥的楷模。

霍去病有哪些戰功？

霍去病是大將軍衛青的外甥，他的母親衛少兒是漢武帝姐姐平陽公主家裡的奴婢，在與平陽縣衙役霍仲孺私通後，生下了霍去病。霍去病從小生活在奴婢群中，生活十分艱苦。但他勤奮好學，小小年紀就精通了騎馬、射箭、擊刺等各種武藝。後來，霍去病的姨母衛子夫被漢武帝看中，並被立為皇后。衛氏家族從此平步青雲。到十六七歲時，霍去病已經長成了一個相貌奇偉、性格堅毅、智勇過人的青年。漢武帝很賞識他，讓他做了保衛皇帝安全的侍中官。

西元前一二三年，漢武帝再次發動了一場大規模的對匈反擊戰，即歷史上著名的漠南之戰。未滿十八歲的霍去病主動請纓，武帝封他為校尉隨軍出征。在戰場上，霍去病再三請戰，衛青便給了他八百騎兵。霍去病憑著一腔血氣，率領著自己的第一批士卒，在茫茫大漠裡奔馳數百里尋找敵人蹤跡，結果他獨創的「長途迅速行軍」遭遇戰首戰告捷，斬敵二千餘人，匈奴單于的兩個叔父一個斃命一個被活捉。而霍去病的八百騎兵則全身而返。大喜過望的漢武帝立即將他封為「冠軍侯」，讚歎他的勇冠三軍。霍去病的首戰以這樣奪目的戰果向世人宣告，漢家最耀眼的一代名將橫空出世了。

霍去病有哪些戰功？

西元前一二一年春，漢武帝任命霍去病為驃騎將軍，率領精騎一萬人，從隴西出發，攻打匈奴。在霍去病的指揮下，漢軍所至，勢如破竹，穿過五個匈奴王國，轉戰六日，越過焉支山一千多里，在皋蘭山（今蘭州黃河西）與匈奴發生激戰。霍去病率部橫衝直撞，勇猛異常，陣斬匈奴折蘭王、盧侯王，活捉了匈奴渾邪王的兒子及相國、都尉等，殲敵九千多人，並且繳獲了匈奴休屠王的祭天金神像，漢軍大獲全勝。漢武帝非常高興，下令增封霍去病食邑二千戶。

這年夏天，漢武帝決定乘勢掃除匈奴在河西地區的勢力，打通進入西域之路，於是發動了第二次河西戰役。這次戰役以霍去病、公孫敖率領的幾萬騎兵為主力，從北地郡出發，另派李廣、張騫率一萬多人從右北平出發，攻擊匈奴左賢王，策應西征的主力軍。霍去病與公孫敖出塞後，分兵前進，公孫敖由於中途迷失方向，未能參加戰鬥。霍去病與公孫敖聯絡不上，只好孤軍深入，越過居延海，穿過小月氏部落，抵達祁連山。匈奴被他神妙莫測的戰術擾得驚慌不已，祁連山麓一戰，匈奴大敗。這次戰役，霍去病總計接受匈奴單桓王、酋塗王及相國、都尉等二千五百人投降，俘虜了王母、單于閼氏、王子、相國、將軍、當戶、都尉等一百二十多人，殲滅匈奴兵三萬多人。漢武帝加封霍去病食邑五千四百戶。從此，霍去病的聲望日益顯赫，地位日益尊貴，幾乎與舅舅衛青相當了。

兩次河西大戰後，匈奴單于想嚴懲戰敗的渾邪王，消息走漏後，渾邪王和休屠王便想要投降漢朝。漢武帝不知匈奴二王投降的真假，遂派霍去病前往黃河邊受降。當霍去病率部渡過黃河的時候，匈奴降部中果然發生了譁變。面對這種情形，霍去病竟然只帶著數名親兵就親自衝進匈奴營中，面對渾邪王，並下令他誅殺譁變士卒。霍去病的氣勢不但鎮住了渾邪王，同時也鎮住了四萬多名匈奴人，他們最終沒有將譁變繼續擴大。然後，霍去病派輕車快馬先把渾邪王送往長安拜見漢武帝。接著，他把四萬多匈奴降兵編隊列陣，帶回長安。河西受降順利結束，漢王朝的版圖上，從此多了武威、張掖、酒泉、敦煌四郡。河西走廊正式併入漢王朝。這是中國歷史上第一次面對外虜的受降，不但為飽受匈奴侵擾之苦百年的漢朝人揚眉吐氣，更使漢朝人從此有了身為強者的信心。

西元前一一九年，為了徹底消滅匈奴主力，漢武帝發起了規模空前的「漠北大戰」。這時的霍去病已經毫無爭議地成為了漢軍的王牌。漢武帝對霍去病的能力無比信任，在這場戰爭的事前策劃中，原本安排了霍去病攻打單于，結果由於情報錯誤，這個對局變成了衛青與單于對陣，霍去病沒能遇上他最渴望的對手，而是碰上了左賢王部。這次戰役，霍去病活捉匈奴屯頭王、韓王等三人以及匈奴將軍、相國、當戶、都尉等八十三人，殲敵七萬名。匈奴左賢王部幾乎全軍覆滅。霍去病率軍追至狼居胥山。為慶祝這次戰役的勝利，霍去病在狼居胥山積土增山，舉行祭天封禮，又在姑衍山（狼居背山附近）舉行祭地禪禮，並登臨瀚海，刻石記功，然後凱旋還朝。霍去病和他的「封狼居胥」，從此成為中國歷代兵家人生的最高追求和終生奮鬥的夢想。而這一年的霍去病，年僅二十二歲。

在完成了這樣的不世之功後，霍去病也登上了他人生的頂峰：大司馬驃騎將軍。然而僅僅過了兩年，西元前一一七年，二十四歲的驃騎將軍霍去病就去世了。漢武帝對霍去病的死非常悲傷。他調來鐵甲軍，列成陣沿長安一直排到茂陵霍去病墓地。他還下令將霍去病的墳墓修成祁連山的模樣，以彰顯他力克匈奴的奇功。

對霍去病的為人應該怎樣評價？

霍去病生為奴子，長於綺羅，卻從來不曾沉溺於富貴榮華，他將國家安危和建功立業放在了首位。漢武帝曾經為霍去病修建過一座豪華的府第，霍去病卻拒絕收下，說：「匈奴未滅，何以家為？」這短短的八個字，因為出自霍去病之口而言之有物、震撼人心，刻在歷朝歷代保家衛國的將士們心裡。霍去病少言多行，從不說空話。漢武帝曾經想親自教他孫吳兵法，他回答道：「打仗應該隨機應變，而且時勢變易，古代的兵法已不合適了。」

霍仲孺當初不願做襁褓中霍去病的父親，衛少兒也就從來不曾告訴過他自己的身世。當他立下不世功勛之後，他終於知道了前因後果。在成為驃騎將軍之後，他來到了平陽（山西臨汾），向當年拋棄了自己的父親霍仲孺下跪道：「去病早先不知道自己是大人之子，沒有盡孝。」霍仲孺愧不敢應，回答說：「老臣得托將軍，此天力也。」隨後，霍去病為從未盡過一天父親之責的霍仲孺置辦田宅，並將後母之子霍光帶到長安栽培成材。

少年將軍霍去病並不是完人，他曾經射殺李敢，也曾經御下嚴峻。然而再嚴峻他仍然是軍神，所有的士兵都嚮往成為他的部下，跟隨他殺敵立功。他一生四次領兵正式出擊匈奴，都以大勝回師，滅敵十一萬，降敵四萬，開疆拓土，戰功比他的舅舅衛青還要壯觀。對於整部世界軍事史和中國史來說，霍去病是彪炳千秋的傳奇。千載之後，世人仍然遙想當年少年大將霍去病的絕世風采，仍然為他的精神和智勇而傾倒，為他那不戀奢華保家衛國的壯志而熱血沸騰。

五、漢武帝的幸臣和女人

司馬相如是怎樣的人？

司馬相如是蜀郡成都人，字長卿。他少年時喜歡讀書，也學習劍術，父母給他取名犬子。司馬相如完成學業後，很仰慕藺相如的為人，就改名相如。漢景帝時，司馬相如因劍術出眾任武騎常侍。景帝不好辭賦，梁孝王來朝，司馬相如才得以結交鄒陽、枚乘、莊忌等辭賦家。

後來，司馬相如因病退職，前往梁地與這些文人雅士相交數年，期間作《子虛賦》。梁孝王卒，他回到故里，投靠臨邛令王吉。

卓王孫是臨邛縣裡的巨富，看到縣令家來了貴客，於是設宴相請。相如不得已，勉強來到卓家，滿座的客人無不驚羨他的風采。酒興正濃時，臨邛縣令走上前去，把琴放到相如面前，說：「我聽說長卿特別喜歡彈琴，希望聆聽一曲，以助歡樂。」相如辭謝一番，便彈奏了一兩支曲子。這時，卓王孫有個女兒叫文君，剛守寡不久，很喜歡音樂，所以相如佯裝與縣令相互敬重，而用琴聲暗自誘發她的愛慕之情。卓文君也從門縫裡偷偷看他，心中高興，特別喜歡他，又怕他不了解自己的心情。宴會完畢，相如託人以重金賞賜文君的侍者，以此向她轉達傾慕之情。於是，卓文君乘夜逃出家門，私奔相如，相如便同文君急忙趕回成都。進家所見，空無一物，只有四面牆壁立在那裡。卓王孫得知女兒私奔之事，大怒道：「女兒極不成材，我不忍心傷害她，但也不分給她一個錢。」

後來，相如就同文君來到臨邛，把自己的車馬全部賣掉，買下一家酒店，做賣酒生意。司馬相如讓文君親自主持壚前的酤酒應對顧客之事，而自己穿起犢鼻褌，與雇工們一起操作忙活，在鬧市中洗滌酒器。卓王孫聽到這件事後，感到很恥辱，因此閉門不出。最後不得已，只好分給文君家奴一百人，錢一百萬，以及她出嫁時的衣服被褥和各種財物。文君就同相如回到成都，買了田地房屋，成為富有的人家。

後來，蜀郡人楊得意擔任狗監，侍奉漢武帝。一天，武帝讀《子虛賦》，認為寫得好，說：「我偏偏不能與這個作者同時。」楊得意說：「我的同鄉人司馬相如自稱，是他寫了這篇賦。」武帝很驚喜，就召來相如。相如作《上林賦》。《子虛賦》和《上林賦》是漢賦的頂峰作品，賦中的描寫渲染了奢侈的帝王生活，極大地滿足了漢武帝的虛榮心，漢武帝即任命相如為郎官。相如擔任郎官數年，正逢唐蒙受命掠取和開通夜郎及其西面的僰中，徵發巴、蜀二郡的官吏士卒上千人，西郡又多為他徵調陸路及水上的運輸人員一萬多人。他又用戰時法規殺了大帥，巴、蜀百姓大為震驚恐懼。皇上聽到這種情況，就派相如去責備唐蒙，趁機告知巴、蜀百姓。司馬相如作《喻巴蜀檄》，文辭有力，穩定了蜀地局勢。司馬相如後來曾屢次上書勸諫漢武帝，但死後卻遺下《封禪書》，造成漢武帝耗費大量人力物力進行封禪活動。

漢武帝為什麼寵愛韓嫣？

韓嫣是韓王信的後人，弓高侯韓頽當的庶孫。漢武帝劉徹在做膠東王的時候，韓嫣便和他一起學習書法，兩人彼此間十分要好。等到劉徹當上了太子，他就更加親近韓嫣了。韓嫣擅長騎馬、射箭，又善於獻媚。劉徹即位以後，想發兵討伐匈奴，而韓嫣事先學習、熟知了胡人的兵器和陣法。遇到武帝詢問，他總是對答如流，由於這個緣故，他更加得寵，官職高至上大夫，賞賜的錢財和前代的鄧通大致相當。據說韓嫣好彈丸遊戲，在長安的時候，以金子為丸，射擊獵物，每天都會失去十多枚金丸。長安有語：「苦饑寒，逐金丸」。兒童們每聞韓嫣出彈，都輒隨之，望著彈丸落地的地方奔跑爭搶。

韓嫣常與劉徹同睡同起，情誼深厚。一日，江都王入朝，前往上林迎天子駕。劉徹的車駕先沒有去，而讓韓嫣乘副車回宮，韓嫣率領著數十騎，快速地急馳回宮。江都王伏在道旁迎接，以為來人是劉徹，恭敬地跪在一旁。韓嫣估計是沒有看見，一騎當先快速弛過。江都王等了半天也不見人叫他起身，抬頭一看，發現是韓嫣，覺得受到了極大的侮辱，便進宮找王太后哭訴，說：「請您告訴皇上，讓他允許我歸還封國，進宮來值宿警衛，與韓嫣成為同列吧！」皇太后當然不能答應了，但是從此，皇太后便對韓嫣懷恨在心。

韓嫣因為要侍奉皇帝，而且深得皇帝的寵幸，所以他在嬪妃們的住地——永巷宮的出入也不受禁止。久而久之，他與宮裡的嬪妃之間有了姦情。有人把這個情況報告給了皇太后，皇太后勃然大怒，當即派使者賜韓嫣一死。武帝替韓嫣謝罪求情，但始終得不到皇太后的赦免。萬般無奈之下，韓嫣選擇了自殺。

東方朔為什麼被稱為「狂人」？

漢武帝時，齊地有個人叫東方朔，喜讀古代流傳下來的書籍，愛好儒家經術，廣泛地閱覽了諸子百家的書。東方朔剛到長安時，到公車府那裡上書給武帝，共用了三千個木簡，武帝讀了兩個月才讀完。武帝下令任命東方朔為郎官，他經常在武帝身邊侍奉。屢次叫他到跟前談話，武帝從未有過不高興的。武帝時常下詔賜他御前用飯。飯後，他便把剩下的肉全都揣在懷裡帶走，把衣服都弄髒了。武帝屢次賜給他綢絹，他都是肩挑手提地拿走。一天，東方朔從殿中經過，郎官們對他說：「人們都以為先生是位狂人。」東方朔說：「像我這樣的人，就是所謂在朝廷裡隱居的人。」

過了一段時間，東方朔對自己的處境日漸不滿。一天，東方朔出遊都中，見到一個侏儒，恐嚇他道：「你的死期要到了！」那侏儒問他為何，他說：「像你這樣矮小的人，活在世上無益，你力不能耕作，也不能做官治理百姓，更不要說拿兵器到前方去作戰。像你這樣的人，無益於國家，只是活在世上糟蹋糧食，所以如今皇上要殺掉你們。」侏儒聽後大哭起來。東方朔對他說：「你不要哭了，皇上就要來了，他來了你去叩頭謝罪。」一會兒，武帝乘輦經過，侏儒號泣叩首。武帝問：「為何哭？」侏儒說：「東方朔說皇上要將我們這些矮小的人都殺掉！」武帝問東方朔為什麼要如此說。東方朔回答道：「那矮子身長只有三尺多，一袋米的俸祿，錢二百四十。我身高九尺多，卻也只拿到一袋米的俸祿，錢二百四十。那矮子飽得要死，我餓得發慌。陛下廣求人才，您認為我講的話對，是個人才，就重用我；不是人才，也就罷退我，不要讓我在這裡浪費糧食。」武帝聽了哈哈大笑，任命他為待詔金馬門，這樣他見到皇帝的機會就多了些。

一日，武帝賜肉給各大臣，時值大伏天，所賜的肉早早就擺在外面，分肉的執行官遲遲未到，東方朔實在是等待不及了，就走到所賜肉前，拔劍割下一塊後對其他大臣說道：「三伏天熱，應該早點回家休息，而且肉也容易腐爛，不如自取受賜回家。」說著即提肉出了殿門。其他大臣誰也不敢動手。等到分肉的執行官分肉時，發現差一個東方朔，問明情況後恨他膽大，隨即向武帝告狀。武帝知道後責問東方朔為何如此大膽。東方朔自責道：「東方朔受賜不等詔令，為何這麼無禮呢？敢於拔劍割肉，多麼雄壯。肉且不敢多割，多麼廉潔。肉將饋於妻子，多麼仁愛。難道你東方朔敢自稱無罪嗎？」一席話說得武帝失聲大笑，並再賜酒肉與東方朔回家給妻子。

後來，建章宮後閣的雙重欄杆中有一隻動物跑出來，牠的形狀像麋鹿。消息傳到宮中，武帝親自到那裡觀看，並問身邊群臣中熟悉事物而又通曉經學的人，誰知沒有一個人能知道牠是什麼動物。武帝下詔叫東方朔來看。東方朔趁機向皇上索要賞賜，武帝答應以後東方朔才說：「這是叫騶牙的動物。遠方當有前來投誠的事，因而騶牙便先出現。牠的牙齒前後一樣，大小相等而沒有大牙，所以叫牠騶牙。」後來過了一年左右，匈奴渾邪王果然帶領十萬人來歸降漢朝。武帝於是又賞賜東方朔很多錢財。

東方朔臨終時，規勸武帝遠離巧言獻媚之人，斥退他們的讒言。武帝對此感到驚奇。過了不久，東方朔果然病死了。古書上說：「鳥到臨死時，牠的叫聲特別悲哀；人到臨終時，牠的言語非常善良。」武帝晚年沒有聽從東方朔的良言，果然犯了不少錯誤。

陳皇后失意後有什麼傳說故事？

漢武帝劉徹做太子的時候，娶了長公主的女兒阿嬌做妃子，他即位為皇帝后，妃子就立為皇后。劉徹能夠繼承帝位，長公主出力不小，陳皇后因此而驕橫高傲，但終被劉徹遺棄在長門宮。

據說阿嬌住到長門宮之後，愁悶悲思，聽說司馬相如文章作得好，於是送上黃金百斤，請他寫一篇解愁之辭。相如為她作《長門賦》，漢武帝讀了心生傷感，於是又得寵。這位陳皇后在衛子夫出現之後，多次尋死覓活，致使漢武帝異常憤怒。後來她又任用一個名叫楚服的女巫，用巫術詛咒漢武帝喜歡的衛子夫。事情敗露後，楚服被處死，梟首於市。漢武帝宣布廢去陳阿嬌「皇后」稱號，立衛子夫為皇后。

陳皇后的母親長公主是景帝的姐姐，武帝的姑姑，她多次責備武帝的姐姐平陽公主說：「皇帝沒有我就不能即位，然而即位不久竟拋棄了我的女兒，怎麼這樣不自愛而忘了呢！」平陽公主說道：「是沒有兒子才廢的。」陳皇后渴求得子，求醫生花費的錢有九千萬之多，然而始終未能生子。

衛皇后專寵，天下有什麼歌謠流傳？

衛皇后，字子夫，原本是漢武帝的姐姐平陽公主府中的歌妓。漢武帝即位後，他的第一位皇后阿嬌無子，所以平陽公主就把鄰近大戶女子收買來，養在家中，準備讓漢武帝選取為妃。適逢漢武帝在霸上祭掃後來到平陽公主家中，平陽公主就將這些美女裝飾打扮起來，供武帝選擇。但武帝看後，覺得都不滿意。在武帝與平陽公主一起飲酒的時候，平陽公主又讓歌女起舞助興，這時，漢武帝便看中了子夫。隨後，漢武帝起坐更衣，子夫便來服侍，一見傾心。這樣，平陽公主就送子夫入了宮。入宮一年多來，子夫卻不能得到漢武帝的寵幸，正好漢武帝釋放一批宮女，子夫才又見到他，並哭泣著請求放她出宮。漢武帝憐惜她，便把她留下來，同時，又把她的兄長衛長君、弟弟衛青召入宮中為侍中。西元前一二八年，子夫生下一子，遂被立為皇后。

西元前一二二年，衛後所生之子劉據被立為太子。由於他是漢武帝長子，漢武帝特別寵愛他。除了專門派人輔導他學習《穀梁傳》、《公羊傳》外，還為他建了一座苑囿，稱為博望苑，讓他學習接待賓客。皇太子的確立，自然更加鞏固了皇后的地位，因此，衛皇后的榮寵也達到了極點，隨之而來的，便是衛氏一門的封爵封侯。她的弟弟衛青字仲卿，以大將軍的職位被封為長平侯。他有四個兒子，長子衛伉是準備繼承爵位的世子，他曾任皇帝侍從官侍中，尊貴受寵。衛伉的三個弟弟都被封侯，各給封地一千三百戶，一個叫陰安侯，一個叫陰平侯，一個叫宜春侯，他們的富貴震動天下。當時天下流傳著這樣一首歌謠：「生兒不必太高興，生女莫把怒氣發，難道沒有看到衛子夫霸天下！」

然而，宮廷生活充滿了爾虞我詐的鬥爭。況且，作為宮廷婦人，隨著容顏的衰老，衛皇后受尊寵程度也在逐漸下降。後來，衛子夫在漢武帝面前的寵幸地位被李夫人和鉤弋夫人所代替。在她立為皇后的第三十八年，即西元前九〇年，因遭巫蠱事變而自殺。

鉤弋夫人為何被漢武帝處死？

鉤弋夫人出身於河間，漢武帝巡狩經過河間的時候，望氣者說，雲氣顯示此地有奇女子。漢武帝於是急令使者尋其來見。面見皇帝時，這女子兩手握拳，漢武帝親自為她展開指掌。因貌美聰敏，善於歌舞受寵，為其修「鉤弋宮」，號「鉤弋夫人」，後晉封為趙倢伃。西元前九四年，鉤弋夫人生了皇子劉弗陵。劉弗陵號「鉤弋子」，據說懷孕十四個月才臨產。漢武帝說：聽說古時帝堯十四個月才出生，今鉤弋子也是這樣。於是，宣布將劉弗陵所出生宮殿的宮門改名為「堯母門」。

西元前九一年，太子劉據、皇后衛子夫因「巫蠱之禍」自殺。而燕王劉旦、廣陵王劉胥多有過失，寵姬王夫人的兒子齊懷王、李夫人的兒子昌邑哀王都過早去世，而鉤弋子年幼，健康聰明，漢武帝常說「這孩子像我」，又感念他的出生與眾不同，心中十分喜愛，有心立為太子，只是因為年紀太小，擔心即位後女主專恣擾亂國家政治，便猶豫不決。後來武帝召畫工畫了一幅周公背負成王的畫，於是左右群臣知道武帝想要立小兒子為太子。過了幾天，武帝譴責鉤弋夫人。夫人驚慌叩頭請罪。武帝說：「把她拉走，送到掖庭獄！」夫人回過頭來看著，武帝說：「快走，你活不成了！」不久即死在雲陽宮。鉤弋夫人死後，她的兒子劉弗陵被立為太子，就是以後的漢宣帝。

有人批評漢武帝的這種做法「違天理而拂人情」，以為既不合天理，又背離人情。也有人說，「武帝此舉，殘忍不經，殊非正家裕後之義。」如此殘厲的作為，是無從為後世宗族樹立典範的。漢武帝對鉤弋夫人的手段，固然對維護漢家天下的大局有利，但是對鉤弋夫人本人來說，實在是殘忍無情。專制帝王薄情冷血的心性，由此暴露無疑。

李夫人是如何得到武帝的寵幸的？

李夫人出身於唱伎之家，哥哥是著名的音樂家李延年。李延年想把她進獻給武帝為妃。但因為自己出身微賤，不便自言，於是請求平陽公主代為引薦。一天，武帝在宮中置酒，平陽公主也在座，李延年侍宴。待到酒酣，李延年起舞，唱自作的一首新歌，其歌曰：「北方有佳人，遺世而獨立。一顧傾人城，再顧傾人國。寧不知傾城與傾國，佳人難再得。」漢武帝聽了大吃一驚，忙問：「世上真有這樣的絕色佳人嗎？」平陽公主告訴他說，李延年的妹妹就是這樣一位「妙麗善舞」的女子。武帝心中一動，立命召李氏入宮。不久，李延年將其妹引入。武帝一看，果然是沉魚落雁、妙麗善舞，遂納李氏為妃。

漢武帝自得李夫人以後，愛若至寶，一年以後生下一子，被封為昌邑王。李夫人身體羸弱，更因為產後失調，從此萎頓病榻，日漸憔悴。色衰就意味著失寵，然而李夫人卻頗有心計，自始至終要留給漢武帝一個美好的印象，因此拒絕漢武帝來探病。漢武帝忍不住來探視，李夫人卻用錦被矇住頭臉，在錦被中說道：「身為婦人，容貌不修，裝飾不整，不足以見君父，如今蓬頭垢面，實在不敢與陛下見面。」漢武帝堅持想看一看，李夫人卻始終不肯露出臉來，即使漢武帝以賞賜黃金及封贈李夫人的兄弟官爵作為交換條件，她仍執意不肯。漢武帝離開後，李夫人的姐妹們都埋怨她不該這麼做。李夫人卻說：「凡是以容貌取悅於人，色衰則愛弛；倘以憔悴的容貌與皇上見面，以前那些美好的印象都會一掃而光，還能期望他念念不忘地照顧我的兒子和兄弟嗎？」她死後，漢武帝傷心欲絕，以皇后之禮葬之，並命令畫工繪製他印象中的李夫人形象，懸掛在甘泉宮裡。並且，武帝對昌邑王鍾愛有加，將李延年推引為協律都尉，對李廣利更是縱容關愛兼而有之。

六、漢武帝的酷吏

酷吏張湯為什麼落了個自殺的結局？

張湯幼時，父親讓他在家看門。父親回家後，看到肉有被老鼠偷食的跡象，就怪張湯看家不負責任。受到父親訓斥的張湯惱羞成怒，憤憤然掘開鼠洞，找到偷肉的老鼠和沒吃完的肉，舉告老鼠的罪行，加以拷打審問。張湯還記錄了審問的全過程，反覆審問，把判決的罪狀報告虛擬的上級，並且把老鼠和剩肉取來，當堂最後定案，把老鼠分屍處死。他父親看到這一場景，又看到張湯所寫的判決書，大為驚訝，就讓他學習斷案的文書。

漢武帝時期，張湯成了負責刑法事務的權臣，後來補侍御史。因在審理陳皇后巫蠱獄和淮南王、衡山王、江都王謀反事件中盤根究底，受到武帝賞識，累遷太中大夫、廷尉、御史大夫。漢武帝劉徹為了強化專制主義中央集權，在政治、經濟上推行了一系列改革。張湯是制訂和實施這些改革的重要人物之一。他曾與趙禹共同編定《越宮律》、《朝律》。張湯用法苛刻嚴峻，又十分注意迎合武帝所好，他最為拿手的是以《春秋》古義治獄，審理案件完全以皇帝意旨為準繩，並推而廣之，把漢武帝對於疑難案件的批示制定為律令程式，作為以後辦案的依據。他還協助漢武帝改革幣制，實施鹽鐵官營，打擊不法富商大賈，誅鋤豪強兼併之家。

張湯炙手可熱，一人之下，萬人之上，權勢尊貴遠在丞相之上，因此深受統治集團內其他官員的嫉恨。西元前一一五年，張湯受御史中丞李文、丞相長史朱買臣等人誣告，被逼無奈，只好向漢武帝寫信謝罪：「張湯沒有尺寸之功，起初只是文書小吏，蒙陛下寵幸，使我位列三公，我實在感激涕零。面對別人的誣告，我不願推卸罪責，但是我想說，陰謀陷害我的人就是三位長史。」之後，張湯含恨自殺。張湯死時，據說家產總值不超過五百金，全都來源於自己的俸祿和皇上的賞賜，沒有任何來源不明的資產。

「不寒而慄」出自何處？

西漢武帝的時候，有個名叫義縱的人。他姐姐義姁是個醫生，因醫好了皇太后的病，皇太后很寵愛她，義縱也因此得到漢武帝的任用。他先在上黨郡一個縣中任縣令，後又升為長安縣令。他在任職期間，能夠依法辦事，不講情面，也不怕得罪有權有勢的人，當地的治安有了很大的改觀。漢武帝認為他很有才幹，就調任他為河內郡都尉，後又升為南陽太守。

當時，南陽城裡居住著一個管理關稅的都尉名叫寧成，此人生性殘暴，常利用手中的權力橫行霸道，百姓們都很害怕他，甚至連進關、出關的官員都不敢得罪他。人們都說，讓寧成做官，好比是把一群羊交給狼管。寧成聽說義縱要來南陽任太守，有些不安。等義縱上任那天，他帶領全家老小恭恭敬敬地站在路邊迎接義縱。義縱知道寧成這樣做的目的，對他不理不睬。一上任，義縱就派人調查寧成的家族，凡是查到有罪的，就通通殺掉，最後，寧成也被判了罪。這樣一來，當地有名的富豪孔氏、暴氏因為也有惡行，嚇得逃離了南陽。

後來，漢武帝又調義縱任定襄（在今內蒙古）太守，那時，定襄的治安很混亂。義縱一到定襄，就將監獄中二百多個重罪輕判的犯人重新判處死刑，同時將二百多個私自來監獄探望這些犯人的家屬抓了起來，說他們想要為犯人開脫罪行，也一起判處死刑。那天，一下子就殺了四百多人。儘管那天天氣不冷，然而，住在這個地區的人們聽到這個消息後都嚇得不寒而慄。這便是成語「不寒而慄」的出處。

酷吏王溫舒在春天來臨時為什麼氣得頓足感嘆？

武帝時期的酷吏王溫舒，年輕時遊手好閒，不務正業。後來，地方上讓他試作亭長，但試了好幾次，他都做不好本職工作，因而罷去。此後，他又在縣衙門裡充當小吏，逐漸升為廷尉史。不久，王溫舒投靠張湯。張湯以嚴酷著稱，用其為御史，負責督察盜賊。

當時，漢武帝主張全面加強專制主義中央集權，嚴厲打擊危害專制統治的行為，在這種形勢下，樂以刑殺為威的人往往提拔較快。故王溫舒很快就升遷為廣平郡（今河北曲周縣北）都尉。為了治理廣平的治安，他從郡中挑選了十幾個果敢能任事、一往無所顧的人充當郡吏，作為自己的爪牙，去督捕郡內「盜賊」。王溫舒了解到這批人以往都犯有重罪，只不過沒有暴露，仍然逍遙法外而已。如果誰捕獲盜賊使王溫舒很滿意，此人即使有百種罪惡也不加懲治；若是有所迴避，就依據他過去所犯的罪行殺死他，甚至滅其家族。這樣一來，這批人沒有不竭盡全力的。至於是否濫殺無辜，王溫舒是不管的。這種嚴酷的手段頗為見效，廣平周圍、齊、趙之地的「盜賊」乃不敢接近廣平，廣平以此號為「路不拾遺」。皇上聽說後，升任王溫舒為河內太守。

河內有一些豪強之家，這些豪強不守法紀，稱霸地方，對加強中央集權不利，漢武帝要王溫舒以嚴厲的手段懲治這批豪強。王溫舒到河內後立刻做了一系列的部署。鑒於當時官府的驛站傳送文書速度太慢，他另外命令準備私馬五十匹，部署在河內至京師沿途，作為另一套驛站。他要求凡有河內、京師的往返文書，一定要以最快速度傳送。同時，他又仿照在廣平的辦法，挑選若干名曾犯有重罪而又果敢任事的人充當郡吏，讓他們到第一線去逮捕郡中豪強。短短時間裡，他就以各種理由將郡中豪強大族基本上全部捕獲。然後王溫舒窮加審問，轉相株連達千餘家，當然，其中有不少無辜平民百姓也被牽連進去。首戰告捷後，王溫舒立刻上書武帝，提出對這批人的懲處方案：大者誅全族，小者殺其身，無論大小其家產通通沒入官府。過去，此種文書若透過官府驛馬遞送，往返費時很長。這次王溫舒使用率先設置的私人驛馬傳遞，書奏不過兩日，漢武帝的允准詔書就已到達，河內官民對其如此神速莫不感到驚訝。詔書一到，一場大規模的屠殺就開始了。上萬人成了刀下之鬼，「流血十餘里」。經過這番刑殺，也收到了在廣平那樣的效果。王溫舒從九月上任到十二月底，短短三個多月，就使郡中安寧，無犬吠之盜。人們側目而視，重足而立，全郡都沉浸在一片恐怖之中。當時尚有個別人聞風逃到旁郡，王溫舒派人前往追捕，待捕獲回郡，已是第二年春天了。按漢朝法律規定，秋冬行刑，春夏不准殺戮。眼看捕到的人非要等到秋後處決，王溫舒頓足嘆道：「哎呀！假使冬季再延長一個月，我就可以徹底完成這個任務了。」

杜周是怎樣執法的？

杜周是南陽杜衍人。義縱任南陽太守時，把杜周當做得力助手，薦舉他當廷尉史。杜周輔助張湯，張湯屢次說他才幹出眾，其官職也升到御史，受命查辦沿邊郡縣因匈奴侵擾而損失的人畜、甲兵、倉廩問題。杜周在查辦過程中，嚴格追究造成損失的責任，很多人因此被判死罪。由於他執法嚴峻，奏事稱旨，因而得到武帝的賞識，加以重用，同減宣更替任御史中丞十餘年。

杜周是怎樣執法的？

杜周平素沉默寡言，老成持重，外寬柔而內深沉，史稱「內深刺骨」，比起當時以嚴酷著稱的其他一些酷吏，執法更為嚴酷。他治理政事仿效張湯，善於窺測皇帝的意圖。皇帝想要排擠的，他就趁機加以陷害；皇帝想要寬釋的，他就長期囚禁待審，暗中顯露其冤情。有門客責備杜周說：「為皇上公平斷案，不遵循法律，卻專以皇上的意旨來斷案。法官本來應當這樣嗎？」杜周說：「法律是怎樣產生的？從前的國君認為對的就寫成法律，後來的國君認為對的就記載為法令。適合當時的情況就是正確的，何必要遵循古代法律呢？」

武帝後期，用刑益嚴。杜周任廷尉時，秉承武帝旨意，極嚴苛之能事。每年二千石以上官吏因罪下獄的，前後達一百餘人；加上各郡太守和丞相府、御史大夫府交付廷尉審訊的案件，每年不下一千餘起。每一起案件所牽連的人數，大的案件達到數百人，小的案件也有數十人。辦案奔跑的路程，近者數百里，遠者數千里。案件既多，獄吏無法一一詳細審問，只得按照所告事實引用法令條文判罪，有不服的，便採取嚴刑拷打、逼取供狀的辦法來定案。於是，聽說官府要逮捕的人，都嚇得逃亡藏匿。有的案件拖延十餘年之久尚未結案。當時告狀的多給別人加上「大逆不道」的罪名，牽連到很多人，廷尉及京師官府所屬的監獄所捕的人多至六七萬人；加上執法官吏任意株連，有時多達十餘萬人。杜周中途被罷官，後來當了執金吾，追捕盜賊，逮捕查辦桑弘羊和衛皇后兄弟的兒子，嚴苛酷烈，武帝認為他盡職而無私，升任其為御史大夫。

杜周為官大抵仿效張湯，但遠不如張湯廉潔。杜周開始當廷史時，只有一匹馬，等到他長久當官，位列三公，子孫都當了高官，家中錢財累積數目多達數萬。

國家圖書館出版品預行編目（CIP）資料

無腦讀史記 / 歐陽翰，劉燁 著 . -- 第一版 .
-- 臺北市 : 崧燁文化 , 2020.03
面； 公分
POD 版

ISBN 978-986-516-336-5(平裝)

1. 史記 2. 歷史故事

610.11 108022345

書　名：無腦讀史記
作　者：歐陽翰，劉燁 著
發 行 人：黃振庭
出 版 者：崧燁文化事業有限公司
發 行 者：崧燁文化事業有限公司
E-mail：sonbookservice@gmail.com
粉 絲 頁：　　網 址：
地　址：台北市中正區重慶南路一段六十一號八樓 815 室
8F.-815, No.61, Sec. 1, Chongqing S. Rd., Zhongzheng
Dist., Taipei City 100, Taiwan (R.O.C.)
電　話：(02)2370-3310 傳　真：(02) 2388-1990
總 經 銷：紅螞蟻圖書有限公司
地　址: 台北市內湖區舊宗路二段 121 巷 19 號
電　話:02-2795-3656 傳真 :02-2795-4100　網址：
印　刷：京峯彩色印刷有限公司（京峰數位）
本書版權為千華駐讀書堂出版社所有授權崧博出版事業有限公司獨家發行電子書及繁體書繁體字版。若有其他相關權利及授權需求請與本公司聯繫。
定　價：399 元
發行日期：2020 年 03 月第一版
◎ 本書以 POD 印製發行